Remo H. Largo

DAS PASSENDE LEBEN

Was unsere Individualität ausmacht
und wie wir sie leben können

S. FISCHER

Erschienen bei S. FISCHER

© 2017 S. Fischer Verlag GmbH,
Hedderichstr. 114, D-60596 Frankfurt am Main

Satz: Dörlemann Satz, Lemförde
Druck und Bindung: CPI books GmbH, Leck
Printed in Germany
ISBN 978-3-10-397274-0

Für
Eva, Johanna und Kathrin
Jana und Remo
Aroǹ und Miguel
Birgitt

»Es ist nicht eine blinde Macht von außen, deren Spielball wir sind, sondern es ist die Summe der Gaben, Schwächen und anderen Erbschaften, die ein Mensch mitgebracht hat. Ziel eines sinnvollen Lebens ist, den Ruf dieser inneren Stimme zu hören und ihm möglichst zu folgen. Der Weg wäre also: sich selbst erkennen, aber nicht über sich richten und sich ändern wollen, sondern das Leben möglichst der Gestalt anzunähern, die als Ahnung in uns vorgezeichnet ist.«

Hermann Hesse, 1928

Inhalt

EINLEITUNG
UNSERE INDIVIDUALITÄT
SOLIDARISCH LEBEN

»Jeder Mensch ist einzigartig.
Seine Individualität zu leben
macht den Sinn des Lebens aus«

»Entwickle dich zu dem einmaligen, unverwechselbaren,
unaustauschbaren Menschen, der in dir angelegt ist.«

Pindar, 518–442 vor Christus

Ich liebe es, Menschen jeden Alters zu beobachten, beispielsweise im
Sommer auf dem Münsterplatz in der Zürcher Altstadt. Da herrscht
ein ständiges Gewusel von flanierenden Touristen, eiligen Geschäfts-
leuten, Einheimischen, die Neuigkeiten austauschen, und spielenden
Kindern. Mich fasziniert die Vielfalt der Gesichter und Gestalten, die
unterschiedliche Art, wie Kinder, Erwachsene und ältere Menschen
miteinander umgehen. Wie mannigfaltig ist doch ihre Körpersprache,
etwa wenn die Großen einander begrüßen und die Kleinen hinterein-
ander herjagen. Und wie verschieden ist das Interesse bei den Erwachsenen an der altehrwürdigen Fraumünster-Kirche und den Auslagen
der Geschäfte. Es wird mir nie langweilig zuzuschauen. Ich kann mir
sicher sein, dass niemals zwei Menschen über den Platz gehen, die
sich in Gestalt und Verhalten vollkommen gleichen. Denn ich weiß,
dass jeder der fast acht Milliarden Menschen, die gegenwärtig auf der
Erde leben, ein einzigartiges Wesen ist. Und diese Vielfalt ist keines-

falls außergewöhnlich; Pflanzen und Tiere sind innerhalb der eigenen Art genauso vielfältig. Was uns Menschen jedoch besonders und mich erst zum Beobachter macht: Nur wir sind uns – dank unserer hochentwickelten geistigen Fähigkeiten – der eigenen Individualität und der Vielfalt unter den Menschen bewusst.

Bereits im Alter von zwei Jahren beginnen wir, uns als eigenständiges Wesen zu begreifen. In den folgenden Jahren werden wir fähig, uns in die Emotionen, Gedanken und Handlungsweisen anderer Menschen einzufühlen und hineinzudenken. Dabei machen wir die Erfahrung: Jeder Mensch hat seine individuellen Eigenschaften, Begabungen und Vorstellungen. Spätestens im frühen Schulalter fangen wir an, uns mit anderen Menschen zu vergleichen, und bleiben ein Leben lang bei diesem Verhalten. Als Erwachsene messen wir uns mit unseren Mitmenschen, etwa bezüglich Aussehen, beruflicher und sozialer Stellung oder Leistung und Einkommen. Wir freuen uns an unseren Stärken und leiden an unseren Schwächen. Wir fragen uns, wie wir von den anderen Menschen wahrgenommen werden. Und wir werden immer wieder aufs Neue auf uns selbst zurückgeworfen: Was müssen wir an uns als »gegeben« akzeptieren, und was können wir verändern, wenn wir uns noch etwas mehr anstrengen? Mit den Jahren müssen wir dann einsehen: Es gibt keinen Königsweg, der uns aufzuzeigen vermag, wie wir das Leben am besten bewältigen können, obwohl uns unzählige Ratgeber genau das vollmundig versprechen. So kann auch dieses Buch keinen »Königsweg« anbieten. Es versucht vielmehr, die Individualität des Menschen und sein vielfältiges Bemühen, in dieser Welt zu bestehen, dem Leser und der Leserin näherzubringen. Denn wir tun uns immer noch schwer mit der Individualität. Wir denken und handeln, als ob wir alle gleich wären, alle die gleichen Bedürfnisse hätten und alle das Gleiche leisten könnten. Dem ist aber ganz und gar nicht so. Sein Wesen in Übereinstimmung mit der Umwelt zu leben, dafür gibt es keine allgemeingültigen Regeln. Es ist eine

Herausforderung, die jeder Mensch nur auf seine Weise bewältigen kann.

Nicht nur die eigene Individualität zu leben ist eine Herausforderung, sondern auch mit der Vielfalt und Andersartigkeit der Mitmenschen umzugehen. Stellen wir uns vor, wir wären alle gleich, gleich groß und schwer, gleich in unserem Aussehen, wären mit den gleichen Gefühlen und Begabungen geboren und hätten die gleichen Bedürfnisse. Das Leben wäre eintönig, aber wir hätten einige Probleme nicht, die uns die Vielfalt in Familie, Schule und Gesellschaft bereitet. Doch ohne Vielfalt gäbe es weder den Menschen noch alle anderen Lebewesen. Vielfalt und Individualität sind Grundvoraussetzungen alles Lebens.

Wie vielfältig die Menschen sind und welche Schwierigkeiten uns diese Vielfalt bereitet, war die nachhaltigste Erfahrung, die ich in meiner vierzigjährigen Tätigkeit als Wissenschaftler und klinisch tätiger Entwicklungspädiater gemacht habe. Ich hatte das Privileg, ein großangelegtes Forschungsprojekt, das 1954 am Kinderspital Zürich begonnen wurde, von 1974 bis 2005 fortzuführen. In den Zürcher Longitudinalstudien haben wir mehr als 700 normal entwickelte Kinder von der Geburt bis ins Erwachsenenalter in zwei aufeinanderfolgenden Generationen begleitet und den Entwicklungsverlauf jedes einzelnen Kindes in Bereichen wie Motorik und Sprache dokumentiert. Unsere Motivation, solche äußerst aufwendigen Studien durchzuführen, war die Überzeugung: Nur wenn wir die Vielfalt und die Gesetzmäßigkeiten der normalen Entwicklung ausreichend gut kennen, können wir den individuellen Bedürfnissen und Fähigkeiten der Kinder gerecht werden und sie in ihrer Entwicklung als Eltern, Therapeuten und Lehrkräfte wirksam unterstützen. Und es stellte sich bei der Auswertung der Daten aus den verschiedenen Entwicklungsbereichen tatsächlich heraus, dass es keine Fähigkeit, kein Verhalten und keine körperliche und psychische Eigenschaft gibt, die bei allen Kindern gleich ausgebildet ist. In jedem Alter herrschen große Unterschiede bei Gewicht und Größe, Kinder benötigen unterschiedlich viel Schlaf und nehmen verschieden viel Nahrung zu sich. Manche Kinder machen die ersten Schritte mit zehn, andere erst mit 20 Monaten. Es kommt vor, dass sich Kinder bereits mit drei bis vier Jahren für Buchstaben interessieren, die meisten lernen mit sechs bis acht Jahren lesen, und einigen Menschen bereitet das Lesen selbst im Erwachsenenalter noch Mühe. Die Vielfalt nimmt in jeder Hinsicht während der Kindheit ständig zu, und dies – bis zu einem gewissen Grad – auch noch im Erwachsenenalter. So gibt es Erwachsene, die in ihrem Zahlenverständnis nie über das Niveau der Grundschule hinausgekommen sind, während andere über logisch-mathematische Fähigkeiten verfügen, die sie komplexe Aufgaben im IT-Bereich lösen lassen.

Wir Menschen haben also alle ganz unterschiedliche Voraussetzungen, um die kleinen und großen Herausforderungen des Lebens zu bewältigen. Beispielsweise Luca, der mit seinen Eltern in meine Sprechstunde kam. Er fühlte sich als Versager, weil er im Alter von neun Jahren immer noch nicht lesen konnte. Er spürte schmerzlich, dass er die Erwartungen der Eltern und der Lehrerin nicht zu erfüllen vermochte. Luca war in seinem Wohlbefinden erheblich beeinträchtigt und reagierte darauf mit Unkonzentriertheit und motorischer Unruhe. Ich habe im Laufe meiner Tätigkeit Tausende von Kindern wie Luca erlebt, die uns zugewiesen wurden, weil sie von der »Norm« abwichen. Sie litten an unterschiedlichsten Entwicklungs- und Verhaltensauffälligkeiten wie nächtlichem Erwachen, motorischer Ungeschicklichkeit oder sozialem Rückzug. Der oftmals unausgesprochene Auftrag der Eltern und Lehrer an uns bestand darin, die Kinder durch Förderung in die »Norm« zu bringen, was – wie uns die langjährige Erfahrung gelehrt hat – nicht gelingen kann. Wir sahen das eigentliche Problem der Kinder darin, dass sie, weil sie den Normvorstellungen nicht entsprachen, nicht »sie selbst« sein durften. So versuchten wir, den Kindern zu helfen, indem wir ihre individuellen Bedürfnisse und Fähigkeiten erfassten und dann gemeinsam mit den Eltern und anderen Bezugspersonen überlegten, wie das jeweilige Kind mit seinen Stärken und Schwächen am besten unterstützt werden konnte. Das war häufig nicht leicht, schließlich hatten die Erwachsenen ihre bestimmten Erwartungen an das Kind, ihre eigenen Vorstellungen von seinen Fähigkeiten und vor allem von den Leistungen, die es erbringen sollte. Wenn es uns jedoch gelang, die Erwachsenen auf die individuellen Bedürfnisse und Fähigkeiten des Kindes einzustellen, verbesserten sich sein körperlicher und psychischer Zustand und seine Lernbereitschaft wuchs.

Die eigene Individualität zu leben bleibt auch im Erwachsenenalter eine ständige Herausforderung. So ist beispielsweise eine Bankangestellte ebenso wie der Schüler Luca in ihrem Wohlbefinden beeinträchtigt, wenn sie die Leistungen am Arbeitsplatz nicht erbringen kann, die sie von sich selbst erwartet und die ihre Vorgesetzten und Mitarbeiter von ihr verlangen. Sie fühlt sich überfordert, gerät in einen Erschöpfungszustand und leidet schlimmstenfalls irgendwann an einem Burn-out-Syndrom. Eine Verbesserung ihres Wohlbefindens kann zumeist nicht dadurch erreicht werden, dass man ihre Leistung, wie es häufig geschieht, etwa durch eine Fortbildung zu steigern versucht. Es gilt vielmehr, ihre individuellen Begabungen zu respektieren und die Arbeitsanforderungen mit ihrer Leistungsfähigkeit möglichst in Einklang zu bringen. Dasselbe Passungsproblem stellt sich bei Unterforderung ein, kann doch das Gefühl, die erbrachten Leistungen seien unbefriedigend, ja sinnlos, das Wohlbefinden eines Menschen ebenfalls erheblich beeinträchtigen.

Mehrmals pro Tag standen wir in der Forschung und klinischen Arbeit vor der Frage: Warum fühlt sich das eine Kind wohl und entwickelt sich gut, während ein anderes in seinem Wohlbefinden beeinträchtigt ist und Auffälligkeiten in seiner Entwicklung aufweist? Antworten darauf fanden wir fast immer im Grad der Übereinstimmung zwischen dem Kind und seiner Umwelt. So stellte sich beispielsweise heraus, dass Schlafstörungen häufig entstehen, weil die Eltern falsche Vorstellungen davon haben, wie viel Schlaf ihr Kind benötigt. Es gibt Kinder, die brauchen im Alter von zwölf Monaten 14 Stunden Schlaf, anderen genügen schon neun Stunden. Gelingt es den Eltern, sich auf den individuellen Schlafbedarf ihres Kindes einzustellen, dann verschwindet die Schlafstörung. Solche Beobachtungen lehrten uns im Laufe der Jahre, in allen Entwicklungsbereichen zu klären, ob eine Übereinstimmung zwischen dem Kind und seiner Umwelt besteht, und, falls nicht, herauszufinden, wie sich die mangelnde Übereinstimmung auf das Kind auswirkt und wie sie behoben werden kann.

Fragen zur Einzigartigkeit des Menschen und dem Zusammenwirken von Mensch und Umwelt haben mich seit der Pubertät beschäftigt. Im Alter von 13 Jahren musste ich acht Wochen lang das Bett hüten und verschlang in dieser Zeit Leo Tolstois »Krieg und Frieden« und Fjodor Dostojewskijs »Schuld und Sühne«. Die einfühlsame und lebensnahe Darstellung unterschiedlichster menschlicher Charaktere und der Dramen, die sich zwischen ihnen abspielten, faszinierte mich derart, dass ich mich – wieder genesen – durch die ganze auf Deutsch erhältliche russische Literatur las. Seither haben mich Fragen danach, warum die Menschen so verschieden sind, was ihr Leben bestimmt und was das Wesen des Menschen ausmacht, nie mehr losgelassen. Von meinem Medizinstudium an der Universität Zürich, das ich 1963 begann, erhoffte ich mir ein vertieftes Verständnis vom Menschen. Doch ich machte eine merkwürdige Erfahrung: Ich lernte eine immense Anzahl körperlicher und psychischer Phänomene aller Art kennen, aber mein Fragenkatalog nahm nicht ab, sondern zu, und eine tiefere Einsicht in das Wesen des Menschen wollte sich nicht einstellen. Auf der Suche nach einem ganzheitlichen Menschenbild setzte ich mich in den Jahrzehnten darauf mit den unterschiedlichsten Fachgebieten auseinander, insbesondere mit der Evolutionsbiologie, der Philosophie, der Pädagogik und der Psychologie. Ich las begeistert die Schriften genialer Denker und Forscher wie des Philosophen Immanuel Kant und des Evolutionsbiologen Charles Darwin, der Pädagogin Maria Montessori und des Psychologen Jean Piaget. Doch immer wieder machte sich Enttäuschung breit. Die Schriften beleuchteten wichtige Teilaspekte des menschlichen Wesens, was ich aber nach wie vor vermisste, war eine umfassende Sichtweise.

Im Verlauf von 40 Jahren fügten sich meine Erfahrungen in Klinik und Forschung und die Erkenntnisse aus verschiedenen Fachgebieten, etwa der Genetik und der Soziologie, nach und nach wie Puzzleteile zu einem Gesamtbild zusammen. Ich nannte es das Fit-Prinzip. Es besagt: *Jeder Mensch strebt danach, mit seinen individuellen Bedürfnissen und Begabungen in Übereinstimmung mit der Umwelt zu leben.* Das Fit-Prinzip beruht auf einer ganzheitlichen Sichtweise, die die Vielfalt unter den Menschen, die Einzigartigkeit jedes Einzelnen und das Zusammenwirken von Individuum und Umwelt als Grundlage der menschlichen Existenz versteht.

Wie gut gelingt es den Menschen, ihre Individualität in Übereinstimmung mit der Umwelt zu leben? Das Ringen um ein passendes Leben überfordert immer mehr Menschen. Die Kinder sollen die oftmals übertriebenen Erwartungen der Eltern erfüllen und leiden in der Schule unter einem unerträglichen Leistungsdruck. Den Erwachsenen machen der Spagat zwischen Familie und Arbeit und die wachsenden Anforderungen der Wirtschaft zu schaffen. Alte Menschen, insbesondere wenn sie in Alters- und Pflegeheimen leben, leiden unter fehlender Geborgenheit und sozialer Vereinsamung. Menschen jeden Alters fühlen sich immer mehr fremdbestimmt und können immer weniger ein Leben führen, das ihren individuellen Bedürfnissen und Begabungen entspricht. Im Kleinen kann das Fit-Prinzip den Menschen helfen, zu ihrer Individualität zurückzufinden. Im Großen kann das Prinzip dazu beitragen, Gesellschaft und Wirtschaft so umzugestalten, dass die Menschen ein möglichst gelingendes Leben führen können.

Da in diesem Buch ein großer Bogen von den Anfängen der Evolution bis in unsere Zeit geschlagen wird, soll die nachfolgende kurze Übersicht über seine zehn Teile den Leser und die Leserin an den inneren Zusammenhang heranführen, der zwischen so unterschiedlichen Themen wie Evolutionsbiologie, Anlage und Umwelt, Entwicklung des Menschen und dem Fit-Prinzip besteht.

Teil I   **Der biologische und soziokulturelle Werdegang des Menschen**
»Der Mensch ist mit allen Lebewesen dieser Erde verwandt«

Vieles in unserem eigenen Leben können wir nur begreifen, wenn wir uns vergegenwärtigen, was in der Vergangenheit mit uns geschehen ist. So hilft uns auch der Blick zurück auf die ferne Herkunft der Menschheit, unser (heutiges) Wesen besser zu verstehen.

Im Alten Testament, im Ersten Buch Mose, erfahren wir in der Schöpfungsgeschichte, wie der Mensch an einem einzigen Tag erschaffen wurde. Die neuesten Erkenntnisse der Anthropologie, Evolutionsbiologie und der Genetik haben zu einer anderen, aber nicht weniger wunderbaren Einsicht geführt. Wir Menschen sind im Verlauf von 450 Millionen Jahren aus dem unablässigen Zusammenwirken unzähliger Lebewesen und deren Umwelt hervorgegangen. Wir teilen mit allen Lebewesen dieser Erde einen gemeinsamen Ursprung und sind demnach – wenn auch in unterschiedlichem Ausmaß – mit Insekten, Reptilien und Säugetieren, ja selbst mit Algen, Palmen und Obstbäumen genetisch verwandt. Die Verantwortung für die Umwelt ist uns gewissermaßen ins Erbgut hineingeschrieben.

Seit 450 Millionen Jahren streben sämtliche Lebewesen danach, sich so gut wie möglich an die jeweiligen Lebensbedingungen anzupassen, um zu überleben und sich fortzupflanzen. Damit dieser Prozess gelingen kann, müssen zwei Bedingungen erfüllt sein: Zum einen muss eine große Vielfalt innerhalb einer Art bestehen, und zum anderen muss die Erbanlage einem ständigen Wandel unterworfen sein.

Der Wandel des Erbgutes, die Vielfalt unter den Menschen und das Streben nach Übereinstimmung mit der Umwelt sind nicht nur Grundelemente der Evolution, sondern auch der menschlichen Existenz. Das Erbgut wird bei jeder Zeugung eines Kindes neu zusammengestellt. Jeder der fast acht Milliarden Menschen ist daher ein Unikat. Und jeder Mensch versucht sein Leben lang, sich auf die vielfältigen Anforderungen der Umwelt so einzustellen, dass er seine Bedürfnisse möglichst gut befriedigen kann. Dieses Bemühen, in Übereinstimmung mit der Umwelt zu leben, ist das Herzstück des Fit-Prinzips.

Der moderne Mensch hat als einziges Lebewesen einen unwiderstehlichen Drang entwickelt, seine Fähigkeiten und sein Wissen immer mehr auszuweiten und damit die Umwelt nicht nur bestmöglich zu verstehen, sondern auch immer stärker zu nutzen und schließlich zu beherrschen. Das Bemühen um eine Übereinstimmung mit der Umwelt ist in eine Dominanz über die Umwelt umgeschlagen. Der wissenschaftliche, technologische und wirtschaftliche Fortschritt hat sich in den vergangenen 200 Jahren exponentiell beschleunigt. In den letzten Jahrzehnten hat es weitaus mehr Innovationen gegeben als in der gesamten Menschheitsgeschichte zuvor – mit erfreulichen Errungenschaften, aber zunehmend auch mit bedrohlichen Folgen für die Umwelt und für uns selbst. So leben wir nicht mehr – wie unsere Vorfahren während 200 000 Jahren – in kleinräumigen Lebensgemeinschaften, sondern in einer anonymen Massengesellschaft.

Fragen, die uns beschäftigen werden, sind:

• Wie lässt sich die große Vielfalt unter den Menschen erklären? Und warum haben alle Menschen dennoch ein gemeinsames Erbgut?

- Wie stark verändert sich die Erbanlage von einer Generation zur nächsten?
- Wie haben sich unsere kognitiven, sprachlichen und sozialen Fähigkeiten entwickelt? Woher stammt unser unstillbarer Drang nach Erkenntnis?
- Woher kommt unser unbändiges Bedürfnis, die Umwelt beherrschen zu wollen? Und wie verhindern wir, dass wir das Leben auf der Erde und damit uns selbst zerstören?

Teil II	**Über das Zusammenwirken von Anlage und Umwelt**
	»Was die Anlage zustande bringt, vermag die Umwelt nicht zu leisten – und umgekehrt«

Was für die Evolution im Großen gilt, trifft im Kleinen auch auf unsere eigene Entwicklung zu. Unser Leben besteht von der Geburt bis ins hohe Alter aus einem ständigen Zusammenwirken von Anlage und Umwelt. Und so fragen wir uns: Was also ist in unserem Wesen angelegt beziehungsweise angeboren und was erworben? Diese Frage treibt nicht nur Wissenschaftler, sondern auch Laien um. Roger Federer ist einer der erfolgreichsten Tennisspieler aller Zeiten. Warum ist er bei 17 Grand-Slam-Turnieren als Sieger hervorgegangen? Weil er mit einem außerordentlichen Talent gesegnet ist, weil er sehr viel trainiert hat oder weil sich Begabung und Trainingseifer ideal ergänzt haben? Wenn Eltern besonders empathisch und fürsorglich mit ihren Kindern umgehen, liegt ihrem Verhalten dann eine hohe angeborene soziale Kompetenz zugrunde, oder sind sie als Kinder zu einem fürsorglichen Verhalten erzogen worden? Wenn Jugendliche einen dicken Harry-Potter-Band in einer Woche verschlingen, während manche ihrer Schulkameraden selbst eine kurze Notiz in einer Boulevardzeitung nur mit Mühe entziffern können – ist das so, weil ihre Lesekompetenzen so verschieden angelegt sind, oder liegt es daran, dass Elternhaus und Schule sie unterschiedlich unterstützt haben, oder trifft beides zu?

Welche Bedeutung wir jeweils Anlage und Umwelt zuschreiben, ist auch für die Gesellschaft von Belang. Wie halten wir es beispielsweise mit der Chancengerechtigkeit in der Bildung? Fällt der Lernerfolg bei Schülern so unterschiedlich aus, weil ihre Begabungen so verschieden sind oder weil sie in der Schule ungleich gefördert werden? Wie schaffen wir Gerechtigkeit in der Wirtschaft, wenn die Menschen über so unterschiedliche Fähigkeiten verfügen, aber den gleichen Anforderungen genügen sollen? Schreiben wir eine große Leistungsfähigkeit einer hohen Begabung, einer guten Ausbildung oder einer vorbildlichen Arbeitshaltung zu? Was soll honoriert werden: Talent, Arbeitseinsatz oder Erfolg? Je nachdem, welche Bedeutung wir Anlage und Umwelt zuschreiben, verhalten wir uns als Eltern, Lehrer, Mitarbeiter und Bürger unterschiedlich.

Wichtige Fragen, die es zu beantworten gilt, sind:

- Welcher Anteil unserer Eigenschaften und Fähigkeiten ist angeboren? Was verstehen wir unter Anlage?
- Welcher Anteil unserer Eigenschaften und Fähigkeiten ist erworben? Was verstehen wir unter Umwelt?
- Worin bestehen die Entwicklungsmöglichkeiten eines Menschen, und wo liegen seine Grenzen?
- Wie müssen Gesellschaft und Wirtschaft gestaltet sein, damit sie der Vielfalt der Bedürfnisse und Begabungen unter den Menschen möglichst gerecht werden?

Teil III   **Entwicklung zur Individualität**
         »Neugierde ist die treibende Kraft in der Entwicklung«

Jedes Kind rekapituliert in seiner Entwicklung eine Wegstrecke der Evolution – gewissermaßen im Schnelldurchlauf. Es wird mit einem riesigen Entwicklungspotential geboren, das in vielen hunderttausend Jahren entstanden ist und sich bewährt hat. Dieses Potential will das Kind verwirklichen. Schon wenige Monate nach der Geburt beginnt es, nach Gegenständen zu greifen und einfache kausale Zusammenhänge zu begreifen. Mit einem Jahr kann es frei gehen und einige Worte verstehen. Mit drei Jahren beginnt es, zu zeichnen und mit Lego-Bausteinen Häuser nachzubauen. Mit fünf Jahren spricht das Kind einigermaßen fehlerfrei und verfügt über ein einfaches Zahlenverständnis. Nun kommt es in die Schule, und die Entwicklung seiner Fähigkeiten macht bis zum Abschluss der Pubertät noch einmal einen Quantensprung.

Wenn ein Kind zu greifen und zu sprechen, zu lesen und zu rechnen beginnt, läuft im Gehirn ein überaus komplexer Reifungsprozess ab, der nur gelingen kann, wenn das Kind die notwendigen Erfahrungen machen darf. Dafür ist es mit einer unbändigen Neugierde und einer genuinen Lernbereitschaft ausgestattet. Es kann gar nicht anders, als sich für seine Umwelt in jeder Hinsicht zu interessieren. Es will die Welt kennenlernen, um sie möglichst gut zu verstehen und sich darin zu bewähren.

Einsichten in die kindliche Entwicklung helfen nicht nur dabei, das Kind in seiner Entwicklung zu unterstützen, sie bieten auch einen wunderbaren Zugang dazu, unser eigenes Wesen besser zu begreifen: Wie wir so geworden sind, wie wir nun einmal sind. Warum einige unserer Fähigkeiten so gut ausgebildet sind und andere weit weniger. Warum wir für bestimmte Lebensbereiche ein großes Interesse und eine erstaunliche Lernbereitschaft aufbringen und für andere Bereiche kaum.

Wichtige Fragen sind:

- Was trägt die Hirnreifung zur Entwicklung bei? Wie bedeutsam sind Erfahrungen mit der sozialen und gegenständlichen Umwelt?
- Was verstehen wir unter Neugierde und Lernmotivation? Wie eignet sich das Kind Fähigkeiten, Fertigkeiten und Wissen an?

- Welche Formen des Lernens gibt es? Worin besteht kindgerechtes, nachhaltiges Lernen?
- Was können Erwachsene noch lernen und was nicht? Worin unterscheidet sich ihr Lernverhalten von demjenigen der Kinder?

Teil IV **Grundbedürfnisse bestimmen unser Leben**
»Jeder Mensch hat sein ihm eigenes Bedürfnisprofil«

Alle elementaren Bedürfnisse wie z. B. dasjenige nach Nahrung teilt der Mensch seit jeher mit höher entwickelten Tieren. Er hat in der letzten Etappe seiner evolutionären Entwicklung die Befriedigung seiner Bedürfnisse jedoch so stark weiterentwickelt, dass sie eine ganz neue Bedeutung erhalten haben. So beschaffen sich die Menschen nicht nur Nahrung, sondern kochen und würzen ihre Speisen seit vielen Jahrtausenden und zelebrieren bei Feierlichkeiten die Mahlzeiten als ein soziales Ereignis mit Gedeck, Wein und Kerzen.

Sechs Grundbedürfnisse bestimmen aus der Sicht des Fit-Prinzips unser Leben. Wir haben neben der *Befriedigung der körperlichen Bedürfnisse* ein großes *Verlangen nach Geborgenheit* sowie nach *sozialer Anerkennung* und einer festen sozialen Stellung in der Familie, im Freundeskreis, in der Arbeitswelt und in der Gesellschaft. Erhalten wir ausreichend Geborgenheit und Anerkennung, fühlen wir uns wohl und angenommen. Werden wir jedoch ausgegrenzt, fühlen wir uns abgelehnt und sind emotional verunsichert. Zwei weitere Grundbedürfnisse bestehen darin, dass wir *unsere Begabungen entfalten wollen* und die *Leistungen erbringen möchten*, die unseren Fähigkeiten entsprechen. Dabei haben Kinder einen besonders ausgeprägten Drang, ihre Fähigkeiten zu entwickeln und sich Fertigkeiten anzueignen. Ein letztes Grundbedürfnis, das uns besonders antreibt, ist dasjenige nach *existentieller Sicherheit*. Ein geregeltes Einkommen und Sicherheit von Person und Eigentum sind uns sehr wichtig. Arbeitslosigkeit, finanzielle Sorgen oder gar der Verlust von Hab und Gut wie auch Bedrohung von Leib und Leben können unser Wohlbefinden extrem beeinträchtigen.

Unsere psychische und körperliche Befindlichkeit hängt davon ab, ob es uns gelingt, unsere Grundbedürfnisse ausreichend zu stillen. Dafür wenden wir all unsere Kraft und Zeit auf.

Es stellen sich uns die folgenden Fragen:

* Was verstehen wir unter Grundbedürfnissen? Wie sind sie entstanden? Woraus bestehen sie?

* Wie entwickeln sich die Grundbedürfnisse im Verlauf des Lebens, und wie bedeutungsvoll sind sie in den verschiedenen Altersperioden?

* Welche Gefühle und Vorstellungen sind mit den Grundbedürfnissen verbunden? Was wollen wir damit ausdrücken?

* Wie unterschiedlich ausgeprägt können die Grundbedürfnisse unter den Menschen sein?

Teil V   **Kompetenzen, die wir entfalten wollen**
»Menschen erbringen zahllose Leistungen,
zu denen kein anderes Lebewesen fähig ist«

Intelligenz wird häufig mit intellektueller Leistungsfähigkeit und dem Intelligenzquotienten gleichgesetzt. Unsere geistigen Fähigkeiten gehen jedoch weit über jene intellektuellen Leistungen hinaus, die in gängigen Testverfahren erfasst werden. So gibt es motorische Begabungen, die für eine handwerkliche Tätigkeit wie das Schreinern oder für das Spielen eines Musikinstrumentes sehr wesentlich sind. Das Sozialverhalten besteht nicht nur aus zwischenmenschlichen Umgangsformen, sondern auch aus der geistigen Fähigkeit, sich in das Verhalten anderer Menschen hineindenken und -fühlen zu können.

Begriffe wie Intelligenz und Intelligenzquotient legen zudem eine einheitliche Leistung des Gehirns nahe. Heute kennen wir jedoch eine Vielzahl von geistigen Fähigkeiten, die nicht nur von Mensch zu Mensch, sondern auch bei jedem Einzelnen unterschiedlich ausgebildet sind. So gibt es Menschen, die sprachlich sehr begabt sind, jedoch weit weniger im Umgang mit Zahlen. Bei anderen ist es genau umgekehrt. Dem individuellen Begabungsprofil eines Menschen kann daher eine einzelne Zahl wie der Intelligenzquotient nicht gerecht werden. In diesem Kapitel werden acht Begabungen, sogenannte Kompetenzen, vorgestellt. Jede dieser Kompetenzen geht aus Fähigkeiten wie etwa der visuellen Wahrnehmung hervor, die wir mit höher entwickelten Tieren gemeinsam haben. So entstehen aus den visuellen Erfahrungen eine erste Vorstellung vom Raum, dann sprachliche Begriffe wie räumliche Präpositionen und schließlich Tätigkeiten wie das Zeichnen oder Erbauen von Häusern.

Die folgenden Fragen werden uns beschäftigen:
- Was sollen wir unter Kompetenzen verstehen? Woraus bestehen sie?
- Wie entwickeln sich Kompetenzen zu Fähigkeiten, Fertigkeiten und Vorstellungen?
- Wie unterschiedlich sind die Kompetenzen von Mensch zu Mensch ausgebildet?
- Wie verschieden können die Kompetenzen beim einzelnen Menschen ausgeprägt sein?

Teil VI **Unsere Vorstellungen und Überzeugungen**
*»Der Mensch ist das einzige Lebewesen, das sich die
Welt erklären muss, um das Leben zu bewältigen«*

Vorstellungen befähigen uns zum Denken sowie zum Verstehen und Anwenden von Sprache. Beispielsweise denke ich gerade darüber nach, was für mich Vorstellungen sind, und halte meine Gedanken in diesen Zeilen fest. Von klein auf versuchen wir, die Welt zu verstehen. Wir erschaffen uns eine Welt aus den Vorstellungen, die wir uns aufgrund der Erfahrungen mit der Umwelt machen. Wir müssen uns die Welt – nahezu zwanghaft – erklären. Wir können gar nicht anders. Ein Leben ohne Vorstellungen ist für uns schlicht unvorstellbar. Durch den Erwerb von Vorstellungen werden wir zu menschlichen Wesen.

Unsere Gedanken und Überzeugungen tauschen wir mit unseren Mitmenschen aus und teilen gemeinsame Vorstellungen, beispielsweise religiöser Art. Manche Wertvorstellungen übernehmen wir im Lauf des Lebens von unserer sozialen Umwelt. Sie können eine ungeheure Macht auf uns ausüben und unser Leben im hohen Maß bestimmen. So legte die katholische Kirche jahrhundertelang mit ihren Dogmen die Moral und das Beziehungsverhalten der Menschen fest. Sie verfügte über eine absolute Deutungshoheit, etwa bezüglich der Stellung von Mann und Frau und Ehe und Scheidung. Doch auch mächtige Werke verlieren ihre Bedeutung oder werden gar aufgegeben, wenn sich die Lebensbedingungen tiefgreifend verändern. Heute, nach über 200 Jahren Aufklärung, orientieren sich die Menschen immer weniger an religiösen und umso mehr an säkularen Vorstellungen, beispielsweise bei der Gleichstellung von Frau und Mann oder dem Umgang mit Homosexualität.

Wir lassen uns von unseren Vorstellungen leiten und rechtfertigen mit ihnen unser Tun im Alltag genauso wie in der Weltpolitik. Es lohnt sich daher, den Inhalt und den Einfluss unserer Vorstellungen zu hinterfragen:

- Was verstehen wir unter Vorstellungen? Was zeichnet Gedanken, Erinnerungen, Worte und mathematische Formeln aus?
- Wie entstehen Vorstellungen in der kindlichen Entwicklung? Wie beeinflussen die Erfahrungen in Familie und Bildungsinstitutionen unsere Vorstellungswelt?

- Welche Bedeutung haben Vorstellungen wie Chancengerechtigkeit für die Gesellschaft? Wie entstehen sie? Wie setzen sie sich durch?
- Welche Bedeutung hat das Bewusstsein für die Verfügbarkeit von Vorstellungen? Was ist überhaupt Bewusstsein? Gibt es auch Vorstellungen im Unbewussten?

Teil VII   **Von der Natur zur menschengemachten Umwelt**
*»Zum Überleben brauchen alles Lebewesen
nicht irgendeine, sondern eine auf ihre Bedürfnisse
abgestimmte Umwelt«*

Wir machen uns seit einigen Jahrzehnten zu Recht große Sorgen um unsere Umwelt. Die CO_2-Emissionen erreichten 2013 einen neuen Rekordwert von 36 Milliarden Tonnen, was schlimmstenfalls zu einer Erderwärmung um mehrere Grad noch in diesem Jahrhundert führen könnte. Die Wälder werden abgeholzt – allein zwischen 2000 und 2012 verschwand eine 1100 mal 1100 Kilometer große Waldfläche, und der Lebensraum von zahllosen Tieren und Pflanzen wurde zerstört. Die Städte und Siedlungsgebiete der Menschen werden in wenigen Jahrzehnten zusammengenommen die Größe Australiens erreicht haben. Wir plündern die Bodenschätze, verseuchen die Gewässer mit Chemikalien und belasten unsere Umwelt mit Abfall. Es ist höchste Zeit, dass wir unsere Verantwortung der Natur gegenüber endlich wahrnehmen. Wir sollten uns aber nicht nur fragen, was wir der Natur antun, sondern auch, wie sehr wir uns selbst damit schaden. Wie viel Natur braucht der Mensch für seine körperliche und psychische Gesundheit? Immerhin haben unsere Vorfahren die letzten 200 000 Jahre nicht in sterilen Räumen, sondern in der freien Natur zugebracht. Wir sind ursprünglich für ein Leben in der Natur gemacht.

Innerhalb von lediglich 200 Jahren haben wir uns von der Natur weitgehend verabschiedet und uns in einer von wissenschaftlichem

Fortschritt, Technik und Ökonomie geprägten Umwelt eingerichtet. Diese Umstellung hat auch die uralten Strukturen des Zusammenlebens grundlegend verändert. Mit der Industrialisierung begannen sich die ursprünglichen Lebensgemeinschaften aufzulösen. Die Großfamilien mit zahlreichen Kindern und Verwandten sind zu Kleinfamilien mit ein bis zwei Kindern und wenigen Verwandten zusammengeschrumpft. Partnerschaft und Elternschaft werden immer häufiger getrennt gelebt. Aus den überschaubaren, mit der Natur verbundenen Lebensgemeinschaften sind anonyme Massengesellschaften in Großstädten geworden.

Fühlen wir uns, und fühlen sich insbesondere unsere Kinder, unter den herrschenden Lebensbedingungen noch geborgen? Bekommen wir Erwachsene noch die notwendige Anerkennung und Zuwendung? Können wir wirklich ohne ein stabiles soziales Netz von vertrauten Menschen auskommen? Führen ein Mangel an Geborgenheit und fehlende soziale Anerkennung zu psychischen Störungen wie ADHS bei Kindern und Depressionen bei Erwachsenen?

Wir müssen also nicht nur unseren Umgang mit der Natur hinterfragen, sondern auch den Einfluss, den die von uns geschaffene Umwelt auf unser Leben hat:

- Welche Bedeutung hat die Natur für unser Wohlbefinden?
- Wie wirkt sich der Wandel von der ursprünglichen Lebensgemeinschaft in eine anonyme Massengesellschaft auf unser Wohlbefinden aus?
- Welche Folgen haben die reduzierten familiären Strukturen für die Entwicklung der Kinder? Inwieweit sind Erwachsene auf eine verlässliche Partnerschaft und ein stabiles soziales Netz angewiesen?
- Was geschieht, wenn wir in der modernen Gesellschaft unsere emotionalen und sozialen Bedürfnisse nicht mehr befriedigen können? Welche Auswirkungen hat es auf unsere körperliche und psychische Gesundheit?

Teil VIII **Das passende Leben – Das Fit-Prinzip**
»*Unsere Individualität zu leben ist eine Herausforderung,*
die uns ein Leben lang auf Trab hält«

Seit Jahrtausenden versuchen die Menschen mit religiösen und spirituellen, geisteswissenschaftlichen und neuerdings auch neurobiologischen Vorstellungen, dem Leben einen Sinn zu geben. Jede Religion,
Ideologie und Theorie entwickelte dabei ihr eigenes Wunschbild vom
Menschen, und diese Vorstellungen waren häufig mit einem hohen
Anspruch verbunden, beispielsweise die Menschen zu besseren Wesen
zu machen oder die Welt in ein Paradies zu verwandeln.

Mit dem Fit-Prinzip soll keine weitere Wunschvorstellung präsentiert werden. Es will vielmehr dem Menschen – ohne metaphysischen
oder theoretischen Überbau – in seiner Einzigartigkeit und in seinem
Bemühen, ein passendes Leben zu führen, möglichst nahe kommen.
Dem Prinzip liegt die folgende Grundannahme zugrunde, die sich aus
der evolutionsbiologischen Entwicklung des Menschen ergibt und die
den Alltag jedes Individuums bestimmt:

Jeder Mensch strebt danach, mit seinen individuellen Bedürfnissen
und Begabungen in Übereinstimmung mit der Umwelt zu leben.
Je besser ihm dies gelingt, desto größer sind sein Wohlbefinden,
sein Selbstwertgefühl und seine Selbstwirksamkeit.

Selbstverständlich gelingt es uns längst nicht immer, ein passendes
Leben zu führen, auch wenn wir uns Tag für Tag darum bemühen.
Der Grund dafür sind einerseits wir selbst, weil wir unrealistische Erwartungen hegen, unsere Grundbedürfnisse nicht richtig einschätzen
und unsere Kompetenz falsch einsetzen, und andererseits die äußeren
Lebensumstände und oftmals beides zusammen. Wir rappeln uns immer wieder auf und stellen uns neuen Herausforderungen, die unserem Leben wieder eine Richtung, einen Sinn geben sollen. Im Laufe

des Lebens gelingt es uns immer besser, unsere Stärken zu nutzen und unsere Schwächen zu akzeptieren. Wir lernen unsere Bedürfnisse und Entfaltungsmöglichkeiten, aber auch unsere Grenzen immer besser kennen und kommen so unserem Wesen immer näher.

Im Fit-Prinzip geht es nicht darum, eine möglichst große Leistung zu erbringen, einen möglichst hohen sozialen Status zu erreichen oder möglichst viel Reichtum anzuhäufen. Würde nur das maximal Erreichbare die Menschen zufriedenstellen, müsste die überwältigende Mehrheit im Unglück versinken. Das ist jedoch in keiner Weise der Fall. Die meisten Menschen sind nämlich dann zufrieden, wenn sie ihre individuellen Grundbedürfnisse ausreichend befriedigen und ihre Kompetenzen weitgehend verwirklichen können.

Fragen, die sich uns beim Fit-Prinzip stellen werden, sind:
- Wodurch zeichnet sich eine Fit-Konstellation aus? Und wie wirkt sie sich auf unser Wohlbefinden aus?
- Wie können wir eine Übereinstimmung mit der Umwelt herstellen? Was müssen wir und was muss die Umwelt dazu beitragen?
- Wie können wir unsere Grundbedürfnisse, Kompetenzen und Vorstellungen so gut erfassen, dass wir unsere Entfaltungsmöglichkeiten kennen, aber auch unsere Grenzen akzeptieren?
- Wie können wir unsere Mitmenschen darin unterstützen, in Übereinstimmung mit ihrer Umwelt zu leben?

Teil IX   **Misfit-Konstellationen**
»Beim Fit-Prinzip geht es darum, die Misfit-Situation anzugehen, indem die aktuelle Lebenssituation umfassend hinterfragt wird«

Kein Mensch schafft es auf Dauer, in Übereinstimmung mit der Umwelt zu leben. Kleinere Misfit-Situationen, die das Individuum ohne größeren Aufwand erfolgreich bewältigen kann, gehören zum Alltag.

Sie beeinträchtigen weder das körperliche noch das psychische Wohlbefinden. Sie sind vielmehr ein ständiger Ansporn, gewohnte Verhaltensweisen, Vorstellungen und Zielsetzungen auf ihre Gültigkeit hin zu überprüfen und sich veränderten Gegebenheiten anzupassen. Überschreiten die Anforderungen, beispielsweise bei der Arbeit, jedoch ein bestimmtes Maß, das von Mensch zu Mensch sehr verschieden sein kann, stellt sich eine Misfit-Konstellation mit Folgen ein. Betroffene Menschen fühlen sich hilflos und ohnmächtig, wirken angespannt und verunsichert. Sie neigen zu aggressivem Verhalten oder sozialem Rückzug. Sie leiden an psychosomatischen Störungen wie Darmbeschwerden und konsumieren vermehrt Suchtmittel wie Alkohol oder Medikamente.

Misfit-Situationen wirken sich von Mensch zu Mensch unterschiedlich stark aus, je nachdem, welche Grundbedürfnisse, Kompetenzen und Vorstellungen betroffen sind, welche Erfahrungen mit Misfit-Situationen bisher gemacht wurden und welche Belastungen in der jeweiligen Lebenssituation bestehen. So kann Arbeitslosigkeit bei einem älteren Erwachsenen eine Lebenskrise mit existentieller Verunsicherung und einem Gefühl der Entwertung auslösen, während ein junger Erwachsener eine solche Situation als weniger belastend empfindet, da ihm alternative Stellenangebote zur Verfügung stehen.

Das Angebot an medizinischen, psychologischen und esoterischen Behandlungsmethoden für Menschen, die unter einem Misfit gleich welcher Art leiden, ist riesig. Beim Fit-Prinzip geht es nicht nur darum, Symptome wie Kopfschmerzen zu lindern oder Schlafstörungen zu beheben, sondern sich mit der Misfit-Situation selbst auseinanderzusetzen. Was habe ich zur aktuellen Misfit-Situation beigetragen, etwa weil ich meine Kompetenzen bei der Arbeit nicht richtig eingeschätzt habe? Was hat die Umwelt dazu beigetragen, beispielsweise indem sie mir Arbeiten aufgebürdet hat, die mich überfordert haben? Welche

Misfit-Konstellationen habe ich in der Vergangenheit erlebt, wodurch sind sie entstanden, und wie konnte ich sie beheben?

Fragen, die sich in Teil IX stellen werden, sind:

- Was verstehen wir unter einem Misfit? Wie kann ein Misfit entstehen? Welche Ursachen liegen ihm zugrunde?
- Woran lässt sich eine Misfit-Situation erkennen? Wie beeinträchtigt sie unser Wohlbefinden? Welche Krankheitssymptome löst sie aus?
- Wie können wir eine Misfit-Situation angehen? Welche Grundbedürfnisse sind betroffen? Welche Erwartungen haben wir an uns und die Umwelt?
- Wie schätzen wir die aktuelle Lebenssituation ein? Was trägt die Umwelt zur Misfit-Situation bei?
- Wie können wir anderen Menschen helfen, die sich in einer Misfit-Situation befinden?

Teil X	**Zeitenwende**
	»Wir müssen das Unmögliche denken«

In einer idealen Gesellschaft, gewissermaßen dem Paradies auf Erden, könnten alle Menschen ein passendes Leben führen. Aus Sicht des Fit-Prinzips wäre sie so beschaffen, dass alle Menschen ihre Individualität leben dürften. Sie könnten ihre körperlichen Bedürfnisse befriedigen, fühlten sich geborgen und in der Gemeinschaft aufgehoben. Sie könnten ihre Begabungen entfalten und Leistungen erbringen, die sie befriedigen. Sie fühlten sich existenziell sicher und in keiner Weise bedroht. Und sie könnten in jeder Hinsicht ein selbstbestimmtes Leben führen.

Sind wir im Paradies angekommen? In einer gewissen Weise schon. Der wissenschaftliche, technologische und wirtschaftliche Fortschritt hat in den vergangenen 100 Jahren enorm zum körperlichen und psychischen Wohlbefinden der Menschen beigetragen, wenn auch noch nicht überall auf der Welt. So ist in den hochentwickelten Ländern der Gesundheitszustand der Bevölkerung so gut wie nie zuvor, und die Lebenserwartung hat sich verdoppelt. Die Menschen haben Zugang zu einem gut entwickelten Bildungswesen. In Europa herrschen seit 70 Jahren materieller Wohlstand und Frieden, was es zuvor nie gegeben hat. Und dennoch will sich eine allgemeine Zufriedenheit nicht einstellen. Es besteht ein diffuses Unbehagen, dessen Ursachen den Menschen allmählich bewusst werden.

Eine der Ursachen besteht in der Missachtung der emotionalen und sozialen Bedürfnisse der Menschen. Der Mensch ist ein zutiefst soziales Wesen, das für sein Wohlbefinden auf eine Form des Zusammenlebens angewiesen ist, wie sie in der Lebensgemeinschaft früherer Zeiten bestanden hat: stabile Beziehungen mit vertrauten Menschen und eine Kultur, die Identität und Gemeinschaftssinn vermittelt. Nun ist im Zuge des modernen Fortschritts innerhalb von wenigen Generationen aus einer kleinräumigen Lebensgemeinschaft eine riesige anonyme Gesellschaft entstanden, für die wir eigentlich nicht geschaffen sind. Wir stehen untereinander in einem ständigen Wettbewerb. Wir müssen uns immer wieder aufs Neue als Partner und Arbeitskraft bewähren und laufen ständig Gefahr, aus allen Beziehungsnetzen herauszufallen und sozial zu vereinsamen. Emotionale Sicherheit gibt es für die meisten Menschen nur noch auf Zeit. Wir leben so, als ob wir auf beständige und tragfähige zwischenmenschliche Beziehungen verzichten könnten, für unser psychisches Wohlbefinden nicht darauf angewiesen wären. Doch diese Einstellung erweist sich immer mehr als Trugschluss. Eine anonyme, hochkomplexe Gesellschaft und Wirtschaft kann keine vertrauensvollen Beziehungen schaffen und unsere sozialen und emotionalen Grundbedürfnisse nicht befriedigen. Dazu braucht es eine Gemeinschaft vertrauter Menschen, die ein verlässliches und tragfähiges Beziehungsnetz bilden. Es ist höchste Zeit, dass wir uns grundsätzlich Gedanken darüber machen, wie wir in Zukunft zusammenleben wollen, aber auch wie wir mit anderen Ursachen der allgemeinen Verunsicherung umgehen, wie drohender Massenarbeitslosigkeit, Sinnentleerung der Arbeit und Verlust kultureller Werte. Dazu müssen wir das vermeintlich Unmögliche denken. Denn nur so sind wir bereit, Gesellschaft und Wirtschaft so gründlich umzubauen, dass die Menschen selbstbestimmt ihre Grundbedürfnisse befriedigen und so ihre Individualität leben können.

Fragen, mit denen wir uns in Teil X beschäftigen werden, sind:

- In welchem Ausmaß prägt den heutigen Menschen das Erbe der Vergangenheit – im Guten wie im Schlechten? Sind wir beliebig anpassungsfähig, also für jede Art von Umwelt gemacht?
- Wie sind Vielfalt und Individualität mit Werten wie Gleichheit und Gerechtigkeit zu vereinbaren? Ist eine gerechte Gesellschaft in Anbetracht der großen Vielfalt unter den Menschen überhaupt möglich?
- Wie muss eine Gesellschaft beschaffen sein, in der die Menschen ihre Individualität leben können und der soziale Zusammenhalt dennoch gewährleistet ist?
- Wie kann die Lebensqualität erhalten bleiben, wenn durch Automatisierung, Roboter und Digitalisierung der Wirtschaft immer mehr Menschen arbeitslos werden?
- Wer trägt in den staatlichen und wirtschaftlichen Institutionen für das körperliche und psychische Wohlbefinden von Milliarden von Menschen die Verantwortung?
- Und das Wichtigste: Wie können wir die Familie so stärken, dass es den Menschen wieder mehr Freude macht, Kinder großzuziehen? Und wie können wir neue Formen der Lebensgemeinschaft schaffen, in denen die Menschen ihre Grundbedürfnisse besser befriedigen können als in der anonymen Massengesellschaft?

Die Vielfalt unter den Lebewesen, die Einzigartigkeit jedes Lebewesens und sein ständiges Ringen mit der Umwelt gehören zu den Grundprinzipien der Evolution und damit auch zum Menschsein und zur menschlichen Natur. Sie sind Teil der Conditio humana, die seit Jahrtausenden in Religion, Philosophie und Kunst ihren Ausdruck gefunden hat. In meiner klinischen und wissenschaftlichen Tätigkeit und selbstverständlich auch in meinem eigenen Leben hat mich das Bemühen der Menschen, die eigene Individualität in Einklang mit der Umwelt zu leben, immer wieder sehr berührt. Aus diesen Erfahrungen ist dieses Buch entstanden.

TEIL I

DER BIOLOGISCHE UND SOZIOKULTURELLE WERDEGANG DES MENSCHEN

»Der Mensch ist mit allen Lebewesen
dieser Erde verwandt«

>»Es ist wahrlich eine großartige Ansicht, dass der Schöpfer
>den Keim allen Lebens, das uns umgibt, nur wenigen
>oder nur einer einzigen Form eingehaucht hat, und
>dass, während unser Planet den strengsten Gesetzen der
>Schwerkraft folgend sich im Kreis geschwungen, aus so
>einfachem Anfange sich eine endlose Reihe der schönsten
>und wundervollsten Formen entwickelt hat und immer
>noch entwickelt.«
>
>*Charles Darwin, »Die Entstehung der Arten« (1859)*

Es ist eines der größten Rätsel, das die Menschen seit jeher umtreibt: Warum gibt es uns, die Welt und das Universum überhaupt? Der herausragende Naturforscher Charles Darwin fand keine bessere Antwort als diejenige, die bereits im ersten Buch Moses festgehalten ist: Gott erschuf die Welt. Er schreibt 1863 in einem Brief an den berühmten Botaniker Joseph Hooker: »It is mere rubbish, thinking at present of the origin of life; one might as well think of the origin of matter.«[1] Die Naturwissenschaften haben bis heute keine überzeugendere Erklärung dafür gefunden. Wie es aber nach der Schöpfung oder – in der modernen Terminologie – nach dem Urknall vor 13,8 Milliarden

Jahren weiterging, davon haben wir zumindest eine Ahnung. Astronomen und Physiker entwickeln laufend verfeinerte Theorien darüber, wie sich das Universum seitdem ausgebreitet und in Materie und Energie ausdifferenziert hat. Nach ihren Erkenntnissen ist die Erde vor 4,6 Milliarden Jahren aus der Verdichtung eines Sonnennebels entstanden. Vor etwa 3,8 Milliarden Jahren sind erstmals einfachste Lebewesen nachweisbar. Sie lebten im sogenannten Urmeer, ihre Spuren sind bis heute in Fossilienfunden erhalten geblieben. Wie sich das Leben auf der Erde von diesem Zeitpunkt an vervielfältigt und weiterentwickelt hat, hat schon Charles Darwin in der Mitte des 19. Jahrhunderts wissenschaftlich dargelegt. Seine Evolutionslehre prägt das Verständnis von der Entwicklung des Lebens bis heute. Sie bildet den Grundstein für alle Erkenntnisse, die in den vergangenen 150 Jahren in zahlreichen Forschungsbereichen wie der Embryologie, Evolutionären Entwicklungsbiologie, Paläontologie und vor allem der Molekulargenetik gewonnen wurden. Darwins Lehre wurde von ihnen weitgehend bestätigt, und sie haben unsere Kenntnisse über die Entstehung von unterschiedlichsten Lebensformen wie Bakterien und Pilzen, Pflanzen und Tieren sowie dem Menschen tiefgreifend erweitert.[2] Der gängig verwendete Begriff Stammbaum ist insofern irreführend, als die Abstammungslinien nicht wie Zweige von einem Stamm abgehen, sondern vielmehr wie in einem Busch sprießen.

Die Evolutionslehre hilft uns nicht nur zu verstehen, woher wir kommen, sondern auch, wie wir zu den Lebewesen geworden sind, die wir heute sind. Sie bietet eine Erklärung dafür, warum der Mensch mit sämtlichen Lebewesen wie Bakterien und Pilzen, Pflanzen und Tieren verwandt ist, wie sich körperliche und psychische Merkmale wie die Hand oder das Sozialverhalten entwickelt haben und weshalb sich der Mensch in einer aus evolutionärer Sicht äußerst kurzen Zeit derart rasch weiterentwickeln konnte. Die Evolutionslehre hilft uns auch Antworten auf die folgenden Fragen zu finden: Wodurch ist die

Abb. 1.1: Links: Unter der Notiz »I think« skizzierte Darwin 1837 in seinem Notizbuch B eine erste Vorstellung vom Stammbaum des Lebens. Rechts: Aktueller Stammbaum.

enorme Vielfalt unter den Menschen entstanden, und warum ist jeder Mensch einzigartig? Woher kommt der unbändige Drang des Menschen, die Welt immer besser verstehen und beherrschen zu wollen? Und warum hat sich der Mensch zu einem überaus sozialen Wesen entwickelt und ist zudem ein Leben lang bemüht, in Übereinstimmung mit der Umwelt zu leben? Erste Antworten auf diese Fragen finden sich in der biologischen Evolution. Sie stellt das Fundament dar, auf dem sich die soziokulturelle Evolution, die das Wesen Mensch ausmacht, überhaupt erst entwickeln konnte.

Sämtliche Lebewesen sind auseinander hervorgegangen

Als der britische Biologe Thomas Huxley 1863 in seiner Schrift »Man's Place in Nature« die Evolutionstheorie von Charles Darwin der Öffentlichkeit bekanntmachte, löste die Vorstellung, dass der Mensch von den Affen abstammen könnte, einen Sturm der Entrüstung aus. Dabei war Darwin aufgrund seiner vielfältigen Beobachtungen von Pflanzen und Tieren zu Einsichten über die Herkunft des Menschen gekommen, die noch weit darüber hinausgingen. Diese Gedanken behielt er vorsichtigerweise für sich, befürchtete er doch zu Recht, dass sie einen noch viel größeren Wirbel und eine noch entschiedenere Ablehnung auslösen würden als Huxleys Offenbarung. Schließlich war Darwin zu der Überzeugung gelangt, dass sämtliche Lebewesen, Pflanzen und Tiere und so auch der Mensch, auf gemeinsame Vorfahren zurückgehen.

Fossile Spuren

Das Alter von Fossilienfunden gibt Aufschluss darüber, wann in der Erdgeschichte welche Arten von Pflanzen und Tieren auftraten, wie lange sie existierten und wann sie wieder verschwanden. Die ältesten bakterienartigen Lebewesen wurden im fossilen Meeresgestein entdeckt. Sie lebten vor 3,8 Milliarden Jahren. Vor etwa 600 Millionen Jahren sind erstmals einzellige Lebewesen mit einem Zellkern nachweisbar (Bakterien haben keinen Zellkern). Aus diesen sogenannten Eukaryonten sind mehrzellige Lebewesen hervorgegangen; bemerkenswerterweise zu der Zeit, als der Sauerstoffgehalt in der Atmosphäre von 3 auf den heutigen Wert von 20 Volumenprozent anzusteigen begann. Ab diesem Zeitpunkt können Paläontologen die Entstehung immer neuer Pflanzen- und Tierarten anhand von Fossilienfunden nachverfolgen. So haben sie herausgefunden, dass die skeletttragenden Tiere ihren Ursprung im frühen bis mittleren Kambrium (vor 540 bis 500 Millionen Jahren) haben. Besonders bedeutsame Funde stellen Übergangsformen dar, wie etwa der gefiederte Dinosaurier Archaeopteryx, eine Zwischenstufe vom Reptil zum Vogel, sowie der Tiktaalik, ein Bindeglied zwischen Knochenfischen und Landwirbeltieren.[3] Gut dokumentierte Fossilienfunde von pferdeartigen Säugetieren veranschaulichen, wie im Verlauf von 65 Millionen Jahren aus mehrzehigen, fuchsgroßen, laubfressenden Tieren über viele Zwischenstufen die heutigen Pferde hervorgegangen sind.

Doch die Paläontologen konnten mit ihren Untersuchungen nicht nur die evolutionäre Differenzierung von Pflanzen und Tieren aufzeigen. Sie sind auch auf Zeitperioden gestoßen, in denen Lebewesen massenhaft ausstarben. In geologisch gesehen kurzen Zeiträumen wurden zahlreiche Pflanzen- und Tiergruppen in ihrer Häufigkeit stark dezimiert oder verschwanden sogar vollständig von der Erde. Im Perm etwa vor 250 Millionen Jahren wurden geschätzte 90 Prozent aller Tierarten ausgelöscht. Am Ende der Kreidezeit, vor 65 Millionen Jahren, kam es zu einem weiteren Massensterben, wahrscheinlich als Folge einer Klimakatastrophe, die durch einen mächtigen Meteoriteneinschlag, einen gewaltigen Vulkanausbruch oder ein anderes, unbekanntes Ereignis ausgelöst worden war. Diese Katastrophe führte zum Aussterben der Dinosaurier und zahlreicher anderer Tierarten. Im Zuge solcher Massensterben, von denen es im Lauf der Evolution mehrere gab, wurde jedoch nicht nur Leben vernichtet, es entstand immer auch neues Leben. So entwickelten sich nach dem letzten Massenaussterben vor 65 Millionen Jahren ganz neue Pflanzen- und Tierarten, zu denen auch die Vorfahren von Säugetieren und Vögeln gehörten, wie wir sie heute kennen. Schon Lukrez (etwa 97–55 vor Christus) hat, obwohl er von Massensterben keinerlei Kenntnis hatte, diesen Grundzug der Natur erfasst: »Nichts wird gänzlich zerstört, was wir heute lebendig um uns seh'n, Neues aus Altem erzeugt die Natur, und das Leben der Zukunft blüht in unendlichem Wechsel empor aus dem Grab des Vergangenen.«

Entwicklungsbiologische Gemeinsamkeiten

Bereits vor vielen Jahrhunderten haben die Menschen erkannt, dass Merkmale von Lebewesen nicht in beliebigen Kombinationen auftreten. Pflanze und Tiere lassen sich vielmehr ihren Erscheinungsformen nach in Gruppen zusammenfassen und anhand bestimmter Merkmale in Hierarchien einordnen. Der schwedische Naturforscher Carl von Linné (1707–1778) schuf mit einer binären Klassifikation die Grundlagen für eine moderne botanische und zoologische Taxonomie. Charles Darwin wertete die morphologischen Ähnlichkeiten und die Verwandtschaft in den Bauplänen als ein starkes Indiz für eine gemeinsame Abstammung aller Lebewesen.

Der Zoologe Ernst Haeckel, ein Zeitgenosse von Charles Darwin, machte die folgende Beobachtung: Organismen wie Fisch, Schildkröte und Mensch sind, einmal ausgewachsen, sehr verschieden. In den frühen Embryonalstadien jedoch weisen sie einige Ähnlichkeiten auf.

Daraus leitete er die sogenannte Rekapitulationsregel ab: Jedes Lebewesen rekapituliert in seiner individuellen Entwicklung von der befruchteten Eizelle bis zum erwachsenen Lebewesen (Ontogenese) die Stammesgeschichte (Phylogenese). Diese Regel ist so in ihrer Aussage nachweislich falsch, trifft aber auf frühe Embryonalstadien verwandter Art, etwa der Säugetiere, zu – ein weiterer Hinweis darauf, dass jede Pflanzen- und Tierart auf früheren Arten und damit auf bewährten Organsystemen aufbaut.

Bestimmte morphologische Strukturen von verwandten Tierarten verweisen in ihrer stammesgeschichtlichen Herkunft auf gemeinsame Vorfahren. Solche sogenannten homologen Merkmale haben sich in verschiedene Richtungen weiterentwickelt, je nachdem welche Funktionen sie in ihrer Umwelt zu erfüllen hatten. So zeigt die Abbildung aus der Zeit Darwins, wie sich homologe Knochen bei Säugetieren den funktionellen Anforderungen gemäß, die an die jeweilige Tierart gestellt wurden, unterschiedlich ausgebildet haben. Nützliche Struk-

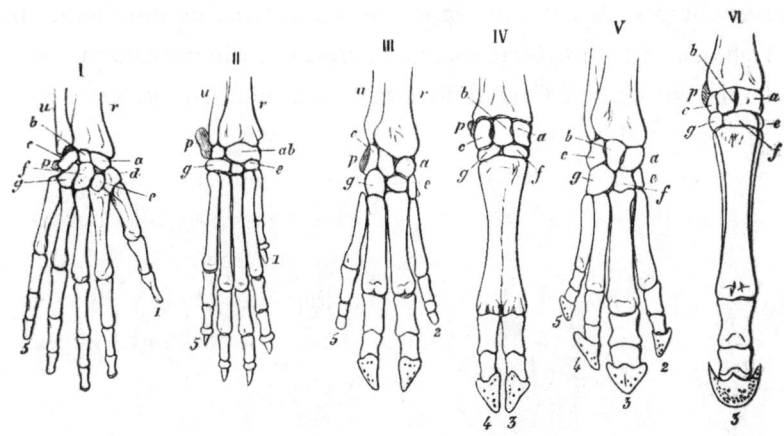

Abb. 1.2: Homologie der Handknochen bei verschiedenen Säugetieren. I Mensch, II Hund, III Schwein, IV Kuh, V Tapir, VI Pferd (Gegenbaur 1870)

43

turen haben sich verstärkt, und überflüssige haben sich zurückgebildet oder sind ganz verschwunden.

Vor sechs Millionen Jahren haben sich unsere Vorfahren von den anderen Menschenaffen abgespalten. Seitdem haben sich die Hände der Primaten zu unterschiedlich ausgebildeten, multifunktionalen Organen weiterentwickelt. Der Orang-Utan lebt auf Bäumen, Hände und Füße dienen ihm hauptsächlich dazu, sich an Ästen festzuhalten und sich weiterzuhangeln. Der Daumen ist darum kaum entwickelt. Gorillas hingegen leben fast ausschließlich auf dem Boden, können aber durchaus auf hohe Bäume klettern. Beim sogenannten Knöchelgang stützen sie sich auf die zweiten und dritten Finger, die daher sehr kräftig entwickelt sind. Beim Schimpansen, der sich sowohl auf Bäumen als auch am Boden aufhält, ist der Daumen etwas stärker ausgebildet, ein Hinweis darauf, dass er Gegenstände manipulieren kann, beispielsweise mit einem Stein oder Holzstück Nüsse aufschlägt.

Das wichtigste Merkmal der menschlichen Hand ist der große Daumen. Er kann allen übrigen Fingern, insbesondere dem Zeigefinger, gegenübergestellt werden (Oppositionsstellung). Der Pinzettengriff befähigt uns, kleinste Gegenstände zu ergreifen. Mit der ganzen Hand können wir schwere Gegenstände aufheben und herumtragen sowie

Abb. 1.3:   Entwicklung der Hand bei Primaten im Verlauf der letzten sechs Millionen Jahren.

große Werkzeuge wie einen Hammer benutzen. Aber wir gebrauchen unsere Hände nicht nur bei einer Vielzahl von körperlichen Tätigkeiten, sondern auch in der zwischenmenschlichen Kommunikation und bei geistigen Aktivitäten. Wir zeigen in eine bestimmte Richtung, um auf etwas hinzudeuten, oder winken beim Abschied. Schulkinder nehmen beim Zählen ihre Finger zu Hilfe. Gehörlose verwenden Gebärden, Bewegungen und Stellungen von Fingern und Händen als Ersatz für die Elemente der gesprochenen Sprache. Eine beeindruckende Gebärde, die auch hörende Menschen verwenden, ist das Falten der Hände beim Beten. Sie verweist auf eine enge Beziehung zwischen Geist und Hand.

Gemeinsamer Lebensfaden

Als Charles Darwin 1859 sein bahnbrechendes Buch »Über die Entstehung der Arten im Thier- und Pflanzen-Reich« und 1871 dann »Die Abstammung des Menschen und die geschlechtliche Zuchtwahl« veröffentlichte, waren die Strukturen und Funktionen der Körperzellen oder gar des Zellkerns noch weitgehend unbekannt und die Chromosomen noch lange nicht entdeckt. Der Augustinermönch Gregor Johann Mendel berichtete etwa zur gleichen Zeit (1865) von seinen bahnbrechenden Kreuzungsexperimenten mit Erbsenpflanzen und seine daraus abgeleiteten Mendel'schen Vererbungsregeln.[4] Aber seine Schriften wurden erst 40 Jahre später zur Kenntnis genommen, lange nach seinem Tod. Darwin verfügte also über kein Wissen im Sinne der modernen Genetik. Er erforschte jedoch aufmerksam die Vielfalt und Ähnlichkeiten bei Pflanzen und Tieren und interessierte sich für die Zuchtergebnisse bei Vieh und Haustieren, denen er auf Bauernhöfen und Tiermärkten nachging, und nahm selbst Kreuzungsexperimente mit Tauben vor. Aus den raschen Zuchterfolgen, bei denen sich innerhalb weniger Generationen die Merkmale einer Tierart deutlich verändern ließen, schloss er auf vergleichbare Selektionsprozesse in der Natur. Allein mit Hilfe seiner außergewöhnlichen Beobachtungsgabe und seinem hochentwickelten analytischen Denken begriff Darwin, wie die Natur durch Vererbung Eigenschaften sicherstellt, verändert und an die Umwelt anpasst.

Es dauerte noch viele Jahrzehnte, bis der Zellkern, die darin eingeschlossenen Chromosomen und schließlich der Lebensfaden in den Chromosomen, die DNS-Doppelhelix, entdeckt und in ihrer Bedeutung verstanden wurden. 1944 wiesen Oswald Avery und seine Mitarbeiter nach, dass die Desoxyribonukleinsäure (DNS oder englisch DNA) der eigentliche Speicher von Erbinformationen ist. Die DNS besitzt die unglaubliche Eigenschaft, die gesamte Information über den Bauplan, die Entwicklung und alle Funktionen eines Organismus zu speichern und äußerst zuverlässig an die nachfolgenden Generationen weiterzugeben – und dies seit Hunderten Millionen von Jahren, von den ersten Lebewesen über alle Pflanzen- und Tierarten bis zum Menschen.

Die Molekulargenetik bestätigte Darwins Vermutung: Sämtliche Lebewesen, und so auch der Mensch, gehen auf einen gemeinsamen Ursprung zurück. So unglaublich es klingen mag: Bestimmte Anteile unserer DNS stammen von der DNS der ersten Lebewesen ab, welche die Erde bevölkert haben. Wir sind nicht nur mit den Primaten verwandt, sondern – wenn auch in sehr unterschiedlichem Ausmaß – auch mit allen anderen Lebewesen wie den Fischen, dem Schnabeltier und dem Huhn. Wir haben gemeinsames Erbgut mit Bienen, Würmern und selbst mit der Weinrebe und dem Schimmelpilz.

Wie die Abbildung zeigt, lässt sich anhand der proteinkodierenden Gene eine genetische Übereinstimmung zwischen dem Menschen und unterschiedlichsten Tier- und Pflanzenarten nachweisen. Unter den proteinkodierenden Genen werden Gene verstanden, die die Produktion bestimmter Eiweiße auslösen. Letztere gehören zu

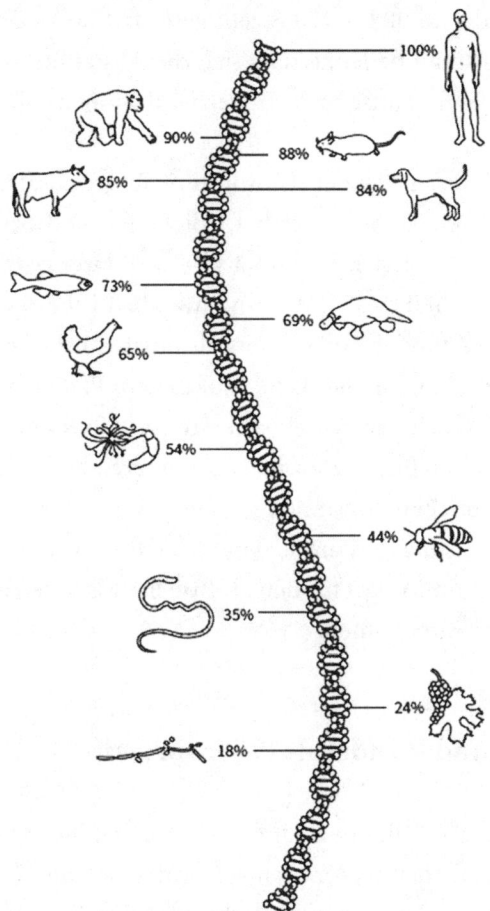

Abb. 1.4: Gemeinsames Erbe. Prozentualer Anteil von proteinkodierenden Genen, die der Mensch mit anderen Lebewesen teilt (Datenquelle Herrero).

den Bausteinen, die zum Aufbau und zur Regulation der Körperzellen verwendet werden. Die Übereinstimmung ist umso höher, je näher sich der Mensch und eine Art im evolutionären Stammbaum sind. Die Übereinstimmung für das gesamte Erbgut von Mensch und Schimpanse, unserem nächsten Verwandten, wird je nach Untersuchungsmethode auf 90 bis 99 Prozent geschätzt. was eigentlich nicht erstaunt, wenn man bedenkt, dass sich die Abstammungslinien von Mensch und Schimpanse erst vor sechs Millionen Jahren getrennt haben.

Der Mensch unterscheidet sich somit nicht grundsätzlich von den höherentwickelten Tierarten, er hat lediglich seine Bedürfnisse und Fähigkeiten weiterentwickelt und stärker ausdifferenziert als jedes andere Lebewesen (Teil IV, V). Wir sind mit allen Lebewesen genetisch verwandt. Diese Einsicht macht uns als einzige Lebewesen, die sich dessen bewusst sind, für alles Leben auf diesem Planeten verantwortlich. Dies umso mehr, als wir einsehen müssen, dass wir so stark mit anderen Lebewesen und diese wiederum untereinander vernetzt sind, dass unser Überleben von ihnen abhängt. So sind wir auf Pflanzen angewiesen, die Sauerstoff produzieren, und diese wiederum auf Bakterien, Insekten und Vögel für den Stoffwechsel, die Befruchtung und die Verbreitung ihrer Samen.

Anpassung und Wandel als Lebensprinzip

Seit mehr als 450 Millionen Jahren sind unzählige Pflanzen- und Tierarten auseinander hervorgegangen und haben unter unterschiedlichsten Umweltbedingungen überlebt. Was hat die Evolution so erfolgreich gemacht? Auch dafür hat Charles Darwin mit seiner Evolutionstheorie eine Antwort gefunden, die mit einigen Ergänzungen selbst 150 Jahre später noch überzeugt.

Langfristige Anpassungen im Verlauf der Evolution

Im Zentrum der Evolution steht das Bestreben jedes Lebewesens, sich so gut wie möglich an die jeweiligen Lebensbedingungen anzupassen, um zu überleben und sich fortzupflanzen.[5] Verfügen Individuen einer Pflanzen- oder Tierart über Merkmale, die ihnen größere Chancen aufs Überleben gewährleisten und bei der Fortpflanzung Vorteile bringen, haben sie mehr Nachwuchs als solche ohne diese Merkmale. Die so entstehende Auslese, die sogenannte natürliche Selektion, wirkt nicht auf die Gene ein, sondern auf die ausgebildeten Merkmale eines Organismus, und sie betrifft nicht nur die einzelnen Individuen, sondern ganze Gruppen, beispielsweise Pflanzen wie Weizen oder Herdentiere wie Büffel. So werden durch die natürliche Selektion vorteilhafte Merkmale im Verlauf von Generationen häufiger und unvorteilhafte seltener. Dabei kommt es zu einer immer spezifischeren Anpassung an die bestehenden Umweltbedingungen und zu einer Häufigkeitsverteilung der Gene, die sich nach und nach verändert. Werden die genetischen Differenzen innerhalb oder zwischen Populationen einer Art immer größer und zahlreicher, entsteht schließlich eine neue Art, deren Individuen sich nur noch untereinander fortpflanzen können. Eine erzwungene, zielgerichtete Form von Selektion betreibt der Mensch bei der Zucht von Pflanzen und Tieren. So hat etwa die gezielte Paarung von Hunden – aus evolutionsbiologischer Sicht – in sehr kurzer Zeit zu unterschiedlichsten »Rassen« geführt; vom Schoßhündchen Chihuahua bis zum riesigen Neufundländer und zum pfeilgeschwinden afghanischen Windhund. Wie unterschiedlich Hunde in ihrer Gestaltung und Größe jedoch auch sind, sie gehören alle immer noch einer Tierart an.

Ein Schlüsselbegriff der Evolutionstheorie ist »Fitness«. Doch dieser Begriff hat, so wie er in der Evolutionsbiologie verwendet wird, nichts mit Sportlichkeit oder ausgezeichneter körperlicher Verfassung zu tun. Auch das berühmte Zitat von Herbert Spencer »Survival of the fittest« wird als sozialdarwinistische Metapher immer wieder falsch mit »Überleben des Stärksten« übersetzt und als einen ständigen Wettbewerb zwischen den Individuen einer Art missverstanden. Charles Darwin verstand darunter »das Überleben derjenigen, die am besten an die Umwelt angepasst sind«. Wobei sich unterschiedlichste Tierarten an die gleiche Umwelt anpassen können.

Damit eine Selektion überhaupt stattfinden kann, muss die Erbanlage einer Art eine große Vielfalt aufweisen und in der Evolution einem ständigen Wandel unterworfen gewesen sein. Die Vielfalt und Fortentwicklung des Genoms und damit auch die Weiterentwicklung und Differenzierung von Organen, Funktionen und Verhaltensweisen sind weitere Grundelemente der Evolution. Sie ermöglichen es einer Art, sich an veränderte Lebensbedingungen anzupassen.

Im Verlauf der Evolution hat sich das Genom bei allen Lebewesen langsam, aber ständig gewandelt – zumeist jedoch nur dort, wo es auch vorteilhaft war. Manche Bereiche des Genoms weisen eine extreme Stabilität auf, andere verändern sich stetig. So bleiben Gene erhalten, die sich unter unterschiedlichen Umweltbedingungen bewährt haben, während andere verschwinden, abgewandelt werden oder neu entstehen. Es gibt Gene und Genkomplexe, die sich über Hunderte von Millionen Jahren gehalten haben, wie beispielsweise die sogenannten Hox-Gene, die seit mehr als 400 Millionen Jahren die Gliederung von Körpersegmenten und Extremitäten entlang der Körperachse bei Insekten, Fischen, Vögeln, Säugetieren und auch beim Menschen festlegen.

Die molekulargenetischen Mechanismen, die eine solch hohe Stabilität von Genen gewährleisten, sind noch wenig erforscht. Bemerkenswerterweise sind manche Gene nicht nur einmal, sondern mehrfach vorhanden. Vielleicht macht die Natur, um die Stabilität sicherzustellen, genau das Gleiche wie ein umsichtiger Computerbe-

Mensch

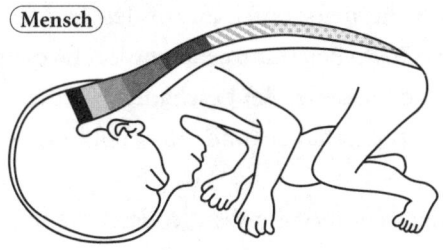

Knochenfisch

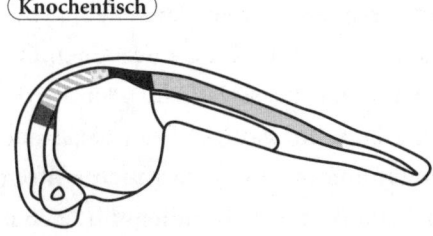

Fliege Drosophila

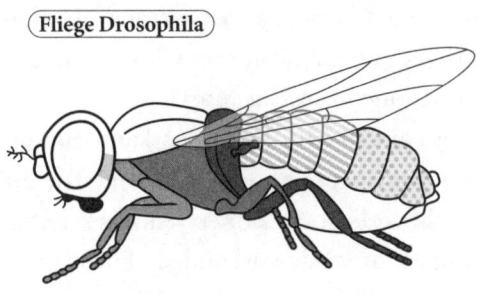

Abb. 1.5:   Die Hox-Gene bestimmen seit mehr als 400 Millionen Jahren bei unterschiedlichsten Tierarten die Gliederung von Körpersegmenten und Extremitäten entlang der Körperachse.

nutzer: Sie legt Sicherheitskopien an. In den letzten Jahren wurden die sogenannten DNS-Reparaturgene entdeckt,[6] die ebenfalls dafür sorgen könnten, dass Gene, die beschädigt werden, ihre ursprüngliche Struktur zurückerhalten und ihre Stabilität so gewährleistet bleibt.

Der langfristige evolutionäre Wandel der Erbanlagen wird auf sogenannte Mutationen zurückgeführt. Mutationen können an Genen und Genkomplexen sowie an Chromosomen auftreten. Sind Erstere betroffen, werden ihre Bausteine, die sogenannten Basenpaare, verdoppelt, ersetzt, verändert oder ausgelöscht. Mutationen können spontan auftreten, beispielsweise bei der Zeugung, oder durch äußere Einflüsse wie radioaktive Strahlung oder Chemikalien verursacht werden. Sie können nützliche, schädliche oder überhaupt keine Auswirkungen auf die Funktionsfähigkeit der Gene und Genkomplexe haben. Wenn Mutationen in Körperorganen auftreten, etwa in der Lunge, können sie zu bösartigen Tumoren führen. Sie bleiben auf die betroffenen Körperzellen beschränkt und werden nicht weitervererbt (somatische Mutationen). Finden Mutationen jedoch in den Keimzellen statt, aus denen die Spermien und Eizellen hervorgehen, können sie auf die Nachkommen übertragen werden. Die Fortentwicklung des Genoms im Verlauf der Evolution wird auf solche sogenannten gametischen Mutationen zurückgeführt.

Eine Mutation bei den Chromosomen kann eine sogenannte numerische Chromosomenaberration sein, bei der eine Veränderung der Chromosomenzahl vorliegt. So ist bei Menschen mit Downsyndrom das Chromosom 21 dreifach vorhanden. Einzelne Chromosomen können auch strukturelle Veränderungen erfahren, beispielsweise fehlt ein Chromosomenabschnitt oder ist doppelt vorhanden (Deletion beziehungsweise Duplikation). Kinder mit dem sogenannten Katzenschrei-Syndrom weisen eine geistige Behinderung auf und schreien in einer sehr hohen Tonlage. Dem liegt eine Deletion auf dem kurzen

Arm des Chromosoms 5 zugrunde. Chromosomale Störungen haben zumeist negative, selten keine und fast nie positive Auswirkungen.

Doch die Erklärung, dass Spontanmutationen und natürliche Selektion allein eine »sinnvolle« Fortentwicklung des Genoms gewährleisten können, erscheint nicht mehr plausibel. Es muss weitere Mechanismen geben, insbesondere solche, die eine Art Kopplung zwischen Organismus und Umwelteinflüssen herstellen. Eine solche Funktion könnten beispielsweise die bereits erwähnten DNS-Reparaturgene erfüllen, indem sie mit ihren Aktivitäten eine Selektion unter den Mutationen vornehmen. Mutationen, die für den Organismus vorteilhaft sind, bleiben erhalten, und solche, die die Funktionsfähigkeit des Organismus beeinträchtigen, werden rückgängig gemacht. Die Fortentwicklung des Genoms würde also weniger durch Mutationen, die spontan auftreten und zufällig irgendein Gen oder einen Genkomplex treffen, geschehen als vielmehr durch gezielte Reparaturvorgänge. Diese Vermutung wird durch die molekulargenetischen Befunde der letzten Jahre gestützt, denen zufolge weitaus mehr Mutationen stattfinden als bisher angenommen und die nur deshalb nicht erkannt wurden, weil sie rückgängig gemacht werden.[7] Ein weiterer Mechanismus, der eine Verbindung zwischen Genom und Umweltfaktoren herstellt, könnten sogenannte epigenetische Prozesse sein. Die Epigenetik erforscht seit einigen Jahren die Frage, wie Umweltfaktoren auf molekularer Ebene Einfluss auf die Aktivitäten der Gene nehmen können. So gelang beispielsweise der Nachweis, dass bestimmte exogene Faktoren zu einer Veränderung der Genaktivität führen, indem sie eine DNS-Methylierung bestimmter Basenpaare eines Gens oder eine Modifikation der Chromosomenumhüllung (Histone) bewirken.[8] Sie spielen in der Embryonalentwicklung eine wichtige Rolle und sind wahrscheinlich auch nach der Geburt noch wirksam. Es ist durchaus vorstellbar, wenn auch schwierig nachzuweisen, dass epigenetische Veränderungen, wenn sie über Generationen hinweg erhalten bleiben, zu vorteilhaften, gelegentlich aber auch nachteiligen Veränderungen am Genom führen können. Es ist höchst unwahrscheinlich, dass es noch weitere Wechselbeziehungen zwischen Genom und Umwelt gibt, von denen wir noch keine Kenntnis haben.

Wandel von Generation zu Generation

Veränderungen in der Erbanlage vollziehen sich nicht nur in den riesigen Zeiträumen der Evolution, sondern auch im Leben jedes einzelnen Menschen. Mit der Entscheidung für einen Partner wird die Auswahl der Gene festgelegt, die weitergegeben werden, und bei der Zeugung werden die Gene und Chromosomen des Kindes in einer einmaligen Kombination zusammengestellt, die es nie zuvor gab und die es auch nie wieder geben wird.

Die sexuelle Selektion ist eine uralte und weitverbreitete Form der innerartlichen Auswahl bei sehr vielen Tierarten. Dabei führt ein bestimmtes Merkmal, beispielsweise die Ausgestaltung des Schwanzgefieders beim Pfauenmännchen, zu einer Bevorzugung des Merkmalträgers bei der Fortpflanzung. Sexuell attraktive Männchen oder Weibchen weisen dadurch einen größeren Reproduktionserfolg auf. Sie geben in jeder Generation ihre Gene häufiger an die Nachkommen weiter als ihre weniger attraktiven und damit weniger erfolgreichen Konkurrenten und Konkurrentinnen. Die sexuelle Selektion setzt bereits im Tierreich auf ein überaus vielfältiges Repertoire. Es besteht aus körperlichen Merkmalen wie der Geweihgröße beim Hirsch, der Lautstärke und Reichhaltigkeit des Gesangs bei Singvögeln oder der Körpersprache beim Balztanz der Graugans. Beim Menschen ist das Paarungsverhalten höchst vielfaltig ausgestaltet (Tabelle).[9]

Die Partnerwahl wird beim Menschen nicht allein durch die erotische Ausstrahlung und sexuelle Attraktivität der Partner bestimmt. Eine Reihe von Faktoren wie Persönlichkeitsmerkmale, zu erwar-

- **Körperliche Attraktivität:** Ausprägung der sekundären Geschlechtsmerkmale (Bart, Brüste), Körperbau (Mann: breite Schultern, viel Muskulatur; Frau: breite Hüften, weiche Körperformen).
- **Sozialverhalten:** Begegnungsrituale (z. B. in Discos), Imponiergehabe (Männer: breitbeinige Sitzhaltung), Sich-zur-Schau-Stellen (Frauen: Hüftschwung).
- **Körperkontakt:** Alle Abstufungen und Formen vom Händchenhalten, Liebkosungen bis zum Beischlaf.
- **Persönlichkeitsmerkmale und Fähigkeiten:** Humorvoller und unterhaltsamer Charakter, soziale Kompetenzen, gemeinsame Interessen.
- **Existentielle und soziale Absicherung:** Frauen schauen vermehrt auf ökonomische Sicherheit wie Einkommen und Besitz, soziales Ansehen und Stellung in der Gesellschaft.
- **Potentielle Elternschaft:** Interesse an Familie und Kindern, am gemeinsamen Großziehen der Kinder.
- **Kulturelle und gesellschaftliche Wertsysteme:** Moralvorstellungen, soziale Regeln bezüglich Partnerwahl und Ehe, Bedeutung von Familie und Kindern, Gruppenselektion aufgrund bestimmter kultureller Merkmale (z. B. Kastenwesen).

Merkmale der sexuellen Selektion (modifiziert nach Morris 1986)

tende existentielle und soziale Sicherheit sowie kulturelle Wertvorstellungen spielen dabei ebenfalls eine wesentliche Rolle und tragen indirekt auch zur Zusammensetzung des Genoms des Kindes bei. Darüber hinaus finden sich Partner häufig zusammen, weil sie in bestimmten Merkmalen, beispielsweise der intellektuellen Leistungsfähigkeit, ähnlich veranlagt sind (sogenannte assortative Paarung, Teil II).

Bei der sexuellen Fortpflanzung wird das Genom dann noch einmal aufgemischt. Zu einer neuen Zusammensetzung von Genen, Genkomplexen und Chromosomen kommt es erstmals, wenn die Eizellen bei der Mutter und die Spermien beim Vater gebildet werden. Bei der sogenannten Reifeteilung wird der Chromosomensatz in den Keimzellen, aus denen die Eizellen und Spermien hervorgehen, von 46 auf 23 Chromosomen reduziert. Das Kind erhält also eine beliebige Auswahl von Chromosomen aus den Chromosomensätzen von Mutter und Vater (interchromosomale Rekombination). Bei der intrachromosomalen Rekombination werden die Gene auf den Chromosomen zusätzlich neu zusammengestellt: Die jeweils entsprechenden (homologen) Chromosomen, beispielsweise die beiden Chromosomen 12, lagern sich aneinander. Dabei kommt es zu einem Austausch von Genen und Genkomplexen zwischen den beiden Chromosomen (crossing-over). Die Chromosomen, die an das Kind weitergegeben werden, sind also nicht mehr genau gleich wie diejenigen von Mutter und Vater. Bei der Befruchtung schließlich vereinigen sich die beiden einfachen Chromosomensätze der mütterlichen Eizelle und des väterlichen Spermiums. So entsteht wieder ein vollständiger Chromosomensatz mit 46 Chromosomenpaaren, aus denen sich das Kind entwickelt.

Mutter und Vater können mit ihren 23 Chromosomenpaaren je 8,39 Millionen (2^{23}) verschiedene Keimzellen ausbilden. Wenn die beiden Geschlechtszellen bei der Befruchtung verschmelzen, ergeben sich 35 Billionen Kombinationsmöglichkeiten ($2^{23} \times (2^{23}+1)/2 \approx 3,5 \times 10^{13}$). Die Wahrscheinlichkeit, dass ein Elternpaar zwei genetisch identische Nachkommen zeugt, ist daher äußerst gering, es sei denn es handelt sich um eineiige Mehrlinge. Aus dieser riesigen Anzahl an Kombinationsmöglichkeiten lässt sich auch ersehen, dass sich die Nachkommen verschieden stark von den Eltern unterscheiden können (Teil II). Die Verschiedenheit wird zumeist noch deutlich größer ausfallen, da bei dieser Berechnung die intrachromosomale Rekombination noch nicht berücksichtigt ist.

Die Vielfalt des Genoms ist so groß, dass sich jeder Mensch in seiner

Anlage von allen anderen etwa acht Milliarden Menschen unterscheidet. Seiner Einzigartigkeit ist er sich bewusst, und er muss sich Tag für Tag mit seiner Individualität und der enormen Vielfalt unter seinen Mitmenschen auseinandersetzen – was sehr anspruchsvoll sein kann.

Ein Masterplan für die Entwicklung

Um ein Haus zu bauen, benötigt man nicht nur Baumaterial, sondern auch einen Bauplan und ein Programm, in dem festgehalten wird, welche Arbeiten zu einem bestimmten Zeitpunkt ausgeführt werden müssen. Genauso ist es bei der Entwicklung eines Lebewesens. Dazu braucht es Baustoffe wie Kohlenhydrate, Eiweiße und Spurenelemente, aber auch einen detaillierten Masterplan, der festlegt, wann welche Gene und Botenstoffe wie Enzyme und Hormone in den Körperzellen aktiviert werden müssen, damit die Baustoffe auch richtig eingesetzt werden.

2001 war es so weit: 99,9 Prozent des menschlichen Genoms waren entschlüsselt, das heißt, die DNS-Sequenzen aller Chromosomen waren nun bekannt.[10] In immer größerem Tempo wird seitdem auch das Erbgut von Pflanzen und Tieren entziffert. Bei der Sequenzierung der DNS mussten die Forscher mit Erstaunen feststellen, dass die Menge der DNS im Verlaufe der Evolution nicht notwendigerweise zugenommen hat. So beträgt die Anzahl Basenpaare beim Menschen 3.29×10^9, beim Wasserfloh 2×10^8, beim Teichmolch 2.5×10^{10} und selbst beim Kohlgemüse 7×10^8. Es besteht also kein direkter Zusammenhang zwischen der Größe des Genoms und dem Differenzierungsgrad der Lebewesen. Auch die Anzahl an Chromosomen spiegelt die Weiterentwicklung der Lebewesen nicht wider. Der Zellkern enthält beim Menschen 46, beim Schimpansen 48, beim Tintenfisch 12, bei der Amsel 80, beim Alpenveilchen 48 und bei Schachtelhalmen 216 Chromosomen.

Eine weitere Fehlerwartung bestand darin anzunehmen, mit der Entschlüsselung des menschlichen Genoms wüssten wir, woraus der Mensch gemacht ist. Dem ist aber keineswegs so. Auch wenn wir wissen, wie viele Buchstaben in einem Buch enthalten sind und wie deren Abfolge ist, wissen wir noch lange nicht etwas über dessen Inhalt. Dafür müssen wir die Sprache, in der das Buch geschrieben ist, verstehen.

Das Genom besteht – wie bereits erwähnt – aus mehreren Milliarden Basenpaaren. Man kann nur staunen, wie die Weitergabe einer solch immens großen Datei in einem extrem komplexen Prozess von Austausch und Vereinigung seit Millionen von Jahren so zuverlässig vonstattengehen konnte. Ein genauso großes Wunder ist, wie sich die Entwicklung eines Kindes, insbesondere in den ersten Monaten nach der Befruchtung, vollzieht. Über die frühe Organentwicklung bei Drosophila, Maus und Zebrafisch ist einiges bekannt, jedoch kaum beim Menschen. Wir kennen zwar die Abfolge der Genkomplexe auf den 46 Chromosomen, ein Verständnis dafür, wie die unzähligen Interaktionen zwischen den Genen in den Körperzellen räumlich und zeitlich ablaufen, fehlt uns jedoch weitgehend. Abermillionen von Zellen teilen, differenzieren und spezialisieren sich in den Körperorganen innerhalb von Tagen, Wochen und Monaten. Im Gehirn beispielsweise reifen höchst unterschiedliche Zelltypen heran und übernehmen sehr verschiedene Funktionen. Es wird noch Jahrzehnte dauern, bis wir die hochkomplexen Aktivitäten der Gene in der frühkindlichen Entwicklung wirklich verstehen werden – falls es überhaupt je gelingt.

Neuere molekulargenetische Untersuchungen bestätigen, dass wir uns den Zusammenhang zwischen den Genen und der Ausprägung von Merkmalen jahrzehntelang viel zu einfach vorgestellt haben. Eine große Bedeutung schrieb man anfänglich den proteinkodierenden Genen zu. Doch ihre Zahl ist beim Menschen mit 23 700 Genen weit weniger groß als erwartet. Einfache Tier- und Pflanzenarten können mehr kodierende Gene aufweisen, etwa der Wasserfloh mit 31 000 oder die Kohlpflanze mit 100 000 kodierenden Genen. Die Wissenschaftler mussten einsehen, dass kein Zusammenhang zwischen der Anzahl der proteinkodierenden Gene und der Komplexität des Organismus besteht. Mit unseren nächsten Verwandten, den Schimpansen, haben wir, wie gesagt, bis zu 99 Prozent der DNS-Sequenzen gemeinsam, unterscheiden uns aber in unseren körperlichen und psychischen Merkmalen deutlich von ihnen. An den kodierenden Genen allein kann es also nicht liegen.

Die proteinkodierenden Gene und Genkomplexe machen lediglich 2 Prozent des gesamten Genoms aus, die nichtkodierenden jedoch 98 Prozent. Letztere wurden lange Zeit als »Schrott-DNS« bezeichnet, weil ihre entwicklungsbiologische Bedeutung nicht erkannt wurde. Das ist insofern erstaunlich, als die Natur nichts Überflüssiges hervorbringt. Alles hat seine Bedeutung, auch wenn sie oft nicht zu verstehen ist. Wir beginnen langsam zu begreifen, dass vor allem die nichtkodierenden Gene der Schlüssel zum Verständnis der menschlichen Entwicklung sind. Manche dieser Gene programmieren mit Hilfe zusätzlicher Nukleinsäuren wie der Ribonukleinsäuren die Entwicklung des ungeborenen Kindes.[11] Sie bestimmen, wann welche Gene an- und abgeschaltet werden. Es ist also nicht eine wilde Horde von Genen, welche das Wunder der menschlichen Entwicklung vollbringt, sondern ein hochkomplexer, genetisch festgelegter Prozess, der das räumliche und zeitliche Zusammenspiel von kodierenden und nichtkodierenden Genen mit ihren Produkten, etwa Enzymen, reguliert. Dabei werden im Laufe der Entwicklung die Genaktivitäten immer weiter festgelegt und eingeschränkt und die Zellen in ihrer Funktion immer stärker determiniert. Nach der Vereinigung von Ei und Sperma entstehen sogenannte totipotente Stammzellen, aus denen sämtliche Arten von Körperzellen hervorgehen. So beginnen sich im Lauf der Schwangerschaft die Zellen zu spezifischen Körperzellen für Organe wie Herz, Leber und Gehirn auszudifferenzieren.

Das Geheimnis der menschlichen Entwicklung liegt also weniger in der Größe des Genoms als vielmehr in seinem Masterplan. Er besteht einerseits aus einer Art Protokoll, wie die Evolution des Menschen bis zu diesem Zeitpunkt abgelaufen ist, und andererseits aus Regieanweisungen, wie die Entwicklung eines Menschen zu verlaufen hat. Der Masterplan ist wie die Choreographie für ein Ballett, und die Gene sind seine Tänzer. Die Anzahl der Tänzer und Tänzerinnen entscheidet genauso wenig über die Art der Aufführung wie die Anzahl der Gene über den entstehenden Organismus. Und auch die Größe der Balletttruppe gibt keinen Aufschluss darüber, was die Tänzer darstellen werden. Dasselbe Ensemble kann ganz unterschiedliche Stücke aufführen. Erst wenn sich die Tänzer und Tänzerinnen bewegen, miteinander interagieren und dabei Handlungen und Szenen entstehen, bekommt die Aufführung ihre inhaltliche Bedeutung. Die Choreographie gibt jeden Einsatz der Tänzer und Tänzerinnen während der Aufführung minutiös vor. Sie werden zu unterschiedlichen Zeiten als Solisten, in Gruppen oder als Ensemble aktiv und dabei in ihrer Funktion immer stärker festgelegt. Und so ist es auch mit den Genen. Nach einem hochkomplexen, zeitlich und räumlich streng festgelegten Plan werden sie angeschaltet, um bestimmte Prozesse in Gang zu setzen, schalten dann ihrerseits wieder andere Gene an und werden wieder abgeschaltet. Tänzer können straucheln, einander verpassen, eine Sequenz vergessen oder einen Moment lang innehalten, weil sie beispielsweise durch einen Niesanfall im Publikum irritiert wurden. Auch Gene können zum falschen Zeitpunkt aktiv werden oder aus unterschiedlichen äußeren Gründen wie einer viralen Infektion den Masterplan nicht genau befolgen, doch das kommt glücklicherweise selten vor.

Die Entwicklung eines Menschen dauert nicht nur ein bis zwei Stunden wie eine Ballettaufführung, sondern neun lange Schwangerschaftsmonate, um ein lebensfähiges Kind entstehen zu lassen, und weitere etwa 15 Jahre, um all die Eigenschaften und Fähigkeiten entstehen zu lassen, die den erwachsenen Menschen ausmachen. Erst durch den Masterplan bildet sich das heraus, was den Menschen von allen anderen Lebewesen unterscheidet: seine Anlage. Wenn wir in der Folge von Anlage sprechen, ist damit nicht die Erbanlage, das Genom, gemeint, sondern vielmehr der Organismus, der während der Schwangerschaft – in Abstimmung mit der jeweils vorgefundenen »Umwelt« im Mutterleib – entsteht und sich noch viele Jahre in einem ständigen Austausch mit der Umwelt weiterentwickelt.

Verwandt und dennoch verschieden

Vor einigen Jahren mussten die Iren und Schotten aufgrund molekulargenetischer Untersuchungen mit Erstaunen zur Kenntnis nehmen, dass sie nicht nur Nachfahren von tapferen Wikingern aus dem kalten Norden sind, sondern auch von furchtlosen Tuaregs aus der heißen Sahara abstammen.[12] Jeder von uns hat entfernte Verwandte in Asien, Australien oder Amerika. Europäer haben genetische Gemeinsamkeiten mit den Mongolen, die Inder mit den Mayas und die Aborigines mit den Skandinaviern. Populationsgenetische Studien belegen zweifelsfrei: Alle Menschen sind miteinander verwandt.[13] Es gibt keine Anhaltspunkte dafür, dass die Menschheit aufgrund bestimmter genetischer Merkmale aus unterschiedlichen Ethnien oder Rassen besteht. Es gibt keine einzelnen Gene oder Genkomplexe, die bestimmte Gruppen von Menschen gegenüber anderen eindeutig abgrenzen, in Bezug auf bestimmte Eigenschaften und Fähigkeiten bevorteilen oder benachteiligen. Vielen Menschen fällt es begreiflicherweise schwer zu glauben, dass es keine spezifischen Marker für eine bestimmte Rasse geben soll, können wir doch recht zuverlässig Europäer von Afrikanern, Arabern und Chinesen unterscheiden. Gibt es doch Menschen mit weißer, gelber und schwarzer Hautfarbe, solche mit blauen, grünen oder braunen Augen und solche mit und ohne mandelförmige Augen.

Aber woran liegt es, dass alle Menschen miteinander verwandt und dennoch verschieden sind? Die meisten Merkmale werden nicht durch ein, sondern durch mehrere Gene bestimmt; bei der Augenfarbe beispielsweise sind es mindestens drei Gene. Darüber hinaus kann ein Gen in verschiedenen Varianten, sogenannten Allelen, vorkommen. So besteht das Gen gey aus zwei Allelen, eins für grüne und eins für blaue Augen, und das Gen bey2 aus einem Allel für braune und einem für blaue Augen. Schließlich kann sich ein Allel gegenüber anderen Allelen dominant oder rezessiv verhalten, das heißt, es bestimmt bei der Ausprägung eines Merkmals über andere Allele oder wird von ihnen unterdrückt. So dominiert das Allel für braune Augen über die Allele der anderen Augenfarben. Es ist also ein komplizierter Mechanismus, der hinter der großen Vielfalt von Augenfarben steckt. Bei den meisten Merkmalen, wie der Augenform, sind noch weit mehr Gene mit verschiedenen Allelen involviert. Bei einem Merkmal wie der Körpergröße schließlich ist die Anzahl von Genen und deren Allelen so groß, dass sich ein Kontinuum in der Ausprägung einstellt (multifaktorielle Vererbung). Es gibt nicht nur kleine und große Menschen, sondern einen stufenlosen Übergang vom kleinsten bis zum größten Menschen.

Damit ist aber noch nicht erklärt, weshalb Merkmale wie Hautfarbe, Augenform und Körpergröße von Bevölkerung zu Bevölkerung derart unterschiedlich verteilt sind. Das liegt an der natürlichen Auslese, der Anpassung an unterschiedliche Lebensbedingungen wie zum Beispiel an das Klima. So dominiert nach und nach diejenige Hautfarbe, die sich in einer bestimmten geographischen Region als die vorteilhafteste erwiesen hat. In Regionen mit starker Sonneneinstrahlung wie Afrika sind die Menschen dunkelhäutig; Pigmente (Melanine) schützen ihre Haut vor übermäßiger Ultravioletteinstrahlung. Helle Haut ist in Gegenden wie Nordeuropa, wo das Sonnenlicht schwächer ist, vorteilhaft, weil dadurch die Vitamin-D-Synthese und das

Knochenwachstum verstärkt werden. Wissenschaftler konnten eine Übereinstimmung zwischen Hautfarbe und geographischer Region nachweisen: Je höher die UV-Strahlung, desto ausgeprägter ist die Pigmentierung.[14] Typisch mandelförmige Augen gibt es nicht nur in der asiatischen Bevölkerung, sondern auch bei den Samen in Finnland und bei der indigenen Bevölkerung in Afrika und Südamerika. Wissenschaftler vermuten, dass sich Menschen mit dieser Augenform in der Frühzeit des Homo sapiens besser an regionale Wetterbedingungen mit starker Sonneneinstrahlung sowie Schnee- und Regenstürmen, die oft mit schlechten Sichtverhältnissen einhergingen, angepasst und damit eher überlebt haben. Je nach den Lebensbedingungen sind Gene und Genkomplexe einem unterschiedlichen Selektionsdruck ausgesetzt, etwa die Hautpigmentation in Afrika und Sibirien, was dazu führt, dass sie von Bevölkerung zu Bevölkerung ungleich verteilt sind.

Aus Erfahrung wissen wir, Japaner sind kleiner als Europäer. Dieser Unterschied in der Körpergröße ist jedoch nicht auf eine unterschiedliche genetische Ausstattung, sondern auf ungleiche Lebensbedingungen zurückzuführen. Migrationsbewegungen und der Einfluss sozioökonomischer Faktoren belegen dies eindrücklich. Bis in die 60er Jahre waren Kinder und Erwachsene in Japan wesentlich kleiner als in den USA und Europa. Wanderten Japaner in die Vereinigten Staaten aus und wuchsen ihre Kinder dort auf, waren diese nur noch unwesentlich kleiner als die amerikanischen Kinder europäischen Ursprungs. In den vergangenen 40 Jahren sind die Kinder auch in Japan immer größer geworden. Der Migrationseffekt sowie die Zunahme der Körpergröße im Herkunftsland konnten auf verbesserte Lebensbedingungen, insbesondere auf eine kalorien- und eiweißreichere Ernährung zurückgeführt werden.[15]

Die Weltgesundheitsorganisation (WHO) geht davon aus, dass die Menschen aller großen Populationen bezüglich der Körpergröße über die gleichen Erbanlagen verfügen. Wenn überhaupt, dann weichen die durchschnittlichen Körpergrößen bei Europäern, Afrikanern, Asiaten und Australiern, die unter guten Lebensbedingungen aufwachsen, nur um wenige Zentimeter voneinander ab.[16] Eine Ausnahme stellt das Volk der Pygmäen dar. Ihrem Minderwuchs liegt ein genetisch bedingter Defekt eines Wachstumshormons, des sogenannten IGF1 (Insulin-like growth factor), zugrunde.[17]

Grundsätzlich können wir davon ausgehen, dass unter gleichen Lebensbedingungen die Vielfalt jedes beliebigen Merkmals zwischen den einzelnen Menschen innerhalb einer Population weit größer ist als der durchschnittliche Unterschied zwischen Populationen. So variiert unter den Europäern die Körpergröße zwischen den kleinsten und größten Menschen um 40 Zentimeter, in Extremfällen sogar um bis zu 60 Zentimeter. Genauso groß ist die Streubreite innerhalb der asiatischen, afrikanischen oder australischen Bevölkerung. Die Unterschiede in der Körpergröße können von Mensch zu Mensch mehr als das Zehnfache betragen als diejenigen zwischen Populationen.

Dieser Sachverhalt trifft auch auf die intellektuelle Leistungsfähigkeit zu.[18] So variieren die Mittelwerte des Intelligenzquotienten zwischen Populationen lediglich um wenige IQ-Punkte, wenn unterschiedliche Lebensbedingungen, insbesondere die Qualität des Bildungswesens, mitberücksichtigt werden. Die interindividuelle Variabilität des Intelligenzquotienten innerhalb einer Bevölkerung jedoch beträgt mehr als 60 IQ-Punkte.

Wenn es keine »Ethnien« und »Rassen« gibt, die sich genetisch eindeutig voneinander unterscheiden, wie konnte es dann geschehen, dass während des Zweiten Weltkriegs Millionen von Juden, Roma und anderen Bevölkerungsgruppen wegen ihrer »Rassenzugehörigkeit« verfolgt und umgebracht wurden? Solche Verbrechen gegen die Menschlichkeit lassen sich nicht auf molekulargenetische Unterschiede zurückführen, sondern mit sozioökonomischen und kulturellen Gegebenheiten wie Misswirtschaft, Sprache und Religion erklären. Eine gewisse, aber nie entscheidende Rolle spielen auch Eigenheiten unseres Sozialverhaltens wie die Fremdenfurcht (Xenophobie). Wir werden in Teil V, VII und X darauf zurückkommen.

Warum die Evolution des Menschen so ungewöhnlich verlaufen ist

Es gibt Pflanzenarten, die sich über große Zeiträume hinweg nur wenig verändert haben. Solche »lebenden« Fossilien sind beispielsweise Stachelhalme und Farne, deren Vorfahren schon für die Zeit von vor 350 bis 400 Millionen Jahren nachweisbar sind. Lebende Fossilien gibt es auch im Tierreich, beispielsweise Ameise, Nautilus und Krokodil. Die ältesten fossilen Funde von Ameisen, konserviert in Bernstein, werden auf ein Alter von 100 Millionen Jahren geschätzt. Einige Ameisenarten haben sich seitdem in ihrem Körperbau und staatsbildenden Verhalten nur wenig verändert. Die Vorfahren des Nautilus, sogenannte Kopffüßer, sind bereits vor 400 bis 500 Millionen Jahren nachweisbar. Der Nautilus, wie wir ihn heute kennen, ist 30 bis 60 Millionen Jahre alt. Die Krokodile stammen von Dinosaurierarten ab, die vor etwa 230 Millionen Jahren die Erde bevölkert haben; die heute noch lebenden Krokodilarten gibt es seit etwa 50 Millionen Jahren. Auch wenn sich die lebenden Fossilien im Pflanzen- und Tierreich durchaus weiterentwickelten, haben sie sich doch so wenig verändert, dass sie aufgrund ihrer morphologischen Merkmale den Vorfahren zweifelsfrei zugeordnet werden können. Warum aber haben sie sich über derart große Zeiträume kaum gewandelt? Die aus evolutionsbiologischer Sicht naheliegende Erklärung lautet, dass sie sehr früh ihre ökologische Nische gefunden haben, die ihnen bis heute weitgehend erhalten geblieben ist. Es bestand schlichtweg keine Notwendigkeit, sich an veränderte Umweltbedingungen anzupassen. Weit schwieriger zu beantworten ist die folgende Frage: Warum haben sich Millionen von Pflanzen- und Tierarten und ganz besonders der Mensch auf eine einmalig extreme Weise weiterentwickelt?

Die Evolution des Menschen

Lange Zeit nahm die Evolution des Menschen einen wenig spektakulären Verlauf. Die ersten Säugetiere, von denen wir ursprünglich abstammen, waren den heutigen Ratten ähnlich und lebten vor 230 bis 200 Millionen Jahren. Die ältesten Fossilfunde, die den Primaten zugeordnet werden können, sind etwa 50 Millionen Jahre alt. Der Ursprung der Menschenaffen (Hominiden) wird auf die Zeit von vor 18 bis 15 Millionen Jahren geschätzt. Vor sieben bis sechs Millionen Jahren hat sich eine Population afrikanischer Menschenaffen in zwei separate Arten aufgespalten. Aus der einen Art sind über eine unbekannte Anzahl von Zwischenstufen und Seitenlinien die uns wohlbekannten Primaten wie Schimpanse und Bonobo hervorgegangen. Aus der anderen Art entwickelte sich über eine ebenfalls unbekannte Anzahl von Zwischenstufen und Seitenlinien der Mensch.[19]

Vor etwa vier Millionen Jahren begann eine Art von Australopithecinen, ein früher Vorläufer des Menschen, sich aufzurichten und auf zwei Beinen zu gehen. So waren die Arme und Hände zum Hantieren frei und konnten unter anderem dafür eingesetzt werden, um Hölzer und Steine als Werkzeuge (pebble tools) zu benutzen. Das Gehirn der Australopithecinen war im Vergleich mit anderen Primatenarten in der gleichen Zeit etwa um ein Viertel angewachsen. Darüber, zu welchen Leistungen diese frühen Vorfahren auch noch fähig waren, können wir nur spekulieren. Wahrscheinlich waren sie vergleichbar mit denjenigen, die wir heute beim Schimpansen, etwa beim Werkzeuggebrauch, beobachten können.

Vor drei bis zwei Millionen Jahren begann sich das Gehirnwachstum zu beschleunigen. Diese »menschlichen« Vorfahren (darauf weist der Gattungsnamen »Homo« hin) waren nun fähig, nicht nur Objekte als Werkzeuge einzusetzen, sondern diese auch für einen bestimmten Zweck herzurichten. So wählten sie besonders harte Steinsorten aus, bearbeiteten sie durch gezieltes Abschlagen zu scharfkantigen Werkzeugen und verwendeten diese als Faustkeile, Speerspitzen und Steinmesser, mit denen sie beispielsweise Tiere jagen und Fleisch von den Knochen ablösen konnten.

Vor zwei bis einer Million Jahren lebten wahrscheinlich mehrere Gruppen von Hominiden und Australopithecinen in ganz Afrika nebeneinander, von denen immer wieder größere Gruppen auswanderten und sich über ganz Eurasien verteilten. Wie sie gelebt haben und über welche kognitiven Fähigkeiten sie verfügten, ist nicht bekannt. Es gibt Anhaltspunkte, dass sie bereits über ein differenziertes akustisches Kommunikationsverhalten verfügten. Beim Homo erectus, der vor etwa 1,5 Millionen Jahren die Erde bevölkerte, fand sich auf der Innenseite des Schädels eine Vertiefung, die einem Abdruck des Broca-Sprachzentrums entsprechen könnte.[20] Eine für den Menschen charakteristische Absenkung des Kehlkopfes wurde beim Homo heidelbergensis, der vor 500 000 bis 200 000 Jahren lebte, nachgewiesen. Der tiefer liegende Kehlkopf ging mit einer Vergrößerung des Nasen-Rachen-Raums einher und ermöglichte so eine differenziertere Lautbildung. Beide Beobachtungen machen eine hochentwickelte akustische Kommunikation zwar wahrscheinlich, beweisen aber nicht das Vorliegen von Sprache, das heißt einer Kommunikation mit Symbolcharakter (Teil V). Wir wissen also nicht, ob sie bereits über eine Frühform von Sprache verfügten, Erfahrungen austauschten und ihren Kindern sogar Geschichten und Mythen erzählten.

Die Spezies Homo sapiens sapiens (zumeist als Homo sapiens bezeichnet), von der wir alle abstammen, ist aus einer der verschiedenen damals lebenden Homo-Gruppen vor etwa 200 000 Jahren hervorgegangen, aus welcher, ist allerdings unbekannt. Anders als die vorher bestehenden Arten der Gattung Homo besaß diese neue Art einen leichteren Körperbau und vor allem ein stark vergrößertes Gehirn, das völlig neue kognitive Fähigkeiten hervorbrachte.

Eine weitere Homo-Gruppe, der aus dem Homo heidelbergensis hervorgegangene Neandertaler, bevölkerte vor 500 000 Jahren ganz Eurasien und war dem Homo sapiens wohl weit ähnlicher als lange Zeit angenommen. Die ältesten Gräber von Neandertalern wurden in den Höhlen von Qafzeh und Skhul (Israel) entdeckt und sind 120 000 bis 90 000 Jahre alt. Bestattungen mit Grabbeigaben wurden spätestens vor 70 000 bis 50 000 Jahren vorgenommen (Shanidar, Irak). Die Neandertaler müssen sich also bereits Gedanken über den Tod und das Jenseits gemacht haben, was voraussetzt, dass sie über eine gewisse Vorstellung von Zeit verfügt haben. Über 30 000 Jahre hinweg teilten sie einen gemeinsamen Lebensraum mit dem Menschen und sind vor etwa 30 000 Jahren aus unbekannten Gründen ausgestorben. Ihr Gehirn scheint etwas größer als dasjenige des Homo sapiens gewesen zu sein, was ihnen aber offenbar keine evolutionären Vorteile verschaffte. Eine weitere Homo-sapiens-Gruppe, die jüngst entdeckt worden ist und ebenfalls mit dem Homo sapiens sapiens und dem Neandertaler Kontakt hatte, ist der Denisova-Mensch. Er lebte vor rund 40 000 Jahren im Altai-Gebirge im südlichen Sibirien.[21]

Es gibt molekulargenetische Hinweise, dass es zu einer gewissen Durchmischung zwischen den Populationen von Homo sapiens, Neandertalern und Denisova-Menschen gekommen ist. Unser Genom enthält kleine Anteile des Neandertaler-Genoms, unter anderem das FOXP2 Gen, das mit der Sprechfähigkeit in Zusammenhang gebracht wird.[22] Eine Variante des Gens EPAS1, das bei den Menschen in Tibet vorkommt und ihnen die Atmung in großen Höhen erleichtert, soll vom Denisova-Menschen stammen, was auf bestimmte genetische

Gemeinsamkeiten mit dem Homo sapiens verweist.[23] Angenommen, Homo sapiens sapiens, Denisova-Menschen, Neandertaler und wahrscheinlich noch weitere Hominiden haben sich tatsächlich gepaart, dann ist davon auszugehen, dass sie sich in ihrem Kommunikations- und Sozialverhalten wie auch in ihren Lebensformen weit ähnlicher waren, als wir bisher vermutet haben.

Unsere frühen Vorfahren und auch die stammesgeschichtlich nächsten Verwandten haben Hunderttausende von Jahren gelebt, also weit länger als die Homo sapiens. Doch der moderne Mensch hat als Einziger überlebt. Dafür muss es neben glücklichen Lebensumständen gewichtige Gründe gegeben haben.

Eine außergewöhnliche Entwicklung

Die Evolution nimmt sich Zeit. So benötigte das Pferd 55 Millionen Jahre, um in seiner Risthöhe von 40 auf 160 Zentimeter anzuwachsen und an Gewicht von 20 auf 800 Kilogramm zuzulegen. In der Evolution des Homo sapiens jedoch vergingen gerade einmal 3 Millionen Jahre, bis sein Gehirn um mehr als das Dreifache an Gewicht zugenommen hatte; von 400 auf 1400 Gramm bei Männern und auf 1300 Gramm bei Frauen. Diese Entwicklung ist aus evolutionsbiologischer Sicht höchst ungewöhnlich. Sie hat die soziokulturelle Evolution des Menschen erst ermöglicht.

Vor sechs bis drei Millionen Jahren war das Gehirn unserer frühesten Vorfahren etwa so groß wie dasjenige der damaligen Menschenaffen. Zwischen drei und 2,5 Millionen Jahre vor unserer Zeit fing ihr Gehirn übermäßig an zu wachsen und fuhr – so die Befunde der Anthropologen – bis vor etwa 200 000 Jahren damit fort. Es nahm von etwa 400 auf durchschnittlich 1350 Gramm zu. Das Gehirn unserer nächsten Verwandten, der Primaten, vergrößerte sich hingegen in dieser Zeit nur unwesentlich. Weshalb begann das Gehirn bei mindestens

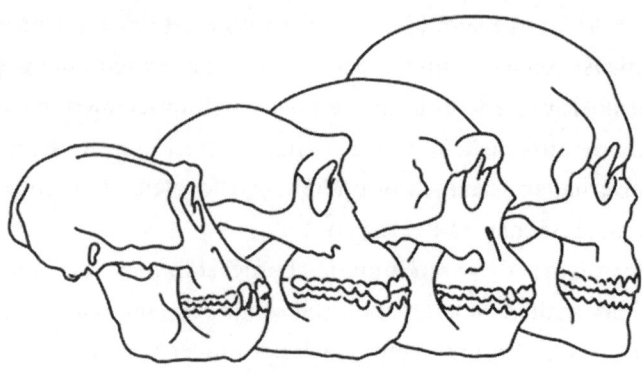

Abb. 1.6:   Die Schädel von Makake, Orang-Utan, Schimpanse und Mensch.

einer Art von Australopithecus plötzlich schneller zu wachsen als bei den anderen, wohlgemerkt ohne dass seine Körpergröße und Gewicht im gleichen Ausmaß zunahmen?

Erste Hinweise, was das Hirnwachstum ausgelöst haben könnte, liefert die jüngere Molekulargenetik.[24] Das HAR1-Gen ist ein uraltes, äußerst stabiles Gen. Obwohl sich die Abstammungslinien von Huhn und Schimpanse bereits vor 400 Millionen Jahren getrennt haben, unterscheiden sich diese beiden Tierarten in Bezug auf dieses Gen lediglich in 2 der 118 Basenpaare. Die Abstammungslinien der Vorfahren von Schimpanse und Mensch haben sich vor sechs Millionen Jahren getrennt. In dieser – aus evolutionsbiologischer Sicht – sehr kurzen Zeitspanne ist es hingegen zu 18 Veränderungen in den 118 Basenpaaren des HAR1 gekommen. Fällt das HAR1-Gen aus, führt das bei den betroffenen Kindern zu einem »glatten Gehirn«, das heißt, es fehlen die Gehirnfurchen (Lissenzephalie). Die Auswirkungen sind eine defekte Hirnstruktur, die eine geistige Behinderung zur Folge hat. Ein weiteres Gen, mit der Bezeichnung ASPM, steht in einem noch direkteren Zusammenhang mit der Größe des Gehirns. Fällt dieses Gen aus, kommt es zu einer Minderentwicklung des Gehirns

(Mikrozephalie). Die Großhirnrinde fehlt weitgehend, das Gehirngewicht beträgt nur noch 400 Gramm. Es entspricht etwa demjenigen von Schimpanse und Gorilla. Fällt das ASPM-Gen aus, befinden wir uns wieder auf der Evolutionsstufe, auf der die beschleunigte Hirnentwicklung vor drei Millionen Jahren eingesetzt hat. Bemerkenswert dabei ist, dass die beiden Gene, HAR1 und ASPM, keine proteinkodierenden Gene sind, sondern Regulator-Gene. Sie spielen in der Embryonalentwicklung bei der Strukturierung und Ausgestaltung der Großhirnrinde eine führende Rolle. Neben diesen beiden Genen gibt es sicherlich noch weitere, heute noch unbekannte Gene und Genkomplexe, die bei der Entwicklung des Gehirns mitwirken.

Mit der Zunahme des Gehirngewichts stieg die Anzahl der Nervenzellen auf 20 Milliarden und die Anzahl der Synapsen, Kontaktstellen zwischen den Nervenzellen, auf unglaubliche 400 Billionen an. Dennoch lässt sich mit dem Anwachsen des Gehirns allein die Weiterentwicklung der geistigen Fähigkeiten beim Menschen nicht erklären. Das Gehirn von Elefanten wiegt beachtliche 4,6 Kilogramm, also etwa dreimal so viel wie das menschliche Gehirn. Elefanten sind sehr sozial und kommunizieren miteinander, verfügen aber längst nicht über die kognitiven und sprachlichen Fähigkeiten des Menschen. Neben quantitativen Faktoren wie der Vermehrung von Nervenzellen und Synapsen müssen vor allem qualitative Faktoren zu seiner kognitiven Leistungsfähigkeit beigetragen haben. So setzen Fähigkeiten wie das symbolische Denken und die Sprache, die den Menschen auszeichnen, differenzierte und bewusste Vorstellungen voraus, die nur durch eine hochgradige Vernetzung der Gehirnareale zustande kommen konnten (Teil III, VI). Wie eine solche extreme Vernetzung neuronaler Strukturen überhaupt entstand und welche Art von Gehirnarchitektur und neuronaler Verschaltung der enormen Leistungsfähigkeit unserem Gehirn zugrunde liegt, ist derzeit noch ein Geheimnis.

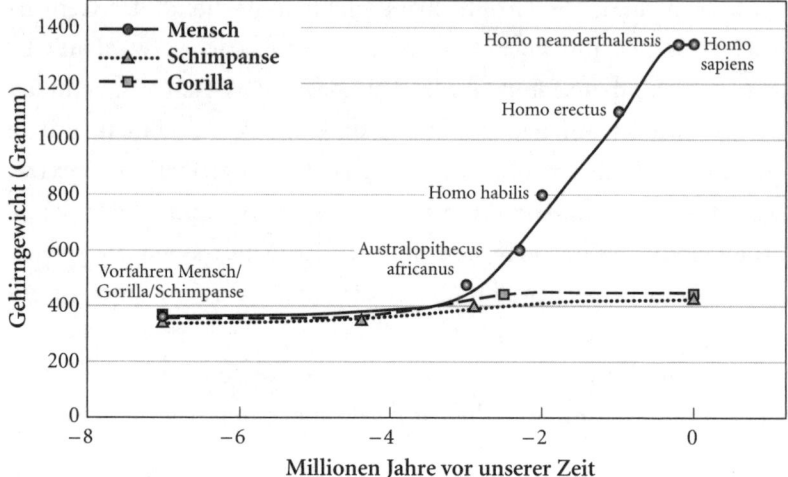

Abb. 1.7: Entwicklung des Hirngewichts bei den Vorfahren von Mensch, Gorilla und Schimpanse in den vergangenen sieben Millionen Jahren. Da es sich um Messungen von einzelnen Schädelfunden handelt, ist die Streubreite der Hirngewichte nicht bekannt. Die Angaben müssen daher mit Vorsicht interpretiert werden (Mittelwert und Streubreite des Hirngewichtes beim heutigen Menschen: für das männliche Geschlecht 1400, 1200 bis 1600 ml; für das weibliche Geschlecht 1300, 1100 bis 1500 ml) (adaptiert aus Pike et al. 2012).

Warum soll das Gehirn vor 200 000 Jahren aufgehört haben zu wachsen? Einige Anthropologen behaupten sogar, das Gehirngewicht hätte in den vergangenen 28 000 Jahren wieder abgenommen. Doch genau genommen können wir nicht ausschließen, dass das Gehirnwachstum nicht doch weitergegangen ist und unter Umständen immer noch weitergeht. Die durchschnittliche Zunahme des Gehirngewichts betrug in den letzten drei Millionen Jahren etwa 30 Gramm pro 100 000 Jahre. Eine Zu- oder Abnahme von 60 Gramm in den vergangenen 200 000 Jahren lässt sich aufgrund der mageren Datenlage weder belegen noch ausschließen. Es fehlt eine ausreichende Anzahl von Messdaten, um die Variabilität des Gehirngewichts zuverlässig einschätzen zu können.

Das Ende der Gehirnentwicklung hat der Entwicklungsneurologe Heinz Prechtl damit begründet, dass der Kopf des ungeborenen Kindes nicht mehr weiterwachsen konnte, weil die Enge des weiblichen Beckens den Durchtritt eines noch größeren Kopfes bei der Geburt nicht zuließe.[25] Der Naturforscher Adolf Portmann postulierte sogar, das Menschenkind müsse wegen seines großen Kopfes vorzeitig, sozusagen als physiologische Frühgeburt, auf die Welt kommen.[26] Dafür, dass es unreif geboren wird, können aber auch andere, weit triftigere Gründe angeführt werden (Teil III).

Wäre es möglich, dass das menschliche Gehirn sich nicht mehr weiterentwickelt hat, weil es zur Lebensbewältigung ausreichend ausgestattet war? Und fängt es vielleicht sogar wieder an zu wachsen, wenn der Mensch vor neue Herausforderungen wie die digitale Revolution gestellt wird?

In den vergangenen drei Millionen Jahren war die Gehirnentwicklung einem ständigen Selektionsdruck ausgesetzt. Fähigkeiten, die besonders vorteilhaft waren, wurden häufiger an die Nachkommen weitergegeben als andere. So war beim Jagen ein gutes räumliches Orientierungsvermögen in der Natur besonders nützlich. Soziale, sprachliche und musikalische Fähigkeiten verbesserten den Zusammenhalt in der Lebensgemeinschaft. Ein hochentwickeltes logisches Denken half, kausale Zusammenhänge besser zu verstehen, beispielsweise wie sich Bodenbeschaffenheit und Wetter auf das Wachstum von Pflanzen und Tieren auswirken. Ein Verständnis für zeitliche Zusammenhänge war hilfreich beim Einsammeln von Früchten, die zu unterschiedlichen Zeiten heranreiften. Besonders dienlich waren die grobmotorischen Fähigkeiten beim Jagen und die feinmotorischen beim Werkzeuggebrauch. Wie bei allen Lebewesen haben sich die einzelnen Fähigkeiten unter den Menschen unterschiedlich ausgebildet.

So gibt es Menschen, die vor allem sozial und sprachlich begabt sind, andere verfügen über ausgezeichnete figural-räumliche und wieder andere über besondere motorische Fähigkeiten.

Meister der Anpassung

Um die Herkunft des Homo sapiens und sein Migrationsverhalten zu erforschen, wurden molekulargenetische Studien bei Bevölkerungsgruppen auf allen Kontinenten durchgeführt. Dabei machten sich die Wissenschaftler Eigenheiten der Mitochondrien-DNS und des Y-Chromosoms zunutze und kamen zu erstaunlichen Befunden.[27]

Der moderne Mensch geht auf eine Gruppe von lediglich 10 000 bis 60 000 Menschen zurück, die vor 200 000 bis 150 000 Jahren in Ostafrika gelebt haben.[28] Die derzeit acht Milliarden Menschen stammen also von einer relativ kleinen Ursprungspopulation ab. Inzwischen ist es etwa 7500 Generationen her, seit unsere direkten Vorfahren die Savannen verlassen und sich über den ganzen Erdball ausgebreitet haben. Alle heute lebenden Afrikaner, Amerikaner, Australier, Chinesen und Europäer trennt dieselbe Anzahl von Generationen von den frühmodernen Menschen.

Mit molekulargenetischen Methoden konnten Jahrtausende später auch die Wanderungsbewegungen unserer Vorfahren örtlich und zeitlich rekonstruiert werden. Die entscheidende Migrationswelle fand vor etwa 65 000 Jahren statt. Die Menschen ließen sich zuerst im Nahen Osten nieder. Von da wanderten sie weiter nach Europa und wagten sich über Asien bis nach Australien und den pazifischen Inseln vor. Vor etwa 13 000 Jahren sind sie in mehreren Migrationswellen über die Beringstraße nach Nord- und Mittelamerika und schließlich bis an die Südspitze von Südamerika vorgestoßen. Dabei bewegten sie sich weniger kreuz und quer durchs Land als vielmehr an den Meeresküsten und Flüssen entlang. Dabei haben sie die Welt nicht im Sturm erobert.

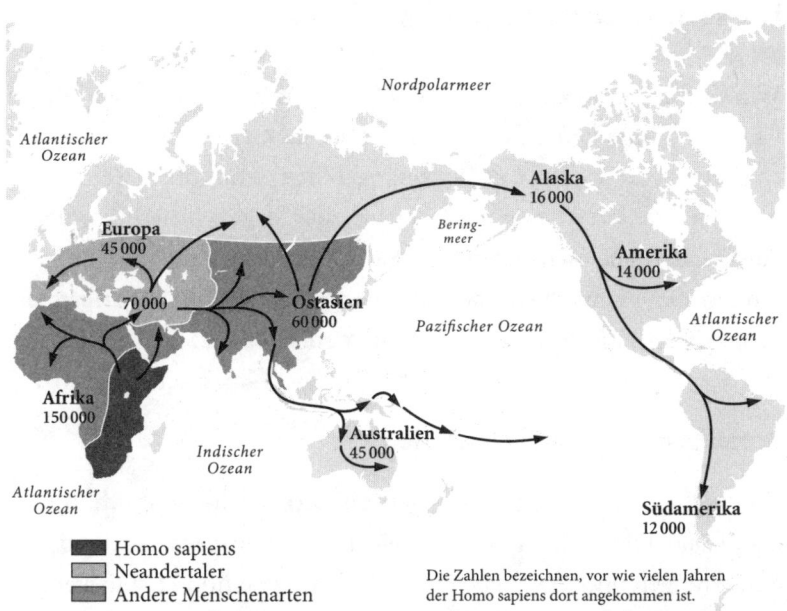

Abb. 1.8: Die Ausbreitung des modernen Menschen in den vergangenen 65 000 Jahren. Die Angaben beruhen auf Untersuchungen von DNSMarkern.

Eine Wegstrecke von einem Kilometer pro Jahr hätte im Zeitraum von 40 000 Jahren ausgereicht, um die Erde zu umrunden. Unsere direkten Vorfahren haben es geschafft, alle Kontinente – mit Ausnahme der Antarktis – zu bevölkern und sich dabei mit Hilfe ihrer außerordentlichen kognitiven und sozialen Fähigkeiten an die unterschiedlichsten Umweltbedingungen, im Dschungel von Afrika, in den Steppen von Sibirien und auf den Inseln im Pazifik, anzupassen. Vor etwa 12 000 Jahren begannen die Menschen, immer mehr in ihre Umwelt aktiv einzugreifen. Das war der Beginn der soziokulturellen Evolution.

Die soziokulturelle Evolution

Wir sind im Großen und Ganzen immer noch die gleichen Wesen wie vor 200 000 Jahren. Das Genom und das Gehirn des Homo sapiens haben sich in dieser, evolutionär gesehen, sehr kurzen Zeitspanne nicht nennenswert verändert. Warum also haben unsere Vorfahren das Smartphone nicht schon vor 200 000 Jahren erfunden? Oder wissen wir nur nichts davon, weil Belege von Errungenschaften aus der Frühzeit des Homo sapiens nicht überdauert haben?

Auftakt zur kulturellen Evolution

Zu welchen kulturellen Leistungen die Menschen bereits vor 40 000 bis 20 000 Jahren fähig waren, zeigen die realistischen Ritzungen, Zeichnungen und Malereien auf Höhlenwänden und Felsblöcken. Sie stellen Jagdszenen und eine Vielzahl von Tieren der damaligen Zeit dar. Bekannte Fundorte sind Lascaux in der Dordogne (Frankreich) und Altamira in Kantabrien (Spanien); weitere Funde wurden auch in Russland, China und Australien gemacht.

Die Menschen jener Zeit schnitzten mit Hilfe von scharfkantigen Feuersteinwerkzeugen auch formvollendete Tier- und Menschenfigu-

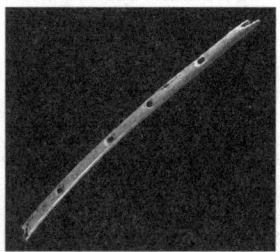

Abb. 1.9: Links: Felsmalereien (mindestens 15 000 bis 20 000 Jahre alt); Mitte: Flöte aus Gänsegeierknochen (35 000 Jahre); rechts: Venus von Willendorf (28 000 Jahre).

ren aus Elfenbein und aus Stein, wie etwa die 28 000 Jahre alte Venus von Willendorf. In der Höhle »Hohler Fels« in der Nähe von Ulm wurde 2008 eine Flöte aus Gänsegeierknochen mit einem geschätzten Alter von 35 000 Jahren gefunden. Wie eine solche Flöte geklungen haben mag, ist im Internet auf »Steinzeitmusik« zu hören.

Vor 12 000 bis 10 000 Jahren nahm die kulturelle Evolution mit dem Ackerbau und der Viehzucht im Nahen Osten an Fahrt auf. Aus Jägern und Sammlern, die bis dahin ein Nomadenleben geführt hatten, wurden sesshafte Bauern. Diese sogenannte neolithische Revolution setzte etwas später auch in Asien und Mittelamerika ein. Die Menschen säten und züchteten unterschiedliche Getreidesorten und kultivierten Pflanzen. Sie domestizierten Tiere, als Erstes Hunde, Schafe und Ziegen, dann auch Rinder und – wie man erst seit kurzem weiß – auch Bienen. In Laos wurden Felsmalereien entdeckt, die darstellen, wie vor 6000 Jahren Elefanten beritten und Pflugscharen auf den Äckern verwendet wurden. Schätzungen gehen davon aus, dass mit dem Ackerbau und der Viehzucht auf der gleichen Fläche bis zu fünfzigmal mehr Menschen leben und ernährt werden konnten als zur Zeit des Nomadentums.

Die Sesshaftigkeit führte zu neuen Lebensformen. Den Menschen ging es nicht mehr nur darum, Tag für Tag ihre Bedürfnisse mit dem Jagen von Tieren und dem Sammeln von Früchten und Pflanzen zu befriedigen. Sie bewirtschafteten immer größere Bodenflächen mit zunehmend intensiveren Anbaumethoden und legten Vorräte an. Die erbrachten Leistungen, etwa geerntetes Korn, und Besitz, ein Acker, bekamen einen existenzsichernden Stellenwert. Schon damals war Reichtum wahrscheinlich Ausdruck von guter Vorsorge und hohem sozialen Status. Die Menschen zogen aus einfachen Hütten und Höhlen in Lehm- und Steinhäuser um, die Lebensgemeinschaften nahmen an Größe zu, und die ersten Städte entstanden. Das Alter der Stadt von Göbekli Tepe in Südanatolien wird auf 10 000 bis 8000 Jahre geschätzt.

Sesshaftigkeit, Ackerbau und Viehzucht schufen erstmals größere Freiräume. Die Menschen waren nicht mehr ausschließlich damit beschäftigt, für den Lebensunterhalt zu sorgen. Sie konnten ihre Fähigkeiten immer besser nutzen und ihre Tätigkeitsfelder ständig ausweiten. Holz wurde auf unterschiedlichste Weise bearbeitet und verwendet. Das Rad wurde erfunden, erst als Töpferscheibe und dann als Wagenrad eingesetzt. Die Töpferei diente dabei nicht nur der Herstellung von Gefäßen; ihre Erzeugnisse wurden auch kunstvoll verziert. Textilien schützten nicht nur vor Kälte und Nässe, sondern wurden auch als Körperschmuck getragen. Die Schürfung und Bearbeitung von Metallen nahm ihren Anfang. Waffen, die bisher aus Stein hergestellt worden waren, wurden nun aus Bronze, Kupfer und schließlich aus Eisen geschmiedet. Bei der Herstellung von Schmuck wurden anfänglich Nüsse, Muscheln und kostbare Steine verwendet, dann immer häufiger durch Edelmetalle wie Bronze, Gold und Silber ersetzt.[29]

Mit der Überproduktion, beispielsweise von Getreide, kam der Handel auf und bald auch der Austausch von Luxusgütern, etwa von Bernsteinketten. Der Begriff »Kultur« leitet sich nicht zufällig vom lateinischen Wort *cultura* (Bearbeitung, Pflege, Ackerbau) ab. Kultur im weitesten Sinne umfasst alles, was der Mensch selbst gestaltend hervorgebracht hat: bildende Kunst, Moral, Recht, Religion, Technik, Wissenschaft und Wirtschaft. Diese sogenannte kulturelle Evolution ist nicht mehr wie die biologische genetisch (en)kodiert, sondern wird in Erzeugnissen und Dokumenten aller Art festgehalten.

Exponentielle Beschleunigung

Wie die kulturelle Evolution verlaufen ist, lässt sich besonders gut am Kommunikationsverhalten nachverfolgen. Seit wann unsere Vorfahren über eine Sprache mit Symbolfunktionen verfügten, wissen wir nicht. Es ist durchaus möglich, dass die Anfänge der Sprachentwicklung 100 000, vielleicht sogar 200 000 Jahre zurückliegen. Mündliche Überlieferung und soziale Speicherung von Informationen können also schon sehr früh stattgefunden haben. Die kulturelle Evolution hat mit der Schrift einen großen Schub erfahren. Die ersten Schriftzeichen wurden vor etwa 5000 Jahren in Mesopotamien verwendet.

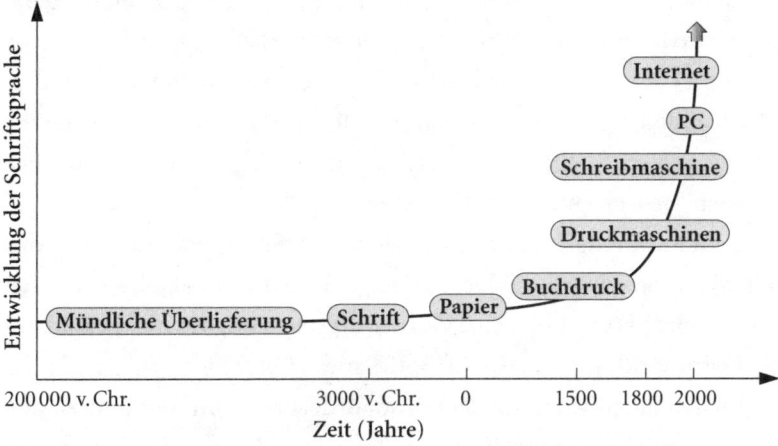

Abb. 1.10: Exponentieller Verlauf des kulturellen Fortschritts am Beispiel der Sprache. Um den Fortschritt in den letzten 3000 Jahren sichtbar zu machen, ist die Zeitachse nicht maßstabgerecht gezeichnet.

Die Erfindung des Papiers vor etwa 2000 Jahren, der Druck mit geschnitzten Holztafeln im 7. Jahrhundert, beides in China, und maschinelle Druckverfahren im 15. Jahrhundert in Europa verhalfen dem geschriebenen Wort zu einer immer größeren Verbreitung. Geradezu eine Informationsflut setzte im 19. Jahrhundert mit der Mechanisierung des Druckvorgangs ein. Die Informationstechnologie der letzten 30 Jahre hat die Datenmengen erneut vervielfacht und in gigantische Höhen getrieben.

Die kulturellen Errungenschaften sind – wie die obige Abbildung zeigt – in der Menschheitsgeschichte nicht nur additiv, sondern exponentiell angewachsen. In jeder Zeitperiode waren die Fortschritte um ein Vielfaches größer als in der vorangegangenen. So entwickelten sich Symbolsysteme wie die gestalterische Darstellung von Bildern und Skulpturen vor 40000 bis vor 10000 Jahren weit stärker als in der viel längeren Zeitperiode von 150000 Jahren davor. In den 10000 Jahren vor unserer Zeitrechnung waren die kulturellen Erzeugnisse wiederum ein Vielfaches größer als in den 30000 Jahren zuvor. In den ersten 1800 Jahren unserer Zeitrechnung nahmen die kulturellen Erzeugnisse im Vergleich mit den vergangenen 10000 Jahren erneut um ein Vielfaches zu. Im 19. und 20. Jahrhundert schließlich hat der Mensch innerhalb von lediglich 200 Jahren ein Millionenfaches an kulturellen Erzeugnissen aller Art hervorgebracht als in den 1800 Jahren zuvor und selbst in den gesamten 200000 Jahren, seit der Homo sapiens existiert. Eine Grundvoraussetzung für diese exponentielle Entwicklung war zweifellos das menschliche Gehirn, aber längst nicht ausschließlich. Eine Reihe von fördernden Umweltfaktoren und wechselseitigen Entwicklungsprozessen hat die Beschleunigung des kulturellen Fortschrittes überhaupt erst möglich gemacht:

Verbesserte Lebensbedingungen. Vermutlich waren unsere frühen Vorfahren bis vor etwa 12000 Jahren die meiste Zeit damit beschäftigt, sich Nahrung zu beschaffen und sich gegen die Unbilden der Witterung und alle möglichen anderen Gefahren zu schützen. Bis vor 12000 Jahren herrschte noch die letzte Eiszeit. Weite Teile Europas, Asiens und Nordamerikas lagen unter einer mehrere Kilometer dicken Eisdecke. Dann begannen sich die klimatischen Bedingungen zu verbessern, was wohl wesentlich zum Aufkommen von Ackerbau und Viehhaltung beigetragen hat. Förderlich war wahrscheinlich auch, dass die Menschen in Eurasien Landstriche vorfanden, die sich für Ackerbau und Viehzucht weit besser eigneten als der Dschungel, die Savannen und die Wüsten Afrikas.

Sesshaftigkeit. Als die Menschen sesshaft wurden, kam es in den nachfolgenden Jahrtausenden zu einer Diversifizierung und Spezialisierung ihrer Tätigkeiten, etwa durch den Einsatz des Pfluges und die Dreifelderwirtschaft. Die Entwicklung hin zu einer zunehmenden Arbeitsteilung, beispielsweise handwerklicher Tätigkeiten, nahm ihren Anfang. Während früher in den kleinen Sippschaften Errungenschaften immer wieder verlorengegangen waren, blieben sie in den größeren Gemeinschaften nun über Generationen erhalten, wurden weiterentwickelt und mit anderen Gemeinschaften ausgetauscht.

Ernährung. Mit Ackerbau und Viehzucht konnten mehr Menschen ernährt werden als davor. Hungerperioden traten immer noch auf, waren aber dank der Vorratshaltung seltener und weniger verheerend als in früheren Zeiten. Der Traum des Pharaos von den sieben fetten und sieben mageren Jahren im Ersten Buch Moses veranschaulicht, welche existentielle Bedeutung eine vorsorgliche Bewirtschaftung bereits in jener Zeit bekommen hatte. Verschiedene Anthropologen haben darauf hingewiesen, dass sich die Ernährung wohl quantitativ verbesserte, aber qualitativ auch verschlechterte. Sie verbesserte sich in Bezug auf die Kalorienzufuhr und die Versorgung mit Eiweiß und Kohlehydraten. Sie hat sich jedoch oft im Vergleich mit den Ernährungsgewohnheiten der Jäger und Sammler qualitativ verschlechtert. Die Ernährung war weniger vielfältig, oft sogar so einseitig, dass die Menschen an Anämien, Wirbelsäulendeformationen, Vitamin- und Mineralstoffmangel erkrankten.[30]

Erfindung der Schrift. Mit der Sesshaftigkeit nahm der Handel zwischen den Gemeinschaften zu. Je stärker der Warenaustausch innerhalb und zwischen den Siedlungen anwuchs, desto dringlicher wurde es, Mengen, Stückzahlen und Flächen auszumessen und festzuhalten. Schrift und Zahlensysteme wurden anfänglich zu diesem Zweck erfunden. Eine Vorform der Schrift, symbolische Zeichen auf Tongefäßen, stammt aus der Zeit um 5500 Jahre vor unserer Zeitrechnung.

Sie entstand in der Vinca-Kultur, die im heutigen Serbien und Siebenbürgen beheimatet war. Die erste bekannte tatsächliche Schrift, die sogenannte Keilschrift, wurde 3500 Jahre vor Christi Geburt von den Sumerern in Mesopotamien erfunden. Sie setzt sich aus Zeichen zusammen, die mit einem Griffel in weiche Tontafeln eingedrückt wurden. Die Hieroglyphen sind etwa 3000 Jahre vor Christus aus der ägyptischen Bildsprache hervorgegangen. Diese ersten Schriftformen wurden von den Völkern des Nahen Ostens, Phöniziern, Ägyptern, Griechen und Römern, bis zum lateinischen Alphabet weiterentwickelt, das unserer Schrift zugrunde liegt.

Schriftensysteme vereinfachten und beschleunigten nicht nur den Handel. Sie schufen auch die Voraussetzungen, um Gesetze und Verordnungen, die das Zusammenleben in den zunehmend komplexeren Gemeinschaften regelten, schriftlich festzuhalten. Sie erleichterten das Bewahren und Tradieren von Sitte, Geschichte und religiösen Vorstellungen und ersetzten so zunehmend mündliche Traditionen. Das »Gilgamesch-Epos«, eine der ältesten überlieferten schriftlichen Dichtungen, stammt aus der Blütezeit Babylons und ist etwa 3500 Jahre alt. Es berichtet bereits von der Sintflut und von einem Ur-Noah.

Erfindung der Zahlen. Wann die Menschen zu zählen anfingen, ist nicht bekannt, wahrscheinlich vor Zehntausenden von Jahren. Schriftlich wurden Zahlen und Zahlenoperationen erstmals wiederum von den Sumerern etwa 3000 Jahre vor Christi Geburt festgehalten. Ein senkrechter Keil galt als Eins, ein waagerechter als Zehn. Die ältesten Hinweise auf Algebra finden sich in einer ägyptischen Handschrift aus einer Zeit von 1700 Jahren vor unserer Zeitrechnung. Darin enthalten ist die folgende Aufgabe: »Ein Haufen zusammen mit einem Siebtel seiner selbst ergibt 16. Wie groß ist der ursprüngliche Haufen?« Einen Durchbruch brachte der Ersatz römischer durch arabische Zahlen. Letztere bestehen aus einem Dezimalsystem und machen die Ausführung von mathematischen Operationen weit effizienter als das kategoriale römische Zahlensystem. Zudem enthält es einen mathematischen Begriff für den Zahlenwert null.

Bildungswesen. Bildung im Sinne einer gezielten Schulung von akademischen Fähigkeiten wie Lesen, Schreiben und Rechnen sowie die Vermittlung von kulturellen Errungenschaften setzte vor etwa 4000 Jahren ein, blieb aber sehr lange einem kleinen, elitären Kreis von Menschen vorbehalten. Die allgemeine Schulpflicht wurde erst im 19. Jahrhundert eingeführt, als die Gesellschaft erkannte, dass der wissenschaftliche, technologische und wirtschaftliche Fortschritt eine Anhebung des allgemeinen Bildungsstandes in der ganzen Bevölkerung erforderlich machte.

Gesundheit. Das erste Schriftstück, das sich mit Gesundheit und Krankheit befasst, stammt wiederum aus dem alten Babylon. Der Gesetzeskodex des Hammurabi wurde 1800 Jahre vor Christi Geburt verfasst und macht Angaben über die Verwendung von Arznei- und Zaubermitteln. Man kann davon ausgehen, dass sich die Menschen bereits seit Zehntausenden von Jahren Gedanken über Gesundheit, Krankheit, Sterben und Tod machen. Sie befassten sich mit Kräuterkunde, waren als Hebammen und religiöse Heiler tätig. Von der Antike bis in die Renaissance beherrschten die Lehren von den »Säften« und »Temperamenten« die Heilkunde. Die moderne Medizin ging vor etwa 400 Jahren aus der Verbindung von Naturwissenschaften und Heilkunde hervor. So beschäftigte sich Andreas Vesalius mit der menschlichen Anatomie, insbesondere mit dem Herzen, William Harvey interessierte sich für die Funktionsweise des Blutkreislaufs. Doch Bewegung kam in die medizinische Entwicklung erst gegen Ende des 19. Jahrhunderts und vor allem im 20. Jahrhundert. Neue technologische Geräte wie das hochauflösende Mikroskop ermöglichten Mikrobiologen wie Louis Pasteur, Bakterien als Erreger von Krankheiten wie Cholera, Pest und Tuberkulose nachzuweisen. Biochemiker untersuchten den Stoffwechsel und stießen auf Botenstoffe wie das Insulin und Enzyme wie die Laktase. Wilhelm Conrad Röntgen entdeckte die Röntgenstrahlen. Eine rasch wachsende Pharmaindustrie entwickelte auf der Grundlage naturwissenschaftlicher Erkenntnisse Impfstoffe, Narkosemittel, Antibiotika und unzählige weitere Arzneimittel.

Den deutlich verbesserten Gesundheitszustand verdanken wir jedoch nicht nur den medizinischen Errungenschaften. Hygienische Maßnahmen wie sauberes Trinkwasser, Toiletten und Kanalisation, eine ausreichende Versorgung mit qualitativ hochwertigen Nahrungsmitteln und deutlich bessere Wohnbedingungen haben entscheidend dazu beigetragen.

Rohstoffe. Im Erdreich entdeckten unsere Vorfahren Mineralien (Salze, Edelsteine) und Metalle (Kupfer, Zink, Eisen). Die Rohstoffe waren für den kulturellen Fortschritt so bedeutsam, dass die Archäologen Zeitperioden wie die Bronze- und Eisenzeit nach ihnen benannt haben. Die Menschen entwickelten im Verlauf von Jahrtausenden immer effizientere Methoden, die Bodenschätze abzubauen, aus Erde und Gestein herauszulösen und in vielfältiger Weise zu bearbeiten und zu verwenden.

Nutzung von Energiequellen. Die früheste, mehr als eine Million Jahre alte Feuerstelle wurde in der Wonderwerk-Höhle in Südafrika entdeckt, eine weitere, 790 000 Jahre alte Feuerstelle mit verbrannten Nahrungsresten fand man in Gesher Benot Ya'aqov (Israel). Sie wird mit dem Homo erectus in Verbindung gebracht. Für den Homo heidelbergensis war das Feuer bei der Besiedelung des damals sehr kalten nordalpinen Europas vor 600 000 Jahren wohl überlebenswichtig. Das Braten von Fleisch und das Kochen von Pflanzen erschlossen unseren Vorfahren neue Nahrungsquellen und verbesserten ihren Ernährungszustand. Das Feuer bot zugleich Wärme, Licht und Schutz vor Raubtieren und Insekten. Es ermöglichte letztendlich auch die Erschließung und Verarbeitung von Materialien wie Metallen und Tonerde.

Mit dem Einsetzen der Industrialisierung stieg der Energiebedarf enorm an. Er wurde zunächst durch die Dampfkraft und später durch die Ausbeutung von Kohle- und Ölvorkommen gedeckt. Doch erst die Entdeckung der Elektrizität brachte den großen Durchbruch in der Energieversorgung. Sie ermöglichte einen kostengünstigen Transport von Energie über große Distanzen hinweg und eine permanente Verfügbarkeit. Der ständig wachsende Bedarf an elektrischer Energie führte im 20. Jahrhundert zur Nutzung von Wasserkraft und Atomenergie und schließlich der Sonnen- und Windenergie.

Industrielle Revolutionen. Jede Etappe des industriellen Fortschritts wurde durch wissenschaftliche Erkenntnisse ausgelöst, die technologisch umgesetzt und wirtschaftlich genutzt wurden. Die Entdeckung der Gesetzmäßigkeiten der Mechanik führten im 18. und 19. Jahrhundert zur Mechanisierung von Arbeitsprozessen. Von da an wurde die körperliche Arbeit zunehmend durch Maschinen ersetzt. Die Entdeckung der Elektrizität im 19. Jahrhundert schuf die Voraussetzungen für völlig neue Kommunikationssysteme wie Fernmelder und Telefon und im 20. Jahrhundert von Radio und Fernsehen. Und mit der Digitalisierung schließlich gelang es in den letzten Jahrzehnten, analoge Größen in diskrete Werte zu überführen, elektronisch zu speichern, zu verarbeiten und zu verbreiten. Geschätzte 98 Prozent der weltweit verwendeten Informationen liegen heute in digitaler Form vor. Die digitale Revolution beschleunigt die Produktion von Gütern mit Robotern aller Art und führt laufend zu neuen Dienstleistungen wie Onlineshopping, die unser Leben in den nächsten Jahrzehnten noch tiefgreifend verändern werden. Sie verschafft zudem Milliarden von Menschen Zugang zur virtuellen Welt des Internets.

Die kulturelle Evolution lässt sich am besten durch eine Vielzahl von Wechselwirkungen zwischen dem Menschen und seiner vor allem selbstgeschaffenen Umwelt beschreiben. Sie beruht im Wesentlichen auf den folgenden vier Wirkungsmechanismen:

- Die Menschen haben die Ressourcen der Umwelt mit ständig erweiterten Kenntnissen und zunehmend leistungsfähigeren Technologien immer besser zu nutzen gewusst (Landwirtschaft, Rohstoffe, Energien).
- Erkenntnisse und Erzeugnisse verhalfen zum nächsten schöpferischen Einfall, der wiederum zu technologischen Errungenschaften und wirtschaftlichen Erzeugnissen führte (Wagenhebereffekt).[31] Diese Spirale von Erkenntnis, technischer Umsetzung und wirtschaftlicher Verwertung drehte sich mit der Zeit immer schneller.
- Die Menschen haben sich eine eigene Umwelt geschaffen, in der sie ihr Wissen und ihre Errungenschaften nicht nur bewahren, sondern ständig erweitern und immer effizienter in Tätigkeiten wie Kommunikation und Produkte wie Flugzeuge umsetzen konnten.
- Das Bildungspotential der Bevölkerung wurde in den letzten 150 Jahren immer besser ausgeschöpft, was wiederum Wissenschaft, Technologie, Gesellschaft und Wirtschaft enorm beförderte.

Wie erfolgreich die kulturelle Evolution verlaufen ist, zeigt die Bevölkerungsentwicklung. Vor 10 000 bis 4000 Jahren lebten schätzungsweise vier bis acht Millionen Menschen auf der Erde. Zur Zeit um Christi Geburt waren es bereits etwa 170 Millionen Menschen. Bis zum Jahr 1000 wuchs die Weltbevölkerung auf 300 Millionen Menschen an und nach weiteren 800 Jahren auf eine Milliarde. In den letzten 100 Jahren hat sie exponentiell zugenommen: von 1930 zwei Milliarden und von 2000 sechs Milliarden auf fast acht Milliarden Menschen 2016.

Der kulturelle und technologische Fortschritt verbesserte die Lebensqualität und Lebenserwartung nachhaltig. Er war so erfolgreich, dass uns die Überbevölkerung und Überalterung zunehmend zu schaffen machen.

Und er hat zu erheblichen Begleitschäden geführt. So nahmen die Ausbeutung und Zerstörung der Umwelt globale Ausmaße an. Die

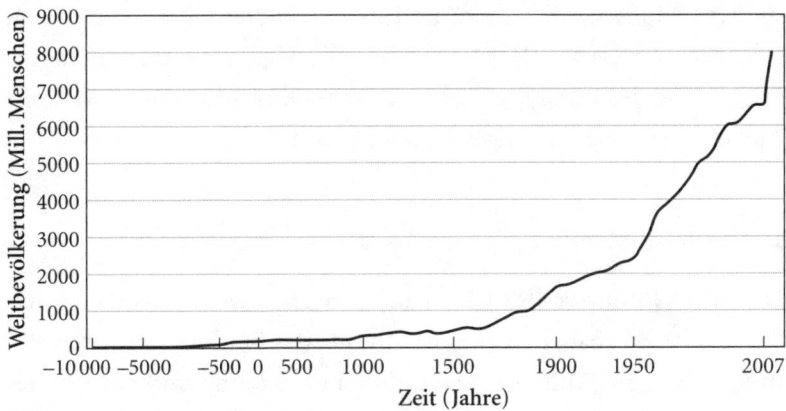

Abb. 1.11: Die Entwicklung der Weltbevölkerung von 10 000 vor Christi Geburt bis 2007 (Science at home).

Menschen leben überwiegend in ihrer selbstgeschaffenen Umwelt und haben sich von der Natur weitgehend entfremdet. Die exponentielle Beschleunigung des kulturellen Fortschritts überfordert uns immer mehr, obwohl wir über hochentwickelte Fähigkeiten verfügen.

Der kulturelle Fortschritt verlief je nach den klimatischen Verhältnissen, den Ernährungsbedingungen und den anderen erwähnten Faktoren in den verschiedenen geographischen Regionen ganz unterschiedlich.[32] Während die westliche Welt in den vergangenen 200 Jahren eine rasante Entwicklung durchgemacht hat – oft auf Kosten anderer Regionen –, leben die Menschen des !Kung-Volkes im 21. Jahrhundert immer noch als halbnomadische Jäger und Sammler in der Kalahari-Wüste Südafrikas. Sie sind keineswegs weniger entwickelt als wir Europäer. Auch sie verfügen über hochentwickelte kognitive Fähigkeiten, eine differenzierte Sprache und eine eigene Welt von symbolischen Vorstellungen und Tätigkeiten. Sie leben nach ihren moralischen und sozialen Regeln und pflegen ihre eigene Welt aus Mythen und Ritualen. Sie kennen die sie umgebende Natur, etwa

87

die Gewohnheiten der Tiere und die heilenden Eigenschaften von Pflanzen, weit besser als jeder studierte Biologe. Und sie schaffen den Sprung von der Vorsteinzeit in die Postmoderne problemlos, wenn sie Zugang zu der dafür nötigen Bildung erhalten.

Die soziale Evolution

Die Wurzeln unseres Sozialverhaltens reichen weit in die Evolution zurück. Bei den Säugetieren gewährleistet das Bindungsverhalten vermutlich seit 200 Millionen Jahren die Entwicklung und das Überleben der Nachkommen. So binden sich Menschenkinder 15 Jahre lang bedingungslos an ihre Eltern und andere Bezugspersonen, die sie ernähren, umsorgen und beschützen. Die Kind-Eltern-Bindung und familienähnliche Strukturen haben bis heute ihre lebensnotwendige Bedeutung beibehalten (Teil IV, VII und X).

Die zweite überlebenswichtige soziale Struktur ist die Lebensgemeinschaft. Wir verfügen nur über spärliche Zeugnisse darüber, wie unsere frühesten Vorfahren gelebt haben. Wir müssen uns auf die Erkenntnisse verlassen, die sich aus den Nachforschungen von Anthropologen und Evolutionsbiologen ergeben haben.[33] Die Wissenschaftler gehen davon aus, dass unsere Vorfahren ein Leben geführt haben wie es die !Kung in der Kalahari-Wüste Südafrikas, die Yanomani-Indianer im Urwald des Amazonas oder die Nenzen-Nomaden in Sibirien bis vor kurzem geführt haben oder immer noch führen.

Demnach bestanden die Lebensgemeinschaften aus unterschiedlich großen Familienverbänden, in denen verschiedene Generationen und Verwandtschaftsgrade zusammenlebten. Sie umfassten 50 bis 500 Menschen, die sich von klein auf kannten und existentiell, sozial und kulturell auf das engste miteinander verbunden waren. Die Mitglieder einer Sippe verfügten über eine gemeinsame Sprache, teilten Mythen über ihre Herkunft und die Welt. Sie feierten Bräuche und

Sitten, die sie im Verlauf der Zeit hervorgebracht hatten. Kontakte zu anderen Bevölkerungsgruppen kamen, je nachdem wie dicht das Territorium besiedelt war, häufig, gelegentlich oder überhaupt nicht vor.

Die archaische Lebensgemeinschaft war also ein geschlossener Lebensraum, der alle sozialen, kulturellen und ökonomischen Bereiche umfasste und zu dem es bis vor etwa 10 000 Jahren keine Alternative gab. Jeder brachte seine individuellen Begabungen und sein Wissen ein und profitierte von den Tätigkeiten und Leistungen der anderen. Kinder wurden mit Unterstützung der gesamten Lebensgemeinschaft großgezogen. Dabei entsprach die Aufgabenteilung der individuellen Vielfalt unter den Menschen. Durch die ausgeprägten zwischenmenschlichen Verflechtungen entstand ein Mehrnutzen für das Individuum wie auch für die Gemeinschaft als Ganzes. Das dichte Geflecht von gegenseitigen Abhängigkeiten vermittelte dem Einzelnen ein hohes Maß an Vertrautheit und gab ihm ein Gefühl von existentieller, sozialer und emotionaler Sicherheit. Der Preis dafür war ein großer Anpassungsdruck, den die Gemeinschaft auf das Individuum ausübte. Wie man heute weiß, war die archaische Lebensgemeinschaft kein paradiesischer Ort, vielmehr streiten Wissenschaftler seit einigen Jahren darüber, wie viel Gewalt innerhalb und zwischen den Lebensgemeinschaften geherrscht habe.[34]

Aus sozial, ökonomisch und kulturell auf das engste vernetzten Großfamilien und Lebensgemeinschaften, die 200 000 Jahre lang bestanden hatten, sind innerhalb weniger Generationen Kleinfamilien in einer anonymen Massengesellschaft geworden. Die Bedürfnisse des Menschen, etwa nach Geborgenheit und Zugehörigkeit, sind jedoch die gleichen geblieben. Wir haben ein überaus starkes Bedürfnis nach Geborgenheit und sozialem Zusammenhalt. Wir wollen uns zugehörig fühlen und eine gesicherte soziale Stellung in der Gemeinschaft einnehmen. Mit der Schwächung von Familie und Lebensgemeinschaft in der modernen Gesellschaft nehmen die emotionale Verunsicherung und die soziale Vereinsamung unter den Menschen immer mehr zu. Familie und Lebensgemeinschaft sind auch in unserer Zeit von einer geradezu lebenswichtigen Bedeutung (VII, X).

Die moderne Gesellschaft hat den Menschen sehr unselbständig gemacht. In der Vergangenheit wurden Leistungen wie das Heranschaffen von Nahrung, die Betreuung der Kinder, die Pflege kranker Menschen oder der Schutz von Besitz von vertrauten Menschen innerhalb der Lebensgemeinschaft erbracht. In der modernen Gesellschaft wird dies von anonymen Institutionen wie Nahrungsmittelindustrie, Kinderkrippe und Polizei geleistet. Der Mangel an vertrauten Menschen und der ständige Umgang mit fremden Menschen wird in immer mehr Lebensbereichen, etwa am Arbeitsplatz, als Stress erlebt (VII). Wie ein gesellschaftlicher Wandel aussehen könnte, der sich an den Bedürfnissen der Menschen orientiert, wird in Teil X dargelegt werden.

Grundlegendes für das Fit-Prinzip

Unsere Vergangenheit als Homo sapiens nimmt sich äußerst bescheiden aus, haben wir bisher doch lediglich eine in der Evolution lächerlich kurze Zeitspanne von etwa 200 000 Jahren hinter uns gebracht. Wenn wir die 600 Millionen Jahre, die seit dem Auftreten von mehrzelligen Lebewesen vergangenen sind, auf 24 Stunden umlegen, so machen die sechs Millionen Jahre seit der Abspaltung unserer frühesten Vorfahren von den Primaten gerade einmal 14,5 Minuten aus und die 200 000 Jahre als Homo sapiens lediglich 29 Sekunden, ein Wimpernschlag in der Evolutionsgeschichte. Immerhin war der moderne Mensch in dieser sehr kurzen Zeitspanne aufgrund seiner hochentwickelten Bedürfnisse und Fähigkeiten extrem erfolgreich. Sie bestimmen heute in einem hohen Maß unser Denken, Fühlen und Handeln und tragen wesentlich dazu bei, was für uns den Lebenssinn ausmacht.

Jeder Mensch ist ein Unikat

»Jedes Wesen kann nur in seiner Eigenheit gut sein.«

Sophokles

Die Vielfalt unter den Menschen ist nicht deshalb so groß, weil sie sich in ihren Eigenschaften grundlegend unterscheiden würden. Alle Menschen haben dieselben Bedürfnisse und Fähigkeiten. Es ist deren unterschiedliche Ausprägung, die jeden Menschen zu einem einzigartigen Wesen macht. So sind die Grundbedürfnisse wie das Streben nach Selbstentfaltung, nach materieller Sicherheit oder nach sozialer Anerkennung und sozialer Stellung von Mensch zu Mensch sehr verschieden ausgebildet. Es gibt Künstler, deren alleiniges Verlangen darin besteht, ihre Begabung bestmöglich zu verwirklichen. Andere Menschen streben ein Leben lang nach materieller Sicherheit und häufen ein großes Vermögen an. Wieder andere, etwa Politiker, leben vom öffentlichen Ansehen und einer gehobenen Stellung in der Gesellschaft (Teil IV).

Wie die Bedürfnisse sind auch die geistigen und körperlichen Fähigkeiten, mit denen die Menschen ihre Bedürfnisse befriedigen, sehr unterschiedlich angelegt und werden verschieden eingesetzt. So können beispielsweise Menschen mit sehr gut entwickelten motorischen Fähigkeiten Fußballer, Marathonläufer oder Tänzer werden (Teil V). Es gibt kein körperliches und psychisches Merkmal, das bei allen Menschen gleich ausgebildet wäre. Die unterschiedliche Ausprägung und die Kombination der mannigfaltigen Fähigkeiten machen die große Vielfalt aus. Und was den Menschen vor allem auszeichnet:

Er ist sich seiner Individualität bewusst und will sie selbstbestimmt leben. Seine Individualität, aber auch die Einzigartigkeit der anderen Menschen zu akzeptieren und damit umzugehen ist eine lebenslange Herausforderung.

Unser Drang, die Welt zu verstehen

»Die edelste Freude ist die Freude des Verstehens.«

Leonardo da Vinci

Der Homo sapiens hat in den vergangenen 200 000 Jahren bei der Auseinandersetzung mit der Umwelt den schwächeren Part gespielt. Irgendwann begannen die Menschen, ihre kognitiven Fähigkeiten einzusetzen, um sich der existentiellen Not zu erwehren. Ihre permanente Neugierde, ihre Lernbereitschaft und ihr Erkenntnisdrang dienten nicht mehr nur der Befriedigung elementarer Bedürfnisse wie etwa Durst, Hunger oder Schutz vor Bedrohungen (Teil III), sie wurden zu den wichtigsten Treibern der kulturellen Evolution. Und seither können die Menschen ganz einfach nicht mehr anders. Sie wollen die Welt immer besser verstehen. So dringen sie immer weiter in die Mikrowelt der Atome und die Makrowelt des Universums vor. Sie investieren Milliarden ins CERN, nur um herauszufinden, ob das Higgs-Teilchen wirklich existiert, und schicken für weitere Milliarden ein Gefährt auf den Mars, nur um zu erforschen, ob es auf diesem Planeten Wasser oder sogar Leben gibt. Der menschliche Erkenntnisdrang hat weltweit einen enormen wissenschaftlichen, technologischen und wirtschaftlichen Fortschritt ausgelöst.

Dieser Drang treibt die Gesellschaft, insbesondere aber das Bildungssystem und die Wirtschaft an, aber auch jeden Einzelnen und zwingt ihn in einen vielgestaltigen Wettlauf: bessere Ausbildung, größere Leistungen, klügere Kinder. Und das, obwohl nicht alle die gleichen Voraussetzungen haben, Anlagen wie auch Lebensbedingungen von Mensch zu Mensch sehr verschieden sind.

Unser Drang, die Umwelt zu beherrschen

»Wir leben in einem gefährlichen Zeitalter. Der Mensch beherrscht die Natur, bevor er gelernt hat, sich selbst zu beherrschen.«

Albert Schweitzer

Aus dem Verlangen heraus, die existentielle Not möglichst gering zu halten, ist nicht nur das Bedürfnis entstanden, die Umwelt immer besser zu verstehen, sondern auch der Drang, sie zu beherrschen. Aus diesem Grund versuchen die Menschen, den größtmöglichen Nutzen aus der Umwelt zu ziehen und immer wieder neue Vorkehrungen in der Umwelt zu schaffen, um sie noch mehr zu beherrschen. Beides, der Drang, die Welt zu verstehen wie auch sie zu beherrschen, hat sich im Verlauf der Menschheitsgeschichte durch Vorteile bei der Anpassung immer mehr verstärkt und dadurch zu einer außerordentlichen Verbesserung der Lebensbedingungen geführt. Sie sind unter allen Lebewesen in ihrer Ausprägung einmalig, treiben nicht das Individuum, sondern das ganze Kollektiv an und haben sich als evolutionäre Erfahrung fest in die menschliche Psyche eingeschrieben. So zeigen bereits kleine Kinder das Bedürfnis, sich ein »Häusle« zu bauen und sich darin zu verkriechen.

Heute spielen wir in der Auseinandersetzung mit der Umwelt nicht mehr den schwächeren, sondern den stärkeren Part. Anthropologen, Geologen und Klimaforscher sprechen von einem neuen, vom Menschen gemachten Erdzeitalter, dem Anthropozän (Teil VII, X).[35] Hat der Drang, die Umwelt zu beherrschen, einst das Überleben gesichert, droht er, sich heute immer mehr in das Gegenteil zu verkehren. Die Ausbeutung der Umwelt und menschengemachte Umweltkatastro-

Abb. 1.12: Links: Lars »baut« für sich und seine Schwester ein erstes Heim. Rechts: Ushguli: mittelalterliches Dorf mit Wehrtürmen in Georgien.

phen bedrohen die Existenz von immer mehr Lebewesen und längerfristig auch die des Menschen. Wir stehen vor einer großen Herausforderung: den Drang zu zähmen, der in der Vergangenheit überaus nützlich war, mittlerweile aber einen zerstörerischen Charakter angenommen hat. Wir müssen lernen, mit unseren existentiellen Ängsten umzugehen und unsere materiellen Ansprüche herabzusetzen. Dafür müssen wir Verantwortung für unser Tun übernehmen und demütig werden.

Unser Streben nach emotionaler und sozialer Sicherheit

»Du hast nicht alles, was andre haben,
und andern mangeln deine Gaben;
Aus dieser Unvollkommenheit
Entspringet die Geselligkeit.«

Christian Fürchtegott Gellert, »Der Blinde und der Lahme«

Der Mensch hat sich im Laufe der Evolution zu einem zutiefst sozialen und emotional sehr bedürftigen Wesen entwickelt, was aus evolutionsbiologischer Sicht sehr dienlich war, denn es gewährleistet ein erfolgreiches Aufwachsen der Nachkommen und hält die Lebensgemeinschaft zusammen. Der Mensch ist zwar mit großartigen kognitiven Fähigkeiten ausgestattet, aber nur eine beschränkte Zeit fähig, allein zu leben. Wie der Dichter Fürchtegott Gellert richtig anmerkt. Wir können mit unseren Stärken und vor allem Schwächen nur in einer Gemeinschaft vertrauter Menschen bestehen.

Unser Bindungs- und Beziehungsverhalten, unsere Emotionen und die Formen der Sozialisierung haben sich über Hunderttausende von Jahren in den Familienverbänden und Lebensgemeinschaften herausgebildet. Wir sind für unser körperliches und psychisches Wohlbefinden in jeder Lebensphase auf ein verlässliches, tragfähiges Beziehungsnetz angewiesen. Als Kind entwickeln wir eine ausgeprägte Bindung an die Eltern und andere Bezugspersonen, die uns dafür Geborgenheit und Zuwendung schenken. Einmal erwachsen, wollen wir in einer verlässlichen Gemeinschaft mit vertrauten Menschen leben. Wir benötigen ein gewisses Maß an emotionaler Sicherheit und verlangen nach sozialer Anerkennung und einer uns entsprechenden sozialen Stellung in der Gemeinschaft. Dafür wenden wir sehr viel Energie und Zeit auf und setzen die unterschiedlichsten Mittel ein wie vorteilhafte äußere Erscheinung, Leistungen aller Art und materiellen Reichtum. Seit einigen Jahrzehnten will all dies uns jedoch immer weniger gelingen.

Der technologische und wirtschaftliche Fortschritt diktiert immer stärker die gesellschaftlichen Strukturen und beherrscht damit auch immer mehr die Lebensweise der Menschen (Teil VII). In der Vergangenheit bildete das Zusammenspiel von individuellen Fähigkeiten und solidarischem Verhalten den Kern einer erfolgreichen Überlebensstrategie. Die dafür notwendige soziale Klammer von Familie und Lebensgemeinschaft ist jedoch immer schwächer geworden, während sich die anonyme Gesellschaft immer weiter ausbreitet. Wir werden uns daher in den Teilen VII und X ausführlich mit der Frage beschäftigen: Sind wir für jede beliebige soziale Umwelt gemacht, oder sind wir nicht vielmehr auf ein stabiles, verlässliches Zusammenleben mit vertrauten Menschen angewiesen, das unseren emotionalen Bedürfnissen und sozialen Fähigkeiten entspricht?

Unser Bemühen, in Übereinstimmung mit der Umwelt zu leben

»Was ist Glück? Übereinstimmung eines Charakters mit seinem Schicksal. So kann es von Natur gegeben, vom Geiste geschaffen werden.«

Ernst Freiherr von Feuchtersleben (1806–1849)

Sämtliche Lebewesen sind aus einer engen, wechselseitigen Beziehung von Anlage und Umwelt hervorgegangen, die Milliarden Jahre alt ist und immer noch andauert. Bakterien haben mit einer sehr einfachen funktionellen und strukturellen Ausstattung Mittel und Wege gefunden, mehr als drei Milliarden Jahre unter unterschiedlichsten äußeren Bedingungen zu bestehen. Schnecken können weder sehen noch hören, ihre drei Sinne für Geruch, Geschmack und Berührung sind jedoch ausreichend gut entwickelt, dass sie die letzten 500 Millionen Jahre auf dem Land und im Wasser überlebt haben. Der moderne Mensch verfügt über zahlreiche hochentwickelte Fähigkeiten. Man sollte meinen, er sei von der Umwelt weitgehend unabhängig geworden. Aber auch er muss sich immer wieder aufs Neue auf die vielfältigen Anforderungen der Umwelt so einstellen, dass er seine Bedürfnisse möglichst gut befriedigen kann. Dieses Bemühen, in Übereinstimmung mit sich selbst und der Umwelt zu leben, ist das Herzstück des Fit-Prinzips.

TEIL II
ÜBER DAS ZUSAMMENWIRKEN
VON ANLAGE UND UMWELT

»Was die Anlage zustande bringt,
vermag die Umwelt nicht zu leisten –
und umgekehrt«

Kann ein Junge im Alter von zwei Jahren immer noch nicht sprechen, fragen sich seine Eltern besorgt: Ist seine verzögerte Sprachentwicklung anlagebedingt, oder kommunizieren wir zu wenig mit ihm? Je nachdem, welcher Annahme sie zuneigen, verhalten sie sich erzieherisch unterschiedlich. Fällt einem neunjährigen Mädchen der Umgang mit Buchstaben immer noch schwer, geht der Lehrer davon aus, dass es bisher zu wenig Leseerfahrungen machen konnte, oder aber er nimmt an, dass das Kind sich anlagebedingt langsamer als andere Schüler entwickelt. Je nachdem, welche Bedeutung er Anlage und Förderung zumisst, gibt er dem Mädchen mehr Hausaufgaben, schickt es in den Nachhilfeunterricht oder übt sich in Geduld und beruhigt die Eltern dahingehend, dass ihre Tochter schon noch lesen lernen wird. In meiner Sprechstunde habe ich immer wieder beobachten können, wie sehr sich Eltern und Lehrer in ihrer Einstellung zum Kind durch die Bedeutung leiten lassen, die sie Anlage und Umwelt zuschreiben – obwohl sie sich selten explizit darauf bezogen haben.

Auch Erwachsene kommen nicht darum herum, sich immer wieder zu fragen: Wo liegen meine Begabungen, kann ich mehr leisten, wenn ich mich noch mehr bemühe? Oder überfordere ich mich? Wo sind meine Grenzen? Aber solche Überlegungen sind nicht nur für das

Individuum von großer Bedeutung, sondern spielen auch gesamtgesellschaftlich eine wichtige Rolle. Inwieweit beispielsweise Chancengerechtigkeit im Bildungswesen durchgesetzt wird, hängt wesentlich davon ab, welche Haltung Bildungspolitiker und Pädagogen dazu einnehmen. Sind sie der Ansicht, dass Kinder aus bildungsfernen Familien nur vermehrt gefördert werden müssen, um erfolgreich zu sein, oder halten sie diese Kinder tatsächlich für weniger begabt?

Was bestimmt die Anlage, was ermöglicht die Umwelt? Wir alle machen in Familie, Schule, Gesellschaft und Wirtschaft ständig Annahmen darüber, die sich ganz konkret auf uns selbst und die Mitmenschen auswirken. Halten wir die Erbanlage für entscheidend, verfallen wir in einen Fatalismus. Wir fühlen uns in unseren Begabungen und unserem Verhalten vollständig festgelegt. Das ganze Leben ist vorbestimmt. Verstehen wir uns dagegen ausschließlich als ein Produkt der Umwelt, überschätzen wir deren Einfluss und geraten in eine andere Art von Fatalismus. Das Schicksal zieht die Fäden. Meinen wir aber, der Mensch sei allein ein selbstbestimmtes Wesen, weder von der Anlage noch von der Umwelt abhängig, messen wir der Freiheit, unser Leben selbst gestalten zu können, eine zu große Bedeutung bei und bürden uns zu viel Verantwortung auf. Die meisten Menschen gehen wohl davon aus, dass sowohl Erbanlage als auch Umwelt eine wichtige Rolle spielen.

Um zu verstehen, wie Anlage und Umwelt zusammenwirken, hilft der Blick auf die kindliche Entwicklung. Welche Anlagen bekommt ein Kind von seinen Eltern mit, welchen Beitrag leistet die Umwelt an seiner Entwicklung, und was trägt es selbstbestimmt dazu bei? Wie kann ein Kind von Eltern und Lehrern sinnvoll unterstützt werden? Und welche Bedeutung haben Anlage und Umwelt noch im Erwachsenenalter? Ich habe über viele Jahre hinweg Antworten auf diese Fragen gesucht und hoffe, dass die folgenden Ausführungen sowohl

Einsichten vermitteln als auch im Umgang mit Kindern und Erwachsenen hilfreich sind.

Wie Anlage und Umwelt zusammenwirken

In der Vergangenheit gab es zahlreiche Erklärungsversuche zum Zusammenspiel von Anlage und Umwelt. Die Vorstellungen reichten von Modellen, in denen die Entwicklung ausschließlich durch die Anlage bestimmt wird, bis zu solchen, welche die Entwicklung in einem hohen Grad von der Umwelt abhängig machen. Dazwischen liegen Erklärungsansätze, welche die Entwicklung auf unterschiedliche Weise als ein Zusammenwirken von Anlage und Umwelt deuten.[1] Ein solches, immer noch häufig zitiertes Modell stammt von den Psychologen Sameroff und Chandler.[2] Das Kernstück ihres sogenannten Transaktionsmodells besteht in der Wechselbeziehung zwischen Kind und Umwelt. Die Entwicklung wird demnach als ein Prozess verstanden, der aus einer wechselseitigen Einflussnahme von Kind und Umwelt besteht: Die Umwelt wirkt unablässig auf das Kind ein, das Kind aber auch auf die Umwelt – eine Art unendliches Pingpongspiel. Unbefriedigend an diesem Modell ist, dass die Rollen von Anlage und Umwelt nicht festgelegt sind. Wie sich ein Kind entwickeln wird, bleibt unbestimmt und daher in keiner Weise voraussehbar. So scheint jede Form von Entwicklung möglich zu sein, eine Vorstellung, die wohl kaum der allgemeinen Lebenserfahrung entspricht.

Um das Zusammenwirken von Anlage und Umwelt zu begreifen, müssen wir uns einerseits vor Augen führen, dass körperliche und psychische Merkmale, etwa Körpergröße und intellektuelle Fähigkeiten, in ganz verschiedenem Ausmaß von den Eltern auf das Kind übertragen werden. Andererseits braucht man ein Verständnis davon, welchen Beitrag Umweltfaktoren wie Ernährung und Bildung zur Entwicklung leisten.

Gleich, aber auch anders als die Eltern

Wenden wir uns zunächst der Anlage zu. Vielfach wird unter der Anlage die Erbanlage, das Genom, verstanden. Wenn in der Folge der Begriff Anlage verwendet wird, ist damit nicht das Genom gemeint, sondern der Organismus, der im Laufe der Entwicklung durch das Genom hervorgebracht wird. Das Erscheinungsbild aller körperlichen und psychischen Merkmale, der Phänotyp, entspricht nicht immer dem Genotyp. Wenn eine Frau während der Schwangerschaft beispielsweise viel raucht oder das Kind vorgeburtlich eine Infektion durchmacht, kann dessen Entwicklung beeinträchtigt sein und der Phänotyp in der Folge vom Genotyp abweichen.

Manche Eltern nehmen mit Erstaunen zur Kenntnis, wie sehr sich ihre Kinder von ihnen unterscheiden oder aber ihnen ähnlich sind. Andere Eltern wundern sich darüber, wie verschieden Geschwister in ihren Fähigkeiten und ihrem Verhalten sein können oder wie sehr Zwillinge einander gleichen. In den Zürcher Longitudinalstudien haben viele der Eltern gefragt: Was können wir von unseren Kindern erwarten? Werden sie später gleich klug oder sogar klüger sein als wir? Am Beispiel der Körpergröße können wir besonders gut erkennen, wie stark Kinder von ihren Eltern abweichen können.

Es ist eine Alltagserfahrung: Große Eltern haben eher große und kleine Eltern eher kleine Kinder. Der britische Naturforscher Francis Galton interessierte sich bereits vor 130 Jahren für diesen Zusammenhang.[3] Er untersuchte die statistische Beziehung zwischen der Größe und dem Gewicht bei der Elterngeneration und ihren Nachkommen, zuerst bei Erbsen, dann beim Menschen. Nachdem er Gewicht und Größe bei vielen tausend Erbsen und bei 900 Eltern und deren erwachsenen Kindern bestimmt hatte, stieß er auf eine universelle Gesetzmäßigkeit, die für die meisten Lebewesen und so auch für den Menschen gültig ist: Je weiter die Eltern vom Mittelwert in der eigenen Bevölkerung entfernt sind, desto größer ist die Wahrscheinlichkeit, dass die Nachkommen dem Mittelwert zustreben. Diese Gesetzmäßigkeit wird als Regression to the mean (Rückentwicklung zur Mitte) bezeichnet. Sie gilt grundsätzlich für alle Eigenschaften und Begabungen, die multifaktoriell vererbt werden, das heißt an deren Ausbildung nicht nur ein, sondern mehrere Gene beteiligt sind, etwa bei der Körpergröße.

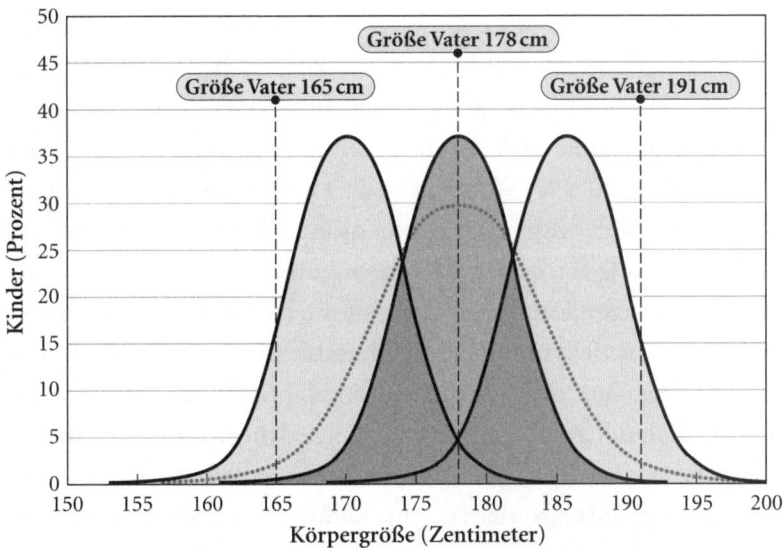

Abb. 2.1: Körpergröße der Söhne in Abhängigkeit von der Körpergröße des Vaters. Gepunktete Linie: Verteilung der Körpergröße in der Bevölkerung. Mitte: Körpergröße der Söhne, deren Vater durchschnittlich groß ist (178 cm); je 50 Prozent der Söhne sind größer beziehungsweise kleiner als der Vater. Links: Körpergröße der Söhne, deren Vater 165 cm groß ist; 84 Prozent der Söhne sind größer als der Vater. Rechts: Körpergröße der Söhne, deren Vater 191 cm groß ist; 80 Prozent der Söhne sind kleiner als der Vater.

Wenn die Väter durchschnittlich groß sind (Mittelwert: 178,5 Zentimeter), dann sind ihnen ihre Söhne am ähnlichsten. Als Erwachsene sind 50 Prozent der Söhne größer und 50 Prozent kleiner als ihre Väter. Haben die Väter lediglich eine Größe von 165 Zentimetern, sind 84 Prozent der Söhne später größer als ihre Väter. Sie können bis zu 180 Zentimeter groß werden. Lediglich 16 Prozent werden gleich groß oder sogar kleiner als ihre Väter. Sind die Väter jedoch 191 Zentimeter groß, gelten genau die umgekehrten Verhältnisse. 84 Prozent der Söhne werden als Erwachsene kleiner als ihre Väter. Einige sind dann lediglich durchschnittlich groß. Lediglich 16 Prozent werden gleich oder noch etwas größer als ihre Väter. Die Streubreite, mit der die Körpergröße eines Kindes variieren kann, ist immer kleiner als die Streubreite in der Gesamtpopulation (gepunktet eingezeichnete Kurve). Es sind also nicht beliebig große Abweichungen von der Körpergröße des Vaters und gleichermaßen der Mutter möglich. Wenn man eine möglichst genaue Prognose der Körpergröße eines Kindes berechnen will, müssen die Körpermaße von Mutter und Vater berücksichtigt werden.

Das Gesetz von Galton gilt auch für die intellektuelle Leistungsfähigkeit, die ebenfalls multifaktoriell vererbt wird. So zeigt die folgende Graphik, dass die intellektuelle Leistungsfähigkeit von Töchtern um den Mittelwert herum verteilt ist, wenn ihre Mütter über einen durchschnittlichen IQ verfügen. Nehmen ihre Mütter jedoch extreme Positionen in der Normalverteilung ein, tendieren die Töchter wie bei der Körpergröße zur Mitte hin. So sind lediglich 16 Prozent der Töchter, deren Mütter über einen IQ von 130 verfügen, als Erwachsene intellektuell gleich oder noch begabter als ihre Mütter. 84 Prozent aber sind dann intellektuell weniger, einige sogar nur durchschnittlich begabt. Das Gleiche gilt auch im umgekehrten Fall: Wenn die Mütter einen IQ von 70 aufweisen, verfügen 84 Prozent ihrer Töchter später über einen höheren IQ als die Mütter und lediglich 16 Prozent über einen gleich großen oder niedrigeren. Wie bei der Körpergröße gilt

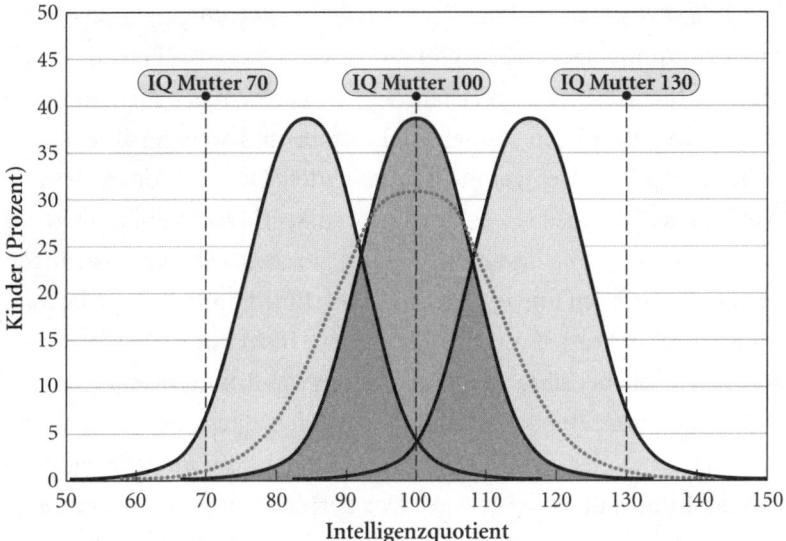

Abb. 2.2: IQ der Töchter in Abhängigkeit vom IQ der Mutter.
Gepunktete Linie: IQ-Verteilung in der Bevölkerung. Mitte: IQ-Verteilung
der Töchter, wenn der IQ der Mutter durchschnittlich ist (IQ=100); je
50 Prozent der Töchter haben einen höheren beziehungsweise niedrigeren IQ als die Mutter. Links: IQ-Verteilung der Töchter, wenn der IQ der
Mutter 70 beträgt; 84 Prozent der Töchter haben einen höheren IQ als die
Mutter. Rechts: IQ-Verteilung der Töchter, wenn der IQ der Mutter 130
beträgt; 84 Prozent der Töchter haben einen niedrigeren IQ als die Mutter.

diese Gesetzmäßigkeit beim IQ selbstverständlich auch für den Vater. Für eine genauere Prognose der intellektuellen Leistungsfähigkeit
eines Kindes muss der IQ beider Eltern berücksichtigt werden.

Bei der Partnerwahl neigen große Menschen dazu, sich mit großen
Menschen und kleine, sich mit kleinen Menschen zu verbinden (Teil I;
Korrelationskoeffizient etwa 0,5). Eine solche sogenannte assortative
Paarung findet oft auch in Bezug auf den sozialen Status, das Bildungs-
niveau und eben auch den IQ statt.[4] Man würde also erwarten, dass

im Verlauf von Generationen die Streubreite der Körpergröße immer mehr zunimmt, das heißt, es gibt immer mehr noch größere und noch kleinere Menschen. Entsprechend sollten nach einigen Generationen intelligente Menschen immer intelligenter und weniger intelligente Menschen immer weniger intelligent werden. Dem ist jedoch nicht so, wie Francis Galtons Gesetz richtig voraussagt. Die Streubreite bleibt für die Körpergröße und den IQ unter gleichen Lebensbedingungen über Generationen hinweg sehr konstant. Eine Beobachtung, die man für alle multifaktoriell vererbten Merkmale nicht nur beim Menschen, sondern selbst bei einfachen Organismen wie Erbsen machen kann.

Ist eine intellektuelle Begabung bei beiden Eltern extrem gut ausgebildet, ist es ziemlich unwahrscheinlich, dass sie im gleichen Maß auf die Kinder übertragen wird. Der berühmte Physiker Albert Einstein und seine erste Frau Mileva, die sich in den letzten Jahren des 19. Jahrhunderts während ihres Mathematik- und Physikstudiums am Eidgenössischen Polytechnikum Zürich (heute ETH Zürich) kennenlernten und ineinander verliebten, hatten drei Kinder.[5] Waren die Kinder genauso klug wie ihre Eltern? Über das erste, Lieserl, ist nur wenig bekannt. Sie wurde in Serbien geboren, ist entweder früh verstorben oder wurde zur Adoption freigegeben. Das zweite Kind, Hans Albert, besuchte in Zürich das Gymnasium, studierte wie seine Eltern an der ETH Zürich und wurde Professor für Hydrologie an der renommierten University of California in Berkeley. Er hat nicht annähernd so herausragende Erkenntnisse wie sein Vater hinterlassen. Das jüngste Kind, ein sehr sensibler und musisch begabter Junge namens Eduard, erkrankte mit 20 Jahren an Schizophrenie. Er verbrachte viele Jahre in einer psychiatrischen Klinik und starb im Alter von 62 Jahren.[6] In der Großfamilie Bach gab es vom 16. bis ins 19. Jahrhundert ungewöhnlich viele Stadtmusiker, Organisten und Komponisten in verschiedenen Generationen, unter denen aber nur einer, Johann Sebastian Bach, als eine Ausnahmeerscheinung herausragte.[7]

Wie die Menschen immer größer wurden

Die Anlage ist die organische Grundlage, aus der ein Kind entstehen und sich entwickeln kann. Sie gibt das individuelle Entwicklungspotential vor und legt die erreichbare Ausprägung von körperlichen Merkmalen, aber auch von psychischen Fähigkeiten fest, die unter optimalen Bedingungen erreicht werden kann. Doch welchen Einfluss hat die Umwelt? Ihr Beitrag ist in zahlreichen Populationsstudien für verschiedene Entwicklungsbereiche untersucht worden, auch für die Körpergröße.

In der Mitte des 19. Jahrhunderts wurde in den meisten Ländern Europas, und so auch in der Schweiz, die allgemeine Wehrpflicht eingeführt. Seitdem wird bei der Rekrutierung die Körpergröße aller Schweizer Männer im Alter von 19 Jahren erhoben. Es sind also Messdaten verfügbar, die 140 Jahre zurückreichen. Sie machten es möglich, den Einfluss der Lebensbedingungen, die sich in dieser Zeitspanne massiv verbesserten, auf das Körperwachstum zu untersuchen.

1875 betrug die mittlere Körpergröße der Schweizer Rekruten 163,5 Zentimeter, 1990 waren es 178,5 Zentimeter. Sie nahm also in 115 Jahren um 15 Zentimeter zu. Wie aus der Graphik ersichtlich ist, verlief diese Entwicklung je nach Landesgegend unterschiedlich. So setzte sie in städtischen Kantonen wie Genf deutlich früher ein als in ländlichen wie etwa Appenzell.

Für das weibliche Geschlecht stehen leider keine verlässlichen und vollständigen Datensätze über die Entwicklung der Körpergröße zur Verfügung. Immerhin konnte anhand von Angaben aus Passregistern und Reihenuntersuchungen von Schulkindern festgestellt werden, dass in den letzten 120 Jahren die mittlere Körpergröße der Frauen von 150 Zentimetern in den 1870er Jahren auf 165 Zentimeter in den 1990er Jahren angestiegen ist.[8]

Die kontinuierliche Zunahme der Körpergröße über mehr als

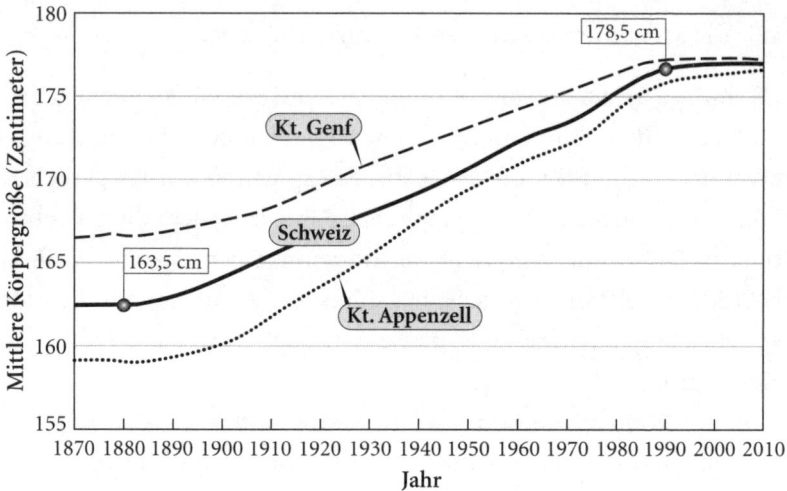

Abb. 2.3:   Säkularer Trend in der Schweiz. Verlauf der mittleren Körper-größe von 1875 bis 2008 in der Schweiz (CH) sowie in den Kantonen Genf und Appenzell (Staub et al. 2010, 2011).

hundert Jahre wird von den Anthropologen als säkularer Trend be-zeichnet.[9] Ein solcher Trend wurde in allen europäischen Ländern wie auch in einigen asiatischen und afrikanischen Ländern beobachtet.[10] Zu seiner Entstehung haben zahlreiche Umweltfaktoren beigetragen. Im 19. Jahrhundert litt die Bevölkerung in Europa an chronischer Unterernährung und wurde immer wieder von Hungersnöten heim-gesucht. Vitamin-D-Mangel führte bei den Kindern zu Rachitis und beeinträchtigte ihr Wachstum. Jodmangel löste eine Unterfunktion der Schilddrüse aus und bewirkte Kleinwuchs und Kropfbildung. Die Gesundheit von Kindern und Erwachsenen wurde zudem durch lebensbedrohliche und invalidisierende Infektionskrankheiten wie Cholera und Tuberkulose beeinträchtigt. Auch schwere körperliche Arbeit und chronische Stressbelastung behinderten das Längenwachs-tum, und nicht zuletzt lebten die Menschen auf dem Land unter tendenziell schlechteren existentiellen Bedingungen als die Stadtbevölkerung.

Mit dem Einsetzen der Industrialisierung verbesserten sich allmählich die Lebensbedingungen, insbesondere die Ernährung, der Bildungsstand sowie die Hygiene und Gesundheitsversorgung. Die Menschen wurden von Generation zu Generation größer. Die Körpergröße nahm dabei in den bessergestellten sozialen Schichten rascher zu als in den sozial benachteiligten. Doch spätestens seit den 1990er Jahren hat der säkulare Trend alle sozialen Schichten erreicht. Bemerkenswerterweise ist er damit nicht nur in der Schweiz, sondern auch in anderen europäischen Ländern zum Abschluss gekommen. Eine weitere Zunahme der Körpergröße ist nicht zu erwarten.[11]

Der säkulare Trend hat sich nicht nur auf die Zunahme der Körpergröße ausgewirkt, sondern auch auf die Streubreite. 1878 betrug die Streubreite, definiert als der Abstand zwischen den kleinsten und größten Männern, 30,8 Zentimeter. Die Körpergröße variierte zwischen 148,1 und 178,9 Zentimetern (Mittelwert 163,5; Standardabweichung 7,7 Zentimeter). Heute beträgt die Streubreite noch 26 Zentimeter, sie reicht von 165,5 bis 191,5 Zentimeter (Mittelwert 178,5; Standardabweichung 6,5 Zentimeter). Die Streubreite hat sich also im Verlauf der letzten 120 Jahre um 16 Prozent verringert, was vor allem auf eine Verbesserung der Lebensqualität in den unteren sozialen Schichten zurückzuführen ist. Heute sind die allermeisten Menschen ausreichend ernährt und in einem guten Gesundheitszustand.

Die verbesserten Lebensbedingungen haben jedoch nicht nur zu einer Zunahme der Körpergröße geführt, sondern auch die körperliche Reifung erheblich beschleunigt (sogenannte Akzeleration). Im 19. Jahrhundert erreichten viele Menschen ihre Erwachsenengröße erst nach dem 20. Lebensjahr. Heute ist das Wachstum bei den Männern mit 16 bis 18 Jahren und bei den Frauen spätestens mit 15 bis

17 Jahren abgeschlossen. Die Dauer der körperlichen Entwicklung hat sich also seit Mitte des 19. Jahrhunderts um vier bis fünf Jahre verkürzt. Dies gilt nicht nur für das Längenwachstum, sondern auch für die Pubertätsentwicklung. Das Auftreten der sekundären Geschlechtsmerkmale wie der Schambehaarung setzte immer früher ein, die Dauer der Pubertät verkürzte sich, und die Geschlechtsreife wurde immer früher erreicht. Diese Beschleunigung der körperlichen Reifung ist für die Menarche, das Auftreten der ersten Menstruationsblutung, besonders gut belegt.[12]

Daten aus Finnland, Norwegen und den USA zeigen, dass Mitte des 19. Jahrhunderts die Menarche zwischen dem 17. und 18. Lebensjahr einsetzte. In den folgenden Jahrzehnten trat sie immer früher auf. Heute bekommen Mädchen die Menarche im Mittel mit 12,5 Jahren. Aber auch hier gilt: Es gibt keine Hinweise darauf, dass sich die körperliche Reifung in Zukunft noch weiter beschleunigen wird.

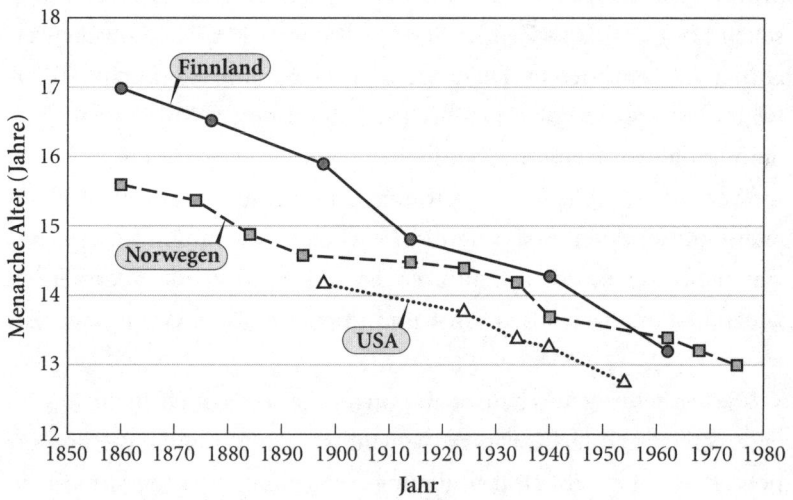

Abb. 2.4: Säkularer Trend der Menarche in Finnland, Norwegen und USA (Mittelstand). Durchschnittliches Auftreten der ersten Menstruationsblutung zwischen 1860 und 1975 (Marshall et al. 1986).

Die Dauer der körperlichen Entwicklung hat sich in den letzten 140 Jahren erheblich verkürzt, die Unterschiede in der Pubertätsentwicklung und in der Körpergröße zwischen den Geschlechtern sind jedoch weitgehend gleich geblieben. Die Pubertät setzt heute bei Mädchen im Mittel eineinhalb bis zwei Jahre früher ein als bei Jungen und ist dementsprechend früher abgeschlossen. Im Erwachsenenalter sind Frauen im Mittel 13 Zentimeter kleiner als Männer.

Die Bedeutung von Anlage und Umweltfaktoren auf das Längenwachstum und die körperliche Reifung lässt sich folgendermaßen zusammenfassen: Sind die Lebensbedingungen ungünstig, fällt die Körpergröße geringer aus, und die körperliche Entwicklung verlangsamt sich. Verbessern sich die Lebensbedingungen, nimmt die Körpergröße zu, und die körperliche Entwicklung beschleunigt sich. Sind die Lebensbedingungen für die ganze Bevölkerung ausreichend gut, werden die Menschen nicht mehr größer, und die körperliche Reifung beschleunigt sich nicht weiter. Die Reifungsunterschiede im Längenwachstum und in der körperlichen Reifung zwischen Jungen und Mädchen bleiben, wenn die Lebensbedingungen für beide Geschlechter gleich sind, bestehen. Sie sind auf einen unterschiedlichen Zeitplan der Entwicklung bei den beiden Geschlechtern zurückzuführen.

Was der Abschluss des säkularen Trends schließlich auch zeigt: Selbst unter guten und gleichwertigen Lebensbedingungen sind die Menschen verschieden groß. Die Größenunterschiede in der heutigen Bevölkerung sind weitgehend Ausdruck der unterschiedlichen individuellen Erbanlage und nicht mehr Ausdruck unterschiedlicher Lebensbedingungen. Und das Wachstumspotential der Bevölkerung ist ausgeschöpft. Es gibt kein Wachstum jenseits des Wachstumspotentials. Die durch die individuelle Anlage vorgegebene Körpergröße kann nicht übertroffen werden.

Wie die Menschen intellektuell immer leistungsfähiger wurden

Die Bedeutung der Umwelt ist für die Intelligenz weit schwieriger nachzuweisen als bei der Körpergröße. Sprachliche und kognitive Fähigkeiten können weniger verlässlich erfasst werden als die Körpergröße, und auch die maßgeblichen Umweltfaktoren sind schwerer zu bestimmen als beim Wachstum. Und doch gibt es eine Reihe von Studien, die uns ein zuverlässiges Bild vom Zusammenwirken von Anlage und Umwelt bei der intellektuellen Entwicklung vermitteln.

Der amerikanische Politologe James R. Flynn wies auch für den Intelligenzquotienten eine Art säkularen Trend nach. Man spricht daher vom Flynn-Effekt.

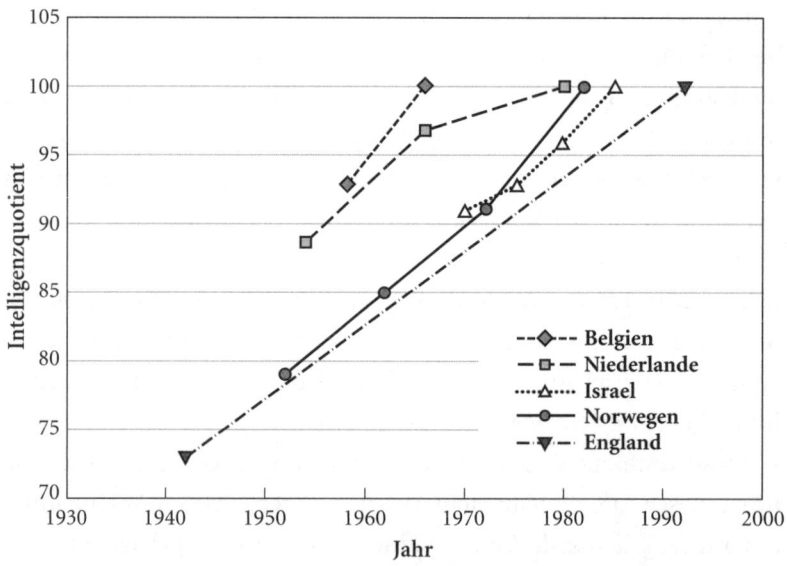

Abb. 2.5: Flynn-Effekt. Mittlere Zunahme des Intelligenzquotienten zwischen 1940 und 1990 in einigen europäischen Ländern. Die IQ-Werte wurden auf einen Basiswert von 100 umgerechnet (Flynn 1984, 1987).

Flynn untersuchte die Entwicklung des Intelligenzquotienten in zahlreichen industrialisierten Ländern. Er stellte zwischen 1940 und 1990 eine mittlere Zunahme von 3 bis 5 IQ-Punkten pro Jahrzehnt fest.[13]

Der Flynn-Effekt wird auf folgende Ursachen zurückgeführt: verbesserte Ernährung und medizinische Versorgung, weniger Kinder pro Familie und dadurch größere Aufmerksamkeit für das einzelne Kind sowie verstärkte Medienerfahrungen. Für Letzteres spricht, dass der Anstieg des IQ seit den 1980er Jahren weniger durch höhere sprachliche als vielmehr größere figural-räumliche Leistungen, beispielsweise beim Erkennen von Formen oder beim Zusammenfügen eines Puzzles, zustande kam.[14] Einen entscheidenden Beitrag zur Verbesserung der intellektuellen Leistungsfähigkeit leistete das Bildungswesen, indem es sozial benachteiligten Kindern den Zugang zu Bildungseinrichtungen erleichterte. So war in den letzten Jahrzehnten bei Kindern aus höheren sozialen Schichten ein Flynn-Effekt kaum mehr nachweisbar, sehr wohl aber bei Kindern aus unteren sozialen Schichten, was wiederum zu einer deutlichen Anhebung des mittleren IQ-Werts in der ganzen Bevölkerung geführt hat.[15] Vollständig aufgeholt haben die Kinder aus bildungsfernen Familien jedoch bis heute nicht. Das zeitlich unterschiedliche Auftreten des Flynn-Effekts in den verschiedenen Ländern wurde auf Faktoren wie Stand der Wirtschaft und des Bildungswesens sowie die Zusammensetzung der Studienpopulation bezüglich sozialer Schicht zurückgeführt.

Trendmeldungen aus Dänemark, Deutschland, Frankreich, Großbritannien, Österreich und der Schweiz zeigen, dass sich die Zunahme des IQs vor allem in der Mittel- und Oberschicht in den 1990er Jahren immer mehr abgeschwächt hat und schließlich weitgehend zum Erliegen gekommen ist.[16] In Norwegen hat man eine zeitgleiche Zunahme von Körpergröße und IQ mit nachfolgender Plateaubildung nachweisen können.[17] Beim Flynn-Effekt ist also ein vergleichbares Phänomen wie beim säkularen Trend zu beobachten.

In der Vergangenheit lagen die mittleren IQ-Leistungen der Frauen lange Zeit um bis zu 5 Punkte tiefer als bei den Männern. Sie haben sich aber in den vergangenen zwei Jahrzehnten weitgehend angeglichen. Heute bestehen – anders als bei der Körpergröße – bei der intellektuellen Leistungsfähigkeit nur noch geringe, auf wenige Fähigkeiten beschränkte Geschlechtsunterschiede. So sind bei Mädchen die sprachlichen Kompetenzen, bei Jungen das räumliche Vorstellungsvermögen etwas besser ausgebildet.

Beim säkularen Trend des Wachstums wurde nicht nur eine Zunahme der Körpergröße, sondern auch eine Beschleunigung der

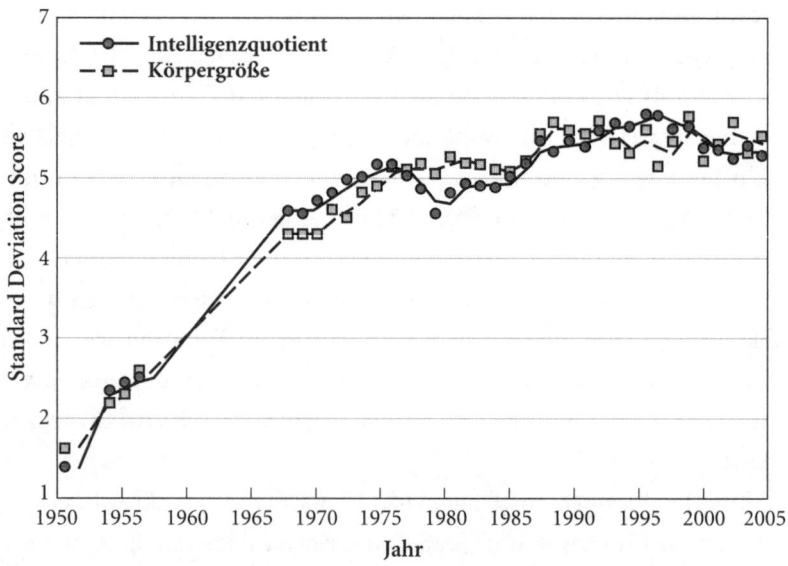

Abb. 2.6: Säkularer Trend der Körpergröße und Flynn-Effekt des IQ in Norwegen zwischen 1952 und 2002. Zunahme der mittleren Körpergröße und des mittleren Intelligenzquotienten bis 1990, danach stellt sich ein Plateau für beide Parameter ein (Sundet et al. 2004).

Reifung beobachtet. Letztere ist bei der intellektuellen Entwicklung schwierig nachzuweisen. So ist beim Flynn-Effekt derzeit noch unklar, ob es sich (bloß) um eine Beschleunigung der intellektuellen Entwicklung handelt, die lediglich zu einem vorübergehenden Anstieg des IQs im Kindes- und Jugendalter geführt hat, oder ob damit eine insgesamt höhere intellektuelle Leistungsfähigkeit im Erwachsenenalter erreicht worden ist. Wahrscheinlich ist, dass beides zutrifft.

Grundsätzlich lässt sich der Flynn-Effekt in gleicher Weise erklären wie der säkulare Trend. Verbessern sich die Lebensbedingungen, insbesondere die Qualität des Bildungssystems, nimmt die intellektuelle Leistungsfähigkeit in der Bevölkerung zu. Sind die Lebensbedingungen und das Bildungssystem für die ganze Bevölkerung ausreichend gut, können die Menschen ihr individuelles Entwicklungspotential weitgehend verwirklichen. Eine weitere Zunahme der Leistungsfähigkeit ist dann nicht mehr zu erwarten. Das kognitive Entwicklungspotential kann nicht überstiegen werden.

Welche allgemeinen Schlussfolgerungen können aus dem säkularen Trend und dem Flynn-Effekt gezogen werden? Das Genom ist ein Erbe der biologischen Evolution. Es bildet die organische Anlage, aus der ein Kind entstehen und sich entwickeln kann. Sie gibt das individuelle Entwicklungspotential vor und legt die Leistungsfähigkeit fest, die unter optimalen Lebensbedingungen erreicht werden kann. Die Anlage allein führt jedoch zu keiner Entwicklung. Dies geschieht erst dann, wenn auch die Umwelt ihren Beitrag etwa mit Ernährung und entwicklungsspezifischen Lernerfahrungen leistet. Die Umwelt kann keine Eigenschaften und Fähigkeiten generieren, aber diese verstärken oder abschwächen und mit unterschiedlichen Inhalten füllen. So lernt ein Kind eine Sprache mehr oder weniger gut und spricht je nach dem Milieu, in dem es aufwächst, beispielsweise Deutsch oder Englisch. Damit ein Kind sich entwickeln kann, braucht es also beides, Anlage und Umwelt. Sie leisten jedoch einen unterschiedlichen Beitrag zur

Entwicklung. Was die Anlage zustande bringt, kann die Umwelt nicht leisten und umgekehrt.

Das Fit-Prinzip baut darauf auf, dass jedes Kind mit einem individuellen Entwicklungspotential bezüglich Ausprägung und Reifungsgeschwindigkeit seiner Eigenschaften und Fähigkeiten geboren wird. Je nach den Lebensbedingungen, unter denen es aufwächst, kann es sein Potential unterschiedlich gut ausschöpfen. Das Kind kann sich aber selbst unter optimalen Lebensbedingungen nicht über sein Entwicklungspotential hinaus entwickeln. Es gibt keine Förderung über das individuelle Begabungspotential eines Menschen hinaus. Diese Einsichten sollten im Kleinen und Großen von Eltern und Lehrern beim Umgang mit ihren Kindern, aber auch von den Behörden und Politikern, die für die Gestaltung des Bildungswesens verantwortlich sind, bedacht werden. Was für das Entwicklungspotential der Kinder gilt, trifft auch auf das Begabungspotential der Erwachsenen zu.

Wie unterschiedlich begabt die Menschen sind

Niemand würde ernsthaft bestreiten, dass Menschen unterschiedlich groß sind, ist doch die Vielfalt zu offensichtlich. Wenn es aber um geistige und soziale Fähigkeiten geht, die von Mensch zu Mensch noch deutlich stärker variieren, sind wir weit weniger bereit, die Vielfalt zu akzeptieren. Wenn beispielsweise Kinder Schwierigkeiten beim Lesen haben, werden sie dazu angehalten, sich gefälligst mehr anzustrengen, und gelten als faul oder dumm. Doch was für die Körpergröße zutrifft, gilt weit mehr noch für die kognitiven Fähigkeiten: Sie sind unter den Menschen sehr unterschiedlich ausgeprägt.

Wie verschiedenartig das Begabungspotential in der Bevölkerung angelegt ist und welche Bedeutung den Lebensbedingungen, insbesondere der Qualität des Bildungssystems, zukommt, zeigen die Resultate der PISA-Studien. 2009 wurde die Studie in mehr als

60 Ländern durchgeführt, deren Bildungswesen sehr unterschiedlich entwickelt war. Beispielhaft sind in der Abbildung die Resultate der Lesekompetenz dargestellt, die Schüler im Alter von 15 Jahren in drei unterschiedlich fortgeschrittenen Ländern erbracht haben.[18] In Ländern mit einem nur wenig ausgebauten Bildungswesen wie Kirgistan weisen 30 Prozent der Schüler überhaupt keine (Leistungsstufe < 1b) und weitere 53 Prozent nur eine sehr beschränkte Lesekompetenz (1b, 1a) auf. 16 Prozent verfügen über eine mäßige (2), lediglich 1 Prozent über eine hohe (4, 5) und kein einziger Schüler über eine sehr hohe Lesekompetenz (6).

Hat das Bildungssystem, wie etwa in der Türkei, ein bestimmtes Niveau erreicht, verbessern sich die Werte in den Leistungsstufen von < 1b bis 5. Doch auch hier erreicht kein Schüler die Leistungsstufe 6. In Ländern wie Finnland schließlich, die über eine hohe Bildungsqualität verfügen, wachsen die Leistungen vor allem in den Stufen 4 und 5 noch einmal an. Der Anstieg in der Stufe 6 ist aber nur geringfügig.

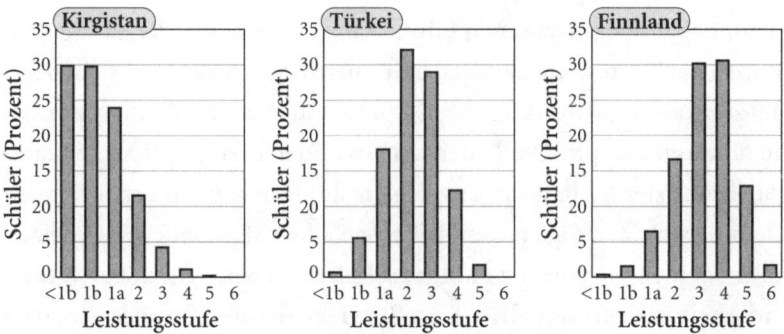

Abb. 2.7: Lesekompetenz in Kirgistan, der Türkei und Finnland. Die Balken illustrieren die Anzahl Schüler (in Prozent), die eine bestimmte Leistungsstufe erreicht haben. Leistungsstufen der Lesekompetenz: < 1b: fehlend; 1b, 1a: sehr tief; 2: tief; 3: mäßig unterhalb Durchschnitt; 4: mäßig oberhalb Durchschnitt; 5: hoch; 6: sehr hoch (OECD PISA-Studie 2009).

Bemerkenswerterweise gibt es dennoch 0,2 Prozent Schüler, die überhaupt nicht lesen können (< 1b), und 7,9 Prozent, die lediglich eine sehr beschränkte Lesekompetenz aufweisen (1b und 1a).

Selbst Finnland schafft es also nicht, allen Schülern zu einer guten Lesekompetenz zu verhelfen, es bleibt ein Schüleranteil von etwa 8 Prozent, der überhaupt nicht oder nur sehr beschränkt lesen kann (< 1b, 1b, 1a). Andererseits machen die Schüler mit einer hohen bis sehr hohen Lesekompetenz (5, 6) lediglich 14,5 Prozent aller Schüler aus. Dies gilt ohne Ausnahme auch für Länder wie Kanada, Korea oder Singapur, in denen die Schüler in der PISA-Studie ebenfalls Höchstleistungen erbracht haben.

Die Resultate zeigen: In ausnahmslos jedem Land ist das Begabungspotential in der Bevölkerung breit gestreut und reicht von einer sehr tiefen oder gar fehlenden bis zu einer sehr hohen intellektuellen Lesekompetenz. Vergleichbare Ergebnisse sind in den PISA-Studien auch für die Bereiche Mathematik, problemorientiertes Denken und Naturwissenschaften erhoben worden. Je besser die Lebensbedingungen und je höher die Qualität des Bildungssystems in einer Gesellschaft sind, desto mehr Menschen können ihr individuelles Begabungspotential realisieren. In Ländern mit einem qualitativ hochstehenden Bildungswesen wird das Bildungspotential der Bevölkerung weitgehend ausgeschöpft. Die Unterschiede in der Leistungsfähigkeit sind Ausdruck der Vielfalt der angelegten Begabungen. So kann es auch dem begabtesten Pädagogen mit ausgefeilter Methodik in der besten aller Schulen nicht gelingen, allen Schülern zu einer gleich guten Leistungsfähigkeit zu verhelfen. Er sollte vielmehr alles daransetzen, dass jeder Schüler selbstbestimmt sein individuelles Entwicklungspotential verwirklichen kann.

Das Kind entwickelt sich aus sich heraus

Anlage und Umwelt leisten beide einen essentiellen Beitrag zur kindlichen Entwicklung. Es gibt aber noch einen dritten, genauso wichtigen Akteur, nämlich das Kind selbst. Wichtige Hinweise dazu liefern verhaltensgenetische Studien, die vor allem in den USA durchgeführt wurden.[19] Die Wissenschaftler haben sich folgende Frage gestellt: Wie entwickeln sich Kinder, die unterschiedlich eng verwandt sind und in verschiedenen familiären Konstellationen aufwachsen?

Das Kind bestimmt mit, wie es sich entwickelt

Die Forscher nahmen in ihre Studien nur Kinder auf, die in guten familiären Verhältnissen lebten. Keines der Kinder litt unter nachteiligen Lebensbedingungen wie Armut oder emotionaler Vernachlässigung, die ihre Entwicklung beeinträchtigt hätten. Wie die Tabelle zeigt, war der Verwandtschaftsgrad der Kinder sehr verschieden.

Als Maß für den Grad der Übereinstimmung zwischen den Kindern diente den Forschern die intellektuelle Leistungsfähigkeit. Der Entwicklungsquotient und der Intelligenzquotient (EQ beziehungsweise IQ) können zuverlässiger erhoben werden als andere psychische Attribute wie etwa Persönlichkeitsmerkmale. Die Zuverlässigkeit der EQ- und IQ-Testung ist hoch, aber nie 100 Prozent. Werden die gleichen Personen im Abstand von einigen Wochen zweimal getestet, stimmen ihre Leistungen zu 80 bis 90 Prozent überein (Korrelationskoeffizient 0,9 bis 0,95). Die Testresultate fallen unterschiedlich aus, weil die körperliche und psychische Verfassung der Probanden von Tag zu Tag variiert und ihre Leistungsbereitschaft je nach Tageszeit größer oder kleiner sein kann. Beim Entwicklungsverlauf ist zu berücksichtigen, dass EQ- und IQ-Tests während der Kindheit verschiedene Fähigkeiten erfassen. So tragen die motorischen Meilensteine in den ersten Le-

	Gemeinsame Erbanlagen	Soziale Umwelt
Eineiige Zwillinge		
wachsen gemeinsam auf	100 %	gleich
wachsen getrennt auf	100 %	anders
Zweieiige Zwillinge		
wachsen gemeinsam auf	50 %	gleich
Zwillinge und Geschwister		
wachsen gemeinsam auf	50 %	ähnlich
Adoptierte Kinder		
Adoptiveltern	0 %	gleich
biologische Eltern	100 %	anders

Übereinstimmung von Erbanlage und Umwelt bei Zwillingen und ihren Geschwistern, die in unterschiedlichen familiären Konstellationen aufwachsen, sowie zwischen adoptierten Kindern und ihren Adoptiv- beziehungsweise biologischen Eltern.

bensjahren, etwa das Alter, in dem das Kind die ersten Schritte macht, wesentlich zum EQ bei. Im IQ sind motorische Leistungen nicht enthalten. Andererseits können kognitive Fähigkeiten wie logisch-mathematisches Denken in Entwicklungstests nur sehr beschränkt, in Intelligenztests jedoch detailliert erfasst werden. Diese Einschränkungen sollten bei den folgenden Ausführungen bedacht werden.

In der obenstehenden Graphik sind die Ergebnisse zusammengestellt, die in der Louisville-Zwillingsstudie erhoben wurden.[20] Diese Studie ist besonders aussagekräftig, weil die Kinder im Verlauf ihrer Entwicklung wiederholt untersucht wurden (Longitudinalstudie). Eine hohe Übereinstimmung beziehungsweise ein hoher Korrelationskoeffizient weist auf eine vergleichbare intellektuelle Leistungsfähigkeit beispielsweise zwischen Zwillingen hin. Fallen Übereinstimmung und Korrelationskoeffizient niedrig aus, sind die erbrachten Leistungen sehr unterschiedlich, etwa zwischen Zwillingen und ihren Geschwistern. Der Grad der Übereinstimmung beziehungsweise die Höhe des Korrelationskoeffizienten sagt nichts darüber aus, ob die Kinder hohe oder niedrige intellektuelle Leistungen erbringen, sondern allein, wie groß die Übereinstimmung zwischen ihren Leistungen ist.

Der Psychologe Wilson und seine Mitarbeiter haben den Einfluss folgender Verwandtschaftsgrade und Konstellationen des familiären Zusammenlebens untersucht:

Eineiige Zwillinge, die gemeinsam aufwachsen. Sie zeigen von allen Kindern die größtmögliche Ähnlichkeit bezüglich Erbanlage und Umwelt. Sie haben eine weitgehend identische Erbanlage und wachsen in einem zumeist sehr ähnlichen Milieu auf. Verschiedenheiten können sich ergeben, wenn ihre vorgeburtliche Entwicklung unterschiedlich verlaufen ist, beispielsweise wenn die Zwillinge von der Plazenta ungleich versorgt wurden oder wenn die Eltern mit jedem der beiden Kinder anders umgehen.

Im ersten Lebensjahr beträgt die Übereinstimmung der EQ-Werte lediglich 50 bis 60 Prozent, weil der Entwicklungsstand aus methodischen Gründen nicht ausreichend genau erfasst werden kann. Bis in die Adoleszenz steigt sie jedoch auf fast 80 Prozent und ist damit fast gleich hoch wie bei einer Person, die zweimal getestet wurde. Das heißt, dass eineiige Zwillinge sich im Verlauf der Kindheit in ihrer intellektuellen Leistungsfähigkeit immer ähnlicher werden. Inwieweit diese hohe Übereinstimmung auf die gemeinsame Erbanlage beziehungsweise gemeinsame Umwelt oder aber auf beides zurückzuführen ist, lässt sich nicht beurteilen. Diese Frage kann jedoch beantwortet werden, wenn man die Leistungsfähigkeit bei eineiigen Zwillingen untersucht, die getrennt aufwachsen.

Eineiige Zwillinge, die getrennt aufwachsen. Es kommt immer wieder vor, dass eineiige Zwillinge getrennt aufwachsen, weil sie von zwei Familien adoptiert worden sind. Obwohl sie in unterschiedlichen

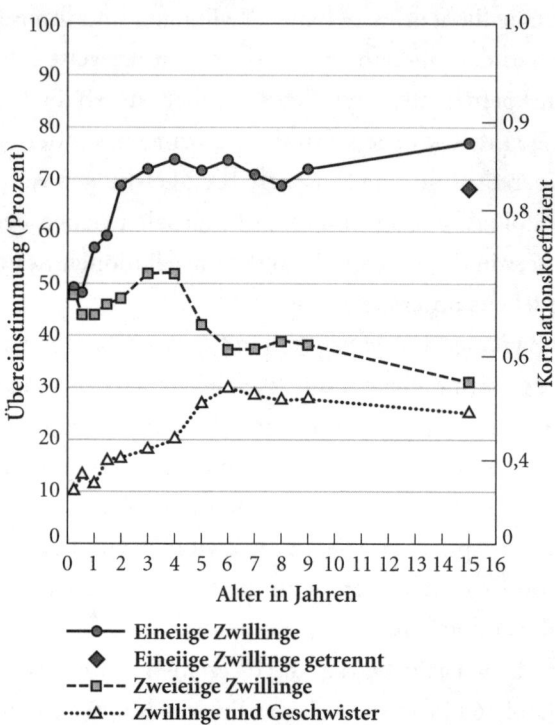

Abb. 2.8: Übereinstimmung der intellektuellen Leistungsfähigkeit bei
ein- und zweieiigen Zwillingen sowie Geschwistern. Die Übereinstimmung
von Entwicklungs- / Intelligenzquotient ist auf der linken Seite in Prozen-
ten und auf der rechten als Korrelationskoeffizient dargestellt. Je höher
ein Prozentwert beziehungsweise der Korrelationskoeffizient ausfällt, desto
größer ist die Übereinstimmung zwischen den Kindern. Für eineiige Zwillinge, die getrennt aufwachsen, liegt nur ein Wert vor (nach Wilson 1983,
Scarr 1992).

Milieus aufwachsen und sich nie begegnen, verläuft ihre intellektuelle Entwicklung weitgehend so, als wären sie gemeinsam aufgewachsen. Im Alter von 15 Jahren liegt die Übereinstimmung bei fast
70 Prozent.

Die Psychologin Sandra Scarr hat diese Befunde folgendermaßen interpretiert: Bei eineiigen Zwillingen bewirkt ihre weitgehend identische Erbanlage, dass sie die gleichen Fähigkeiten, Interessen und Neigungen haben.[21] Sie suchen daher in der eigenen wie auch in der Adoptivfamilie nach ähnlichen Erfahrungen, soweit ihre Umwelt diese anbietet und zulässt. Wachsen eineiige Zwillinge getrennt auf und sind beide musikalisch begabt, so spielen sie häufig ein Musikinstrument, überzufällig das gleiche. Die Zwillinge beeinflussen zudem mit ihrer Persönlichkeit und ihrem Verhalten ihre leiblichen beziehungsweise Adoptiveltern in ähnlicher Art und Weise, was sich wiederum auf deren Umgang mit ihnen auswirkt. Diese These wird durch den Vergleich bei zweieiigen Zwillingen und deren Geschwistern gestützt.

Zweieiige Zwillinge, die gemeinsam aufwachsen. Sie verfügen zu je 50 Prozent über gemeinsame Erbanlagen und sind sich damit gleich ähnlich wie Geschwister. Ihre Besonderheit liegt darin, dass sie gleich alt sind und damit zeitgleich im selben Milieu aufwachsen. Dieser Umstand führt in den ersten Lebensjahren zu einer Übereinstimmung in der intellektuellen Entwicklung von 40 bis 50 Prozent. In den Jahren danach leben sich zweieiige Zwillinge jedoch zunehmend auseinander. Sie haben unterschiedliche Interessen, suchen sich ihre eigenen Spielkameraden, gehören in der Pubertät verschiedenen Cliquen an und machen so unterschiedliche Erfahrungen. In der Adoleszenz beträgt die Übereinstimmung lediglich noch etwas mehr als 30 Prozent.

Zwillinge und Geschwister, die gemeinsam aufwachsen. Sie weisen ebenfalls zu 50 Prozent eine gemeinsame Erbanlage auf und leben in derselben Familie. Da sie aber verschieden alt sind, erleben sie die Familie unterschiedlich, was zu einer gegenteiligen Entwicklung als bei zweieiigen Zwillingen führt. In den ersten Lebensjahren beträgt die Übereinstimmung in ihrer intellektuellen Entwicklung 10 bis 20 Prozent und ist damit deutlich niedriger als bei zweieiigen Zwillingen. Mit fortschreitender Entwicklung werden sich Zwillinge und ihre Ge-

schwister jedoch immer ähnlicher. In der Adoleszenz ist ihre Übereinstimmung etwa gleich groß wie diejenige von zweieiigen Zwillingen.
Aufgrund der zu 50 Prozent gemeinsamen Erbanlage suchen sie sich
während der Kindheit ähnliche Erfahrungen, wenn auch zeitversetzt.

Weitere Anhaltspunkte dafür, wie Erbanlage und Umwelt zusammenwirken, liefern Studien, in denen die Entwicklung von adoptierten Kindern untersucht wurde.[22] Die Übereinstimmung zwischen dem
Kind einerseits und den Adoptiveltern und den biologischen Eltern
andererseits wurde wiederum mit Hilfe von EQ- und IQ-Tests erfasst.
In den ersten Lebensjahren betrug der Korrelationskoeffizient zwischen den Kindern und ihren Adoptiveltern 7 Prozent (r 0,27), zwischen den Kindern und ihren biologischen Eltern jedoch 15 Prozent
(r 0,38). Ihre Entwicklung war also etwas weniger durch das Milieu,
in dem sie aufwuchsen, und etwas mehr durch die genetische Anlage
bestimmt. Bis in die Adoleszenz ging die Übereinstimmung zwischen
den Jugendlichen und ihren Adoptiveltern auf 0 Prozent zurück. Die
Korrelation zwischen den Jugendlichen und ihren biologischen Eltern dagegen, mit denen sie nie zusammengelebt hatten, betrug immer noch 9 Prozent (r 0,31). Diese Befunde lassen sich wiederum am
besten damit erklären, dass die Adoptiveltern in einem gewissen Ausmaß die Erfahrungen bestimmt haben, die die Kinder in den ersten
Lebensjahren machen konnten. Je älter die Adoptivkinder aber wurden, desto mehr bestimmten sie selbst das Umfeld, weil sie nach Erfahrungen suchten, die ihren Anlagen entgegenkamen. Der Rückgang
der Übereinstimmung mit den Adoptiveltern bedeutet nicht, dass
die Kinder von ihnen nichts erhalten haben. Das Begabungspotential
stammt zwar von den leiblichen Eltern, inwieweit das Kind es aber
realisieren kann, bestimmen die Adoptiveltern mit, beispielsweise bei
der Schulwahl.

Leser und Leserinnen, die Eltern sind, mögen sich wohl gefragt haben: Wie viel haben unser Kind und wir gemeinsam? Die Überein-

stimmung wird je nach Studie auf 16 bis 25 Prozent (r 0,4 bis 0,5) geschätzt – was für manche Eltern eine leise Enttäuschung sein mag. Ein wichtiger Faktor, weshalb die Übereinstimmung so gering ausfällt, ist die sexuelle Selektion und Fortpflanzung sowie das Gesetz von Galton (Regression to the mean, Teil I). Es erstaunt daher nicht, dass sich längst nicht alle, aber doch etliche Kinder in ihrem Wesen von den Eltern deutlich unterscheiden, andere Interessen haben und ihre eigenen Erfahrungen machen wollen und auch müssen! Wie auch immer die Übereinstimmung ausfallen mag, Eltern haben die enorm wichtige Aufgabe, die Lebensbedingungen für das Kind so zu gestalten, dass es sein individuelles Entwicklungspotential entfalten kann.

Das Kind ist aktiv und selektiv

Die Ergebnisse der verhaltensgenetischen Studien zeigen, dass Kinder im Verlauf der Kindheit ihre Entwicklung immer stärker selbst bestimmen. Sandra Scarr hat ein Entwicklungsmodell vorgeschlagen, das eine plausible Erklärung der Studienresultate liefert.[23] Das Modell ist im Erziehungs- und Schulalltag nachvollziehbar und gibt wichtige Hinweise dafür, wie wir mit Kindern umgehen sollten. Es stützt sich auf folgende Annahmen:

Das Kind ist aktiv. Es entwickelt sich aus sich heraus. Es wird von seiner Neugierde geleitet.

Das Kind will selbstbestimmt lernen. Werden ihm Erfahrungen aufgezwungen, geht seine Lernmotivation verloren.

Das Kind ist in seinem Lernverhalten selektiv. Das Kind ist kein Schwamm, der alles aufsaugt, was die Umwelt zu bieten hat. Es will nicht irgendwelche Erfahrungen machen, sondern solche, die es – ausgehend von seinem aktuellen Entwicklungsstand – in seiner Entwicklung weiterbringen.

Das Kind beeinflusst mit seiner Persönlichkeit und seinem Verhalten seine soziale Umgebung. Dieses Verhalten wirkt sich wiederum darauf aus, wie Eltern und Lehrer mit ihm umgehen.

Je älter das Kind wird, desto mehr bestimmt es, welche Erfahrungen es machen will und was es dabei verinnerlicht. Wir Erwachsenen überschätzen oftmals den Einfluss, den wir auf das Kind ausüben können. Wir haben aber die Verantwortung für etwas überaus Wichtiges, nämlich für ein ausreichendes Angebot an Erfahrungen zu sorgen, die das Kind machen kann. Wir können das Kind nicht wie einen Klumpen Lehm formen, aber wir können ihm entwicklungsspezifische Erfahrungen ermöglichen oder vorenthalten. Damit tragen wir in der Art und Weise, wie wir seine Umwelt gestalten, entscheidend dazu bei, inwieweit es seine angelegten Fähigkeiten realisieren kann.

In den ersten Lebensjahren werden die Erfahrungen, die ein Kind machen kann, in einem hohen Maß durch das familiäre Milieu und damit durch die Eltern bestimmt. Je älter das Kind wird, desto mehr Erfahrungen will es selbstbestimmt innerhalb und zunehmend auch außerhalb der Familie machen. Es orientiert sich an anderen Bezugspersonen wie Lehrern, vor allem aber an den anderen Kindern und deren Umgebung. Im Jugendalter schließlich sind es hauptsächlich die Gleichaltrigen, die Peers, welche die Erfahrungen der Jugendlichen prägen.[24] Dabei verhält sich auch der Jugendliche nicht passiv, sondern sehr selektiv. Er wählt seinen Stärken, Neigungen und Bedürfnissen entsprechend Freunde und Freundinnen aus und sucht nach Erfahrungen, die seinen Begabungen und Interessen entgegenkommen. Dabei kann es sein, dass er sich kaum oder aber sehr weit von seinen Eltern entfernt.

Wie stark Kinder in ihrer Entwicklung anfänglich durch das Milieu bestimmt werden und wie sehr sie danach ihre Entwicklung immer mehr selbst bestimmen, lässt sich aus den Entwicklungsverläufen von Hunderten von Kindern ersehen, die wir in den Zürcher Longitudinalstudien aufgezeichnet haben. So sind mir die eineiigen Zwillinge

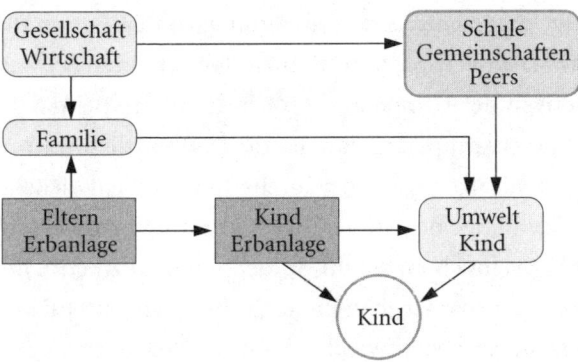

Abb. 2.9: Zusammenwirken von Anlage und Umwelt in der Kindheit. Dunkelgrau: Anlage; hellgrau: Umwelt; weiß: Kind.

Jakob und Robert besonders lebendig in Erinnerung geblieben. Die Eltern sorgten sich sehr um ihre Sprachentwicklung. Maja, ihre älteste Tochter, hatte mit 12 Monaten die ersten Worte gesprochen und bildete mit 19 Monaten erste Sätze. Die Eltern waren stolz auf ihr aufgewecktes Kind. Laura, die zweitälteste Tochter, hatte mit 18 Monaten zu sprechen begonnen, was immerhin noch einer durchschnittlichen Entwicklung entspricht. Bei Jakob und Robert jedoch mussten sich die Eltern bis ins Alter von 27 Monaten gedulden, bis die Zwillinge die ersten Worte sprachen. Drei Faktoren haben wesentlich zur Verzögerung ihrer Sprachentwicklung beigetragen. Erstens weisen Jungen tendenziell eine etwas langsamere Sprachentwicklung auf als Mädchen.[25] Der zweite Grund war weitaus gewichtiger: Die Eltern, insbesondere die Mutter, hatten nur wenig Zeit für die Zwillinge, da sie sich auch noch um die beiden älteren Geschwister kümmern mussten. Schließlich kam erschwerend hinzu, dass die Mutter Chinesisch und der Vater Schweizerdeutsch sprach. Mehrsprachigkeit führt in den ersten Lebensjahren häufig zu einer vorübergehenden Sprachverzögerung. Wie stark die Sprachentwicklung von Jakob und Robert in den ersten zwei Lebensjahren durch diese drei Faktoren eingeschränkt wurde, zeigt die nachfolgende Abbildung. In den Jahren darauf fingen sie an aufzuholen. Sie kommunizierten mit ihren Schwestern und den Kindern in der Krippe und im Kindergarten. Beim Schuleintritt war ihre Sprachkompetenz bereits durchschnittlich und nach dem neunten Lebensjahr sogar überdurchschnittlich entwickelt. Je mehr die beiden Zwillinge den sprachlichen Austausch ausweiten konnten, desto besser vermochten sie ihr Sprachpotential zu entfalten. Da sie über identische Erbanlagen verfügten und im selben Milieu aufwuchsen, verlief ihre Sprachentwicklung sehr ähnlich.

Ein Zurückfinden auf die von der Anlage vorbestimmte Entwicklungsspur ist als Aufholwachstum (Catch up growth)[26] seit langem bekannt. So holen Kinder, die während der Schwangerschaft an einem Ernährungsmangel litten und deshalb untergewichtig und kleinwüchsig zur Welt kommen, ihr Wachstumsdefizit in den ersten Lebensjahren mehr oder weniger auf. Eine kompensatorische Beschleunigung

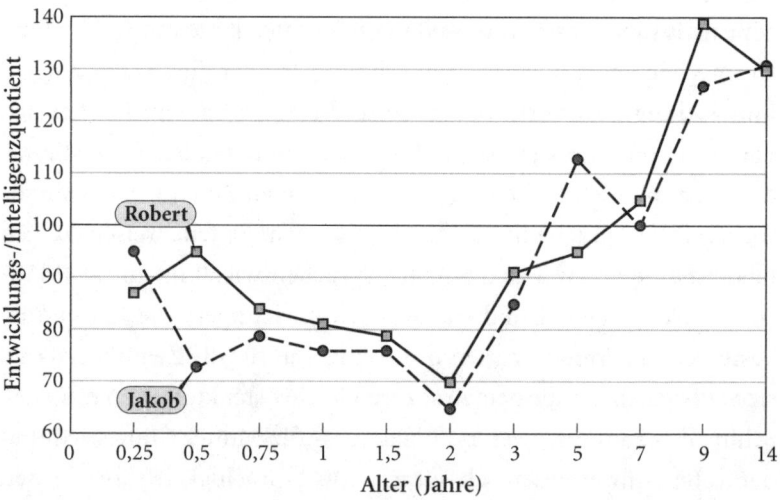

Abb. 2.10: Die Sprachentwicklung von Jakob und Robert in den ersten 14 Lebensjahren. Die Linie EQ/IQ 10 stellt die durchschnittliche Entwicklung dar (Zweite Zürcher Longitudinalstudie).

der Entwicklung nach einem Entwicklungsrückstand kommt aber, wie der Entwicklungsverlauf von Jakob und Robert zeigt, auch in Bereichen wie Kognition und Sprache vor.

Die Entwicklung der beiden Jungen illustriert ein entwicklungsbiologisches Prinzip: Das Kind ist kein passives Wesen, das durch die Umwelt geformt wird. Es will auch nicht beliebige Erfahrungen machen, sondern solche, die es für seine individuelle Entwicklung benötigt. So folgt es seiner Entwicklungsspur, sucht aktiv nach entwicklungsspezifischen Lernerfahrungen – soweit die Umwelt es zulässt und ihm nicht unnütze Erfahrungen aufzwingt.

Doch wie lernen Kinder eigentlich? Was ist unter »entwicklungsspezifischen« Erfahrungen zu verstehen? Und lernen Erwachsene auf dieselbe Weise wie Kinder oder anders? Auf diese Fragen werden wir in Teil III näher eingehen.

Grundlegendes für das Fit-Prinzip

Wir sind keine Marionetten, die willenlos an den Fäden der DNS hängen und vom Puppenspieler »Genom« zum Leben erweckt werden. Das Genom gibt wohl das Begabungspotential vor. Aber wir sind es, die das Begabungspotential verwirklichen, indem wir die Umwelt zielgerichtet nutzen. Wir sind dabei keine Alleskönner, denn die Anlage gibt die Fähigkeiten vor, die wir unter optimalen Lebensbedingungen verwirklichen können. Uns darüber hinaus zu entwickeln ist uns verwehrt. Versuchen wir es dennoch, machen wir uns unglücklich. Dies gilt für Kinder und Erwachsene gleichermaßen. Die Grenzen des Begabungspotentials bei uns selbst, den Mitmenschen und insbesondere bei den eigenen Kindern zu akzeptieren fällt uns schwer. Dies gilt im Kleinen und Großen, in Familie und Schule genauso wie in Gesellschaft und Wirtschaft.

Weshalb nicht nur Aufstieg, sondern auch Abstieg sinnvoll ist

»Es kommt niemand gern vom Pferd auf den Esel.«

Sprichwort

Kinder können gleich, weniger oder mehr begabt sein als ihre Eltern. Daher können Kinder die Erwartungen, die Eltern in ihre Entwicklung setzen, erfüllen, übertreffen, aber auch enttäuschen. Hinzu kommt, dass die Begabungen in Gesellschaft und Wirtschaft einen unterschiedlich hohen Stellenwert besitzen. So legen Eltern besonders großen Wert auf Bereiche wie Sprache und Mathematik, weil sie der Meinung sind, dass sie für die Kinder in ihrem späteren Leben besonders wichtig sein werden. Wenn ihr Kind musisch begabt ist, freuen sich die Eltern, messen dem aber eine weit geringere Bedeutung bei.

Die Sorgen der Eltern haben viel mit ihren Erwartungen zu tun. Eltern hoffen, dass ihre Kinder es später genauso gut, wenn nicht besser haben werden als sie selbst. Doch diese Hoffnung geht zu ihrem Leidwesen nicht immer in Erfüllung. Denn nach der Gesetzmäßigkeit Regression to the mean gilt: Je begabter die Eltern sind, desto wahrscheinlicher ist es, dass ihre Kinder weniger begabt sind. Es gilt aber auch: Je weniger begabt die Eltern sind, desto wahrscheinlich ist es, dass ihre Kinder begabter sind als sie. So gibt es in jeder Generation nicht nur Aufsteiger, sondern auch Absteiger. Dass ihre Kinder absteigen könnten, hören Eltern begreiflicherweise nur sehr ungern und kann große Ängste bei ihnen auslösen.

Die folgende Abbildung beschreibt die statistische Wahrscheinlichkeit, mit der sozioprofessioneller Auf- und Abstieg in der Schweiz einhergehen.[27]

Es kommt häufiger vor als gemeinhin angenommen, dass Kinder, deren Eltern Akademiker oder Manager sind, nicht mehr den gleich

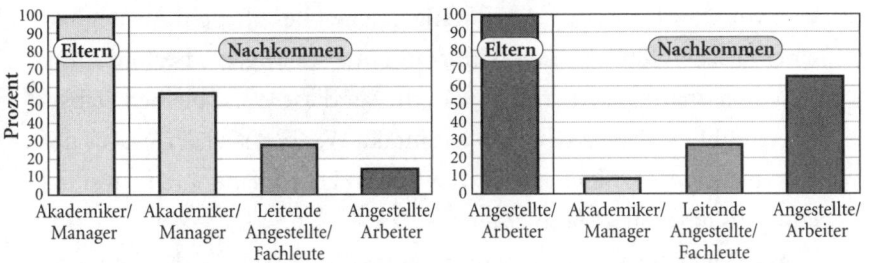

Abb. 2.11: Sozioprofessioneller Auf- und Abstieg zwischen Eltern- und Kind-Generation. Die Nachkommen warnen zur Zeit der Erhebung 40 bis 50 Jahre alt. Links: Eltern sind als Akademiker und Manager tätig. Rechts: Eltern sind Angestellte und Arbeiter. Die Säulen geben an, wie viel Prozent der Kinder in jeder der drei Berufskategorien auf- oder absteigen. So arbeiten nur noch 57 Prozent der Nachkommen, deren Eltern in akademischen Berufen und im Management tätig waren, ebenfalls in diesen Berufssparten. (N = 485) (Levy et al. 1997).

hohen sozioprofessionellen Status erreichen. 43 Prozent der Kinder steigen ab, das heißt, sie haben als Erwachsene einen niedrigeren Status als ihre Eltern; 28 Prozent werden später leitende Angestellte und Facharbeiter und 15 Prozent Arbeiter und Angestellte. Andererseits steigen 27 Prozent der Kinder, deren Eltern einfache Angestellte und Arbeiter sind, zu leitenden Angestellten und höher qualifizierten Facharbeitern auf, und 8 Prozent werden sogar Akademiker und Manager. Inwieweit ein Aufstieg von der Gesellschaft zugelassen wird, hängt von der Durchlässigkeit des Bildungssystems ab. Chancengerechtigkeit in der Schule und Zugang zu höherer Bildung sind neben familiären und kulturellen Einflüssen die entscheidenden Faktoren für den sozialen Aufstieg.[28]

Der »Abstieg« wird in unserer Gesellschaft zu Unrecht als Versagen wahrgenommen. Auch ein Abstieg kann sinnvoll sein, denn er schützt die Kinder in der Schule und die Erwachsenen in der Arbeitswelt vor Überforderung. Langfristig gesehen bewahrt ein Abstieg vor einer falschen Karriere und damit vor einer ständigen Überforderung und dem unausweichlichen Scheitern. Auf diese Weise bleiben Selbstwertgefühl und Selbstwirksamkeit intakt. Wer den sozialen Status der Herkunftsfamilie nicht erreicht, sollte sein Leben daher nicht zwangsläufig als gescheitert betrachten.

Manche Eltern wollen sich in ihren Kindern verwirklichen und verhindern dabei, dass sich ihre Kinder selbst verwirklichen.[29] Eine unangenehme Feststellung, die uns aber zu denken geben sollte. Es gibt sie, die Eltern, die einen Abstieg ihrer weniger begabten Kinder unter allen Umständen verhindern wollen. Sie glauben, eine standesgemäße akademische Karriere werde sich schon ergeben, wenn sie nur genügend Druck auf ihre Kinder ausüben. Doch das kann tragisch enden, wenn Eltern ihre Kinder in Situationen bringen, in denen diese hoffnungslos überfordert sind. Druck garantiert keine Karriere, ob er von den Eltern kommt oder vom Kind selbst, weil es den Ansprüchen der Eltern unbedingt genügen möchte. Vom Burn-out-Syndrom sind nicht nur Erwachsene, sondern zunehmend auch Jugendliche und mittlerweile selbst Kinder betroffen.[30] Aus dieser Verkrampfung herauszufinden ist für Eltern und Kinder nur dann möglich, wenn die Eltern ihre Haltung ändern und niedrige schulische Leistungen oder eine weniger anspruchsvolle berufliche Laufbahn nicht länger als Scheitern verstehen. Tun sie es nicht, werden sich ihre Kinder über kurz oder lang als Versager fühlen.

Ein Abstieg ist auch im Interesse der Gesellschaft, weil dadurch weniger Menschen in Positionen aufsteigen, die ihnen nicht entsprechen. Es hat immer wieder weitreichende nachteilige Folgen, wenn Menschen mit Hilfe von zusätzlicher Unterstützung, Privilegien und Netzwerken in gesellschaftliche und wirtschaftliche Stellungen gelangen, wo sie mit Inkompetenz und falschen Entscheidungen großen Schaden anrichten. Die Gesellschaft muss also ein Interesse daran haben,

Abb. 2.12: Wenn die Eltern so viele Bücher haben, muss ja
was dran sein. Ein Wohnzimmer voller Bücher regt Kinder zum
Lesen an, macht aus ihnen aber nicht zwangsläufig Leseratten.

dass nicht nur die Aufstiegschancen gewahrt bleiben, sondern auch
der Abstieg nicht verhindert wird, beispielsweise durch Vetternwirt-
schaft, indem dem Sohn eines Onkels, ohne dass er dafür ausreichend
qualifiziert ist, eine leitende Position zugeschanzt wird. Solche Fehl-
entwicklungen beginnen oft bereits in der Schulzeit. Weniger begabte
Schüler aus bildungsnahen Familien werden häufig mit Nachhilfeun-

terricht auf Gymnasialkurs gehalten oder in ein Internat mit besonderer Förderung geschickt. Andererseits wird dadurch intelligenten
Schülern aus armen und bildungsfernen Familien, die für Gesellschaft
und Wirtschaft von großem Nutzen wären, der Aufstieg verwehrt. Mit
einem möglichst fairen und durchlässigen Bildungssystem wäre daher
nicht nur dem Einzelnen, sondern auch der ganzen Gesellschaft am
besten gedient.

Für Kind, Eltern und die Gesellschaft ist es langfristig am besten,
wenn jedes Kind eine Schul- und Berufskarriere machen kann, die
seinen Fähigkeiten entspricht und die auf seinen Stärken aufbaut. Das
mag für manche Eltern schwer zu akzeptieren sein, aber nur so können sie ihrem Kind gerecht werden, eben weil eine solche Haltung der
menschlichen Natur entspricht und das Kind in seinem Wesen achtet.

Eine Gesellschaft für alle Begabungen

»Denken wir daran, dass die vielleicht größte Kraft der Menschen
in ihrer Vielfalt liegt.«

Unbekannt

Genauso wie Eltern und Lehrer lernen müssen, mit den unterschiedlichen Begabungen der Kinder umzugehen, muss auch die Gesellschaft Mittel und Wege finden, um der Vielfalt der Begabungen in der
Bevölkerung möglichst gerecht zu werden.

Länder wie Kirgistan und in einem geringeren Ausmaß die Türkei schöpfen das Begabungspotential, das in ihrer Bevölkerung steckt,
nur ungenügend aus. Sie müssen alles daransetzen, ihr Bildungssystem zu verbessern, wobei dies wiederum nur gelingen kann, wenn
sich Gesellschaft und Wirtschaft reformieren. Länder wie Finnland
haben das Begabungspotential in ihrer Bevölkerung weitgehend

ausgeschöpft. Sie stehen vor einer ganz anderen Herausforderung: Sie müssen der Vielfalt der Begabungen in der Bevölkerung gerecht werden. Diese reicht von Menschen, die des Lesens überhaupt nicht mächtig sind, bis zu Leseratten, die mehrere Bücher pro Woche verschlingen. Eine vergleichbar große Streubreite besteht auch bei allen anderen kognitiven Fähigkeiten wie Rechnen oder logischem Denken (Teil V).

Ein Bildungswesen, das der Chancengerechtigkeit verpflichtet ist, bietet nicht nur einer kleinen Elite ein hohes Ausbildungsniveau, sondern wird möglichst allen Menschen gerecht, indem es die Vielfalt aller Begabungen berücksichtigt. In einem derartigen Bildungssystem wird nicht mehr erwartet, dass alle Schüler gleich gute Leistungen erbringen und langfristig gleich hohe Kompetenzen erwerben. Es ver-

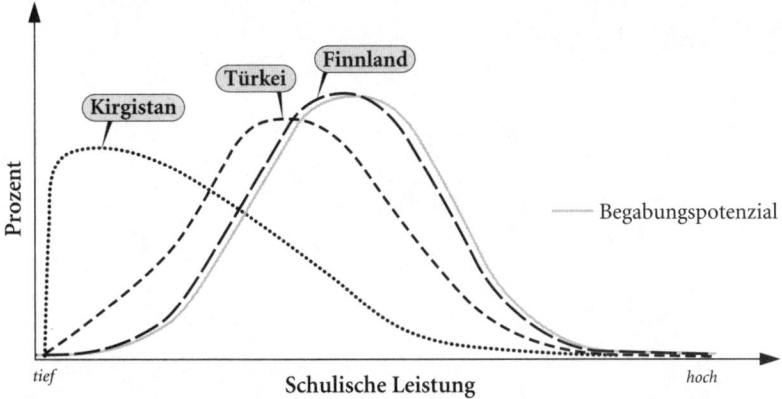

Abb. 2.13: Realisierung des Begabungspotentials in Abhängigkeit vom Bildungswesen. Hellgrau: Begabungspotential der Bevölkerung. Kirgistan: Realisierung des Begabungspotentials unter schlechten Lebensbedingungen und mit einem sehr wenig entwickelten Bildungssystem. Türkei: Realisierung des Begabungspotentials unter recht guten Lebensbedingungen und mit einem mäßig entwickelten Bildungssystem. Finnland: Realisierung des Begabungspotentials unter optimalen Lebensbedingungen und mit einem sehr gut entwickelten Bildungssystem.

hilft vielmehr allen Kindern gemäß ihren individuellen Begabungen zum größtmöglichen schulischen Erfolg und stellt so Bildungsgerechtigkeit her.

Wahrhaftige Chancengerechtigkeit sollte nicht nur für Kinder, sondern auch für Erwachsene gelten. Sie ermöglicht ihnen, ihr individuelles Begabungspotential einzusetzen und Leistungen zu erbringen, die ihren Fähigkeiten entsprechen. Das setzt allerdings voraus, dass die Vielfalt der individuellen Fähigkeiten und Begabungen, und damit auch deren Grenzen, nicht nur im Bildungswesen, sondern auch in Gesellschaft und Wirtschaft respektiert werden. Was in der heutigen hochgradig wettbewerbsorientierten Gesellschaft und einer ausschließlich auf Profit eingestellten Wirtschaft immer weniger gewährleistet ist. Ein grundlegender Konflikt, der eine Neugestaltung nicht nur des Bildungswesens, sondern der gesamten Gesellschaft und Wirtschaft nötig machen wird (Teil X).

TEIL III

ENTWICKLUNG ZUR INDIVIDUALITÄT

»Jeder Mensch will seine Begabungen entfalten,
um dabei immer mehr er selbst zu werden«

Haben Sie schon einmal beobachtet, dass sich ein Spatz, der durch Bäume und Büsche fliegt, den Kopf an einem Ast anschlägt? Das Spatzenhirn ist winzig klein, weniger als ein Gramm schwer, aber es reicht aus, um die komplexe Gestalt eines Baumes in Sekundenbruchteilen wahrzunehmen und die Flugmotorik so zu steuern, dass der Vogel sicher durch das Gewirr von Ästen und Blättern fliegen kann. Nach einer Brutdauer von lediglich 14 Tagen und einer Nestlingszeit von 16 Tagen ist das Gehirn so weit herangereift, dass der Spatz ein Flugabenteuer wagen kann. Wäre sein Gehirn für diese Aufgabe nicht bestens vorbereitet, würde er beim ersten Flugversuch abstürzen, hilflos auf dem Boden herumflattern und schlimmstenfalls von einer Katze gefressen werden. Von der Umwelt muss der Spatz dennoch einiges lernen. Beispielsweise, wie er bei jedem Wind und Wetter fliegen kann, welche Bäume und Sträucher in seinem Territorium vorkommen, und vor allem, an welchen Orten es Körner und kleine Insekten zum Picken gibt.

Unser Gehirn wiegt nicht nur ein, sondern 1400 Gramm. Es braucht nicht nur einige Wochen wie das Spatzenhirn, sondern rund 15 Jahre, um zu einem äußerst leistungsfähigen Organ heranzureifen. Dafür benötigt es zudem sehr viel mehr entwicklungsspezifische Lernerfahrungen als das Spatzenhirn, denn seine hochkomplexen Hirnstrukturen und ausgefeilten Funktionen sind im Lauf von Millionen von Jahren aus dem Zusammenwirken mit unzähligen, aber nicht beliebigen Erfahrungen hervorgegangen. Dabei hat sich unser Gehirn in einer ganz anderen Richtung entwickelt als das Spatzenhirn: Wir übersehen zwar so manchen Balken, der uns im Weg steht, sind aber fähig, uns Gedanken über seine Strukturen und Funktionen zu machen, wozu kein anderes Lebewesen fähig ist.

Im Folgenden wollen wir herausfinden, was unser Gehirn so einzigartig macht. Welches sind seine Grundelemente, was verstehen wir unter Hirnreifung, und was tragen Erfahrungen zur Entwicklung des Gehirns bei? Außerdem gilt es zu begreifen, was richtiges Lernen ausmacht, welche Rolle Motivation und Neugierde dabei spielen, warum selbstbestimmtes Lernen so wichtig ist und welche Art von Lernen nachhaltig ist. Antworten auf diese Fragen sollen helfen, besser zu verstehen, welche Entfaltungsmöglichkeiten Kinder, aber auch Erwachsene noch haben, und wo sie an die Grenzen ihres Begabungspotentials stoßen.

Unser Gehirn

»Gehirn: das Organ, mit dem wir denken,
daß wir denken.«

Ambrose Gwinnett Bierce (1842–1914)

Es mutet an wie ein Paradoxon: Das Grundelement, welches das Gehirn zu seinen äußerst komplexen Leistungen befähigt, ist die immer gleiche Zelle in milliardenfacher Ausgabe, die Nervenzelle oder

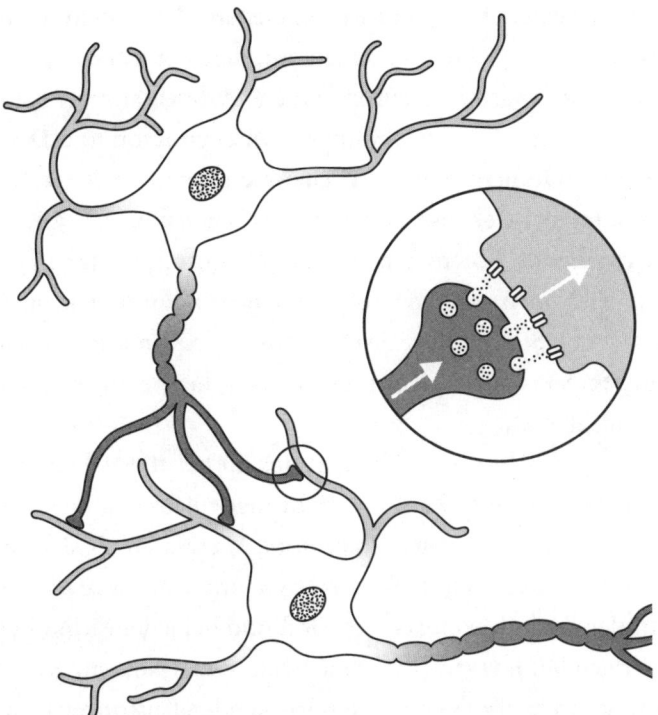

Abb. 3.1: Aufbau des Neurons. Hell: Zellkörper; dunkelgrau: Axonen; hellgrau: Dendriten; Kreis: Synapsen von Axon und Dendrit. Vergrößerter Ausschnitt: Austausch von Neurotransmittern im synaptischen Spalt.

das Neuron. Einfach gebaute Neuronen wurden bereits vor mehr als 400 Millionen Jahren bei Quallen, Polypen und Würmern nachgewiesen. Man kann ohne Übertreibung sagen, ohne Neuronen hätte es die Evolution, so wie sie verlaufen ist, nie gegeben.

Was das Neuron so besonders macht, sind die Gestalt, Ausdehnung und vor allem die Fähigkeit zu kommunizieren. Es besteht wie alle Körperzellen aus einem Zellkörper mit Zellkern und besitzt einen – oftmals sehr langen – Ausläufer, die Nervenfaser oder das Axon. Ein Axon kann vom Rückenmark bis in die kleine Zehe reichen. Seine Aufgabe ist es, elektrische Signale weiterzuleiten. Neben dem Axon weist das Neuron weitere Ausstülpungen auf, die Dendriten. Sie empfangen die Signale, die dem Neuron von den Axonen anderer Neuronen zugeleitet werden. Die Verbindungen zwischen Axon und Dendriten werden durch Kontaktpunkte, sogenannten Synapsen, hergestellt. Die Übertragung der elektrischen Signale zwischen den Synapsen erfolgt durch chemische Botenstoffe, die als Neurotransmitter bezeichnet werden. Neuronen können also miteinander kommunizieren, indem sie elektrische Signale über Axonen aussenden und über Dendriten empfangen. Sie sind im Gehirn in ein Stützgewebe, sogenannte Gliazellen, eingebettet.

Das menschliche Gehirn besteht aus 20 bis 100 Milliarden Neuronen. Diese immense Zahl von Neuronen allein kann jedoch seine außergewöhnliche Leistungsfähigkeit nicht erklären. Es sind die ausgedehnten, hierarchisch strukturierten neuronalen Netzwerke, die im Verlauf der Evolution entstanden sind und bei jedem Kind in einem langjährigen Reifungsprozess immer wieder aufs Neue aufgebaut werden, die das Gehirn zu seinen beeindruckenden Leistungen befähigen. Nach neun Schwangerschaftsmonaten ist das Gehirn bereits weit entwickelt. Die Hirnreifung dauert aber weitere 18 Jahre und kommt erst im Verlauf der Pubertät zum Abschluss.

Wie das Gehirn heranreift

Wie muss man sich die Reifung des Gehirns vorstellen? Ein naheliegender Gedanke wäre: Das Gehirn wird größer und schwerer, von 400 bei der Geburt bis 1400 Gramm im Erwachsenenalter, weil sich die Neuronen vermehren. Das Kind wird jedoch mit einer festgelegten Anzahl von Neuronen geboren. Ihre Zahl nimmt in der Kindheit nicht mehr zu, sondern sogar leicht ab. Das Hirnwachstum beruht also nicht auf einer Vermehrung der Neuronen, sondern vielmehr auf deren Differenzierung (Neuronen übernehmen unterschiedliche Funktionen) und Spezifizierung (Neuronen werden auf bestimmte Funktionen festgelegt). Dieser Prozess wird durch genetische Programme, zahlreiche Botenstoffe und Marker gesteuert, aber auch durch die Erfahrungen, die das Kind macht.[1]

Während der Kindheit verlängern sich die Axonen und differenzieren sich aus. Sie erhalten eine sogenannte Myelinscheide, welche die Übertragungsgeschwindigkeit von elektrischen Signalen um ein Mehrfaches erhöht. Die Dendriten vervielfachen sich ebenfalls, was innerhalb von wenigen Jahren zu einem dichten Geflecht von Verbindungen zwischen den Neuronen führt. Jedes einzelne Neuron kann mit seinem Axon und seinen Dendriten Kontakt mit vielen tausend Neuronen aufnehmen.

Bei der Differenzierung und Spezifizierung der Neuronen spielen die Erfahrungen, die das Kind macht, eine ausschlaggebende Rolle. Die

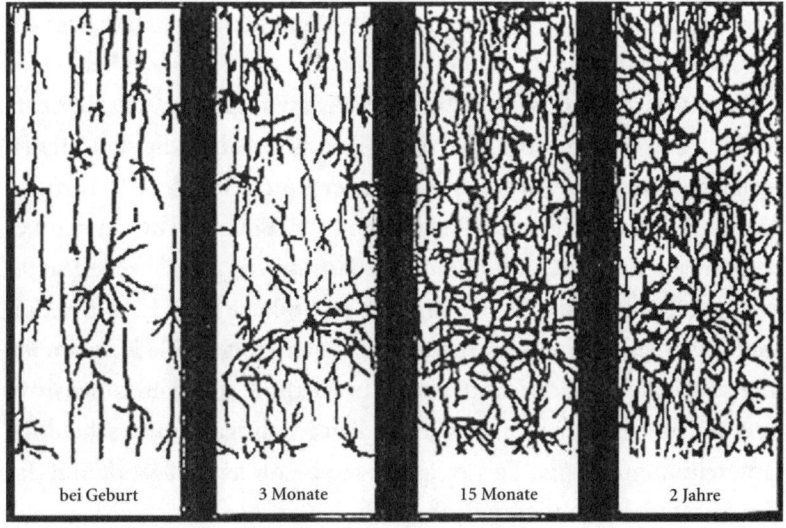

bei Geburt   3 Monate   15 Monate   2 Jahre

Abb. 3.2: Ausreifung und Vernetzung der Neuronen in den ersten zwei Lebensjahren.

139

meisten Verbindungen zwischen Neuronen entstehen erst oder bleiben erhalten durch Erfahrungen mit der Umwelt, die bei bestimmten Neuronen – etwa in der Sehrinde – ähnliche Aktivitätsmuster auslösen. Dabei gilt die Hebb'sche Regel: »Neurons wire together if they fire together.«[2] Verbindungen zwischen Neuronen, die gemeinsam aktiv sind, bleiben erhalten und werden gefestigt; Verbindungen, die nicht aktiviert werden, verschwinden.

Der Großteil der Synapsen entsteht bereits in der Schwangerschaft und erreicht – je nach Hirnregion – einen Höchststand zwischen dem 9. und 36. Lebensmonat. Danach verringert sich die Anzahl der Synapsen bis zur Pubertät um 20 bis 30 Prozent. Die Synapsen werden also während der Schwangerschaft und frühen Kindheit im Überschuss angelegt. Welche Synapsen erhalten bleiben, ist wiederum von den Erfahrungen abhängig, die das Kind machen kann. Dieser Vorgang verläuft nach der Maxime »Use it or lose it«. Das heißt, Synapsen, die benutzt und damit aktiviert werden, bleiben erhalten und verstärken sich; Synapsen, die nicht benutzt werden und inaktiv bleiben, werden abgebaut.

Damit wird verständlich, weshalb Erfahrungen für die Hirnentwicklung so wichtig sind. Sie verfestigen und bauen die neuronalen Netzwerke aus. Die Anzahl synaptischer Kontakte, die jede einzelne Nervenzelle mit anderen Zellen eingeht, steigt dabei in den ersten Lebensjahren von 2500 auf 20 000, bei bestimmten Nervenzellen sogar bis auf 100 000 Kontakte. Dieser Vorgang findet je nach Hirnfunktion und Hirnregion in unterschiedlichem Alter statt, was wiederum erklärt, weshalb es in der kindlichen Entwicklung sogenannte sensitive oder sensible Phasen gibt. In solchen Phasen, die ganz unterschiedlich lang sein können, sind Lernerfahrungen besonders prägend, und das Kind ist dafür besonders empfänglich.

Im Verlauf der Kindheit kommt es also zu einem Aus-, Um- und Abbau von Hirnstrukturen. Diese sogenannte neuronale Plastizität ist in der Frühschwangerschaft besonders groß und nimmt danach immer weiter ab. Nach der Geburt sind Umstrukturierungen von Nervenbahnen und Hirnarealen nur noch beschränkt und zumeist gar nicht mehr möglich. So kann in den ersten Lebensjahren, wenn beispielsweise die motorische Hirnrinde durch Sauerstoffmangel beschädigt wird, der Umbau von Nervenbahnen noch gelingen, später können Neuronen und deren axonale Vernetzungen nur noch sehr begrenzt auf- und umgebaut werden. Erhalten bleibt jedoch die Plastizität der Synapsen und damit auch die Lernfähigkeit, nicht nur während der ganzen Kindheit, sondern – wenn auch immer weniger – bis ins hohe Alter.

Das Geflecht der Nervenbahnen im menschlichen Gehirn, das mit Hilfe der funktionellen Magnet-Resonanz-Technik (fMRT) zur Darstellung gebracht werden kann, ist wunderschön und erfüllt uns mit

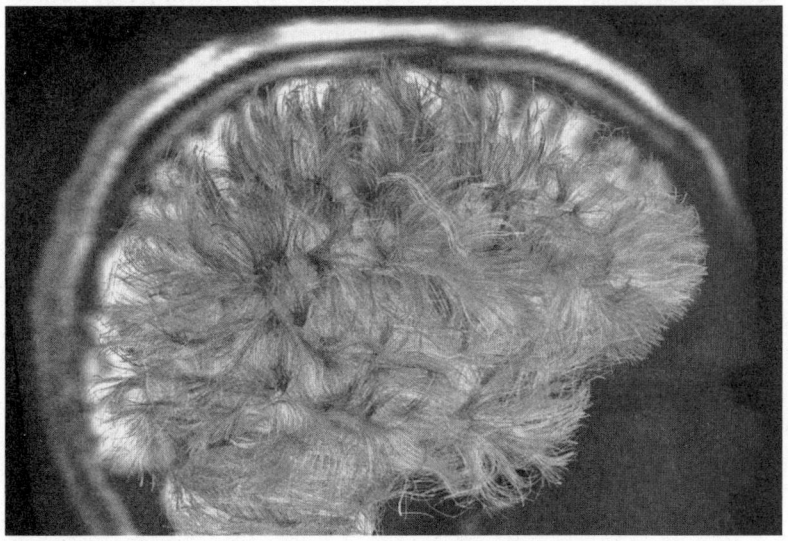

Abb. 3.3: Die Nervenbahnen des Gehirns. Sichtbar gemacht mit Hilfe funktioneller Magnet-Resonanz-Technik (fMRT) (Martinos Center for Biomedical Imaging at MGH, Boston).

Bewunderung, wenn nicht gar Ehrfurcht. Das menschliche Gehirn verfügt aber nicht nur über eine beeindruckende Struktur, sondern auch über eine einmalige Kapazität, wie sie kein anderes Lebewesen besitzt. Wissenschaftler schätzen, dass das Gehirn eines erwachsenen Menschen zwischen 20 und 100 Milliarden Neuronen umfasst und die Gesamtlänge aller Axonen 150 000 bis 300 000 Kilometer beträgt, was dem Vier- bis Siebenfachen des Erdumfangs entspricht. Jedes Neuron tauscht sich mit 5000 bis 20 000 und etliche mit noch weit mehr Neuronen aus. Die Gesamtzahl der Synapsen in einem Gehirn wird auf 100 bis 1000 Billionen geschätzt. John Eccles, ein australischer Physiologe und Nobelpreisträger, hat errechnet, dass die Anzahl möglicher neuronaler Kontakte selbst die Gesamtzahl der Atome im Universum übertrifft.[3] Was das menschliche Gehirn jedoch wirklich einzigartig macht, ist die Vernetzung dieser unglaublich großen Zahl von Neuronen zu unzähligen hierarchisch angeordneten, funktionellen Einheiten und deren Zusammenfassung zu einem sinnvollen Ganzen. Wir haben gerade erst begonnen, dieses Wunderwerk ein ganz klein wenig zu verstehen.

Was Reifung und Erfahrung zur Hirnentwicklung beitragen

Das Neugeborene kommt mit einem hochstrukturierten Gehirn auf die Welt. Dessen Leistungsfähigkeit aber ist noch sehr begrenzt. Damit es Fähigkeiten wie Sehen und Motorik entwickeln kann, müssen die angelegten Hirnstrukturen durch Reifung und entwicklungsspezifische Erfahrungen erst funktionstüchtig gemacht werden. Anhand der frühkindlichen Entwicklung wird besonders gut nachvollziehbar, wie Hirnstrukturen heranreifen und welche spezifischen Erfahrungen das Kind machen muss, um Fähigkeiten wie das Erkennen von Gesichtern und das Greifen von Gegenständen oder Fertigkeiten wie das Schreiben zu erwerben.

Aktivieren und vernetzen durch Erfahrungen

Bei der Geburt verfügt das Kind über Verhaltensweisen, die sich bereits während der Schwangerschaft ausgebildet haben. Eine Vielzahl von Reflexen gewährleisten sein Überleben in den ersten Wochen und Monaten. Wenn das Kind mit der Wange die mütterliche Brustwarze berührt, wird der Suchreflex ausgelöst: Es dreht den Mund zur Brustwarze. Wenn sein Mund die Brustwarze berührt, wird der Saugreflex ausgelöst: Das Kind dockt an und beginnt zu saugen. Wenn die Milch in den Rachen rinnt, wird der Schluckreflex ausgelöst: Das Kind macht Schluckbewegungen. Trägt die Mutter das Kind herum, helfen der Greif- und der Umklammerungsreflex (Moro-Reflex) dem Kind, sich an der Mutter festzuhalten. Am Anfang der Entwicklung stehen also lebenserhaltende Reflexe, die bereits im Mutterleib herangereift und eingeübt worden sind.

Einmal auf der Welt, giert der junge Säugling geradezu nach Erfahrungen. So schaut er sich in seiner unmittelbaren Umgebung um und zeigt ein besonderes Interesse für das menschliche Gesicht.[4] Anfänglich vermag er nur die Umrisse des Gesichtes zu erkennen. Nach einigen Wochen richtet er seine Aufmerksamkeit vermehrt auf die Augen und Augenbrauen des Gegenübers. Wiederum einige Wochen später schaut er auch auf die Mundpartie. Mit etwa vier Monaten kann er das Gesicht als Ganzes erfassen und beginnt zwischen vertrauten und fremden Gesichtern zu unterscheiden. Wiederum einige Wochen später vermag er auch den mimischen Ausdruck eines Gesichtes wahrzunehmen. Er lächelt nur noch freundliche Gesichter an. Einem neutralen oder gar abweisenden Gesicht verweigert er sein Lächeln oder beginnt sogar zu weinen.[5] Wie sollen wir uns den Reifungsprozess, der dieser Entwicklung zugrunde liegt, vorstellen?

Die Abbildung zeigt schematisch auf, wie in den ersten zwölf Monaten hierarchisch angeordnete Netzwerke durch Erfahrungen aktiviert und zu immer komplexeren Leistungen zusammengefügt werden. Die visuellen Eindrücke werden von den Sinneszellen des Auges über verschiedene Zwischenstationen an die Neuronen in der Sehrinde (visueller Cortex) weitergeleitet. Diese Neuronen können nur einfachste Strukturen wie waagerechte, senkrechte oder schräge Linien erkennen. Im Verlauf der ersten Lebensmonate wird dieses Netzwerk hierarchisch in immer größere Netzwerke eingebunden. Die daraus entstehende, sich immer weiter ausbreitende neuronale Aktivierung ermöglicht die Wahrnehmung von Gesichtsmerkmalen wie Augen und Mund, dann von ganzen Gesichtspartien und schließlich das Erkennen von individuellen Gesichtern und deren Mimik.[6] Diese Höchstleistung wird nicht durch besonders potente Neuronen erbracht, sondern durch immer komplexer aufgebaute Netzwerke.

Wie überaus präzise Neuronen aufeinander abgestimmt werden, haben die Neurowissenschaftler David Hubel und Torsten Wiesel in den 1960er Jahren am Beispiel des stereoskopischen Sehens aufgezeigt.[7] Ihre Erkenntnisse stammen aus Studien mit jungen Katzen, gelten aber auch für den Menschen. Das stereoskopische Sehen befähigt uns, Gegenstände dreidimensional wahrzunehmen und die Entfernung zu Objekten in der näheren Umgebung exakt einzuschätzen. Beim stereoskopischen Sehen wird der leicht unterschiedliche Seheindruck, der von einem Objekt in den beiden Augen erzeugt wird, in der Sehrinde punktgenau zusammengeführt. Die Verbindungen entstehen in den ersten Lebensjahren, wenn Neuronen durch visuelle Reize gemeinsam aktiv werden. Der Neurophysiologe Wolf Singer spricht von einer Synchronisation der neuronalen Aktivität.[8]

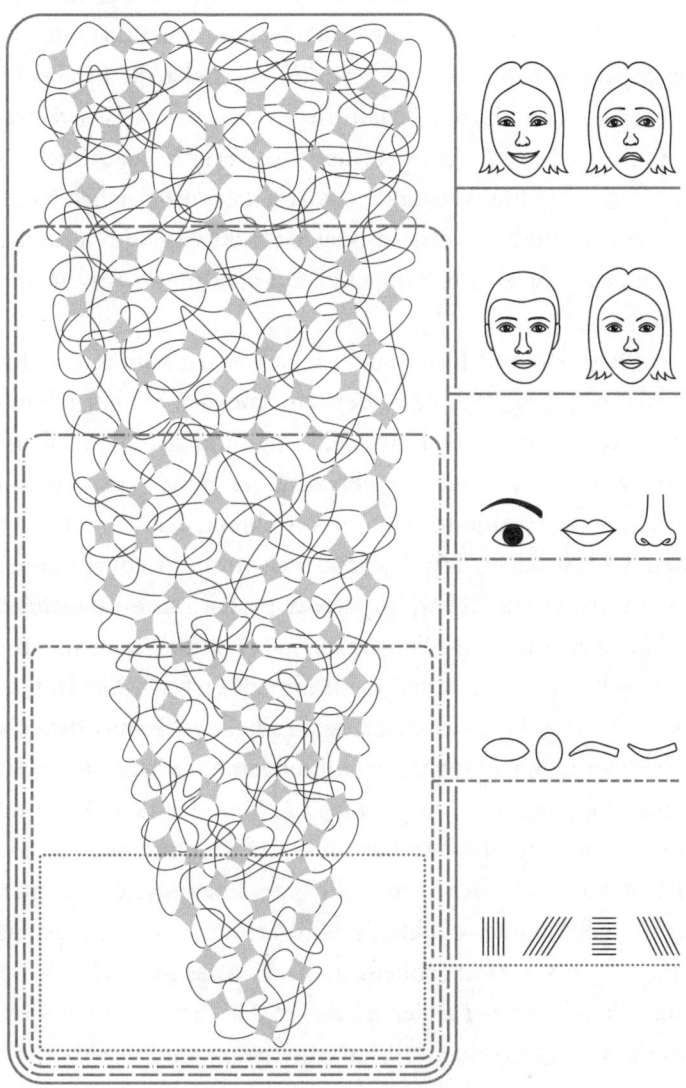

Abb. 3.4: Reifungsprozess bei der Entwicklung der visuellen Wahrnehmung für Gesichter. Hierarchisch angeordnete Netzwerke im visuellen Cortex werden aktiviert und miteinander in Verbindung gebracht.

Unsere differenzierte visuelle Wahrnehmung beruht also einerseits auf hierarchisch angelegten neuronalen Netzwerken und andererseits auf deren Aktivierung und Verstärkung durch visuelle Erfahrungen. Bleiben die frühkindlichen Erfahrungen aus, beispielsweise wegen einer Sehbehinderung, dann werden die Vernetzungen nicht ausreichend aktiviert und verstärkt, was zu einer unzureichenden Aus- oder sogar Rückbildung von neuronalen Strukturen führen kann. Das Sehvermögen kann sich nur ungenügend oder überhaupt nicht entwickeln.

Welche Ausdehnung die neuronalen Netzwerke während der Kindheit annehmen, zeigt sich besonders eindrücklich bei der feinmotorischen Entwicklung. In den Zürcher Longitudinalstudien haben wir die Anfänge des funktionellen Gebrauchs der Hände ausführlich untersucht. In Ultraschalluntersuchungen während der Schwangerschaft konnten wir feststellen, dass das Kind weit vor der Geburt motorisch aktiv wird. Im vierten Schwangerschaftsmonat nimmt das ungeborene Kind regelmäßig seine Fingerchen in den Mund, saugt daran und lernt sie so kennen. Der Mund dient ihm als erstes Wahrnehmungsorgan. Es überrascht daher nicht, dass es bei der Geburt dieses Verhalten einigermaßen geschickt ausführen kann. Es befühlt die Finger mit seinen Lippen und seiner Zunge. Es spürt, wie sie sich anfühlen, wenn es sie bewegt. Etwas später führt der Säugling hie und da ein Händchen vor sein Gesicht, öffnet die Finger, bewegt sie langsam und schaut sie dabei unentwegt an. So wird er mit seinen Händen auch über die Augen vertraut. Schließlich erforscht er seine Hände taktil, indem er die eine mit der anderen betastet. Auf diese Weise werden die Netzwerke von Motorik, taktil-kinästhetischer und visueller Wahrnehmung miteinander verbunden.

Wenn das Kind im vierten bis fünften Lebensmonat zu greifen beginnt, hat es seine Arm-, Hand- und Fingerbewegungen so weit unter Kontrolle, dass es seine Hände – wenn auch noch sehr unsicher – zu einem Gegenstand führen kann. Anfänglich versucht es, den Gegenstand mit beiden Händen, etwas später mit einer Hand zu ergreifen. Der Daumen und alle Finger machen dabei die Greifbewegung mit (sogenanntes palmares Greifen). Innerhalb eines halben Jahres reift das Greifen von einem unbeholfenen Zupacken mit der ganzen Hand zu einem präzisen Ergreifen kleinster Gegenstände zwischen den Fingerspitzen von Daumen und Zeigefinger, dem Pinzettengriff, aus.

Jedes Mal wenn die neuronalen Strukturen für einen Greiftyp herangereift sind, will sich das Kind die Greifbewegung aneignen. Es braucht dafür vielfältige und ausgedehnte Erfahrungen, damit es seine Feinmotorik mit der visuellen und taktil-kinästhetischen Wahrnehmung (Oberflächen- und Tiefensensibilität) abstimmen kann. Letztere gibt dem Kind Aufschluss über die Haltung und Bewegung von Fingern, Händen und Armen. Sie vermitteln ihm zusammen mit der visuellen Wahrnehmung detaillierte Informationen über den zu ergreifenden Gegenstand. Wie groß und von welcher Form und Konsistenz ist das Kügelchen, und wie weit ist es entfernt? Kann ein Kind solche Erfahrungen, beispielsweise wegen einer Sehbehinderung, nur erschwert machen, entwickelt sich das Greifen verzögert oder bleibt im schlimmsten Fall ganz aus. Die Neuronen, die für das Greifen zu-

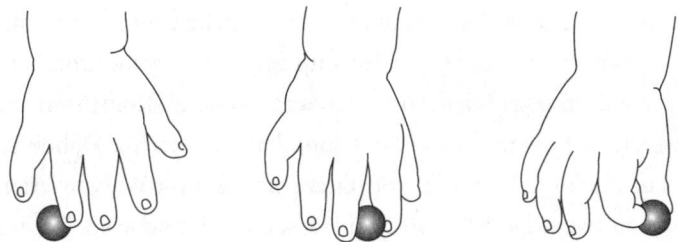

Abb. 3.5: Entwicklung des Greifverhaltens im 1. Lebensjahr. Palmares Greifen (mit der ganzen Hand) auf der Seite des Kleinfingers mit 4 bis 6 Monaten (links) und auf Seite des Daumens mit 6 bis 8 Monaten (Mitte), und Pinzettengriff mit 9 bis 12 Monaten (rechts).

ständig sind, werden nur ungenügend oder überhaupt nicht aktiviert und können sich nicht aufeinander abstimmen.

Das Kind bedarf in diesem Lernprozess keiner Anleitung. Eltern würde es nie einfallen, ihrem Kind den Pinzettengriff vorzumachen oder es zum Üben anzuhalten. Wenn sich das Kind eine motorische Fähigkeit aneignet und diese an die unterschiedlichen Bedingungen in der Umwelt anpasst, geht es nicht beliebig vor. Es will entwicklungsspezifische Erfahrungen machen, die es für den Erwerb der Fähigkeit, beispielsweise des Pinzettengriffs, benötigt. So pickt es Brotkrümel und andere kleine Objekte vom Boden auf. Sein Verhalten wird also durch Netzwerke gesteuert, die nicht auf irgendwelche, sondern nur auf bestimmte Reize ansprechen. Auf diese Weise eignet sich das Kind durch entwicklungsspezifische Erfahrungen auch Fähigkeiten in den anderen Entwicklungsbereichen an.

In den folgenden Lebensjahren erwirbt das Kind Fertigkeiten wie das Zeichnen und Schreiben. Fertigkeiten sind nicht wie Fähigkeiten, etwa das Greifen, angeboren. Das Kind erwirbt Fertigkeiten, indem es lernt, verschiedene Fähigkeiten gemeinsam für eine Tätigkeit einzusetzen. Beim Zeichnen führt es seine feinmotorischen Fähigkeiten mit seinen Vorstellungen von Form und Raum zusammen. Um einen Text zu schreiben, muss es nicht nur den Schreibstift führen können, sondern auch die formalen Elemente der Sprache wie Grammatik und Syntax sowie die inhaltliche Bedeutung der Worte (Semantik) kennen. Für Letzteres muss es wiederum Zugang zu anderen Kompetenzen wie Zahlenverständnis und Zeitvorstellung haben (Teil V). Dabei ist das Kind auf die Unterstützung von Eltern und Lehrern angewiesen, die ihm das notwendige Können und Wissen idealerweise so vermitteln, dass es sich Fertigkeiten möglichst selbstbestimmt aneignen kann. Wenn verschiedene Fähigkeiten zu Fertigkeiten wie dem Schreiben zusammengeführt werden, werden sie als Muster gemeinsamer neuronaler Aktivität in hierarchisch strukturierten Netzwerken abgespeichert.

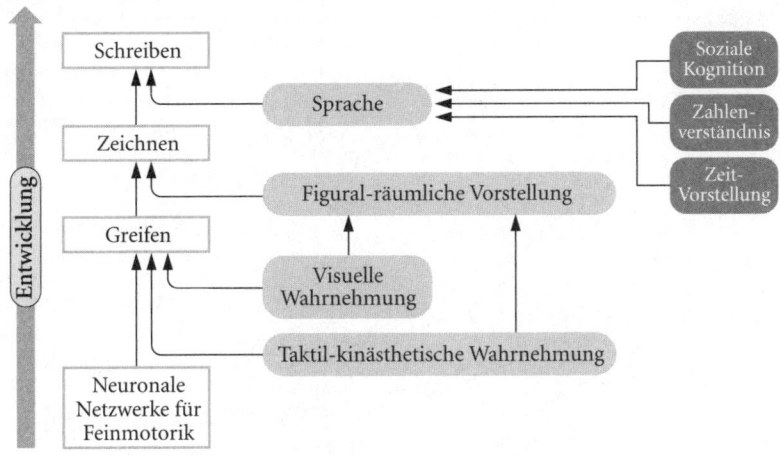

Abb. 3.6: Aneignen von feinmotorischen Fertigkeiten durch Vernetzung der Motorik mit anderen Kompetenzen. Die Feinmotorik wird als Erstes mit der taktil-kinästhetischen und visuellen Wahrnehmung vernetzt. Anschließend erfolgen weitere Verknüpfungen mit anderen Kompetenzen wie figural-räumliche Vorstellung, Sprache und Zahlenverständnis.

Die Hirnentwicklung lässt sich in groben Zügen folgendermaßen zusammenfassen: Die Strukturen des Gehirns, die im Laufe der Kindheit heranreifen, schaffen die strukturellen Voraussetzungen für die Entwicklung. Dazu braucht es entwicklungsspezifische Erfahrungen, die die angelegten neuronalen Netzwerke aktivieren und miteinander vernetzen sowie auf die Umwelt abstimmen. Hinter dem Prozess der Festigung und Ausweitung neuronaler Netzwerke steckt das Phänomen, das wir als Lernen bezeichnen. Der genuine Antrieb fürs Lernen drückt sich in der Neugierde und Lernmotivation der Kinder aus.

Wie aber steht es mit dem Lernen im Erwachsenenalter? Nach der Pubertät entwickeln sich die Fähigkeiten nicht mehr weiter, wie die Abbildung am Beispiel der Entwicklung von sequentiellen Fingerbewegungen aufzeigt. Die Geschwindigkeit, mit der die Fingerbewegun-

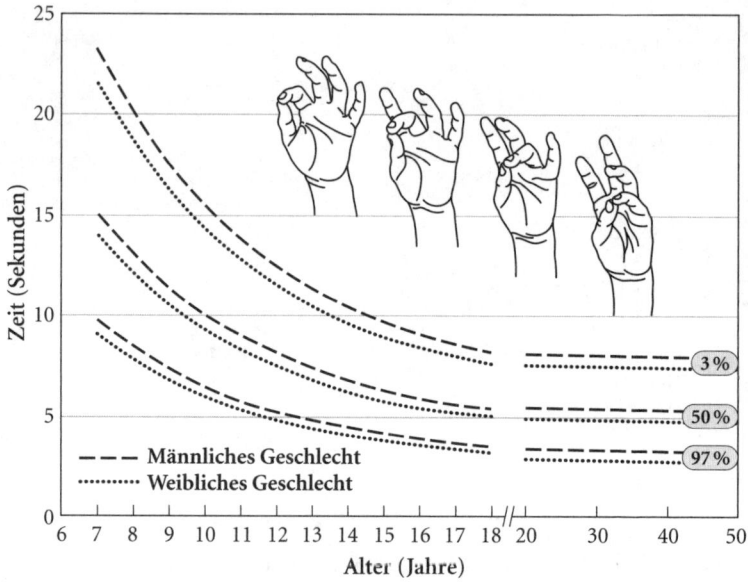

Abb. 3.7: Die Geschwindigkeit sequentieller Fingerbewegungen zwischen 7 und 50 Jahren. Der Daumen berührt nacheinander Zeige- bis Kleinfinger. Gemessen wird die Zeit, die der Proband für 5 Durchgänge braucht. Männliches Geschlecht: gestrichelt; weibliches Geschlecht: gepunktet. 50 Prozent bezeichnet den Mittelwert; 3 Prozent der Probanden liegen über 3 Prozent beziehungsweise unter 97 Prozent (Zürcher Longitudinalstudien; Largo et al. 2001).

gen ausgeführt werden, nimmt bis zum 18. Lebensjahr zu. Danach bleibt sie bis zum Alter von etwa 50 Jahren weitgehend konstant.

Was für die Motorik gilt, trifft – für manche Leser und Leserinnen wohl etwas überraschend – auch für die intellektuelle Leistungsfähigkeit zu. Im vorpubertären Alter steigt der Intelligenzquotient stetig an. In der Pubertät nimmt er immer weniger zu und erreicht mit etwa 18 Jahren seinen Höchststand. Es bildet sich ein Plateau, das bis ins Alter von etwa 50 Jahren bestehen bleibt. Danach beginnt die intel-

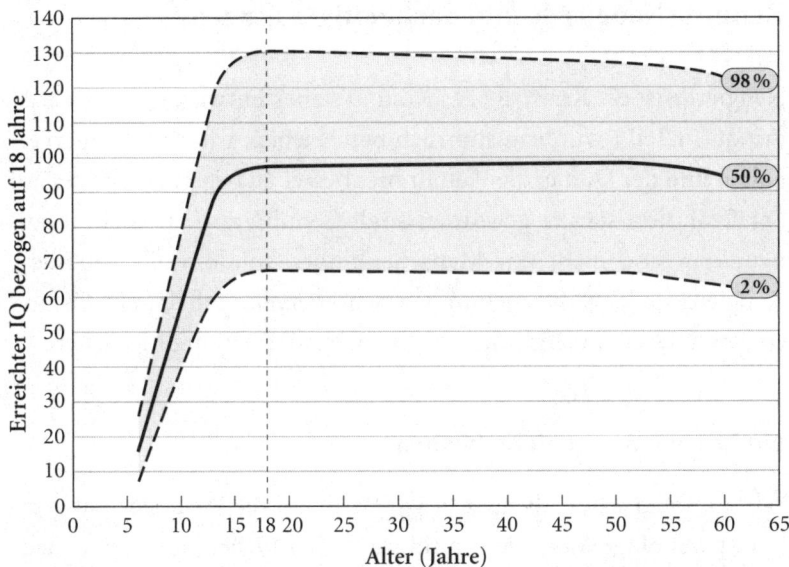

Abb. 3.8:   Entwicklung der intellektuellen Leistungsfähigkeit im Alter von 6 bis 60 Jahren. Der Intelligenzquotient ist in den verschiedenen Altern in Beziehung zu einem IQ-Wert von 100 mit 18 Jahren gesetzt (modifiziert nach Asendorpf 2005, Baltes et al. 2001).

lektuelle Leistungsfähigkeit – von Individuum zu Individuum unterschiedlich rasch – abzunehmen.

Manche Erwachsene beneiden Jugendliche um ihre Fingerfertigkeit, mit der sie beim Schreiben einer SMS über die Tastatur des Smartphones huschen, und ihre rasche Auffassungsgabe beim Lesen eines Textes. Erwachsene können aber auch in hohem Alter noch lernen, mit dem Smartphone umzugehen oder den Inhalt von Büchern zu erfassen. Sie verfügen zudem über eine ihnen eigene Begabung, die sie darin unterstützt, bis ins hohe Alter klüger zu werden.

Genuine Neugierde und nachhaltiges Lernen

Neugierde ist die Kraft, die das Kind in seiner Entwicklung vorwärts-bringt. In Teil I wurde ausführlich beschrieben, wie das Neugierver-halten und der Drang, die Welt immer besser zu begreifen, im Verlauf der Evolution stärker geworden sind. Genuin, also aus sich heraus neugierig sind nicht nur Menschenkinder, sondern alle Jungtiere. Neugierde jedoch, die auch im Erwachsenenalter erhalten bleibt und zu einem Lernzuwachs führt, ist eine Besonderheit des Menschen.

Ein Leben lang neugierig bleiben

Wir kommen schon als neugierige Wesen auf die Welt. Der Entwick-lungspsychologe John Watson führte in den 1970er Jahren mit Säug-lingen im Alter von acht Wochen ein Experiment durch, das wesent-liche Merkmale der kindlichen Neugierde besonders deutlich auf-zeigt (Abbildung 3.9).[9] Über drei Wochen hinweg hängten die Wis-senschaftler Säuglingen jeden Tag für zehn Minuten ein Mobile über das Bettchen. Gruppe A erhielt ein Mobile, das sich nicht bewegte, Gruppe B bekam ein Mobile, das jede Minute fünf Sekunden lang eine Drehbewegung ausführte, und das Mobile von Gruppe C schließ-lich war mit einem Drucksensor verbunden, der in das Kopfkissen der Säuglinge eingenäht war. Kopfbewegungen des Säuglings lösten eine Drehbewegung des Mobiles aus.

Nach drei Wochen zeigten die Säuglinge der drei Gruppen ganz unterschiedliche Verhaltensweisen. Während sich die Häufigkeit der Kopfbewegungen in den Gruppen A und B nicht veränderte, nahmen sie in Gruppe C signifikant zu. Die Säuglinge der Gruppen A und B beachteten nach wenigen Tagen ihr Mobile kaum noch, während die Säuglinge der Gruppe C sich von Tag zu Tag immer mehr für das Mobile interessierten. Sie lernten schnell, dass sie mit ihren Kopfbe-

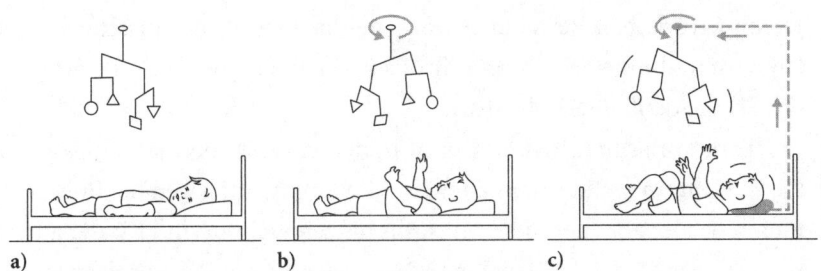

a) b) c)

Abb. 3.9: Die Lernbereitschaft von acht Wochen alten Säuglingen.
A: Das Mobile bewegt sich nicht; B: Das Mobile macht in regelmäßigen
Zeitabständen eine Drehbewegung; C: Das Mobile wird durch Kopfbewe-
gungen des Säuglings in Bewegung versetzt (Watson et al. 1972).

wegungen Einfluss auf das Mobile nehmen konnten. Sie machten die
Erfahrung, dass sie auf ihre Umwelt einwirken können – und wurden
dadurch selbst aktiver. Sie plauderten und lächelten mehr und zeigten
einen lebhafteren Gesichtsausdruck als die Kinder der anderen beiden
Gruppen. Neugierde wird also vor allem dann geweckt und bleibt am
längsten erhalten, wenn sich Kinder aktiv und selbstbestimmt mit der
Umwelt auseinandersetzen können. Und dies bereits in den ersten Lebenswochen.

Das Kind krabbelt mit neun Monaten den ganzen Tag durch die
Wohnung und läuft mit 18 Monaten durch den Garten. Wie sehr die
genuine Neugierde das Kind dazu antreibt, sich durch Erfahrung Fähigkeiten anzueignen, wird in der Motorik besonders deutlich. Kinder sind von Natur aus bewegungsfreudig, genauso wie junge Katzen,
die einem Wollknäuel nachjagen, oder Fohlen und Kälber, die auf der
Weide herumspringen. Die motorische Aktivität drückt ein natürli-
ches und nicht zu unterdrückendes Bedürfnis nach Bewegungserfah-
rungen aus. Erwachsene zeigen viel Verständnis für herumtollende
Jungtiere und erfreuen sich an ihnen. Weit weniger begeistert sind
manche Eltern und Lehrer, wenn ihre Kinder bewegungsaktiv sind.

Deren natürlichen Bewegungsdrang nehmen sie als motorische Unruhe wahr, die sie erzieherisch im Familienalltag überfordert und in der Schule den Unterricht stört.

Die motorische Aktivität nimmt in den ersten Lebensjahren rasch zu, erreicht im frühen Schulalter ein Maximum, um gegen die Pubertät hin wieder abzunehmen. Mit sechs bis zehn Jahren sind Kinder am bewegungsfreudigsten, genau dann also, wenn sie in der Schule gefälligst stillsitzen sollen. Dabei sind Jungen in jedem Alter motorisch etwas aktiver als Mädchen. Weit größer als der Geschlechtsunterschied ist aber die interindividuelle Variabilität von Kind zu Kind. Jungen

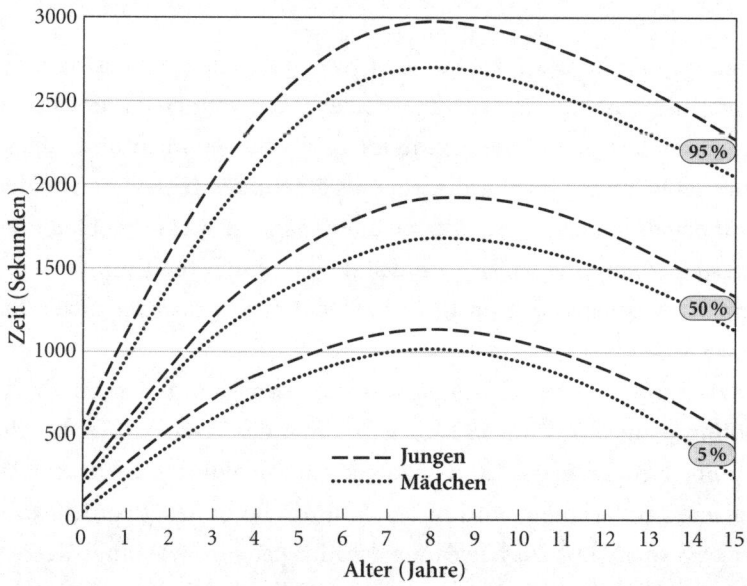

Abb. 3.10: Motorische Aktivität im Alter von 1 bis 15 Jahren. Die Häufigkeit von Arm- und Beinbewegungen wird mit sogenannten Actometern an allen vier Extremitäten objektiv erfasst. Gepunktet: Mädchen; gestrichelt: Jungen. 50 Prozent entspricht dem Mittelwert; 5 Prozent der Kinder liegen über 95 Prozent beziehungsweise unter 5 Prozent (modifiziert nach Eaton 2001).

und Mädchen mit einem großen Bewegungsdrang sind etwa dreimal aktiver als diejenigen, die sich wenig bewegen. Im Erwachsenenalter ist die motorische Aktivität deutlich geringer als in der Kindheit; eine große Variabilität bleibt jedoch bestehen. So gibt es Sechzigjährige, die sich nur noch zwischen Küche, Wohn- und Schlafzimmer hin und her bewegen, während sich einige Achtzigjährige noch der Herausforderung eines Marathons stellen.

Weshalb müssen Kinder sich so intensiv bewegen? Der eine wichtige Grund ist der, dass ein Kind motorische Fähigkeiten und Fertigkeiten nur durch Erfahrungen erwerben kann. Der andere Grund ist, dass ein Kind seine Motorik laufend an das Körperwachstum anpassen muss. Im Lauf von 18 Jahren reift das Nervensystem heran, Muskeln und Skelettsystem wachsen, Körpergröße und Gewicht nehmen zu, und die Proportionen zwischen Extremitäten und Rumpf verändern sich ständig. So müssen Kinder ihre Motorik laufend neu kalibrieren, indem sie die Sinneseindrücke, die sie von den Augen und dem Gleichgewichtssinn sowie von den Sensoren der Muskeln und Gelenke erhalten, mit der Motorik immer wieder in Übereinstimmung bringen. Läuft ein Kind zum Beispiel über eine mit Vertiefungen und Buckeln durchsetzte Wiese, muss es bei jedem Schritt seinen Körper im Gleichgewicht halten, damit es nicht hinfällt. Wenn es eine Blume pflücken oder eine Haselnussrute abreißen will, muss es seine Feinmotorik an die physikalischen Gegebenheiten des jeweiligen Objekts anpassen. Genauso will das Kind auch Erfahrungen machen, um Fertigkeiten wie das Zeichnen und Schreiben zu erwerben und sie laufend an seine Entwicklung anzupassen.

So wie in der Motorik der angeborene Bewegungsdrang das Kind dazu antreibt, sich durch Erfahrungen Fähigkeiten und Fertigkeiten anzueignen und diese fortwährend an das Wachstum anzupassen, treiben Neugierde und Lernmotivation das Kind auch in den anderen Entwicklungsbereichen dazu an, Erfahrungen zu machen, um sich Fähigkeiten und Fertigkeiten, etwa das Rechnen, anzueignen und sie mit der fortschreitenden Entwicklung zu erweitern. Das Kind wendet in seiner Entwicklung im Wesentlichen drei Lernstrategien an:

Beim *objektorientierten Lernen* setzt sich das Kind eigenständig mit der gegenständlichen Umwelt auseinander. So befingert der junge Säugling seine Spieldose und findet dabei heraus, dass Musik erklingt, wenn er an der Schnur zieht. In einer ständigen Auseinandersetzung mit der gegenständlichen Umwelt vertieft das Kind seine Fähigkeiten, eignet sich immer mehr Fertigkeiten an und kommt zu immer neuen Einsichten. Dazu braucht es Gegenstände zum Spielen, die seinem Entwicklungsstand entsprechen und dadurch sein Interesse wecken.

Beim *imitativen oder sozialen Lernen* beobachtet das Kind seine Mitmenschen und ahmt sie nach. So sieht das Kleinkind, wie Eltern und Geschwister beim Essen Löffel, Gabel und Messer verwenden, und eignet sich den Umgang mit Besteck durch Nachahmung an. In den folgenden Jahren interessiert sich das Kind immer mehr dafür, was seine Mitmenschen und vor allem andere Kinder machen. Für diese Art des Lernens ist das Kind auf Vorbilder angewiesen.

Beim *Lernen durch Unterweisung* geht es weniger darum, dem Kind etwas beizubringen. Der Erwachsene weckt vielmehr die Neugierde des Kindes, indem er die Umgebung so gestaltet, dass es den nächsten Entwicklungsschritt möglichst selbständig machen kann.

Auch Erwachsene verwenden diese Lernstrategien. Sie setzen sich mit der gegenständlichen Umwelt auseinander, etwa den Funktionen des Smartphones, schauen ihren Mitmenschen Verhaltensweisen ab und übernehmen deren Wertvorstellungen und lassen sich von erfahrenen Menschen unterweisen, beispielsweise wie sie den Computer effizienter nutzen können.

Jedes Kind will lernen, aber auf seine Weise

Kinder entwickeln sich nicht im Gleichschritt. Jedes Kind hat sein eigenes Entwicklungstempo und damit auch sein ihm eigenes Neugierverhalten. Die Lernbereitschaft ist daher von Kind zu Kind unterschiedlich groß, beispielsweise beim Lesen. Lars, dessen Entwicklung ich über viele Jahre verfolgt habe, wollte bereits im Kleinkindalter lesen lernen, andere Kinder sind erst in der Schulzeit dazu bereit.

Abb. 3.11: Frühentwickler. Der dreijährige Lars bringt sich das Lesen bei.

Wie unterschiedlich sich die Lernbereitschaft entwickeln kann ist in der nachstehenden Graphik bei drei Jungen dargestellt. Eldar beginnt mit sechs bis sieben Jahren, sich für Buchstaben zu interessieren. Mit 16 Jahren ist seine Lesekompetenz vollständig ausgebildet. Er weist während der Schulzeit eine durchschnittliche Entwicklung auf. Lars kann bereits im Alter von drei Jahren recht gut lesen. Seine Lesekompetenz fällt mit 16 Jahren deutlich höher aus als diejenige von Eldar und auch höher als die der meisten Erwachsenen. Patrick schließlich begreift das Lesen nicht vor dem zehnten Lebensjahr, seine Lesekompetenz ist mit 16 Jahren niedrig und verbleibt auf diesem Niveau auch in den Jahren danach.

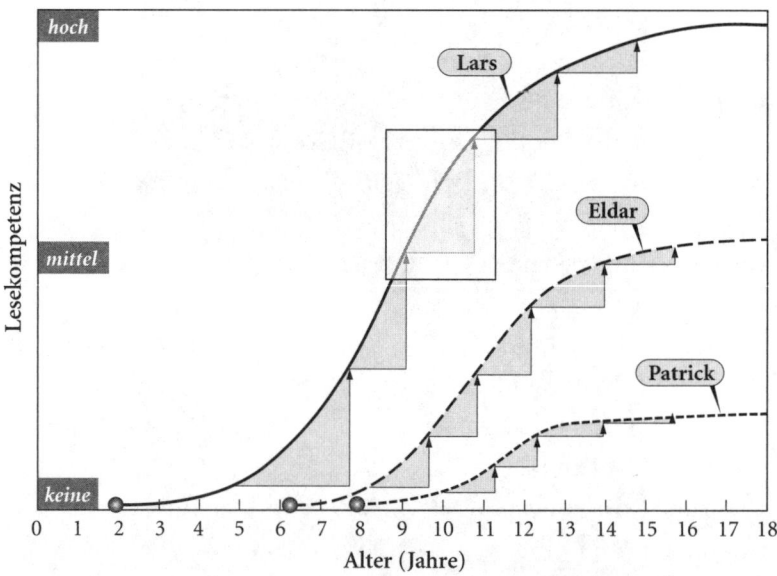

Abb. 3.12: Entwicklung von Lesekompetenz und Lernbereitschaft bei drei Jungen. Grau: aktueller Entwicklungsstand (horizontale Linie); Lernbereitschaft (vertikaler Pfeil). Beachte die großen Unterschiede von Lernbereitschaft und Zunahme der Lesekompetenz bei den drei Jungen.
Rechteck: siehe nächste Graphik.

Das genuine Interesse an Buchstaben setzt bei allen drei Jungen unterschiedlich früh ein, und ihre Lernbereitschaft ist in jedem Alter verschieden groß. Die unterschiedlich ausgeprägte Neugierde und Lernbereitschaft wird häufig als eine Art Charaktereigenschaft angesehen und oft auch in Verbindung mit äußeren Faktoren wie Lob und Kritik gebracht. Doch sie sind vor allem davon abhängig, inwieweit der individuelle Entwicklungsstand und die Anforderungen der Umwelt miteinander übereinstimmen.

Die Befriedigung seiner Neugierde erlebt das Kind selbst als sogenannte Flow-Erfahrung.[10] Im besten Fall geht es vollkommen in seiner Tätigkeit auf und erlebt dabei eine tiefe Zufriedenheit. So ist das Kind beim Lesen anfangs unglaublich stolz, wenn es einzelne Buchstaben und etwas später Worte lesen kann. In den folgenden Monaten und Jahren wird der Lesevorgang an sich immer weniger wichtig, umso mehr wächst das Interesse am Textinhalt. Für Lars sind es bereits im Kindergartenalter die Geschichten, die den Reiz des Lesens ausmachen. Für Patrick hingegen bleiben es noch für einige Jahre die formalen Herausforderungen des Lesens, etwa Worte mit Hilfe des Alphabets zu verstehen.

Kinder sind nicht ständig neugierig und lernbereit, da die Hirnentwicklung nicht gleichmäßig, sondern in Reifungsschüben verläuft. Mit jedem Schub stellt sich eine Differenz zwischen dem aktuellen Entwicklungsstand und der etwas weiter fortgeschrittenen Hirnreifung ein. Diese Differenz weckt die Lernbereitschaft, die wir als Neugierde und Lernmotivation wahrnehmen. Beides nimmt dann besonders zu, wenn ein Kind krankheitshalber längere Zeit untätig im Bett verbringen muss. Wieder genesen, sind sein Bedürfnis, das Defizit an Lernerfahrungen aufzuholen, und damit seine Neugierde und Lernmotivation besonders groß.

Wenn eine neue Entwicklungsstufe herangereift ist, ist die Lernbereitschaft des Kindes am größten. Je mehr die entwicklungsspezi-

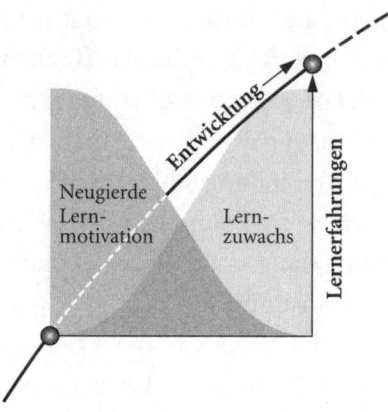

Abb. 3.13: Die Beziehung zwischen Neugierde, Lernmotivation und entwicklungsspezifischen Erfahrungen. Die Gehirnreifung (Punkt oben) ist immer etwas weiter fortgeschritten als der aktuelle Entwicklungsstand (Punkt unten). Die Differenz, die wir als Neugierde wahrnehmen, will das Kind durch entwicklungsspezifische Erfahrungen wettmachen.

fischen Erfahrungen und damit der Entwicklungsstand zunehmen, desto mehr nehmen Neugierde und Lernmotivation ab. Letztere verhalten sich, wie auch das Flow-Gefühl, spiegelbildlich zum Lernzuwachs. Ist der momentane Stand der Hirnreifung erreicht und damit auch die Fördergrenze, erlöschen Neugierde und Lernmotivation. Zusätzliche Anstrengungen, wie sie dem Kind oft von Eltern und Lehrern abverlangt werden, bringen keinen Zuwachs an Kompetenz. Die Fördergrenze ist dann erreicht, wenn der Lernzuwachs – trotz verstärktem Aufwand – immer mehr abnimmt und schließlich ganz ausbleibt und das Kind zunehmend lustlos wird und seine Lernmotivation letztendlich ganz verlorengeht. Neugierde und Lernmotivation kehren dann spontan zurück, wenn in der Hirnentwicklung die nächste Reifungsstufe erreicht wird.

Manche Eltern und Lehrer versuchen, das Kind durch soziale und materielle Anreize wie Lob und Belohnung oder auch durch den Druck von Prüfungen und Noten zusätzlich zum Lernen zu motivieren. Lob braucht jedes Kind, die Wertschätzung sollte aber nicht der Höhe der erbrachten Leistung, sondern vielmehr seinem Bemühen gelten. Die Erwachsenen können es mit einer zugewandten Haltung unterstützen und seine Leistungsbereitschaft mit einer geeigneten Lernumgebung verstärken und unter Umständen sogar wecken. Letzteres gelingt vor allem dann, wenn die Herausforderungen, welche an das Kind gestellt werden, mit seinem Lernvermögen soweit übereinstimmen, dass es in seinen Bemühungen zumeist erfolgreich ist. Idealerweise liegen etwa beim Lesen die Anforderungen bezüglich Wortwahl und Wortschatz, Komplexität der Satzkonstruktionen sowie inhaltlicher Aussagen leicht über dem aktuellen Entwicklungsstand des Kindes. Wird das Kind jedoch über- oder unterfordert, vermindert sich seine Lernmotivation oder bleibt ganz aus. Ebenso ergeht es Erwachsenen, wenn sie beispielsweise am Arbeitsplatz überfordert werden. Ihre Lernbereitschaft bleibt dann erhalten, wenn sie Erfolg haben.

Nur selbstbestimmtes Lernen ist nachhaltig

Genauso wichtig wie die Übereinstimmung zwischen Herausforderung und Entwicklungsstand ist, dass das Kind selbstbestimmt lernen darf. Dafür gibt es zwei gewichtige Gründe. Zum einen entwickelt jedes Kind seine eigenen Lernstrategien, wie es Gelerntes mit seinen bestehenden Fähigkeiten und dem vorhandenen Wissen am besten verknüpfen kann. Zum anderen werden Lernerfahrungen nur dann nachhaltig verinnerlicht, wenn sie mit den bereits erworbenen Fähigkeiten, Fertigkeiten und dem vorhandenen Wissen verwoben werden können. Die Psychologen Aljoscha Neubauer und Elsbeth Stern schreiben dazu: »… für das Lernen im Säuglingsalter bis zum Lernen im Greisenalter gilt: Erfolgreiches Lernen findet statt, wenn eingehende Informationen an bestehendes Wissen angebunden werden.«[11]

Nachhaltiges Lernen   **Auswendiglernen**

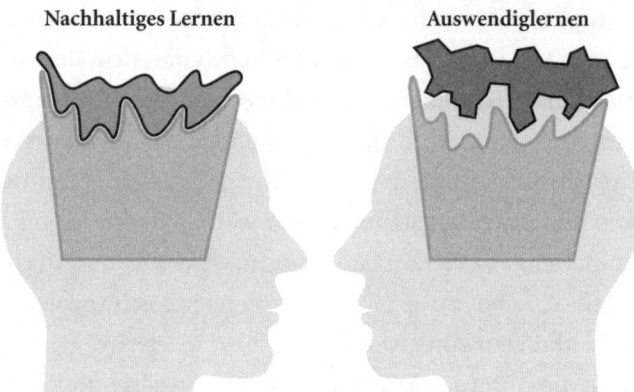

Abb. 3.14: Nachhaltiges Lernen und Auswendiglernen. Beim nachhaltigen Lernen werden Fähigkeiten, Fertigkeiten und Wissen (dunkelgrau) durch entwicklungsspezifische Erfahrungen mit den bestehenden Fähigkeiten, Fertigkeiten und Wissen (hellgrau) verknüpft. Beim Auswendiggelernten (dunkelgrau) kommt es nur teilweise oder überhaupt nicht zu einer Vernetzung mit bestehenden Fähigkeiten, Fertigkeiten und Wissen (hellgrau). Auswendiggelerntes geht daher rasch verloren.

Doch wer kennt den Stand seiner Fähigkeiten und seines Wissens am besten? Das Kind selbst.

Wenn das Kind selbstbestimmt lernen darf, etwa beim Lesen, bemüht es sich, ausgehend von seinen aktuellen Lesefähigkeiten formal und inhaltlich leicht anspruchsvollere Wörter und Sätze zu lesen. Muss das Kind jedoch fremdbestimmt lernen, kann es die aufgezwungenen Erfahrungen, etwa einen Text, weit weniger mit seinen bestehenden Fähigkeiten, Fertigkeiten und Wissen verknüpfen. Deshalb wird Auswendiggelerntes und mechanisch Eingeübtes rasch wieder vergessen, was leider in der Schule häufig vorkommt.

Was Kinder lernen, soll Bestand haben. Nicht Auswendiggelerntes und Eingeübtes sollte daher für den Schulerfolg bestimmend sein, sondern Lernerfahrungen, welche die Kinder eigenständig machen können. Nicht Prüfungsnoten, sondern Fähigkeiten, Fertigkeiten und Wissen, auf die das Kind noch nach Jahren und selbst im Erwachsenenalter zurückgreifen kann, sollten im Schulalltag und für das Curriculum wegweisend sein. Dafür ist nicht nur wesentlich, was gelernt wird, sondern auch, wie dies geschieht.

Der Grundsatz, dass nur selbstbestimmtes Lernen nachhaltig ist, gilt auch nach der Kindheit. Erwachsene müssen, wenn sie etwas dazulernen wollen, eigenständige Erfahrungen machen können, um das Gelernte mit ihren individuellen Fähigkeiten, Fertigkeiten und ihrem Wissen zu verknüpfen. Ein Erwachsener kann nur selbst herausfinden, was ihn interessiert, welche Informationen und Erfahrungen er braucht, um seine Kompetenzen und Kenntnisse zu erweitern. Das Auswendiglernen von Theorien und das Einüben von schablonenhaften Vorgehensweisen, was beides in der Fort- und Weiterbildung weitverbreitet ist, verbessern Kompetenzen und Wissen nicht nachhaltig.

Ein Mangel an Geborgenheit beeinträchtigt die Entwicklung

In den 1940er Jahren hat der Psychoanalytiker und Säuglingsforscher René Spitz in Kinderheimen beobachtet, wie verheerend sich emotionale Vernachlässigung und ein Mangel an Erfahrungen, der oft damit einhergeht, auf die kindliche Entwicklung auswirken können.[12] Wie bedeutsam Geborgenheit und Zuwendung sowie ausreichende Lernerfahrungen für die Entwicklung in den ersten Lebensjahren sind, zeigt eine neuere Studie über das Schicksal rumänischer Waisenkinder.[13]

1966 strebte der damalige rumänische Staatspräsident Nicolae Çeauşescu eine Steigerung des »Humankapitals« von 20 auf 30 Millionen Menschen bis zur Jahrtausendwende an. Durch den Bevölkerungszuwachs sollte die Wirtschaftskraft des Landes gesteigert werden. Verhütung und Abtreibung wurden verboten und Familien mit weniger als fünf Kindern mit einer »Keuschheitssteuer« bestraft. Die Maßnahmen führten zu einem sprunghaften Anstieg der Geburtenrate. Da jedoch viele Familien so arm waren, dass sie die Kinder nicht selbst ernähren konnten, waren die Eltern gezwungen, ihre Kinder an staatliche Waisenhäuser abzugeben. Beim Sturz Çeauşescus 1989 lebten 170 000 Kinder unter misslichsten Bedingungen in solchen Einrichtungen. Sie wurden nicht nur psychisch vernachlässigt, sondern konnten im Heimalltag auch keine ausreichenden Lernerfahrungen machen. Nach 1989 setzten sich die europäischen Länder und NGOs nachhaltig für die Waisenkinder ein, indem sie die Lebensbedingungen in den Institutionen verbesserten und Erzieherinnen ausbildeten. Zahlreiche Kinder wurden von Eltern aus Europa und den USA adoptiert.

Wissenschaftler führten in Bukarest eine Studie mit Waisenkindern durch, um die folgenden zwei Fragen zu beantworten: Wie nachteilig hat sich die unzulängliche Betreuung in den Waisenhäusern auf die Entwicklung und das Verhalten der Kinder ausgewirkt? Können Entwicklungsverzögerungen und Verhaltensstörungen durch eine Unterbringung in Pflegefamilien nachträglich abgemildert oder gar kompensiert werden? Insgesamt wurden 136 Säuglinge und Kleinkinder aus sechs großen Waisenhäusern in die Studie aufgenommen. Die Kinder waren zu Beginn der Studie zwischen sechs und 22 Monate alt. Sie wurden in zwei Gruppen aufgeteilt. Gruppe A bestand aus Kindern, die weiterhin in Waisenhäusern leben mussten, die Kinder der Gruppe B waren in Pflegefamilien untergebracht. In den Familien herrschten ausreichend gute Bedingungen; die Pflegeeltern wurden finanziell unterstützt und von Sozialarbeitern beraten. Gruppe C diente als Kontrollgruppe und umfasste Kinder, die von Geburt an in ihren Herkunftsfamilien aufgewachsen waren.

Alle Kinder wurden wiederholt gründlich untersucht. Die Kinder der Gruppe C waren im Alter von 52 Monaten altersentsprechend entwickelt (Entwicklungsquotient 100). Bei den Kindern der Gruppe B, die von Pflegefamilien aufgenommen worden waren, lag das Entwicklungsalter im chronologischen Alter von 52 Monaten bei 42 Monaten (Entwicklungsquotient 80). Die Kinder der Gruppe A, die in den Heimen verblieben waren, wiesen im Alter von 52 Monaten einen Entwicklungsstand von lediglich 36 Monaten auf (Entwicklungsquotient 70). Die Forscher stellten zudem fest: Waisenkinder, die vor dem zweiten Lebensjahr, insbesondere im Alter zwischen sechs und zwölf Monaten in Pflegefamilien untergebracht worden waren, hatten sich deutlich besser entwickelt als diejenigen, die erst im zweiten Lebensjahr oder noch später dorthin gewechselt waren. Je früher die Kinder also der Deprivation entrissen worden waren und eine ausreichende Förderung erhalten hatten, desto besser hatten sie sich entwickelt.

Große Unterschiede zwischen den drei Gruppen ergaben sich auch in Bezug auf die sozioemotionale Entwicklung. Die Kinder der Gruppen A und B litten fast dreimal häufiger an emotionalen Störungen und Verhaltensauffälligkeiten als die Kinder, die bei ihren Eltern lebten (53 gegenüber 20 Prozent). Fast die Hälfte der Waisenkinder aus den Pflegefamilien war im Alter von 42 Monaten eine vertrauensvolle Beziehung mit ihren Bezugspersonen eingegangen. Bei den Waisenkindern, die weiterhin im Heim leben mussten, waren es lediglich 18 Prozent (Gruppe C: 65 Prozent). Diese Studie bestätigt die Beobachtungen, die René Spitz bereits vor 60 Jahren gemacht hat: Ein Mangel an Geborgenheit und Zuwendung sowie fehlende Lernerfahrungen beeinträchtigen die geistige und sozioemotionale Entwicklung von Kindern.

Solche Entwicklungsstörungen können jedoch nicht nur bei Kindern in Ländern beobachtet werden, in denen Armut und soziale Missstände herrschen. Das folgende Fallbeispiel des Jungen Tobias stammt

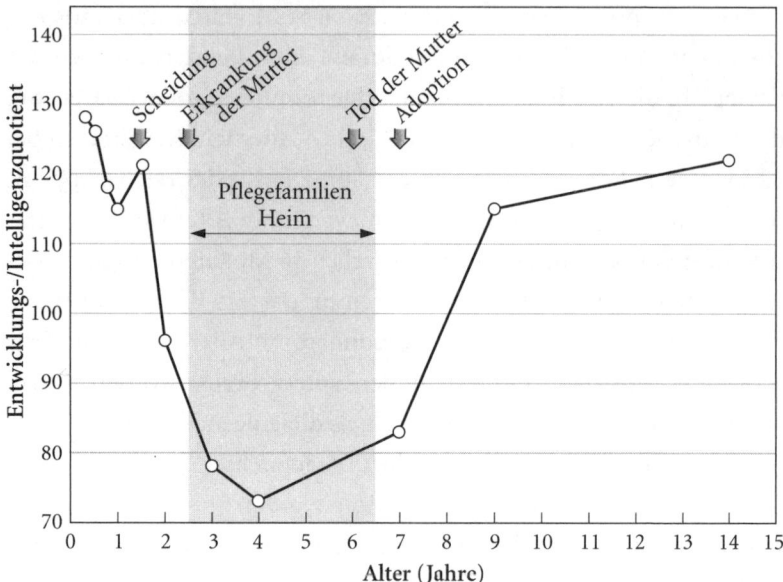

Abb. 3.15: Der Entwicklungsverlauf von Tobias. Wie sich Tobias zwischen 1 und 14 Jahren entwickelt hat, ist anhand des Entwicklungs- beziehungsweise Intelligenzquotienten dargestellt. EQ / IQ von 100 entspricht einer durchschnittlichen Entwicklung; darüber beschleunigte und darunter verzögerte Entwicklung (Zürcher Longitudinalstudien).

aus der reichen und sozial wohlgeordneten Schweiz und hat mich sehr nachdenklich gemacht. Tobias war ein zufriedener und aktiver Säugling, der sich überdurchschnittlich gut entwickelte. Als er zwei Jahre alt war, trennten sich seine Eltern und ließen sich wenig später scheiden. Tobias kam in mütterliche Obhut. Ein halbes Jahr nach der Scheidung erkrankte die Mutter an Brustkrebs und verbrachte in den folgenden vier Jahren Wochen und Monate im Krankenhaus. In dieser Zeit, in der die Mutter nicht für Tobias sorgen konnte, war der Junge bei verschiedenen Pflegefamilien und in einem Heim untergebracht. Die Mutter verstarb, als Tobias sechs Jahre alt war.

Der Tod seiner Mutter stürzte Tobias in eine tiefe Trauer und Antriebslosigkeit. Wie aus seiner Entwicklungskurve ersichtlich ist, entwickelte er sich aber bereits in den Jahren davor verzögert. So bestand im Alter von vier Jahren ein deutlicher Entwicklungsrückstand (IQ 73; Entwicklungsalter 36 Monate), und das, obwohl sich alle Menschen, bei denen Tobias in Pflege war, sehr um ihn bemüht hatten. Aus welchem Grund erwies sich die Fremdbetreuung trotzdem als ungenügend?

Tobias lebte, wenn die Mutter im Krankenhaus war, nicht in einer, sondern in mehreren Pflegefamilien, oftmals nur für kurze Zeit. Im Heim litt er unter dem ständigen Wechsel des Pflegepersonals. Er musste immer wieder über Wochen und Monate ohne ihm vertraute Personen auskommen. Tobias vermisste vertrauensvolle Bezugspersonen, die seine emotionalen und körperlichen Bedürfnisse umfassend befriedigt hätten. Es fehlte an einer ausreichenden Kontinuität der Betreuung.

Im Alter von sieben Jahren wurde Tobias von einer Familie mit drei Kindern adoptiert. Damit war er wieder fest in eine Familie eingebunden. In den Jahren danach verbesserte sich sein psychischer Zustand und damit auch seine Entwicklung. Tobias holte seinen Entwicklungsrückstand bis ins Alter von neun Jahren weitgehend auf.

Kinder jeden Alters sind für ihr psychisches und körperliches Wohlbefinden auf stabile und vertrauensvolle Beziehungen zu ihren Eltern und anderen Bezugspersonen angewiesen. Kinder, die emotional verunsichert oder gar deprimiert sind, können nicht neugierig und lernbereit sein. Genauso wie ein Kind nur ausreichend wachsen kann, wenn es genügend Nahrung erhält, muss es sich geborgen fühlen und Zuwendung bekommen, um neugierig auf die Welt zu sein und Lernerfahrungen machen zu wollen.

Grundlegendes zum Fit-Prinzip

Seinem Entwicklungspfad folgen

»Die Erziehung streut keinen Samen in die Kinder hinein,
sondern lässt den Samen in ihnen aufgehen.«

Khalil Gibran

Unser Gehirn ist ein Wunderwerk der Evolution, so wie der Lindenbaum, der mit seiner weitverzweigten Baumkrone aus einem winzigen Samenkorn gewachsen ist. Noch weit komplexer als sein Geäst sind die neuronalen Verflechtungen unseres Gehirns, die aus unzähligen Erfahrungen hervorgegangen sind, die sich im Lauf der Evolution als nützlich erwiesen haben.

Jedes Kind hat seinen eigenen Entwicklungsplan und sein eigenes Entwicklungstempo. Auf ein Kind, das im Rechnen gute Fortschritte macht, sind Eltern und Lehrer stolz und erleben seinen Lerneifer als Entlastung. Sie müssen es nicht antreiben. Zeigt das Kind jedoch noch kein Interesse an Zahlen, löst dies bei den Eltern Ängste aus. Weil der Schüler das Rechnen einfach nicht begreifen will, kommt auch der Lehrer unter Druck. Manche Eltern und Lehrer fühlen sich verpflichtet, ein Kind, dessen Leistung nicht ihren Normvorstellungen entspricht, zusätzlich zu fördern. Sie drängen ihm Fertigkeiten und Wissen auf, für die es aufgrund seines Entwicklungsstands noch nicht bereit ist. Das Kind spürt: Eltern und Lehrer erwarten von mir etwas, das ich offenbar leisten sollte, aber noch nicht begreifen kann. Seine Neugier und Lernmotivation werden beeinträchtigt, weil es überzeugt ist: Ich kann nicht lernen und keine Leistung erbringen. Eltern und Lehrer wissen es immer besser als ich. Ich bin ein Versager. Dabei ist es ein entwicklungsbiologisches Faktum: Es gibt keine Förderung jenseits des Begabungspotentials. Oder anders ausgedrückt: Wird ein Kind ungenügend ernährt, wird es kleiner.

Abb. 3.16:   Ein Lindenbaum.

Wird es überfüttert, wird es nicht größer, sondern nur dick. Genauso gilt: Wird ein Kind vernachlässigt, entwickelt es sich weniger. Wird es überfordert, wird es nicht klüger, sondern demotiviert. So kann es auch dem talentiertesten Pädagogen mit ausgefeilter Didaktik nicht gelingen, allen Schülern zu guten Leistungen zu verhelfen. Er vermittelt allen Schülern den gleichen Schulstoff und stellt an alle die gleichen Anforderungen. Dennoch sind nach einigen Jah-

169

ren die Leistungsunterschiede zwischen den Schülern größer als je zuvor.

Wenn ein Kind jedoch selbstbestimmt lernen darf, wird es sein Lernpotential bestmöglich ausschöpfen können und als Erwachsener um seine Begabungen wissen, seine Stärken und Schwächen kennen. Es wird über ein gutes Selbstwertgefühl und eine gute Selbstwirksamkeit verfügen, die für sein Wohlbefinden genauso wichtig sind wie das Verwirklichen seiner Fähigkeiten. Eine für das kindliche Wohl bedeutsame Einsicht, die manche Eltern, Lehrer und Bildungspolitiker jedoch sehr zum Nachteil der Kinder nicht akzeptieren wollen, haben sie doch die Erfahrung gemacht, dass fleißiges Auswendiglernen zu besseren Schulnoten führt. Stimmt, aber es macht die Schüler nicht klüger und beeinträchtigt ihre Lernmotivation.

Wie also sollten wir als Eltern und Lehrer mit einem Kind umgehen? So wie der Schössling einer Linde nicht schneller wächst, wenn wir an ihm ziehen, entwickelt sich auch das Kind nicht besser, wenn wir es über sein Entwicklungspotential hinaus fördern wollen. Wir dürfen uns darauf verlassen: Jedes Kind will lernen und Leistungen erbringen, aber selbstbestimmt auf seine Weise und in seinem Tempo. Unsere Hauptaufgabe ist es nicht, den Kindern Fähigkeiten und Wissen beizubringen, sondern ihnen die notwendigen Erfahrungen zu ermöglichen. So erziehen wir ein Kind weniger mit ständigen Zurecht-

Abb. 3.17:   Lernen fremd- und selbstbestimmt.

weisungen und strengen Verhaltensregeln zu dem uns erwünschten sozialen Wesen als vielmehr durch unser Vorbild, indem wir ihm zwischenmenschliches Verhalten und moralische Werte glaubwürdig vorleben.

Darf das Kind seinem individuellen Entwicklungspfad folgen, wird das Kind immer mehr es selbst. Diese Annäherung an sein eigenes Wesen will jeder Mensch bis ins Alter fortführen.[14] Sich zu verwirklichen ist nach dem Fit-Prinzip ein Grundbedürfnis des Menschen.

Wie Erfahrungen uns prägen

»Man wächst an seinen Eltern, seinen Geschwistern,
seinen Lehrern, seinen Erfahrungen, seinen Freunden,
seinen Vorbildern und seinen guten Gegnern.«

Wolfgang J. Reus (1959–2006)

Erfahrungen ermöglichen Kindern, ihre Fähigkeiten auszubilden und sich Fertigkeiten anzueignen, aber sie vermitteln ihnen auch Inhalte, etwa über die Kultur, in der sie leben. So essen die Kinder in Europa mit Löffel und Gabel, in China mit Essstäbchen und in Indien mit den Händen. Die Art und Weise, wie sie Inhalte aufnehmen, kommt in der Entwicklung von Sprache und Sozialverhalten besonders deutlich zum Ausdruck. Die Kommunikation mit den Mitmenschen befähigt Kinder nicht nur, sich die formalen Elemente der Sprache wie Grammatik und Syntax, sondern auch die inhaltliche Bedeutung von Worten und Sätzen anzueignen. Durch die zwischenmenschliche Kommunikation verinnerlichen Kinder die strukturellen Elemente des menschlichen Beziehungsverhaltens wie etwa Gestik und Mimik und auch Inhalte wie soziale Regeln und moralische Werte. So übernehmen Kinder in Europa von ihren Vorbildern folgendes Begrüßungsritual: Man gibt seinem Gegenüber die Hand und schaut ihm in die Augen. In Japan dagegen lernen Kinder: Man verneigt sich vor seinem Gegenüber und vermeidet jeglichen Blick- und Körperkontakt. Beide Rituale, obwohl in ihrer Ausführung sehr unterschiedlich, drücken die Wertschätzung für die andere Person aus.

Eine Besonderheit in der Kindheit besteht darin, dass Erfahrungen die Entwicklung angelegter Strukturen fördern und gleichzeitig Inhalte vermitteln. Die Entfaltung von Strukturen und das Aneignen von Inhalten gehen also Hand in Hand. Somit sind Inhalte mit den heranreifenden Strukturen auf das engste verwoben, was sie weit beständiger macht als Erfahrungen, die erst im Erwachsenenalter erworben werden. Erinnerungen können noch Jahrzehnte später ein Gefühl tiefster Vertrautheit auslösen, beispielsweise der Geruch von Großmutters Kuchen oder das Glockengeläut der Dorfkirche. Erinnerungen können uns aber auch in Angst und Schrecken versetzen, etwa wenn sie mit psychischer und körperlicher Gewalt verbunden sind.

Erfahrungen, die wir während der Kindheit gemacht haben, prägen uns im Guten wie im Schlechten. So werden Kinder in ihrem Sozialverhalten entscheidend durch die Art und Weise geprägt, wie die Eltern mit ihnen umgehen. Schlimme Erfahrungen, etwa Gewalt in der Familie, die sie zutiefst verletzten, können später nicht einfach aus dem – weitgehend unbewussten – Gedächtnis gelöscht werden, weil sie fest mit den Strukturen des Sozialverhaltens verbunden sind. Was aber gelingen kann, ist, belastende Kindheitserfahrungen zumindest teilweise durch neue positive Erfahrungen zu ersetzen. So leidet eine Frau, die in einer Partnerschaft eine gewaltfreie und vertrauensvolle Beziehung erleben darf, immer weniger an den schmerzhaften Erinnerungen an eine Kindheit voller Gewalt. Oder ein Mann kann sein Selbstwertgefühl und seine Selbstwirksamkeit, die durch negative schulische Erfahrungen beschädigt wurden, durch Erfolge am Arbeitsplatz stärken.

Das genuine Bedürfnis, seine Begabungen zu entfalten

Wolfgang Amadeus Mozart konnte sein musikalisches Genie voll entfalten, wuchs er doch in einer Familie auf, die ihn stark förderte. Es war ein ideales Zusammentreffen von außergewöhnlicher Begabung und umfassender Unterstützung. Ganz anders erlebte der ebenfalls berühmte Pianist Arthur Rubinstein seine frühe Kindheit. Arthur wurde 1888 als siebtes Kind in eine jüdische Handweberfamilie im polnischen Lodz geboren. Er wuchs in einer Familie auf, in der seinen eigenen Worten nach »niemand auch nur über die geringste musikalische Begabung verfügte«. Arthur sprach als Kleinkind nur wenig, sang dafür umso mehr und fühlte sich von Tönen und Klängen geradezu magisch angezogen. Er liebte es, bekannte Melodien auf den Klaviertasten zusammenzusuchen. Ein angesehener Klavierpädagoge nahm sich des begabten Jungen an, konnte aber mit Arthur nur wenig anfangen, denn der Junge schlief ein, wenn er die befohlenen Fingerübungen machen sollte. Trotz dieser wenig förderlichen Umgebung gab Arthur Rubinstein bereits im Alter von sieben Jahren sein erstes Mozart-Konzert in der Philharmonie von Lodz. Bei ihm setzte sich eine große musikalische Begabung auch unter wenig vorteilhaften Lebensumständen durch.[15]

Wolfgang Amadeus Mozart und Arthur Rubinstein sind Ausnahmeerscheinungen. Begabungen wollen sich aber nicht nur bei hochbegabten Kindern, sondern – unabhängig von ihrer Ausprägung – bei allen Kindern durchsetzen. Auch Kinder mit einer geistigen Behinderung sind neugierig und wollen ihre Begabungen entfalten, jedoch auf ihre Weise und in ihrem Tempo. Ihr Bemühen verdient genauso unsere Wertschätzung wie die Leistungen hochbegabter Kinder.

Wie steht es mit der Neugierde und Lernbereitschaft im Erwachsenenalter? 1837 war der siebenundzwanzigjährige Charles Darwin

Abb. 3.18: »Im Herbst 1766 besuchte die Familie Mozart auf ihrer Reise durch Europa auch die Stadt Zürich. Anfang Oktober gab der zehnjährige Wolfgang Amadeus Mozart eine Probe seines außergewöhnlichen Könnens. In der Ankündigung des Konzertes wurde er nicht nur als klavierspielendes Wunderkind, sondern auch als ›virtuos in der Composition‹ angepriesen. Auf der Rückseite der Ankündigung hat Wolfgang Amadeus Mozart einige Takte einer Eigenkomposition festgehalten.« (Zentralbibliothek Zürich)

nach einer fast fünfjährigen Weltumsegelung mit der »Beagle« krank nach England zurückgekehrt. Er lebte noch weitere 46 Jahre, sollte sich aber von seiner rätselhaften Krankheit nie mehr ganz erholen. Darwin war immer wieder monatelang so geschwächt, dass er sich kaum vom Bett erheben konnte. Seine körperlichen Beschwerden hinderten ihn aber nicht daran, mit eiserner Arbeitsdisziplin seine Tier- und Pflanzensammlungen auszuwerten, die er von seiner Weltreise mitgebracht hatte. Er führte zudem eine Vielzahl von Experimenten mit heimischen Tieren und Pflanzen durch. Eine unersättliche Neugierde verlieh ihm eine immense Kraft. 1859, im Alter von 50 Jahren, veröffentlichte er sein wissenschaftliches Jahrtausendwerk: »Über die Entstehung der Arten durch natürliche Zuchtwahl«.[16]

Forscher wie Charles Darwin oder große Erfinder wie Thomas Edison suchten ihr Leben lang nach Erkenntnissen. Der Drang, die Welt begreifen zu wollen, gab ihnen die Kraft und den Willen, sich außerordentlichen Herausforderungen zu stellen. Auch Künstler wie Arthur Rubinstein und Pablo Picasso hörten nie auf, sich künstlerisch zu betätigen. Sie alle konnten schlicht und einfach nicht anders. Der Komponist Arnold Schönberg charakterisierte dieses Getriebensein wie folgt: »Ich glaube, Kunst kommt nicht von Können, sondern von Müssen.« Ihre Begabung zu leben macht für Forscher und Künstler den Sinn des Lebens aus. Wie ein Lebenswerk buchstäblich in Stein gemeißelt werden kann, zeigt das künstlerische Schaffen des Schweizer Graphikers und Bildhauers Karl Bickel.

Abb. 3.19: Paxmal: Ein Zeugnis kreativen Schaffens. Karl Bickel, Schweizer Graphiker und Bildhauer, begann 1924, am Walenstadtberg auf einer Wiese voller Steinblöcke einen Friedenstempel zu errichten. Er war damals 27 Jahre alt und baute ohne jede fremde Hilfe 25 Jahre lang an seinem Werk. 1949 hatte er den Tempel vollendet.

Der Drang, schöpferisch tätig zu sein, ist – wie alle Eigenschaften – unter den Menschen sehr unterschiedlich ausgeprägt. Manche sind in ihrer Arbeit und Freizeit bis ins hohe Alter überaus kreativ und produktiv, andere haben bereits mit 20 Jahren kein Verlangen mehr danach.

Auf verschiedenen Wegen klüger werden

In der Pubertät wird die Entwicklung aller Körperorgane, und damit auch die des Gehirns, abgeschlossen. Die Hirnstrukturen sind ausgereift und somit weitgehend festgelegt. Bemerkenswerterweise werden einige Höchstleistungen bereits in der Pubertät und in den zehn Jahren danach vollbracht. So wurden die großen mathematischen Entdeckungen fast ausnahmslos im Alter von 15 bis 25 Jahren, oft vor dem 20. Lebensjahr gemacht. Sie sind also nicht das Ergebnis jahrzehntelanger Bemühungen, sondern beruhen vielmehr auf einer angeborenen intellektuellen Leistungsfähigkeit, die der Psychologe Raymond Cattell als fluide Intelligenz bezeichnet hat.[17] Sie umfasst im Wesentlichen das logisch-mathematische Denken, Problemlösungsstrategien und das figural-räumliche Vorstellungsvermögen.

Blaise Pascal (1623–1662) erfand im Alter von 19 Jahren die erste mechanische Rechenmaschine. Er wollte damit seinen Vater bei dessen Arbeit als königlicher Kommissar und oberster Steuereintreiber unterstützen. Von Carl Friedrich Gauß (1777–1855) wird berichtet, dass er ab dem Alter von drei Jahren seinem Vater beim Erstellen von Lohnabrechnungen half. Der Vater war Gärtner, Schlachter und Schatzmeister einer kleinen Versicherungsgesellschaft. Mit 14 stellte Gauß erste Überlegungen über eine nicht-euklidische Geometrie an. Mit 18 entwickelte er die Methode der kleinsten Quadrate, aus der die Gauß'sche Glockenkurve der Normalverteilung hervorging. Ein Jahr später gelang es ihm, die Konstruierbarkeit des regelmäßigen Siebzehnecks zu beweisen, was seit der Antike noch keinem Mathematiker geglückt war.

Albert Einstein publizierte die spezielle Relativitätstheorie und seine berühmte Formel $E = mc^2$ im Alter von 26 Jahren. Eine weitere Einsicht war ihm mit der Erweiterung der spezifischen zur allgemeinen Relativitätstheorie vergönnt. In den folgenden Jahrzehnten setzte er sich weiterhin intensiv mit Mathematik und theoretischer Physik auseinander, ohne zu weiteren großen Einsichten zu kommen. Die beeindruckenden Leistungen in der Informatik der vergangenen Jahrzehnte wurden nicht von erfahrenen, ergrauten Häuptern, sondern von jungen Programmierern, oft noch im Teenageralter, erbracht.

Ein anderer Entwicklungsbereich, der ebenfalls bereits in der Adoleszenz seinen Höhepunkt erreicht, ist die motorische Geschicklich-

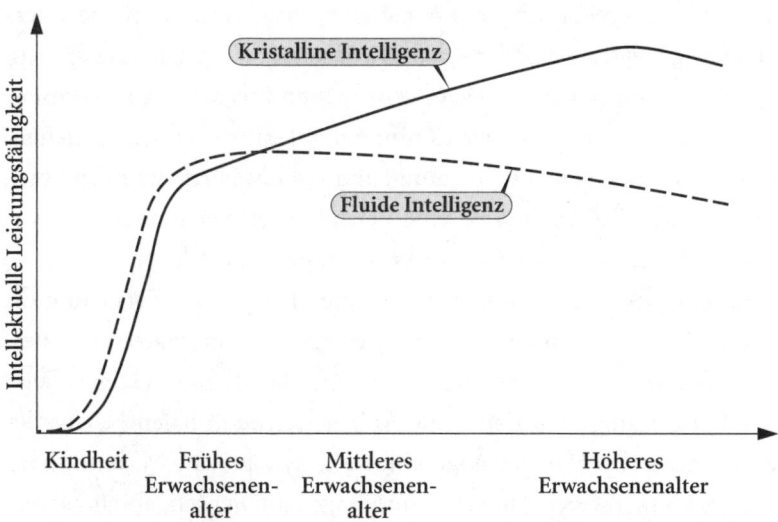

Abb. 3.20: Fluide und kristalline Intelligenz. Die fluide Intelligenz erreicht ihren Höchststand im frühen Erwachsenenalter und nimmt danach ständig leicht ab. Die kristalline Intelligenz nimmt bis ins höhere Erwachsenenalter weiter zu, um danach ebenfalls abzunehmen.

keit. Die Rumänin Nadia Elena Comăneci gilt als eine der besten Turnerinnen aller Zeiten. Bei den Olympischen Sommerspielen 1976 in Montreal schaffte sie im Alter von 14 Jahren als erste Turnerin die Traumnote 10.0 am Stufenbarren. Die Höchstnote galt bis dahin als unerreichbar und war nie zuvor vergeben worden. Comăneci gewann darüber hinaus Gold am Schwebebalken und im Mehrkampf, Bronze am Boden sowie Silber mit der Mannschaft. Bei den Olympischen Sommerspielen 1980 in Moskau gewann sie mit 18 Jahren erneut Gold am Schwebebalken und am Boden sowie Silber im Mehrkampf und mit der Mannschaft. Höchstleistungen, die eine hohe motorische Geschicklichkeit erfordern, werden auch in anderen Sportarten wie Eiskunstlauf oder Tennis mehrheitlich vor dem 30. Lebensjahr erbracht.

Es fällt schwer zu akzeptieren, dass die Reifung des Gehirns nach der Pubertät weitgehend abgeschlossen ist. Lernen wie in der Kindheit ist dann nicht mehr möglich. Wir sind in unseren Fahigkeiten weitgehend festgelegt, etwa in der Art und Weise, wie wir gehen, uns sprachlich oder mimisch ausdrücken. Wir müssen uns also als Erwachsene mit unserem Gehirn, so wie es nun einmal entwickelt ist, zufriedengeben. Und doch gibt es Hoffnung, und zwar in Form der kristallinen Intelligenz.[18] Darunter wird eine Lernfähigkeit verstanden, die vornehmlich auf dem Erwerb von Erfahrungen und Wissen beruht. So kann beispielsweise ein Arzt durch seine langjährige Erfahrung die Bedeutung von Krankheitssymptomen genauer einschätzen und besser auf seine Patienten eingehen als ein unerfahrener jüngerer Kollege. Die Hirnreifung, und damit die Anlage der neuronalen Netzwerke, ist im Erwachsenenalter abgeschlossen. Synaptische Verbindungen jedoch können lebenslang auf- und abgebaut werden, abhängig von den Erfahrungen, die wir machen, und dem Wissen, das wir uns aneignen. Doch wie in der Kindheit geht es auch im Erwachsenenalter nicht darum, irgendwelche Erfahrungen zu machen, sondern solche, die wir mit unserem aktuellen Stand an Fertigkeiten und Kenntnissen verbinden können. So gelingt es uns beispielsweise, unsere Kenntnisse in der Informationstechnologie zu erweitern. Oder wir können unsere sozialen Kompetenzen durch Erfahrungen vertiefen, die wir mit Angehörigen in der Familie und im Umgang mit Mitarbeitern am Arbeitsplatz machen. Höchstleistungen, wenn auch anderer Art als bei der fluiden Intelligenz, sind selbst im höheren Alter noch möglich. Dichter und Musiker, Maler und Bildhauer werden immer wieder durch die vielfältigen Erfahrungen, die sie im Verlauf ihres Lebens machen, zu neuen, gelegentlich großartigen Werken inspiriert. Johann Wolfgang von Goethe vollendete sein Alterswerk »Faust I« mit 59 und »Faust II« im Alter von 83 Jahren, wenige Monate vor seinem Tod. Wir können, auch wenn unser Augenlicht und Hörvermögen nach und nach schwächer wird und die eingeschränkte Motorik uns unsicher macht, durch Erfahrungen bis ins hohe Alter dazulernen, klüger und sogar weise werden.

TEIL IV

GRUNDBEDÜRFNISSE BESTIMMEN
UNSER LEBEN

»Jeder Mensch hat sein ihm eigenes
Bedürfnisprofil«

»Folgende Wahrheiten erachten wir als selbstverständlich: daß alle
Menschen gleich geschaffen sind; daß sie von ihrem Schöpfer mit
gewissen unveräußerlichen Rechten ausgestattet sind; daß dazu
Leben, Freiheit und das Streben nach Glück gehören.«

Unabhängigkeitserklärung der Vereinigten Staaten

Für die Gründerväter der Vereinigten Staaten von Amerika war das
Streben nach Glück (Pursuit of Happiness), das sie in der Präambel
der Unabhängigkeitserklärung festgeschrieben haben, ein Grundrecht, genauso wie dasjenige nach einem Leben in Freiheit. Menschen
wollen glücklich sein. Nur, was ist Glück? Darüber haben Philosophen und Religionsführer sich seit mindestens 4000 Jahren den Kopf
zerbrochen. In den letzten hundert Jahren beschäftigten sich auch
Psychologen und Mediziner und neuerdings Neurowissenschaftler
mit den Glücksgefühlen der Menschen. Besondere Aufmerksamkeit haben dabei in den letzten Jahren Studien gefunden, in denen
Ökonomen und Sozialwissenschaftler den Zusammenhang zwischen
subjektiver Zufriedenheit sowie Einkommen und Vermögen untersuchten.

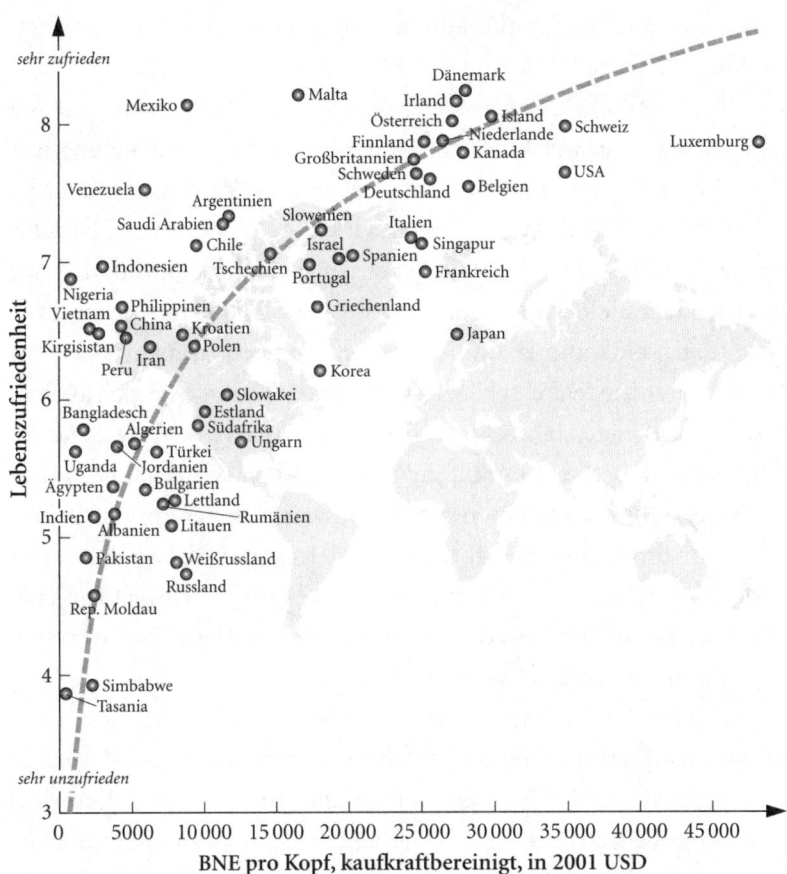

Abb. 4.1: Beziehung zwischen Lebenszufriedenheit und Bruttonational-einkommen (BNE) in 63 Ländern. Skala der Lebenszufriedenheit: 1: sehr unzufrieden; 10: sehr zufrieden (World Values Survey 2001).

Um die Lebenszufriedenheit zu erfassen, baten die Wissenschaftler Testpersonen um eine subjektive Einschätzung ihrer Befindlichkeit, die sich nicht nur auf einzelne Bereiche wie Gesundheit oder Arbeitsbedingungen bezog, sondern möglichst alle Lebensbereiche umfasste. Dabei sollten einerseits Gefühle und Stimmungen wie etwa

Zuversicht oder Angst und andererseits Faktoren wie Wohnqualität und berufliche Stellung erfasst werden. Wie die Graphik zeigt, konnten die Wissenschaftler den folgenden signifikanten Zusammenhang nachweisen: Die subjektive Zufriedenheit wächst mit der Zunahme des Einkommens anfänglich extrem an, etwa in Entwicklungsländern wie Tansania, um dann in hochentwickelten Ländern wie den USA immer mehr abzuflachen. Die Lebenszufriedenheit nimmt also mit wachsendem Einkommen immer weniger zu. In den westlichen Ländern tragen Einkommen und Vermögen nur noch zu etwa 10 Prozent zur Lebenszufriedenheit bei. Dieser Zusammenhang zeigt sich auch in Deutschland in den Jahrzehnten nach dem Zweiten Weltkrieg. Die Lebenszufriedenheit nahm während des deutschen Wirtschaftswunders mit steigendem Einkommen rasant zu. Damit einher ging nicht nur eine Vermehrung materieller Güter, sondern auch verbesserte Lebensbedingungen wie die Gesundheitsversorgung und Sicherheit von Leib und Gut. Nach 1980 stiegen die Einkommen in Deutschland weiter, aber kaum mehr die Lebenszufriedenheit.

Besonders bemerkenswert ist, dass Menschen mit sehr niedrigem Einkommen, etwa in Kolumbien und Nigeria, genauso oder sogar noch zufriedener sein können als Menschen mit hohem Einkommen und Vermögen, etwa in Italien oder Japan. Es geht also um weit mehr als nur um Einkommen und Besitz. Oder wie der Volksmund sagt: Geld allein macht nicht glücklich. Es muss also weitere, sehr bedeutsame Faktoren geben, die zur Lebenszufriedenheit beitragen. Aus der Sicht des Fit-Prinzips hängt die Lebenszufriedenheit im höchsten Maß davon ab, wie gut die Menschen ihre Grundbedürfnisse von der Wiege bis zur Bahre befriedigen.

In Teil IV wollen wir uns mit den Grundbedürfnissen beschäftigen, deren Befriedigung uns ständig auf Trab hält und entscheidend zum Lebenssinn beiträgt. Dabei wollen wir die folgenden Fragen beantwortet haben: Wie entwickelten sich die Grundbedürfnisse im Verlauf der soziokulturellen Evolution, und was beinhalten sie heute? Welche Emotionen, gehen mit ihnen einher? Wie unterschiedlich sind die Grundbedürfnisse von Mensch zu Mensch ausgestaltet? Und sind sie beim einzelnen Menschen alle gleich ausgeprägt?

Unsere Grundbedürfnisse

Die Wurzeln unserer Grundbedürfnisse reichen weit in die Evolution zurück. Ihre Vorstadien haben wir mit den höherentwickelten Tieren gemeinsam. So wollen alle Tiere ihren Hunger und Durst stillen. Junge Schimpansen haben wie Menschenkinder ein großes Bedürfnis nach Geborgenheit und Zuwendung. Füchse und Wölfe kämpfen um ihre soziale Stellung im Rudel. Ausnahmslos alle Jungtiere wollen ihre Fähigkeiten, zum Beispiel die motorischen, verwirklichen. Manche Tierarten erbringen hochspezialisierte Leistungen, etwa die Honigbienen, die aus Wachs kunstvolle Waben bauen, oder die Blattschneiderameisen, die ausgedehnte Pilzkulturen unterhalten. Einige Tiere legen Vorräte an, beispielsweise das Eichhörnchen oder der Siebenschläfer, um auch im Winter gut versorgt zu sein.

Tiere sind sich ihrer Bedürfnisse nicht bewusst. Sie lassen sich bei deren Befriedigung von ihren Emotionen wie dem sexuellen Verlangen leiten. Wir Menschen glauben, uns unserer Grundbedürfnisse bewusst zu sein: Ich bin müde, also gehe ich schlafen. Da die Anfänge der Grundbedürfnisse jedoch sehr weit in die Evolution zurückreichen, sind sie tief im Unbewussten verankert. Viele sind uns daher oft nur teilweise oder überhaupt nicht bewusst, etwa das Bedürfnis nach sozialer Anerkennung und sozialem Status. Wird ein Bürgermeister darauf angesprochen, weshalb er sich für das Amt beworben hat, wird er aller Wahrscheinlichkeit nach antworten, weil er (ganz selbstlos) einen Beitrag zum Wohl der Bevölkerung leisten will.

Was uns von den Tieren ebenfalls unterscheidet: Wir haben die Befriedigung unserer Bedürfnisse enorm weiterentwickelt. Die Art und Weise, wie wir sie befriedigen, etwa beim Verarbeiten von Nahrung, ist uns fast so wichtig, gelegentlich sogar noch wichtiger als die Befriedigung der Bedürfnisse selbst. Im Verlauf der letzten 10 000 Jahre hat eine kulturelle Überformung der Bedürfnisse stattgefunden. So ist Geborgenheit nicht nur ein überaus starkes Bedürfnis, sondern beherrscht als das Thema »Liebe« die gesamte Literatur, Film- und Musikwelt. Kreatives Schaffen, der Drang nach Selbstentfaltung, befruchtet seit Jahrtausenden die Kultur und treibt mit Innovationen Wissenschaft, Technik und Wirtschaft an. Um die Menschen und ihr Eigentum möglichst gut zu schützen, entstanden ein ausgeklügeltes Regelwerk von Verfassungen und Gesetzen sowie staatliche Institutionen wie Polizei und Armee. Schließlich ist aus der Befriedigung elementarer Bedürfnisse ein riesiger Fundus an Wissen und Wertvorstellungen hervorgegangen.

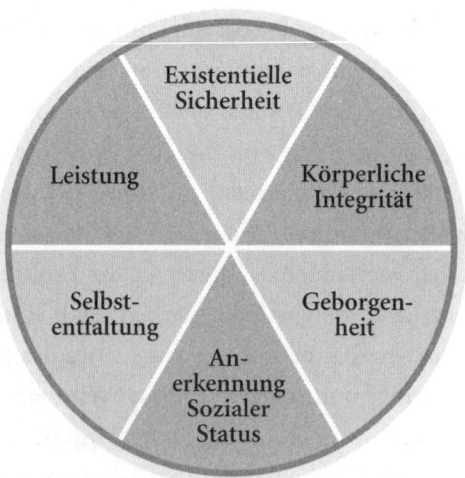

Abb. 4.2:   Die sechs Grundbedürfnisse des Menschen.

Das Fit-Prinzip geht davon aus, dass sechs Grundbedürfnisse das Leben der Menschen weitgehend bestimmen. Mit ihrer Ausgestaltung werden wir uns in den folgenden Kapiteln beschäftigen.

Körperliche Integrität

Die Menschen fühlen sich dann körperlich wohl, wenn sie ausreichend ernährt sind, sich im Schlaf erholen können, nicht übermäßig frieren oder schwitzen müssen, ihre Sexualität ausleben können, gesund und physisch leistungsfähig sind. Die Befriedigung der körperlichen Bedürfnisse ist eine wichtige Voraussetzung dafür, dass auch die anderen Grundbedürfnisse befriedigt werden können.

Alle Menschen, vom Neugeborenen bis zum Greis, wollen nicht nur Hunger und Durst gestillt haben. Sie wenden auch sehr viel Kraft und Zeit dafür auf, wie sie es tun. Sie braten, kochen und würzen ihr Essen und vergären Früchte und Getreide zu alkoholischen Getränken. Bei Feierlichkeiten zelebrieren sie die Mahlzeiten als ein soziales Ereignis mit aufwendigem Gedeck, Reden und Gesang. Tiere schützen sich mit Fell und Federn vor Kälte und Nässe. Der nackte Mensch schützte sich nicht nur mit Häuten, Fellen und verschiedenen Textilien gegen die Unbilden der Witterung. Er passte sich auch an die unterschiedlichsten klimatischen Bedingungen an und gestaltete seine Kleider nach Bedarf und ästhetischen Kriterien auf immer neue Weise. Tiere pflegen ihr Fell- oder Federkleid und befreien sich so von krank machendem Schmutz und Parasiten. Eine solche rein zweckorientierte, der Hygiene verpflichtete Körperpflege bauten die Menschen mit Bädern und Massagen, dem Gebrauch von Seifen und ätherischen Ölen bis zu einer ganzen Wellnessindustrie aus. Der Sexualtrieb des Menschen dient schon lange nicht mehr allein der Fortpflanzung. Die Erotik spielt seit Jahrtausenden im Leben der Menschen eine große Rolle, die weit über ihre ursprüngliche biologische Bedeutung hinausgeht und ein integraler Bestandteil der jeweiligen Kultur geworden ist. So wird Erotik in der Kunst auf vielfältigste Weise zum Ausdruck gebracht und von der Modebranche in unzähligen Variationen vermarktet. Mit der Einführung der Antibabypille vor 50 Jahren kam es zu einer Entkoppelung von Sexualität und Fortpflanzung, was u. a. auch zu einer wirtschaftlichen Ausbeutung von Erotik und Sexualität geführt hat.

Ein ganz wesentlicher Bestandteil der körperlichen Integrität ist die Gesundheit. Unsere Vorfahren haben sich bereits vor Zehntausenden von Jahren gegen Krankheiten zu wehren versucht. Schamanen standen kranken Menschen bei, indem sie Heilrituale durchführten und Naturgottheiten und überirdische Wesen um Hilfe anriefen. Heilerinnen linderten mit Kräutern und Mineralien, Massagen und Bädern die Beschwerden. Die moderne Medizin, so wie wir sie kennen, ist lediglich 150 Jahre alt, war jedoch in dieser kurzen Zeit in Diagnostik und Behandlung von Krankheiten sehr erfolgreich. So gelang es ihr, schwere Infektionskrankheiten wie Pocken und Polio mit Impfungen auszumerzen. Wie sehr sich der Gesundheitszustand der Menschen insgesamt verbessert hat, zeigt sich auch an der Lebensdauer, die heute doppelt so hoch ist wie noch vor 150 Jahren. Damit sind aber auch die Erwartungen an die Medizin und das Gesundheitsbewusstsein gestiegen. Immer mehr Menschen bemühen sich um eine gesunde Lebensweise, unterziehen sich Diäten und streben nach körperlicher Fitness. Gesundheit und körperliche Unversehrtheit sind nicht mehr ausschließlich ein Geschenk des Schicksals, sondern Anspruch und (Eigen-)Verantwortung zugleich.

Die Vielfalt der sprachlichen Ausdrücke und Emotionen zeigt uns auf, wie bedeutsam die körperlichen Bedürfnisse für uns sind. So sagen wir etwa, dass wir einen Bärenhunger haben oder dass uns der Magen knurrt. Eine trockene Kehle geht mit einem Mordsdurst einher. Wollust und Höhepunkt versetzen uns in einen Sinnestaumel.

Wir fühlen uns nach einem anstrengenden Arbeitstag ausgelaugt und nach einem erholsamen Schlaf quicklebendig. An guten Tagen fühlen wir uns heil und kerngesund, an schlechten elend und matt. Die einen fühlen sich topfit, andere sind gestresst oder leiden gar an Burn-out.

Ernährung

Ausgehungert, unersättlich, vollgefressen; Heißhunger, knurrender Magen, Kohldampf.

Nach Wasser lechzen, begierig trinken; trockene Kehle, Mordsdurst.

Satt, wohl, übersättigt, genudelt.

Schlaf

Ermattet, schläfrig, hundemüde, erschöpft, todmüde.

Ausgeruht, erholt, frisch, in Form, quicklebendig.

Sexuelles Verlangen

Leidenschaftlich, stürmisch, liebestoll, lüstern; Hingabe, Höhepunkt, Sinnestaumel.

Befriedigt, gesättigt, lustlos.

Gesundheit

Kerngesund, blühend, heil, unversehrt, rüstig, unverbraucht.

Leidend, pflegebedürftig, sterbenskrank, verletzt, behindert, gebrechlich.

Fitness

Strotzend vor Kraft, topfit, auf der Höhe.

Matt, kraftlos, gestresst, erschöpft, Burn-out.

Begriffe und Emotionen, mit denen wir unsere körperliche Befindlichkeit ausdrücken.

Kinder sind in den ersten Lebensjahren für die Befriedigung ihrer körperlichen Bedürfnisse voll und ganz auf ihre Eltern und andere Bezugspersonen angewiesen. Je älter sie jedoch werden, desto mehr wollen sie mitbestimmen, wie ihre Bedürfnisse befriedigt werden, beispielsweise beim Essen und Trinken. So richtig selbständig werden sie aber erst in der Pubertät. Die meisten Jugendlichen bestimmen nun selbst, was sie essen und trinken und wie sie sich anziehen wollen. Sie machen ihre ersten sexuellen Erfahrungen, zumeist ohne dass die Eltern davon wissen. Einmal erwachsen, können sie aus einem unglaublich großen Konsumangebot auswählen, wie sie ihre körperlichen Grundbedürfnisse befriedigen wollen. Dafür tragen sie aber auch viel Eigenverantwortung, etwa wie sie sich so ernähren, um nicht übergewichtig zu werden und an Diabetes zu erkranken.

Es geht den Menschen nicht dann besonders gut, wenn sie ihre körperlichen Bedürfnisse im Übermaß befriedigen können, indem sie beispielsweise möglichst viel Nahrung zu sich nehmen oder beliebig oft Sex haben. Sie fühlen sich vielmehr dann wohl, wenn sie ihre individuellen Bedürfnisse auf ihre Weise ausreichend befriedigen können. So gibt es Menschen, die großen Wert aufs Essen und Trinken legen, andere dagegen kaum. Sexualität spielt für die einen in ihrem Leben eine zentrale, für andere nur eine marginale Rolle. Manche Menschen gehen mehrmals pro Woche ins Fitnessstudio, worüber andere nur den Kopf schütteln können. Wie auch immer das Bedürfnis nach körperlicher Integrität angelegt sein mag, eine ausreichende Befriedigung ist eine wichtige Voraussetzung dafür, dass andere Grundbedürfnisse, etwa nach Leistung, befriedigt werden können.

Geborgenheit und Zuwendung

So wie es elementare körperliche Bedürfnisse gibt, die wir mit anderen Tieren gemeinsam haben, teilen wir mit ihnen auch elementare psychische Bedürfnisse. Ein solches, uraltes Bedürfnis ist das Verlangen nach Geborgenheit und Zuwendung. Im Verlauf der Evolution hat sich bei einer Vielzahl von Tieren, insbesondere bei Vögeln, Säugetieren und auch beim Menschen, ein sogenanntes Bindungsverhalten herausgebildet, das mit einem großen Verlangen nach Nähe und

Zuwendung einhergeht (Teil V). Parallel dazu hat sich bei den Eltern ein ausgeprägtes fürsorgliches Verhalten entwickelt. Jungtiere und Menschenkinder würden ohne ihre Bindungsbereitschaft und die Fürsorge der Eltern nicht überleben. Kinder entwickeln eine ausgesprochene, emotionale Abhängigkeit von ihren Eltern und anderen Bezugspersonen, die sicherstellt, dass ihre körperlichen Bedürfnisse nach Nahrung, Pflege und Schutz zuverlässig befriedigt werden. Werden sie vernachlässigt, können sie in ihrem Wachstum und in ihrer Entwicklung massiv beeinträchtigt werden (Teil III). Menschenkinder sind nicht nur wie Jungtiere während einiger Wochen und Monate auf Geborgenheit und Zuwendung angewiesen, sondern während mindestens 15 Jahren.

Die Emotionen, die mit Geborgenheit und Zuwendung einhergehen, drücken das Verlangen nach bedingungslosem Angenommensein aus. Sie gehören zu unseren stärksten Gefühlen. Liebe ist für die meisten Menschen wohl die wichtigste Emotion überhaupt. Wir ver-

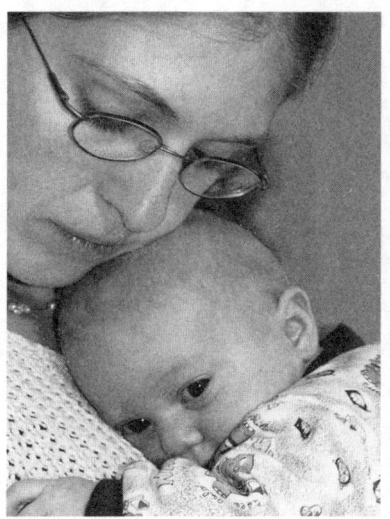 

Abb. 4.3: Sich geborgen fühlen.

binden damit vielfältige Vorstellungen wie Kindesliebe, Mutter- und Vaterliebe, romantische Liebe, selbstlose Menschenliebe, ja selbst die Liebe Gottes. Genauso haben auch negative Emotionen wie Eifersucht und Hass mit der Sehnsucht nach Geborgenheit zu tun. Sie alle gehören zu den Gefühlen, die in Literatur, Theater, Film und Musik weltweit am häufigsten thematisiert werden.

Sich geborgen und bedingungslos angenommen fühlen:
   Elternliebe, Anhänglichkeit, Herzenswärme, Hingabe, Innigkeit,
      Verbundenheit, Zuneigung, Zärtlichkeit, emotionale Sicherheit.
Sich abgelehnt, vernachlässigt, verlassen fühlen:
   Argwohn, Eifersucht, Hass, Missgunst, Misstrauen, Ablehnung.

Wie wir unser Bedürfnis nach Geborgenheit zum Ausdruck bringen.

Das Bedürfnis nach Geborgenheit und Zuwendung entwickelt sich in den ersten Lebenswochen und bleibt während der ganzen Kindheit erhalten. In der Pubertät löst sich die Bindung so weit auf, dass die jungen Erwachsenen ihre Familie verlassen und eine partnerschaftliche Bindung eingehen können. Als Erwachsene sind sie immer noch auf Geborgenheit und Zuwendung angewiesen, wenn auch in geringerem Ausmaß denn als Kinder. Sie bedürfen für ihr psychisches Wohlbefinden der Zusammengehörigkeit sowie der Nähe und Zuwendung vertrauter Menschen. Sie können langfristig nicht allein sein und fühlen sich in einer Umgebung besonders wohl, die ihnen zutiefst vertraut ist und ein Heimatgefühl hervorruft.

Kinder jeden Alters sind nicht alle gleichermaßen auf Geborgenheit angewiesen. Es gibt Zweijährige, die verabschieden sich in der Krippe problemlos von ihrer Mutter und fühlen sich bei der Erzieherin gut aufgehoben. Andere Kinder haben auch im Kindergarten noch Mühe, ohne die Mutter auszukommen. Selbst zehnjährigen Kindern kann es noch schwerfallen, eine Woche auf Klassenfahrt zu gehen. Wie die Kinder sind auch die Erwachsenen unterschiedlich stark auf Nähe und Zuwendung angewiesen. So ist das Verlangen nach einer verlässlichen emotionalen Einbindung in Ehe, Familie und Lebensgemeinschaft unterschiedlich groß. Verlassen zu werden, beispielsweise bei einer Scheidung, erleben die einen Menschen als eine Tragödie, während andere emotional weit weniger beeinträchtigt werden (Teil V, »Sozialverhalten«). Für die Befriedigung der anderen Grundbedürfnisse sind Geborgenheit und Zuwendung genauso wichtig, wie gut ernährt und gesund zu sein.

Soziale Anerkennung und soziale Stellung

Zahlreiche Tiere können auf Dauer nur in einer Gemeinschaft überleben, einfache Tierarten wie Ameisen genauso wie höherentwickelte wie Schimpansen. Dies trifft ganz besonders auf den Menschen zu (Teil I). Nur ein dichtgewobenes Netz aus zwischenmenschlichen Verflechtungen, gegenseitigen Abhängigkeiten und Interessen vermag ihm ein Gefühl von emotionaler, sozialer und existentieller Sicherheit zu geben. In der Lebensgemeinschaft entwickelten unsere Vorfahren auch ein Bedürfnis nach sozialer Anerkennung und einer gesicherten sozialen Stellung. Dieses Bedürfnis sowie das Verlangen nach Geborgenheit und Zuwendung haben den Menschen zu einem ausgesprochen sozialen Wesen gemacht.

Soziale Anerkennung und Ablehnung, gehobener und niedriger sozialer Status gehen wiederum mit vielfältigen Emotionen einher. Einige davon sind nachstehend aufgeführt.

Sich geschätzt, respektiert fühlen, verehrt werden, nach Geltung und Status streben.

Anerkennung, Ansehen, Ehrerbietung, Reputation, Autorität,
    Rang, Wertschätzung.

Sich ausgegrenzt, abgelehnt, gemobbt fühlen.

Geringschätzung, Respektlosigkeit, Demütigung, Verachtung.

Begriffe und Emotionen, mit denen wir Anerkennung und sozialen Status zum Ausdruck bringen.

Das Ansehen, das wir in der Familie, bei Freunden und bei den Mitarbeitern am Arbeitsplatz genießen, sowie die soziale Stellung, die wir unter ihnen einnehmen, tragen ganz wesentlich zu unserem Wohlbefinden bei. Von welcher enormen Bedeutung die soziale Wahrnehmung für die Menschen ist, führen uns die Medien mit ihren emotional aufgeladenen Berichten tagtäglich vor. So werden etwa Kriminelle und Versager mit Abscheu und Ablehnung dargestellt, Persönlichkeiten aus Politik und Showbusiness mit geradezu hysterischen Formen der Aufmerksamkeit und Bewunderung überschüttet und außergewöhnliche Menschen wie Mahatma Gandhi oder Nelson Mandela mit tiefer Verehrung und Wertschätzung bedacht. Die Bedeutung von Ansehen und Status haben bereits in frühester Zeit zu hierarchischen Strukturen in der Lebensgemeinschaft geführt. Stammeshäuptlinge gab es wohl bereits vor 200 000 Jahren. Pharaonen, Könige und Adelige herrschten Jahrtausende über ihre Untertanen; Leibeigenschaft und Sklaverei waren weit verbreitet. Mit der Aufklärung hat die Gleichberechtigung unter den Menschen als ein Grundrecht in der westlichen Zivilisation Eingang gefunden, doch ist sie immer noch nicht, etwa bei gleicher Entlohnung für Frau und Mann, voll und ganz durchgesetzt. In zahlreichen Ländern bestehen aber noch heute rigide, diskriminierende soziale Strukturen, etwa in Indien, wo die Menschen immer noch in einem Kastensystem leben, aus dem sich die »Unberührbaren« nur langsam befreien können.

Schon Kleinkinder verlangen in Familie und Krippe nach sozialer Anerkennung und wollen eine Stellung in der Gruppe einnehmen, die ihnen entspricht. Mögen mich die Geschwister? Akzeptieren mich die anderen Kinder in der Krippe, und wollen sie mit mir spielen? Im Schulalter dann nimmt das Bedürfnis nach Anerkennung und einer gesicherten Stellung unter den Gleichaltrigen weiter zu, bis es in der Pubertät ganz und gar bestimmend wird. Die Clique ist manchen Jugendlichen wichtiger als die eigene Familie. Im Erwachsenenalter sind soziale Anerkennung und soziale Stellung genauso wie das Bedürfnis nach emotionaler Sicherheit von unterschiedlich großer Bedeutung. Es gibt Menschen, die suchen Anerkennung vor allem in der Familie und Lebensgemeinschaft und weniger am Arbeitsplatz, für andere ist es genau umgekehrt. Wieder anderen sind die soziale Anerkennung und Stellung in Familie, Lebensgemeinschaft und bei der Arbeit gleichermaßen wichtig. Es ist auch nicht so, dass die Menschen erst dann glücklich und zufrieden sind, wenn sie es an die Spitze von sozialen Hierarchien geschafft haben, beispielsweise als Professor an einer Hochschule oder als CEO in einem Großkonzern. Die meisten Menschen sind dann zufrieden, wenn sie die soziale Stellung einnehmen können, die ihnen entspricht, und wenn sie die soziale Anerkennung bekommen, die sie aufgrund ihrer Leistungsfähigkeit erwarten dürfen. Alle Menschen wollen jedoch in ihrer sozialen Stellung, und sei diese noch so bescheiden, geachtet werden. Jede Form von Ausgrenzung beeinträchtigt ihr Wohlbefinden. Leider gibt es in unserer Gesellschaft immer mehr Menschen, die das berechtigte Gefühl haben, dass sie zu wenig Anerkennung in ihrem sozialen Umfeld bekommen, etwa in der Verwandtschaft, und nicht die Stellung einnehmen können, beispielsweise am Arbeitsplatz, die zu ihnen passt.

Selbstentfaltung

Die angelegten Fähigkeiten möglichst gut zur Entfaltung zu bringen ist ein Bedürfnis, das ohne Ausnahme bei allen Tieren und ganz besonders beim Menschen besteht. Kinder haben ein ausgeprägtes Verlangen, ihre Fähigkeiten auszubilden und sich Fertigkeiten und Wissen anzueignen. Doch bleibt – anders als bei den Tieren – dieses Bedürfnis beim Menschen auch im Erwachsenenalter erhalten (Teil III).

Die Entfaltung von Begabungen geht von früher Kindheit an mit positiven Gefühlen wie Neugierde, Ehrgeiz und Stolz, aber auch negativen Gefühlen wie Frustration und Entmutigung einher. Die Stärke der Emotionen weist darauf hin, wie wichtig die Selbstentfaltung für den Menschen ist.

Sich verwirklichen, lernen, beherrschen, Entwicklungsstadien meistern:
  Neugierde, Stolz, Wissbegierde, Forschungstrieb, Kreativität.
Versagen, zurückbleiben, desillusioniert, enttäuscht sein:
  Frustration, Unvermögen, Versagen.

Begriffe und Emotionen, die mit der Entfaltung der Begabungen einhergehen.

Im Lauf der ersten Lebensjahre nehmen Kinder die Entwicklungsfortschritte, die sie machen, immer stärker bewusst wahr und bringen sie in ihren Gefühlen zum Ausdruck. So sind sie zutiefst befriedigt und freuen sich, wenn sie einen Meilenstein in ihrer Entwicklung, wie beispielsweise das freie Gehen, geschafft haben. Sie realisieren aber auch, wenn ihnen etwas nicht gelingen will. Ein achtzehnmonatiges Kind ist richtig stolz, wenn es mit Würfeln einen Turm bauen kann. Misslingt ihm der Turmbau, kann es in einen Tobsuchtsanfall ausbrechen.

Wenn Kleinkinder entwicklungsmäßig so weit sind, wollen sie trocken und sauber werden und ihre Kleidung und Schuhe selbst anziehen. Kommen sie in die Schule, wollen alle Kinder lesen und rechnen lernen, wenn auch in sehr unterschiedlichem Alter (Teil III). Im Verlauf der Pubertät reift das Gehirn schließlich aus, und damit erlischt die Lernbereitschaft weitgehend; der ausgewachsene Kater springt nur noch dem Wollknäuel nach, weil er seinen Jagdtrieb befriedigen will. Beim Menschen jedoch bleiben Neugierde und Lernbereitschaft auch nach der Pubertät in einem gewissen Maß erhalten. Manche Erwachsene wollen bis ins hohe Alter ihre Fertigkeiten und ihr Wissen erweitern. So vertiefen sie ihre Kenntnisse in einer Fremdsprache oder bauen ihr Talent im Malen und Töpfern weiter aus. Auch wenn ihre Fortschritte nur noch klein sind, erleben sie dabei ein starkes Gefühl der Befriedigung.

Menschen jeden Alters wollen ihre individuellen Begabungen auf ihre eigene Weise und in ihrem eigenen Tempo entfalten (Teil III). So fährt ein Junge mit zwei Jahren bereits Ski, spricht aber noch kaum ein Wort. Seine Schwester spricht mit zwei Jahren in ganzen Sätzen, wagt sich aber erst mit fünf Jahren auf die Piste. Es gibt Erwachsene, die ein Leben lang darum ringen, einen Roman zu schreiben, und auf den großen Durchbruch hoffen. Andere verspüren kein Bedürfnis, etwas Neues und Einmaliges zu schaffen.

Kinder stellen hohe, oftmals unrealistische Erwartungen an sich selbst. So möchte die motorisch durchschnittlich begabte sechsjährige Theresa Primaballerina und der kleingewachsene achtjährige Konrad Torwart werden. Auch Erwachsene machen sich immer wieder Hoffnungen, die sich nie erfüllen. Und doch werden die meisten Kinder und Erwachsenen auf lange Sicht nicht unglücklich. Ein Hobbymaler ist mit seinem Werk durchaus zufrieden, auch wenn er damit bei weitem nicht an sein Vorbild Pablo Picasso heranreicht. Für unser Wohlbefinden und Selbstwertgefühl ist letztlich nicht entscheidend, wie erfolgreich wir sind, sondern ob es uns gelingt, unsere individuellen Begabungen zur Entfaltung zu bringen. Darin besteht der eigentliche Antrieb der Selbstentfaltung und weit weniger in der sozialen Anerkennung, auch wenn man Letztere gern entgegennimmt.

Streben nach Leistung

Wenn die Honigbienen aus Wachs kunstvolle Waben bauen oder die Blattschneiderameisen ihre Pilzkulturen pflegen, erfahren sie dabei ein Gefühl der Befriedigung und wackeln vor Freude mit ihren Fühlern? Wir wissen es nicht. Was wir aber ganz sicher wissen, ist, dass das Erbringen von Leistungen ein Grundbedürfnis des Menschen ist. Die Menschen wollen nicht nur arbeiten, um den Lebensunterhalt sicherzustellen, beruflichen Erfolg und soziale Anerkennung zu bekommen und eine soziale Stellung zu erreichen. Die Menschen wollen auch Leistung erbringen, weil diese zu ihrem Selbstwertgefühl und ihrer Selbstwirksamkeit beiträgt. In Lebensbereichen wie Erziehung, Arbeit oder Freizeit wollen die Menschen etwas erreichen, auf das sie stolz sein können. Dabei strebt jeder auf seine Weise nach Erfolg. So stecken Eltern ihre ganze Energie in die Erziehung ihrer Kinder, eine Floristin bemüht sich, möglichst schöne Blumensträuße zu binden, und die Firmenchefin strebt mit ihren Mitarbeiterinnen nach wirtschaftlichem Erfolg.

Worin unterscheidet sich das Erbringen von Leistung von der Selbstentfaltung? Bei der Selbstentfaltung werden Fähigkeiten, etwa das Zahlenverständnis, entwickelt und Fertigkeiten erworben wie das Tennisspielen. Bei der Leistung geht es darum, bereits erworbene Fähigkeiten, Fertigkeiten und Wissen einzusetzen, um ein bestimmtes Ergebnis zu erzielen. So will ein Bahningenieur mit seinem technologischen Know-how den Zugverkehr möglichst reibungslos abwickeln.

Je nach Tätigkeit kann es zu Überschneidungen zwischen dem Erbringen von Leistungen und der Selbstentfaltung kommen, beispielsweise wenn der Ingenieur bei seiner Arbeit neue IT-Verfahren kennenlernt.

Wie wichtig uns die erbrachten Leistungen sind, zeigt sich wiederum an den Emotionen. Landen wir einen großen Erfolg, sind wir begeistert, misslingt uns eine wichtige Aufgabe, sind wir am Boden zerstört. Werden wir unterfordert, fühlen wir uns gelangweilt und frustriert. Werden wir dauerhaft überfordert, fühlen wir uns entmutigt oder gar erschöpft.

Erreichen, bewerkstelligen, meistern, vollbringen; befriedigt und stolz sein.
 Arbeitsfreude, Ehrgeiz, Fleiß, Gewinn, Erfolg; Großtat, Durchschlagskraft, Meisterwerk, Sieg.
 Versagen, aufgeben, sich überfordern, scheitern; enttäuscht und entmutigt sein.
 Misserfolg, Enttäuschung, Panne, Niederlage, Burn-out.

Was wir beim Erbringen von Leistungen erleben.

Schon Kinder wollen nicht nur ihre Begabungen entfalten, sondern auch Leistungen erbringen, und das möglichst selbstbestimmt. Wenn ein Kind selbständig den ganzen Brei mit dem Löffel essen oder auf einen Baum klettern kann, stellt sich ein tiefes Gefühl der Befriedigung und Selbstbestätigung ein: Ich habe es geschafft. Das Kind ist sichtlich stolz auf seine Leistung. Es braucht dafür nicht unbedingt die Anerkennung seiner Eltern und die Bewunderung seiner Spielkameraden. Bekommt es beides noch dazu, fühlt es sich noch besser. Besonders freut es sich, wenn die anderen Kinder ihm nacheifern. Schüler sind tief befriedigt, wenn sie die Leistung erbringen können, die nicht nur Eltern und Lehrer von ihnen erwarten, sondern auch sie von sich selbst. Werden sie jedoch überfordert, etwa weil sie entwicklungsmäßig noch nicht so weit sind, fühlen sie sich als Versager, und ihre Leistungsbereitschaft nimmt ab.

Das Erbringen von Leistungen ist für die meisten Erwachsenen wichtiger als die Selbstentfaltung. Sie arbeiten nicht nur, um dafür entlohnt zu werden. Leistungen für sich und die Gemeinschaft zu erbringen kräftigt ihr Selbstwertgefühl und ihre Selbstwirksamkeit. Leistungsversagen und Arbeitslosigkeit werden daher nicht nur als existentielle Bedrohung und soziale Entwertung erlebt, sondern beeinträchtigen immer auch das Selbstwertgefühl und die Selbstwirksamkeit. Die meisten Menschen würde es nicht froh machen, wenn sie nicht mehr arbeiten müssten und den ganzen Tag zu Hause herumsitzen könnten. Aus diesem Grund sind auch Langzeitarbeitslose zutiefst unglücklich, was sich wiederum nachteilig auf ihre körperliche und psychische Verfassung auswirken kann.

Menschen, die außerordentliche Leistungen erbringen, bekommen viel Beachtung in den Medien, beispielsweise Reinhold Messner, der als Erster alle 14 Achttausender wie Mount Everest, K2 und Annapurna erklommen hat. Zahllose Menschen leisten auch Großartiges, was aber die Öffentlichkeit nie zur Kenntnis nimmt. So ist beispielsweise ein mir bekannter Bergsteiger zu sämtlichen 350 Berghütten in den Schweizer Alpen hochgestiegen, aber nur seine Angehörigen und engsten Freunde wissen davon.

Zahllose kleine und große, selbst extreme Leistungen wie das Umrunden der Welt mit dem Fahrrad, werden ganz einfach erbracht, weil sie die Menschen herausfordern und stolz machen. Jahr für Jahr nehmen etwa 50 000 Läufer und Läuferinnen am New Yorker Marathon teil. Gewinnen können aber nur eine Frau und ein Mann. Und doch sind die meisten Teilnehmer und Teilnehmerinnen mit sich zufrieden, wenn sie die Leistung erbringen konnten, die sie von sich realistischerweise erwarten durften. Für ein erfülltes Leben braucht man keine herausragenden Leistungen. Die meisten Menschen wollen die Leistungen erbringen, zu denen sie aufgrund ihrer Fähigkeiten und Fertigkeiten in der Lage sind.

Existentielle Sicherheit

Viele Tiere haben während der Evolution gelernt, ihre Existenz abzusichern. Sie schützen sich vor der Unbilden der Witterung und der Bedrohung durch andere Tiere und betreiben Vorsorge. So zieht sich der Maulwurf in seine unterirdischen Gänge zurück, und das Eichhörnchen legt Vorräte an. Unsere frühen Vorfahren lebten während Hunderttausenden von Jahren in Höhlen, Zelten und einfachen Hütten. Als sie sesshaft wurden, begannen sie, ihre Unterkünfte zu Holz- und Steinhäusern auszubauen. Mit dem Aufkommen von Ackerbau und Viehzucht errichteten sie für das überschüssige Getreide Speicher und für die Tiere Ställe. Aus einzelnen Höfen wurden Dörfer und schließlich Städte, die sich über die Jahrtausende immer weiter ausdehnten. Heute leben in der Megacity Tokio 38 Millionen Menschen, weit mehr als manches Land Einwohner hat. 2007 wohnten weltweit erstmals mehr Menschen in Städten als auf dem Land, und bis zum Jahr 2050 sollen es mehr als zwei Drittel sein. Aus Höhlen und Hütten sind Luxusapartments geworden.

Seit die Menschen sesshaft geworden sind, hat ihre Arbeitsleistung ständig zugenommen und geht mittlerweile weit über die Sicherstellung des Lebensunterhalts hinaus. Der Überschuss wird in einen immer größeren materiellen Wohlstand umgesetzt. Der weltweite Konsum hat in den letzten Jahrzehnten ein geradezu besorgniserregendes Ausmaß angenommen.

Ihren Besitz haben unsere Vorfahren schon früh gegen Naturkatastrophen, aber auch gegen Raub und feindliche Übergriffe zu schützen gewusst. Sie befestigten ihre Wohnsiedlungen mit Zäunen, Stadtmauern und Wassergräben. Sie entwickelten Geräte, die sie ursprünglich zur Verarbeitung von Nahrung und auf der Jagd benutzt hatten, zu Waffen weiter. So wurden aus Messern Schwerter und aus Speeren Spieße. Bald dienten die Waffen dann nicht mehr nur dem Schutz von Leib und Gut, sondern wurden immer häufiger in Eroberungen, Raubzügen und Kriegen eingesetzt. Die fortschreitende Entwicklung des Waffenarsenals mit der vordergründigen Absicht, existentielle Sicherheit zu gewährleisten, hat heute ein absurdes Ausmaß, symbolisiert durch die Atombombe, angenommen. Das ursprüngliche

---

Lebensunterhalt

Broterwerb, Einkommen, Recht auf Arbeit, Arbeitslosenversicherung, Soziale Fürsorge (zum Beispiel Hartz IV), Altersversorgung.

Brot-, beschäftigungslos sein, stempeln gehen, auf der Straße leben; Arbeitslosigkeit, Existenzminimum, Armut.

Obdach

Sich geborgen, behütet, beschützt, zugehörig fühlen; Hort, Unterkunft.

Sich ausgeschlossen, nirgends zu Hause, geächtet, fremd, entwurzelt fühlen.

Besitz

Sich materiell abgesichert fühlen, begütert, reich, finanzkräftig, feudal, stinkreich sein; Gier, Geiz, Habsucht.

Sich besitzlos, mittellos, elend, in Not fühlen; existentielle Angst, Neid, Missgunst.

Schutz

Sich bezüglich Leib und Gut behütet fühlen; Schutz von Person und Besitz, Rechtssicherheit.

Sich bedroht, gefährdet, schutzlos, wehrlos, recht- und machtlos fühlen; mangelnde Rechtssicherheit, Gewalt, Verfolgung, Krieg

---

Begriffe und Emotionen, mit denen wir unser Bedürfnis nach existentieller Sicherheit ausdrücken.

Bedürfnis nach existentieller Sicherheit ist zu einer globalen, macht-getriebenen Bedrohung nicht nur für die Menschen, sondern für alle Lebewesen pervertiert.

Den Lebensunterhalt zu bestreiten wurde lange Zeit als Broterwerb bezeichnet, was darauf hinweist, welch große Bedeutung die Versorgung mit Nahrung in der Vergangenheit einnahm. Heute wenden wir nur einen Bruchteil unseres Einkommens für Nahrungsmittel auf, dafür ein Vielfaches für Wohnen und Mobilität.

Reiche Menschen werden der Habsucht bezichtigt, aber auch beneidet. Mit Armut oder gar einem Leben auf der Straße verbinden wir Mitgefühl und Hilfsbereitschaft. Menschen, die nicht selbst für ihren Lebensunterhalt aufkommen können und ohne Eigentum sind, fühlen sich nicht nur schutz-, sondern auch recht- und machtlos. Ein Mangel oder gar vollständiger Verlust von existentieller Sicherheit löst bei den Menschen übermächtige Ängste aus. Tagtäglich müssen wir aus den Medien erfahren, wie Millionen von Menschen durch Armut und Hunger, Krieg und Vertreibung auf das schwerste in ihrem körperlichen Wohlbefinden beeinträchtigt werden, emotional zutiefst verunsichert und psychisch traumatisiert sind.

Das Bedürfnis nach existentieller Sicherheit ist unter den Menschen sehr unterschiedlich ausgeprägt und immer auch Ausdruck der persönlichen Lebensumstände und gesellschaftlichen Gegebenheiten. Für manche Menschen bedeutet existentielle Sicherheit in erster Linie Lebensunterhalt und Rechtssicherheit, für andere jedoch Reichtum und Macht. Die Versorgung im Alter bereitet manchen Menschen große Sorgen. Andere machen sich darüber keine Gedanken und hoffen auf ein freundliches Schicksal und einen finanzstarken Sozialstaat.

Existentielle Sicherheit für die Kinder gewährleisten ihre Eltern. Erst in der Adoleszenz lernen die Jugendlichen allmählich, selbständig zu werden und Verantwortung für ihr Auskommen zu übernehmen.

Bis vor etwa 50 Jahren waren die Ablösung vom Elternhaus und die Übernahme von Eigenverantwortung für die meisten Menschen im Alter von etwa 20 Jahren abgeschlossen. Heute dauert dieser Prozess sehr viel länger, da für die Ausbildung zusätzliche Jahre aufgewendet werden müssen. So wird es immer mehr jungen Erwachsenen angst und bange, wenn sie realisieren, welchen enormen Aufwand sie leisten müssen, um existentiell unabhängig und eigenständig zu werden. Oftmals sind sie erst im Alter von 30 bis 40 Jahren in der Lage, für sich selbst zu sorgen und eine Familie zu gründen. Erschwerend kommt hinzu, dass immer mehr junge Erwachsene, selbst wenn sie gutausgebildet sind, in entwickelten Ländern wie Italien oder Spanien wegen der schlechten wirtschaftlichen Lage keine Arbeit finden. Die existentielle Sicherheit für alle Menschen in Zukunft sicherzustellen ist zu einer großen gesellschaftlichen Herausforderung geworden (Teil X).

Individuelles Profil der Grundbedürfnisse

Die Grundbedürfnisse sind nicht nur von Mensch zu Mensch, sondern auch bei jedem einzelnen Menschen unterschiedlich ausgebildet. So haben einige Menschen eine große Vorliebe für Essen und Trinken, aber wenig Interesse an Sex. Jugendliche verlangen nur noch wenig Nähe und Zuwendung von ihren Eltern, dafür umso mehr soziale Anerkennung von den Gleichaltrigen. Manche Künstler und Wissenschaftler wenden sehr viel Kraft und Zeit auf, um in Kunst und Forschung den Durchbruch zu schaffen, auf Anerkennung in der Öffentlichkeit aber legen sie wenig Wert. Es gibt Menschen, die wollen möglichst gut verdienen, was für eine Leistung sie dafür erbringen müssen, kümmert sie wenig.

Wie unterschiedlich die Grundbedürfnisse beim einzelnen Menschen ausgeprägt sein können, zeigen uns beispielhaft die beiden Profile der Grundbedürfnisse von Jakob und Hannes. Jakob handelt mit Liegenschaften. Er besitzt eine eigene Firma, ist verheiratet und hat drei Kinder. Hannes ist Kaufmann. Er arbeitet seit zehn Jahren als Personalchef in einem größeren Lebensmittelgeschäft. Sein Hauptinteresse gilt dem Sport. Er lebt mit einer Partnerin zusammen, die sein Interesse teilt.

Ihre Profile weisen die folgenden Unterschiede auf:

Körperliche Integrität: Jakob kümmert sich kaum um seine Gesundheit. Er ist kleingewachsen, übergewichtig und bewegt sich wenig. Hannes dagegen ist ein durchtrainierter Spitzensportler; körperliche Fitness und Gesundheit sind ihm sehr wichtig.

Geborgenheit: Jakob braucht, um sich wohl zu fühlen, sehr viel Geborgenheit und Zuwendung von seiner Familie. Hannes ist in der Partnerschaft deutlich weniger auf emotionale Zuwendung angewiesen.

Soziale Anerkennung und soziale Stellung: Jakob versteht sich als Oberhaupt der Familie. Anerkennung und soziale Stellung in der Familie sind ihm sehr wichtig, weit weniger in der Öffentlichkeit. Han-

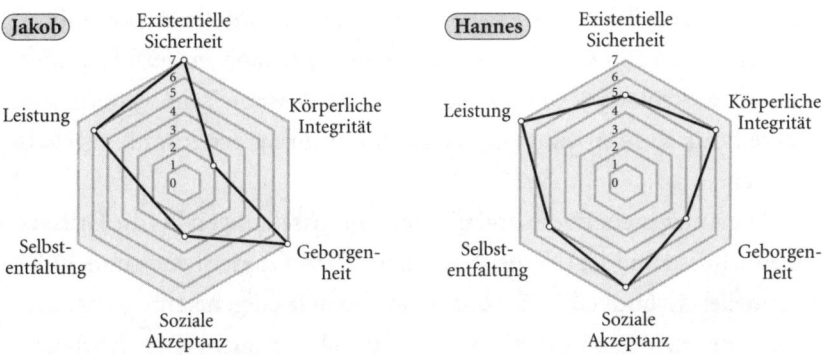

Abb. 4.4: Individuelles Profil der Grundbedürfnisse von Jakob (links) und Hannes (rechts). Skalierung der Grundbedürfnisse: 1: sehr niedrig; 4: mittel; 7: sehr hoch.

nes strebt vor allem nach Anerkennung in der Sportwelt. Er freut sich, wenn seine Erfolge in den Medien Beachtung finden.

Selbstentfaltung: Jakobs Bedürfnis nach Selbstentfaltung ist gering. Er pflegt keine Hobbies. Hannes hingegen ist sehr bemüht, seine motorischen Fähigkeiten im Langstrecken- und Orientierungslauf ständig zu verbessern.

Leistung: Jakob ist ein Arbeitstier. Er arbeitet oft auch abends und an den Wochenenden. Er erwartet von seinen Kindern sehr gute schulische Leistungen. Hannes macht seinen Job gut, strebt aber keine berufliche Karriere an. Weit wichtiger ist ihm der Erfolg im Sport.

Existentielle Sicherheit: Sich und seine Familie materiell möglichst gut abzusichern ist für Jakob der eigentliche Lebensinhalt, dafür wendet er seine ganze Kraft und Zeit auf. Er hat ein beträchtliches Vermögen angehäuft. Für Hannes ist ein gesichertes Einkommen wichtig. Er hat aber keine weitergehenden materiellen Ansprüche.

Die Grundbedürfnisse, so wie sie ausgebildet sind, prägen die Individualität eines Menschen und haben großen Einfluss auf sein Leben (Teil VIII, IX). Jeder Mensch hat sein ihm eigenes Profil und kann daher nicht ein x-beliebiges Leben führen. So könnte Hannes schwerlich den Part von Jakob als Immobilienmakler übernehmen. Und noch weit weniger hätte aus Jakob ein erfolgreicher Langstreckenläufer werden können, selbst wenn seine Eltern ihn bereits als Kind in ein entsprechendes Trainingsprogramm gegeben hätten.

Die Anlage schafft die organischen Voraussetzungen für die Grundbedürfnisse und legt deren Ausprägung fest. Ob das Kind seine individuellen Grundbedürfnisse ausreichend befriedigen kann, hängt von der Umwelt ab. So kann ein Mangel an Geborgenheit, etwa durch den Tod der Mutter, die emotionale Befindlichkeit eines Kindes schwer beeinträchtigen. Wird das Kind aber vom Vater und weiteren Bezugspersonen wie den Großeltern gut betreut, ist es in seinem psychischen und körperlichen Wohlbefinden auf Dauer nicht beeinträchtigt. Ein Kind kann, je nachdem wie seine Grundbedürfnisse angelegt sind und welche Schulerfahrungen es macht, Leistung und soziale Anerkennung als erstrebenswerte Ziele verinnerlichen oder ihnen wenig Bedeutung zumessen. Und die Einstellung, die es so gewonnen hat, kann später in der Arbeitswelt dazu führen, dass es entweder sehr leistungsorientiert ist oder eine eher leistungskritische Haltung einnimmt. Streben seine Eltern mit aller Kraft nach materiellen Gütern, kann ihre Einstellung vom Kind, abhängig davon, wie seine Grundbedürfnisse ausgebildet sind, übernommen, mit Gleichgültigkeit bedacht oder gar abgelehnt werden. Das Kind spielt also einen aktiven Part. Die individuelle Ausprägung seiner Grundbedürfnisse löst bei ihm ein selektives Verhalten aus. So wird ein musikalisch begabtes Kind, auch wenn es in einer an Musik wenig interessierten Familie aufwächst, seine Begabung zum Erstaunen seiner Eltern dennoch entfalten wollen. Es besucht nicht nur freiwillig, sondern sogar mit Begeisterung den Geigenunterricht und spielt in einem Jugendorchester mit.

Alle Menschen sind bestrebt, ihre Grundbedürfnisse ausreichend zu befriedigen. Wenn es ihnen gelingt, fühlen sie sich wohl und sind bei sich. Wenn es ihnen nicht gelingt, sei es selbstverschuldet oder weil die Umwelt sie daran hindert, sind sie unzufrieden und fühlen sich fremdbestimmt. So bemühen sie sich jeden Tag aufs Neue, ihre Grundbedürfnisse so gut wie möglich zu befriedigen. Sie können sich dabei nicht an irgendwelche allgemeingültigen Regeln halten, hat doch jeder von ihnen sein eigenes Profil an Grundbedürfnissen. Was die Selbstfindung erleichtern, aber auch erschweren kann, sind die Erwartungen und Anforderungen, die von Eltern, Partnern oder der Gesellschaft an sie herangetragen werden. So kann ein übertriebener Leistungsdruck einen Angestellten verunsichern, und er beginnt, sich zu hinterfragen. Was ist mir wichtiger, das Erbringen von Leistung, oder geht es mir vor allem um soziale Anerkennung und den sozialen Status? Oder besteht der Anreiz vor allem in einem hohen Einkommen und Reichtum und der Bewunderung, die mir die Nachbarn dafür entgegenbringen? Zu sich selbst zu finden ist das lebenslange Bemühen, seine Grundbedürfnisse ausreichend zu befriedigen.

Grundlegendes für das Fit-Prinzip

Wie wir unsere Grundbedürfnisse befriedigen

»Geschieht es nicht zu unserer Erhaltung, dass die Natur
uns unsere Bedürfnisse empfinden lässt?«

Jean-Jacques Rousseau

Unser körperliches und psychisches Wohlbefinden, ja im Grunde unser Überleben hängt davon ab, ob wir unsere Grundbedürfnisse ausreichend befriedigen können. Inwieweit uns dies gelingt und auf welche Weise wir es schaffen, macht in einem hohen Maß den Sinn aus, den wir dem Leben geben. Wenn wir im Alter zurückblicken, möchten wir sagen können: Ich habe meine körperlichen Bedürfnisse jederzeit befriedigen können und war die meiste Zeit gesund. Ich durfte in stabilen und vertrauensvollen Beziehungen leben und habe mich geborgen und angenommen gefühlt. Ich konnte meine Fähigkeiten entfalten, mir Fertigkeiten aneignen und Leistungen erbringen, die mich befriedigt haben. Und ich konnte ein Leben ohne existentielle Not führen. Wenn wir unser Leben Revue passieren lassen, stellen wir auch fest, die Grundbedürfnisse zu befriedigen ist eine lebenslange Herausforderung und beginnt jeden Tag aufs Neue. Ohne Übertreibung kann man sagen, dieses Bemühen beschäftigt uns jeden Tag 24 Stunden lang – selbst im Schlaf stillen wir ein elementares Bedürfnis. Es lohnt sich, sich gründlich damit auseinanderzusetzen, was die Grundbedürfnisse ausmacht.

Wir können nicht irgendein Leben führen, sondern nur unser eigenes. Wir müssen unsere Grundbedürfnisse, so wie sie nun einmal ausgestaltet sind, akzeptieren. So stellen sie uns im Verlauf des Lebens vor ganz unterschiedliche Herausforderungen. Die Befriedigung der körperlichen Bedürfnisse ist in jedem Alter wichtig, wird aber auf unterschiedliche Weise erbracht. Kinder wollen wachsen und haben ein großes Bedürfnis nach Nahrung. Die Sexualität hat für sie noch keine Bedeutung, spielt aber im Erwachsenenalter eine wichtige Rolle. Kinder müssen sich, damit sie sich gut entwickeln können, geborgen fühlen und ausreichend Zuwendung erhalten. Im Erwachsenenalter ist dieses Bedürfnis weniger groß, dafür ist das Verlangen nach zwischenmenschlichem Zusammenhalt, sozialer Anerkennung und sozialem Status gewachsen. Alle Kinder wollen ihre Fähigkeiten zur Entfaltung bringen. Dieses Bedürfnis wollen auch manche Erwachsene noch befriedigen, indem sie kreativ tätig sind. Bereits Kinder wollen Leistungen erbringen, dieses Bedürfnis ist jedoch im Erwachsenenalter weit größer. Um die existentielle Sicherheit sorgen sich Kinder nicht, sie treibt aber Erwachsene ein Leben lang um.

Weshalb sind die Grundbedürfnisse von Mensch zu Mensch so unterschiedlich ausgeprägt? Dazu tragen die Anlage und die Erfahrungen bei, die Menschen in der Kindheit machen, aber vor allem die Kompetenzen wie Sprache oder mathematisch-logisches Denken, die in Teil V ausführlich besprochen werden. So ist etwa das Bedürfnis, seinen Körper möglichst fit zu halten, wesentlich von den grobmotorischen Fähigkeiten abhängig. Je besser diese ausgebildet sind, desto größer ist auch das Bedürfnis, regelmäßig zu joggen oder sich anderweitig körperlich zu betätigen. Wie sehr ein Kind nach Geborgenheit verlangt, hängt hauptsächlich von seinem Bindungsverhalten ab. Wie sehr ein Mensch nach sozialer Anerkennung und sozialem Status strebt, wird zusätzlich zur Anlage durch die sozialen Erfahrungen in der Kindheit bestimmt. Nachkommen, die durch das Vorbild ihrer Eltern geprägt worden sind, haben es oft schwer, wenn sie nicht über die gleiche Persönlichkeit und die gleichen Stärken wie ihre Eltern verfügen. Das Bedürfnis, das Begabungspotential zur Entfaltung zu bringen, hängt von der Ausprägung der Kompetenzen ab. So ist bei Schülern, deren Zahlenverständnis begrenzt ist, auch die Lernmotivation beim Rechnen entsprechend gering. Künstler und Wissenschaftler wiederum mit überdurchschnittlichen Begabungen wie gestalterische Fähigkeiten oder analytisches Denken wollen ihre Talente ein Leben lang ausschöpfen. Wenn wir unsere Grundbedürfnisse besser verstehen wollen, müssen wir immer auch unsere Kompetenzen in Betracht ziehen.

Wie befriedigen wir unsere Grundbedürfnisse? Die Lebensbedingungen schaffen die Voraussetzungen dafür, dass wir sie überhaupt befriedigen können, aber befriedigen müssen wir sie selbst. Bei den körperlichen Bedürfnissen treiben uns vor allem Emotionen wie der Hunger an. Kinder suchen, um ihr Bedürfnis nach Geborgenheit und Zuwendung zu befriedigen, die Nähe der Eltern, die sich dem Kind fürsorglich zuwenden. Kinder und Erwachsene schaffen mit ihren kommunikativen Fähigkeiten und ihrem Einfühlungsvermögen vertrauensvolle Beziehungen, wofür sie wiederum Anerkennung und Zuwendung erhalten. Bei der Entfaltung ihrer Begabungen treiben Neugierde und Lernmotivation die Kinder dazu an, die notwendigen Lernerfahrungen zu machen. Erwachsene befriedigen ihr Bedürfnis nach Selbstentfaltung, indem sie ihre Begabungen, etwa die musikalischen, nutzen und vervollkommnen. Um Leistungen zu erbringen und die berufliche Karriere zu fördern, setzen Angestellte ihre Fähigkeiten wie Zahlenverständnis und planerisches Können und Fertigkeiten wie Lesen und Schreiben ein. Um den Lebensunterhalt zu erarbeiten, verwenden die Menschen eine Vielzahl von Fähigkeiten und Fertigkeiten.

Bei der Befriedigung der Grundbedürfnisse kommt es also darauf an, wie die Kompetenzen ausgebildet sind und wie sie angewendet werden. Wenn ein Mensch beispielsweise über sehr gute sprachliche Kompetenzen verfügt, ist sein Bedürfnis, sie zu entfalten und zu nutzen, größer, als wenn sie nur durchschnittlich ausgebildet sind. In den Teilen V und VIII werden wir ausführlich darauf eingehen.

Das Recht, die eigenen Grundbedürfnisse selbstbestimmt zu befriedigen, dürfen wir nicht nur für uns in Anspruch nehmen. Wir müssen es auch den eigenen Kindern, dem Partner, den Mitarbeitern, ja allen unseren Mitmenschen zugestehen, indem wir ihren individuellen Grundbedürfnissen – wie auch immer sie gestaltet sind – Verständnis entgegenbringen. So haben beispielsweise Eltern die Erwartung, dass ihr Sohn den Sprung aufs Gymnasium schaffen wird. Was aber, wenn sein Bedürfnis nach Selbstentfaltung und schulische Leistungen zu erbringen sowie seine Fähigkeiten zu gering sind, um die elterlichen Erwartungen zu erfüllen? Oder in der Arbeitswelt: Stimmen die Anforderungen, die ein Vorgesetzter an seine Mitarbeiter stellt, mit deren individuellen Grundbedürfnissen und Fähigkeiten überein? Oder überfordert er sie, weil er mit ihren Leistungen selbst Karriere machen will? Die individuelle Ausprägung der Grundbedürfnisse und Kompetenzen bei unseren Mitmenschen in der Familie, im Freundeskreis und am Arbeitsplatz fordert uns in vielfacher Weise heraus und verlangt nicht nur ein hohes Maß an Toleranz, sondern auch die Bereitschaft, sie in ihrem Bemühen, ihre Bedürfnisse zu befriedigen, zu unterstützen. In Abwandlung des kategorischen Imperativs von Immanuel Kant sollten wir uns immer wieder in Erinnerung rufen: Stelle deine eigenen Grundbedürfnisse nicht über die Grundbedürfnisse der anderen Menschen. Und befriedige deine Bedürfnisse so, dass die anderen Menschen in der Befriedigung ihrer Bedürfnisse nicht beeinträchtigt werden.

Eine Gesellschaft, die sich an den Grundbedürfnissen orientiert

»Eure Begehren und Bedürfnisse sind es, welche die Gesellschaft
geschaffen haben. Eure Wünsche sind so komplex und widersprüchlich, dass es kein Wunder ist, wenn auch die Gesellschaft,
die ihr erschafft, komplex und widersprüchlich ist.«

Nisargadatta Maharaj

Unsere Vorfahren waren über 200 000 Jahre hinweg Selbstversorger. Sie haben ein zumeist sehr schweres Leben geführt, das durch
Eigenverantwortung geprägt war. In der Lebensgemeinschaft erwirt-
schafteten sie gemeinsam den Lebensunterhalt und kämpften gegen
existentielle Bedrohungen an, etwa beim Überstehen einer Trocken-
periode oder der Verteidigung gegen feindliche Angriffe anderer Sippschaften. Mit dem Beginn der industriellen Revolution nahmen die
Selbstversorgung und damit auch die Selbstbestimmung und Eigenverantwortung rasant ab. Schon nach wenigen Jahrzehnten konnten
die Menschen nicht mehr eigenständig für ihre Ernährung sorgen.
Heute gibt es kaum noch Selbstversorger, selbst Bauern sind es in einer zunehmend industriell ausgerichteten Landwirtschaft nicht mehr.
Eine weltumspannende Nahrungsmittelindustrie versorgt uns mit Lebensmitteln. Innerhalb von lediglich 150 Jahren haben wir uns von
einer Lebensform verabschiedet, die seit dem Erscheinen von Homo
sapiens Bestand hatte. Das Bedürfnis aber, unser Leben – mindestens
bis zu einem gewissen Grad – selbstbestimmt zu gestalten, ist nach
wie vor da. Es erstaunt daher nicht, dass sich immer mehr Menschen
fremdbestimmt fühlen und sogar an schwer bestimmbaren Ängsten
leiden.

Heute haben uns gesellschaftliche und wirtschaftliche Institutionen
die Befriedigung einiger Grundbedürfnisse abgenommen. So kümmert sich ein gut ausgebildetes Gesundheitssystem um unsere kör-

perliche Integrität. Ein hochentwickeltes Bildungswesen ermöglicht uns, unser Begabungspotential auszuschöpfen. Ein funktionierendes Sicherheits- und Rechtssystem schützt uns als Person und unser Eigentum vor jeder Form von Gewalt. Wozu alle diese anonymen Institutionen jedoch nicht imstande sind, ist, unser Bedürfnis nach Geborgenheit, Zusammengehörigkeit und sozialer Anerkennung zu befriedigen. Dies vermag nur eine Gemeinschaft, in der die Menschen miteinander vertraut sind. Solche Gemeinschaften sind in der modernen Gesellschaft immer seltener geworden, was sich nachteilig auf das Wohlbefinden der Menschen auswirkt. Die Gesellschaft so umzugestalten, dass die Menschen künftig wieder vermehrt in Gemeinschaften leben können, ist ein wichtiges Anliegen des Fit-Prinzips.

Immer mehr Menschen fühlen sich nur noch als Rädchen, das das Getriebe von Staat und Wirtschaft in Gang zu halten hat. Gesellschaft und Wirtschaft sollten jedoch den Menschen dienen, indem sie für Rahmenbedingungen sorgen, die es den Menschen ermöglichen, ihre Grundbedürfnisse möglichst selbstbestimmt zu befriedigen. Wie eine Balance gefunden werden kann zwischen der individuellen Freiheit, die Grundbedürfnisse selbstbestimmt befriedigen zu dürfen, und der berechtigten Forderung, bei aller Ungleichheit von Grundbedürfnissen und Begabungen möglichst faire Lebensbedingungen für alle Menschen zu schaffen, wird in Teil X ausgeführt werden.

TEIL V

KOMPETENZEN, DIE WIR
ENTFALTEN WOLLEN

»Menschen erbringen zahllose Leistungen,
zu denen kein anderes Lebewesen fähig ist«

Wir Menschen sind zu Recht stolz auf unsere Fähigkeiten. Wir erbringen zahllose Leistungen, zu denen kein anderes Lebewesen fähig ist. Wir bauen Autos und Flugzeuge und entwickeln laufend neue Formen der Kommunikation wie das Internet oder das Smartphone. Dennoch fällt es uns nicht leicht, Fähigkeiten zu bezeichnen, die spezifisch menschlich sind beziehungsweise die uns von anderen Lebewesen eindeutig unterscheiden. Im Gegenteil, uns fallen zahlreiche Gemeinsamkeiten mit verschiedensten Tierarten auf. So haben die Primaten ein differenziertes, noch dazu uns sehr verwandtes Beziehungs- und Kommunikationsverhalten und benutzen wie wir Gegenstände als Werkzeuge. Nicht nur die Menschen, auch Ameisen und Bienen leben in riesigen sozialen Systemen. Zwergmaus und Webervogel bauen beeindruckende, wenn auch immer gleiche Behausungen. Vieles können Tiere sogar eindeutig besser als wir Menschen. Ein Gepard kann mehr als doppelt so schnell laufen wie Usain Bolt, der derzeitige Weltrekordler über die 100-Meter-Sprintstrecke. Auch Wahrnehmungsorgane sind bei manchen Tieren leistungsfähiger ausgebildet als beim Menschen, beispielsweise das Sehvermögen bei Raubvögeln oder der Geruchssinn bei Hunden. Einige Tierarten besitzen sogar Informationssysteme, für die dem Menschen selbst das entsprechende Sinnesorgan fehlt. Fledermäuse und Delphine können Ultraschallsignale aussenden und empfangen, was sie befähigt, auch ohne Licht ihre physikalische Umwelt bis ins Detail wahrzunehmen. Der Mensch verfügt über kein spezifisches Organ, welches ihn einmalig macht. Was also zeichnet die menschliche Intelligenz aus?

Mit dieser Frage habe ich mich mehr als 30 Jahre lang beschäftigt. Ich habe Kinder von der Geburt bis in die Adoleszenz dabei beobachtet, wie sie ihre Kompetenzen entwickeln. Dabei habe ich gelernt, dass man das Entstehen von Fähigkeiten wie Zahlenverständnis oder von geistigen Vorstellungen wie Moral am besten aus den konkreten Erfahrungen heraus begreifen kann, die das Kind im Verlauf seiner Entwicklung, etwa im Spiel, macht. Im vorliegenden Teil V möchte ich beschreiben, wie das Kind seine Fähigkeiten entfaltet und dabei allmählich zu geistigen Vorstellungen kommt. Die ausführliche Darstellung soll dazu beitragen, dass Leser und Leserin besser verstehen, wie sich die menschliche Intelligenz entwickelt und woraus sie besteht. Und damit auch zu begreifen, welche entscheidende Bedeutung die Kompetenzen für die Befriedigung unserer Grundbedürfnisse haben, in welchem Ausmaß sie uns prägen und unsere Individualität mitbestimmen.

Was wir unter Intelligenz verstehen

Die Welt hinterfragen

»Der Mensch ist ein Ursachen suchendes Wesen;
›der Ursachensucher‹ würde er im System der Geister genannt
werden können. Andere Geister denken sich vielleicht die Dinge
unter andern uns unbegreiflichen Verhältnissen.«

Georg Christoph Lichtenberg

Der Mensch ist ein intelligentes Lebewesen – aber längst nicht das einzige. Intelligenz im weitesten Sinne hat sich im Verlauf der Evolution aus der Notwendigkeit heraus entwickelt, Eigenschaften und Zusammenhänge in der physischen und sozialen Umwelt zu erkennen, um darauf in einer für die Organismen vorteilhaften Weise zu reagieren. Sämtliche Lebewesen, Tiere, Pflanzen und selbst Mikroben besitzen die Fähigkeit, sich Informationen zu beschaffen, die sie für ihr Überleben benötigen. So ist beispielsweise das Darmbakterium Escherichia coli fähig, zwischen Nahrung und Giftstoffen zu unterscheiden. Rezeptoren in seiner Zellwand erzeugen chemische Signale, die das Bakterium dazu veranlassen, sich mit Hilfe propellerartiger Geißeln einem positiven Reiz anzunähern und einem negativen zu entfliehen. Bei weiter entwickelten Tieren, und so auch beim Menschen, werden Informationen über hochentwickelte Sinnesorgane wie Auge und Gehör aufgenommen und im Gehirn verarbeitet. Erweisen sich die Informationen als bedeutungsvoll, werden sie gespeichert. Erscheinen sie dem Organismus – wie auch immer – als nützlich, reagiert er auf sie. Da Informationen aus der belebten und unbelebten Umwelt für Tier und Mensch unterschiedlich bedeutsam sind, haben sie dafür ihre eigenen Wahrnehmungsorgane und Hirnfunktionen entwickelt. So besitzen alle höheren Tierarten Organe zum Sehen und Hören, die Informationen, die das Gehirn verarbeitet, sind aber von Tierart zu Tierart sehr verschieden. *Die* Intelligenz gibt es daher nicht. Jede Art hat ihre eigene, ihr angemessene Intelligenz. Sie ist ein Produkt des evolutionsbiologischen Anpassungsprozesses, bei dem jedes Lebewesen immer nur diejenigen Aspekte der Umwelt selektiv erfasst, die sich für es selbst als nützlich oder schädlich erwiesen haben. Erst mit dem Erscheinen des Homo sapiens ging es um Erkenntnis an sich. So machen wir uns Gedanken über das Universum, ohne aus den Erkenntnissen unmittelbaren Nutzen zu ziehen. Es ist keine völlig neue, einzigartige Fähigkeit, die uns von den höherentwickelten Tierarten unterscheiden würde. Es ist vielmehr die Weiterentwicklung von Fähigkeiten, die wir mit ihnen gemeinsam haben.

Für den Philosophen Georg Christoph Lichtenberg ist der Mensch ein »Ursachensucher«. Aus dem Lernverhalten der Tiere ist beim Menschen ein genuines Bedürfnis entstanden, die Umwelt verstehen zu wollen (Teil I). Eine Katze interessiert sich für Wasser, aber nur, wenn sie Durst hat. Hat sie den Durst gelöscht, verliert sie das Interesse. Nicht so der Mensch. Bereits ein Kleinkind interessiert sich für Wasser, auch wenn es keinen Durst hat. Es dreht immer wieder den Wasserhahn auf und zu und beobachtet dabei, wie das Wasser herausschießt und wieder versiegt. Es gießt Wasser von einem Behälter in einen anderen und wieder zurück. Es schüttet Wasser über den Sand, schaut zu, wie es versickert und der Sand dadurch hart wird. Das Kind will in seinem Spiel ergründen, welche Eigenschaften das Wasser hat. Genauso haben Generationen von Chemikern in zahllosen Experimenten herausgefunden, dass das Wassermolekül aus einem Sauerstoffatom und zwei Wasserstoffatomen besteht. Und die Menschen wollen ihre Erkenntnisse auch praktisch nutzen. Techniker haben immer effizientere Turbinen konstruiert, um aus Wasserkraft elektrischen Strom zu erzeugen, und Künstler und Landschaftsplaner haben über die Jahrhunderte mit Wasser immer schönere Springbrunnen und Teichanlagen geschaffen.

Alle Erkenntnisse und Erzeugnisse beruhen, wie der Entwicklungspsychologe Jean Piaget gezeigt hat, auf den sogenannten symbolischen Vorstellungen, die aus den Erfahrungen hervorgehen, die Menschen mit der gegenständlichen und sozialen Umwelt machen. So entsteht aus den vielfältigen Erfahrungen, die das Kind spielerisch mit dem Wasser macht, die symbolische Vorstellung »Wasser«. Symbolische Vorstellungen bilden sozusagen das Bedeutungsgerüst der Sprache, die Semantik. Sprachliche Zuschreibungen haben sich bei unseren Vorfahren wohl aus dem Bedürfnis heraus entwickelt, symbolische Vorstellungen, etwa von verschiedenen Tierarten, untereinander auszutauschen. Es sind die symbolischen Vorstellungen, die den kulturellen, technologischen und wirtschaftlichen Fortschritt ermöglicht haben und den Menschen einmalig machen.

Natürlich haben auch höherentwickelte Tiere ihre konkreten Vorstellungen, beispielsweise die Katze von der Maus. Unsere symbolischen Vorstellungen und die dazugehörigen sprachlichen Begriffe sind jedoch viel umfassender und haben eine wunderbare Eigenschaft: Sie können, abgelöst von den Erfahrungen, aus denen sie ursprünglich hervorgegangen sind, in immer neuen Zusammenhängen verwendet werden. Wir schreiben den Einkaufszettel, auch wenn wir keinen Hunger haben. Wir unterhalten uns im Januar über die Ferien im vergangenen Sommer. Wir debattieren über den »arabischen Frühling« oder darüber, welches Land die nächste Fußballweltmeisterschaft gewinnen könnte. Wir benutzen sprachliche Begriffe und Vorstellungen in immer neuen Zusammenhängen. Würde die menschliche Sprache wie die Kommunikation unter Tieren lediglich der Signalübermittlung dienen, etwa nach dem Muster: das wachende Murmeltier warnt mit einem Pfiff seine äsende Familie vor einem heranpirschenden Fuchs, hätte eine Kultur wie die unsrige nie entstehen können. Ein hochentwickeltes Vorstellungsvermögen und eine hochdifferenzierte Sprache haben uns zu einer unerschöpflichen Kreativität und immensen Produktivität verholfen.

216

Intelligenz ist weit mehr, als der IQ messen kann

Der Intelligenzquotient wird auf der ganzen Welt als ein Maß für die Intelligenz verwendet.[1] Dabei wird von der Annahme ausgegangen, dass in allen kognitiven Leistungen mehr oder weniger stark ein gemeinsamer Intelligenzfaktor mitwirkt. Es gibt durchaus Funktionen, wie Kurz- und Langzeitgedächtnis oder die zur Handlungsplanung wichtigen exekutiven Funktionen, die für kognitive Leistungen von allgemeiner Bedeutung sind.[2] Bereits im Altertum hat man jedoch erkannt, dass der Mensch über mehrere geistige Fähigkeiten verfügt. Im Mittelalter dann teilte man die Intelligenz in verschiedene Kategorien auf: in Trivium (Grammatik, Logik und Rhetorik) und Quadrivium (Arithmetik, Geometrie, Musik und Astronomie). Heute ist eine Vielzahl von geistigen Fähigkeiten bekannt, die sich anhand ihrer Funktionen und der ihnen zugrundeliegenden organischen Strukturen voneinander abgrenzen lassen. Zum Verständnis von Vielfalt und Individualität ist die folgende Einsicht sehr hilfreich: Die kognitiven Fähigkeiten sind unter den Menschen unterschiedlich ausgeprägt, und die einzelnen Fähigkeiten sind beim Individuum nochmals unterschiedlich angelegt.

Um der Vielgestaltigkeit der menschlichen Intelligenz besser gerecht zu werden, hat Howard Gardner 1983 den Begriff der multiplen Intelligenzen in die Psychologie eingeführt. Er beschrieb sechs Unterformen der menschlichen Intelligenz, die er später abgewandelt und auf acht erweitert hat.[3] Gardners Theorie fand wenig Anerkennung. Ein modifiziertes Modell der multiplen Intelligenzen, wie es in diesem Buch verwendet wird, vermag jedoch die individuellen Denk- und Handlungsweisen weit besser wiederzugeben als eine einzelne Zahl wie der Intelligenzquotient.

In diesem Kapitel werden acht Bereiche der menschlichen Intelligenz aufgeführt, die – um sprachlichen Missverständnissen vorzubeugen – nicht als Intelligenzen, sondern als Kompetenzen bezeichnet werden.

Kompetenzen wie Sprache oder logisches Denken werden der Leser und die Leserin der Intelligenz zuordnen, soziale und motorisch-kinästhetische Kompetenzen jedoch weit weniger. Aber auch sie weisen die Charakteristiken auf, die wir der Sprache und dem logischen Denken zuschreiben. Wie alle Kompetenzen setzen wir sie dafür ein, die Herausforderungen, die das Leben an uns stellt, möglichst gut zu bewältigen.

Jede der acht Kompetenzen basiert auf Fähigkeiten, die wir ursprünglich mit höherentwickelten Tieren gemeinsam und im Verlauf der Evolution weiterentwickelt haben. Die figural-räumlichen Kompetenzen beispielsweise gehen aus der visuellen und taktil-kinästhetischen Wahrnehmung hervor. So entwickelt das Kind aus den Erfahrungen mit Gegenständen in den ersten Lebensjahren ein Verständnis

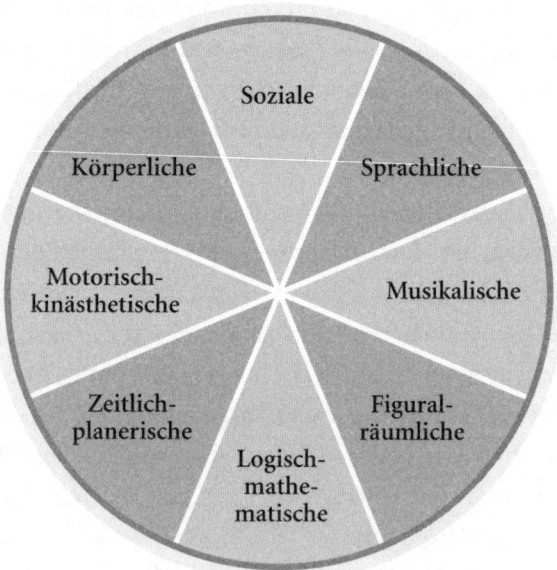

Abb. 5.1: Die acht Kompetenzen des Menschen.

für Merkmale wie »rot«, »rund« und »hüpft«. Diese Vorstellungen bringt das Kind im Wort »Ball« zusammen. Erst dann kann es verstehen, was die Mutter meint, wenn sie zu ihm sagt: »Hol den roten Ball!« In den ersten Lebensjahren vernetzen sich die Kompetenzen immer mehr untereinander. Das Kind ist nun fähig, seine Vorstellungen gestalterisch umzusetzen; es malt einen roten Ball. Beim Schreiben setzt es seine sprachlichen, figuralen und motorischen Kompetenzen ein. Im Schulalter lernt es, seine räumlichen Vorstellungen zu quantifizieren, indem es sein Zahlenverständnis dafür einsetzt. Es misst die Dimensionen von Objekten aus und lernt, Volumina zu berechnen. Als Erwachsener schließlich baut es Häuser oder entwirft Möbel.

Ein Verständnis für die Kompetenzen und ihr Zusammenwirken hilft uns besser zu verstehen, wie wir selbst und unsere Mitmenschen denken und handeln. Weil die sozialen und sprachlichen Kompetenzen für uns von besonderer Bedeutung sind, werden sie im Folgenden ausführlicher dargestellt als die anderen Kompetenzen.

Soziale Kompetenzen

Eine gutgekleidete Frau mittleren Alters sitzt allein in einem Zugabteil. Sie studiert Bankauszüge; ihren Aktenkoffer mit Unterlagen hat sie aufgeklappt auf dem Sitz gegenüber abgelegt. Beim nächsten Halt steigt ein älterer, sorgfältig gekleideter Mann mit Hut zu. Er betritt das Abteil erst, nachdem er durch ein freundliches Kopfnicken der Frau dazu aufgefordert wurde. Der Mann wählt den Sitzplatz, der am weitesten von der Frau entfernt ist.

Die beiden Reisenden haben kein Wort gewechselt, und doch haben sie miteinander kommuniziert. Wäre ein junger Mann mit Tätowierung, Lederjacke und Stiefeln ins Abteil gestürmt, hätte sich die Frau wohl weitaus distanzierter verhalten. Andererseits haben Alter und Kleidung der Frau und die ausgebreiteten Unterlagen den Mann in seinem Verhalten beeinflusst. Wohlwollend nimmt er nun wahr, dass die Frau unauffällig, aber interessiert verfolgt, wie er sein Gepäck verstaut, den Hut ablegt und den Mantel auszieht. Schon in den ersten Sekunden ihrer Begegnung haben sich die beiden einiges darüber mitgeteilt, wer sie sind, was sie voneinander halten und was sie vom anderen erwarten. Wenn sie sich schließlich begrüßen, ist nicht nur der Inhalt ihrer Worte, sondern auch der Tonfall ihrer Stimme für den anderen von Bedeutung.

Wenn Menschen sich begegnen, kommt es immer zu irgendeiner Form von Kommunikation. Selbst wenn sie einander ignorieren, nehmen sie Beziehung zum jeweils anderen auf. Menschen können nicht nicht kommunizieren.[4] Sie sind zutiefst soziale Wesen: Für ihr psychisches Wohlbefinden brauchen sie andere Menschen. Beziehungen einzugehen und zu unterhalten ist ihnen ein Grundbedürfnis, und genau aus diesem Grund kommunizieren sie.

Eine Vielzahl von psychologischen Büchern und Lebenshilfen zeugt von unserem großen Bedürfnis, das eigene Verhalten und dasjenige der Mitmenschen besser zu verstehen, um im zwischenmenschlichen Umgang möglichst gut zurechtzukommen. Das ist nicht immer leicht, sind doch unsere Gefühle und Gedanken, Motivationen und Handlungsweisen so tief in unserem Lebensgefühl und dem Unbewussten verankert, dass wir oft nur schwer einen rationalen Zugang zu den sozialen Kompetenzen finden. Kein Wunder also, dass in der Erziehung von Kindern, in der Beziehung zum Partner und im Umgang mit Mitarbeitern am Arbeitsplatz zumeist das Bauchgefühl regiert.

In der neueren Literatur wird unter sozialer Kompetenz häufig »emotionale Intelligenz«[5] verstanden, ein eher unglücklicher Ausdruck, weil die sozialen Kompetenzen aus weit mehr als nur Gefühlen bestehen, wie im Folgenden dargelegt wird. Es können vier Bereiche unterschieden werden, die gewissermaßen die Eckpfeiler der sozialen Kompetenzen bilden und in ihrem Zusammenwirken eine enorme Bedeutung für unser Beziehungsverhalten haben: nonverbale Kommunikation (Körpersprache, Wahrnehmung und Ausdruck sozialer Signale), Bindungsverhalten und fürsorgliches Verhalten, imitatives und soziales Lernen sowie soziale Kognition.

Nonverbale Kommunikation

Die Anfänge der nonverbalen Kommunikation reichen weit in die Evolution zurück. Vor vielen hundert Millionen Jahren tauschten Mikroorganismen mit Hilfe chemischer Botenstoffe Informationen untereinander aus und reagierten damit aufeinander. Mit dem Auftreten der ersten Tiere vor etwa 400 Millionen Jahren entwickelten sich einfache Formen der Kommunikation wie die Geruchs-, Geräusch- und Gestaltwahrnehmung, aus denen sich schließlich eine differenzierte Körpersprache herausbildete. Sie dient den höherentwickelten Tierarten bei der Regulierung des Beziehungsverhaltens unter ihresgleichen und gegenüber anderen Tierarten, etwa um Zuneigung oder Ablehnung mitzuteilen. Dabei verwenden die Tiere Körpersignale, die zumeist auch für uns Menschen verständlich sind. Die Katze macht einen Buckel vor dem Hund und legt die Ohren zurück: eine Drohgebärde. Der Hund wiederum wedelt mit dem Schwanz, um Sympathie anzuzeigen, oder fletscht die Zähne, um Angriffsbereitschaft zu signalisieren. Die menschliche Körpersprache ist mit einer Vielzahl von sozialen Signalen wie Mimik, Blickverhalten und stimmlichem Ausdruck sehr reichhaltig ausgestattet. Die nachfolgende Zusammenstellung zeigt, wie mannigfaltig unser Repertoire an sozialen Signalen ist.

Mimik. Freude, Trauer, Misstrauen, Erstaunen und Furcht – die ganze Palette unserer Gefühle bringen wir in unserem Gesicht zum Ausdruck. Dabei dienen uns der Mund, die Gesichts- und Stirnfalten,

Augen und Augenbrauen und die Kopfhaltung als Ausdrucksmittel. Jeder Gesichtspartie kommt hierbei eine spezifische Bedeutung zu. Welche suggestive Wirkung beispielsweise die Augenstellung auf uns ausübt, können wir daraus ersehen, dass zwei horizontal angeordnete Punkte auf einer runden Steckdose unwillkürlich den Eindruck eines Augenpaares erwecken.

Blickverhalten. Zwei Menschen schauen sich ungewöhnlich lange und tief in die Augen. Es handelt sich entweder um eine Mutter, die mit ihrem Säugling Zwiesprache hält, oder um Verliebte, die sich in den unergründlichen Tiefen ihrer Seelen verlieren, oder um zwei Menschen, die sich wutentbrannt anstarren. Wenn wir hingegen, anstatt den Gesprächspartner anzusehen, zu Boden blicken, können unsere Worte noch so überzeugend sein, der Partner spürt, dass wir an seiner Person kein Interesse haben oder aber unser Interesse so groß ist, dass wir nicht wagen, ihn anzusehen. Schauen wir einem Menschen auch nur einen Lidschlag zu lang oder zu kurz in die Augen, haben wir ihm bereits ganz unterschiedliche Informationen übermittelt. Blicke sprechen Bände.

Stimme. Wir können in einem warmen oder schneidend kalten Ton, schmeichelnd oder verletzend sprechen. In einem Gespräch ist oft weniger der Inhalt der Mitteilung von Bedeutung als die Art und Weise, in der wir sprechen. Ein Politiker überzeugt die Massen durch die mitreißende Art, wie er eine Rede hält. Liest man diese in der Zeitung, stellt man überrascht fest, dass sie bar jeden Inhalts ist. Ein Professor hat sensationelle Forschungsergebnisse mitzuteilen; weil seine Sprechweise aber monoton und langweilig ist, kommt seine überaus wichtige Botschaft beim Publikum kaum an. Decken sich der Inhalt des Gesagten und der Ausdruck der Stimme nicht, erscheint uns zumeist die Art und Weise, wie die Person spricht, glaubwürdiger als der Inhalt. So wird aus »Du kleiner Schelm«, liebevoll gesagt, ein Kosewort.

Körperhaltung. Wenn wir müde sind, lassen wir unsere Schultern hängen. Sind wir aber voller Tatendrang, ist unser Körper angespannt. In aggressiver Stimmung stellen manche Männer die Ellenbogen heraus, um mächtiger zu erscheinen. Frauen neigen im Gespräch lächelnd ihren Kopf zur Seite, um ihre Zustimmung anzuzeigen. Mit der Körperhaltung drücken wir unser emotionales Befinden aus und wie wir anderen Menschen gegenüber eingestellt sind. Sind wir einer Person besonders zugetan, wenden wir uns ihr nicht nur gefühlsmäßig zu, sondern spiegeln ihre Körperhaltung, schlagen beispielsweise die Beine in der gleichen Art übereinander wie unser Gesprächspartner.

Körperbewegungen. Wie die Körperhaltung geben auch Bewegungen unsere Befindlichkeit wieder. Wenn wir ungeduldig sind, rutschen wir auf dem Stuhl herum, wippen mit den Füßen oder nesteln an der Kleidung. Beim Tanzen können talentierte Menschen eine Fülle von Gefühlen von überschäumender Lebensfreude bis zu abgrundtiefer Melancholie zum Ausdruck bringen. Soldaten werfen bei der Parade Arme und Beine streng ausgerichtet nach vorn, um den Eindruck von Disziplin und geballter Kraft zu erwecken.

Distanzverhalten. Der Mensch hat wie alle Tiere ein ausgeprägtes Distanzverhalten. Jeden von uns umgibt eine unsichtbare, aber wohldefinierte Sicherheitszone, die je nach Kultur und Lebenssituation unterschiedlich groß sein kann. Der Abstand, den wir von anderen Menschen respektiert haben wollen, wird bestimmt von der Situation, der Vertrautheit mit dem Gegenüber und unserer kulturellen Prägung. Dringt eine fremde Person in diese Zone ein, löst dies ein aggressives Verhalten oder eine Fluchtbewegung aus. Wenn wir an einem einsamen Meeresstrand liegen, sind wir irritiert, wenn sich ein Fremder in zehn Meter Entfernung von uns niederlässt. In der Straßenbahn dagegen lassen wir es zu den Hauptverkehrszeiten durchaus zu, dass sich eine fremde Person über längere Zeit in Tuchfühlung mit uns aufhält. Den Fremden halten wir uns allerdings gefühlsmäßig auf Distanz, indem wir jeglichen Blickkontakt vermeiden – und sei die Fahrt noch so lang. Wir passen unsere Distanz täglich Dutzende von Malen intuitiv an die jeweilige Situation an. Der Verkäuferin, dem Busfahrer, dem Vorgesetzten, dem lieben Verwandten, dem verhassten Nachbarn – jedem begegnen wir mit einer auf Person und Situation abgestimmten Distanz.

Unser Repertoire an Ausdrucksmöglichkeiten vergrößern wir noch, indem wir Elemente der Körpersprache kombinieren. Freuen wir uns so richtig, machen wir riesige Augen und heben die Augenbrauen an, stoßen einen Freudenschrei aus und führen gar einen Freudentanz auf. Im Kummer bekommen wir tiefe Falten auf der Stirn und zwischen den Augenbrauen. Unser Blick ist matt, Augenlider und Mundwinkel hängen herunter. Unsere Stimme ist leise und belegt. Unser Körper fällt in sich zusammen. Und unsere Bewegungen werden langsam und spärlich.

Wir verfügen über eine äußerst hochentwickelte Fähigkeit, selbst feinste Nuancen der Körpersprache wahrzunehmen.[6] Dabei geht es nicht nur um die Signale an sich, sondern auch um deren Ausprägung, etwa wie heftig und wie lange wir mit dem Kopf nicken. Von besonders großer Bedeutung ist, inwieweit die Signale mit unserer emotionalen Befindlichkeit und derjenigen des Gegenübers übereinstimmen. So wirkt es irritierend, wenn der Gesprächspartner auf ein verhaltenes Kopfschütteln unsererseits mit einer aufgebrachten Stimme reagiert.

Was ist an der nonverbalen Kommunikation angeboren, was erworben? Die Fähigkeit, soziale Signale wahrzunehmen und auszudrücken, ist angeboren. Welche Bedeutung Körpersignale haben und wie sie eingesetzt werden, lernt das Kind von den Eltern, Bezugspersonen und anderen Kindern. Welche Körpersignale benutzt werden, wie etwa das Händeschütteln bei einer Begrüßung, ist nicht angelegt, sondern wird vom Kind im sozialen Umgang verinnerlicht (Teil III). Jede Kultur schreibt den sozialen Signalen ihre eigene Bedeutung und Art der Verwendung zu. Um sich die vielfältigen kulturspezifischen Ausdrucksformen der nonverbalen Kommunikation anzueignen, ist das Kind auf ausgedehnte zwischenmenschliche Erfahrungen angewiesen.

Kinder kommunizieren in den ersten zwei Lebensjahren ausschließlich mit Hilfe der Körpersprache.[7] Erst danach gewinnt die gesprochene Sprache an Bedeutung. Die nonverbale Kommunikation bleibt aber während der ganzen Kindheit und auch im Erwachsenenalter ein Grundelement des Beziehungsverhaltens. Bereits junge Säuglinge können einfache Körpersignale, vor allem der Mimik und Stimme, wahrnehmen und Gefühle wie Angst, Ekel und Neugier mimisch ausdrücken. Während der Kindheit differenziert sich die nonverbale Kommunikation immer weiter aus. Die Verhaltensforscher Nowicki und Duke haben in einer Studie aus dem Jahr 1994 aufgezeigt, wie sich das Verständnis für den mimischen Ausdruck zwischen fünf und 20 Jahren entwickelt. Sie legten Kindern unterschiedlichen Alters nacheinander 27 Bildpaare vor. Jedes Bildpaar zeigte zwei Personen mit unterschiedlichem Gesichtsausdruck, beispielsweise einen vergnügten und einen missgelaunten Jungen. Die Kinder wurden gefragt, welcher Junge vergnügt und welcher missgelaunt sei.

Es zeigte sich, dass die Fähigkeit, den mimischen Ausdruck einer Person richtig zu deuten, vom Kindergartenalter bis zur Adoleszenz stetig zunimmt. Dabei variieren die individuellen Leistungen in jedem Alter. So gibt es Kinder, die mit sieben Jahren weniger als acht Bildpaare richtig deuten, während andere mehr als 20 Bildpaare richtig zuordnen können, was bereits über der durchschnittlichen Leistung von Erwachsenen liegt. Es gibt Jugendliche, die im Alter von 14 Jahren nicht kompetenter sind als durchschnittlich entwickelte siebenjährige Kinder. Vergleichbar große interindividuelle Unterschiede haben die Wissenschaftler in einer weiteren Studie nachgewiesen, in der sie die Fähigkeit untersuchten, den emotionalen Ausdruck von Stimmen wie freundlich oder erzürnt richtig zu deuten.

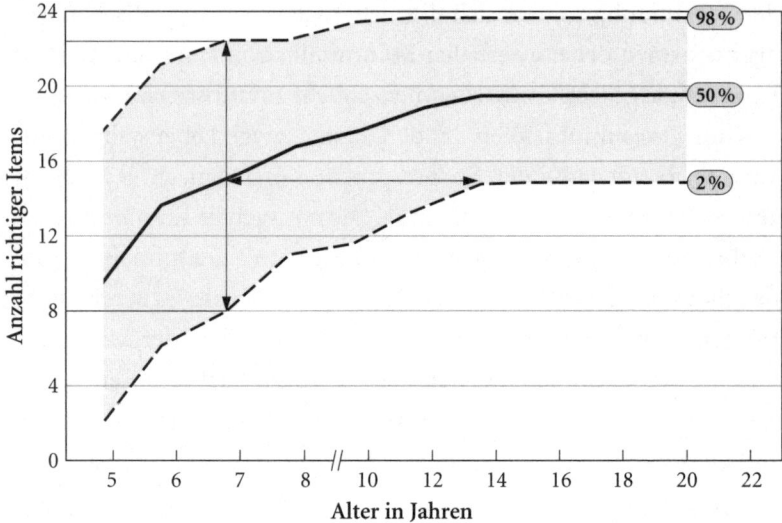

Abb. 5.2: Mimik erkennen. Den Kindern werden 27 Bildpaare mit unterschiedlichem mimischen Ausdruck vorgelegt, die sie identifizieren sollen. Im Alter von 7 Jahren ordnen die kompetentesten Kinder fast dreimal mehr Bilder richtig zu als die schwächsten Kinder. 50 Prozent der 7-Jährigen erbringen eine Leistung, welche andere Kinder erst mit 14 Jahren oder nie erbringen. 50 Prozent entspricht dem Mittelwert, 2 Prozent dem unteren und 98 Prozent dem oberen Normbereich (Nowicki und Duke 1994).

Alle Signale der nonverbalen Kommunikation sind von Mensch zu Mensch unterschiedlich ausgeprägt. So gibt es Kinder und Erwachsene, die die feinsten Regungen in der Mimik, Körperhaltung oder Stimme des Gegenübers wahrnehmen und adäquat darauf reagieren. Andere dagegen können soziale Signale nur ungenügend oder überhaupt nicht richtig lesen und verhalten sich deshalb in sozialen Situationen oftmals unpassend. Es gibt Menschen, die an einer besonderen Art visueller Wahrnehmungsschwäche leiden; sie sind unfähig, Personen an ihren Gesichtern zu erkennen. Selbst die Gesichter von Mutter und Vater bleiben den betroffenen Kindern fremd (sogenannte

Gesichtsblindheit oder Prosopagnosie).[8] Schätzungen zufolge sind etwa ein Prozent der Bevölkerung davon betroffen, darunter auch die bekannte Primatenforscherin Jane Goodall.[9] Sie berichtete in einem Interview, wie unangenehm es für sie ist, wenn sie eine Person, die auf sie zukommt, nicht identifizieren kann, obwohl sie ihr seit Jahrzehnten bekannt ist.

Doch die Signale sind nicht nur zwischen den Menschen, sondern auch beim einzelnen Menschen unterschiedlich ausgeprägt. Was dazu führt, dass die einen Menschen über eine sehr lebhafte Mimik verfügen, während ihre Stimme etwas Eintöniges und wenig Differenziertes hat. Bei anderen Menschen ist es genau umgekehrt oder beides, Mimik und Stimme sind stark oder schwach angelegt.

Interessanterweise sind die Fähigkeiten der nonverbalen Kommunikation beim weiblichen Geschlecht etwas besser ausgebildet als beim männlichen.[10] Dieser Geschlechtsunterschied wird von Anthropologen darauf zurückgeführt, dass Frauen im Verlauf der Evolution eine besonders große Sensibilität entwickelt haben, um sich in das Verhalten von Säuglingen und Kleinkindern einzufühlen und auf deren Bedürfnisse angemessen einzugehen. Dabei ist der Unterschied in den nonverbalen Fähigkeiten zwischen dem weiblichen und männlichen Geschlecht aber deutlich kleiner als derjenige zwischen den Individuen innerhalb eines Geschlechts.

Bindungsverhalten und Fürsorge

In den vergangenen 40 Millionen Jahre haben manche Tierarten ein ausgeprägtes Bindungs- und ein differenziertes Brutverhalten entwickelt. Bei Säugetieren und Vögeln wird die Bindung zwischen dem Jungen und der Mutter durch unterschiedliche hormonelle und neurophysiologische Mechanismen hergestellt. Ein weitverbreiteter Bindungsmechanismus im Tierreich ist die Prägung.[11] So bindet sich beispielsweise ein Entenküken an dasjenige Lebewesen, mit dem es nach dem Schlüpfen als Erstes in Kontakt kommt. Ist dies nicht, wie von der Natur vorgesehen, die Mutter, sondern ein Mensch, bindet sich das Küken an diesen Menschen. Bei Rindern löst das Hormon Oxytocin bei der Mutter die Bereitschaft aus, sich an das Junge zu binden und es zu umsorgen. Solche Automatismen spielen beim Menschen nur noch eine untergeordnete Rolle. Die Bindung zwischen dem Kind und seinen Eltern sowie weiteren Bezugspersonen entsteht hauptsächlich durch gegenseitiges Kennenlernen und gemeinsame Erfahrungen. Im Verlauf des ersten Lebensjahres bildet sich eine innige emotionale und körperliche Abhängigkeit, die das Kind mit charakteristischen Verhaltensweisen wie dem Verlangen nach Nähe und Zuwendung sowie Fremdeln und Trennungsangst zum Ausdruck bringt.[12]

Ein Mindestmaß an Geborgenheit und Zuwendung ist für jeden Menschen eine biologische Notwendigkeit, ganz besonders aber für Kinder. Ein Kind kann nicht allein sein. Damit es sich wohl fühlt, braucht es die Nähe und Zuwendung vertrauter Personen, auf die es sich verlassen kann und die es umsorgen. Dieses Bedürfnis ist so elementar wie dasjenige, Hunger und Durst zu stillen. Eine tragfähige, gegenseitige Bindung zwischen dem Kind und seinen Eltern, aber auch zu anderen Bezugspersonen ist unabdingbar, damit der kindliche Entwicklungsprozess, der mindestens 15 Jahre dauert, gelingen kann. Dafür gibt es drei gewichtige Gründe:

Kinder sind auf die Fürsorge der Eltern und anderer Bezugspersonen angewiesen. Sie wollen ernährt, umsorgt und beschützt sein. Ohne ihre Fürsorge würden sie nicht überleben.

Kinder brauchen ihre Eltern und weitere Bezugspersonen, Geschwister und andere Kinder als Vorbilder. Nur so können sie sich das vielschichtige Beziehungsverhalten aneignen, das den Menschen auszeichnet.

Nur wenn sich Kinder geborgen und angenommen fühlen, können sie ihre Neugier und ihre Lernmotivation voll entfalten und die für ihre Ent-

wicklung notwendigen Erfahrungen machen. Fühlen sie sich emotional vernachlässigt, entwickeln sie sich verzögert (Teil III).

Die kindliche Bindung dient aber noch einem weiteren wichtigen Zweck: Dem kindlichen Gehorsam liegt eine natürliche, auf emotionaler Abhängigkeit beruhende Autorität zugrunde. Kinder folgen hauptsächlich, weil sie an die Eltern und Bezugspersonen gebunden sind und deren Aufmerksamkeit und Zuwendung nicht verlieren wollen. Deshalb gehorchen sie – zumeist. Ganz ohne Grenzen setzen und Strafen anordnen geht es nicht, aber wie folgsam ein Kind ist, hängt vor allem davon ab, wie vertrauensvoll seine Beziehungen zu den Eltern und Bezugspersonen sind. Wie schwierig Erziehung sein kann, erleben Eltern, deren Kinder autistische Verhaltenszüge aufweisen. Diese Kinder fühlen sich weniger an ihre Eltern gebunden, ihre Erziehung kann deshalb sehr aufwendig sein.

Für die Menschenkinder gelten die gleichen verhaltensbiologischen Gesetzmäßigkeiten wie für die Jungen von Säugetieren und Vögeln.[13] Das Kind bleibt so lange an seine primären Bindungspersonen – in der Regel die Eltern, vor allem die Mutter, aber auch an andere Bezugspersonen – gebunden, bis es selbständig überleben kann. Wenn es seine Entwicklung in der Pubertät abschließt und für sich selber sorgen kann, löst sich die Bindung an die Eltern und Bezugspersonen so weit auf, dass es emotional und sozial selbständig wird. Die Bindung hat aus verhaltensbiologischer Sicht ihren Zweck erfüllt. Was wiederum nicht bedeutet, dass Erwachsene keine Bindungsbereitschaft mehr aufweisen. Aber sie tun es weit weniger als Kinder.

Das Kind bindet sich nicht nur an seine biologischen Eltern, sondern grundsätzlich an jede Person, die es umsorgt und beschützt und ihm dadurch vertraut wird. Der Kinderpsychiater John Bowlby spricht von einem instinktiven Bindungsverhalten.[14] Ein weiteres wichtiges Charakteristikum: Das Kind geht die Bindung zu den Eltern bedingungslos ein. Es bindet sich unbesehen davon, ob seine Eltern liebevoll und fürsorglich sind oder ob es sich um »Rabeneltern« handelt. Ein Kind kann von seinen Eltern oder Bezugspersonen noch so sehr vernachlässigt werden, es wird die Beziehung zu ihnen nie grundsätzlich in Frage stellen oder die Beziehung zu ihnen gar aufkündigen und sich andere Eltern suchen. Kinder sind ihren Eltern vorbehaltlos zugetan und ihnen damit auch auf Gedeih und Verderb ausgeliefert.

Vertraut wird das Kind mit jeder Person, die sich ausreichend um es kümmert. Wie stark es sich an seine Eltern und andere Bezugspersonen bindet, hängt also wesentlich von der Zeit ab, die es mit ihnen verbringt. Aber ein Kind will sich nicht nur binden, sondern sich auch wohl fühlen. Für sein Wohlbefinden ist die Qualität der Eltern-Kind-Beziehung maßgebend. Die Art und Weise, wie Eltern und Bezugspersonen seine Bedürfnisse, insbesondere dasjenige nach Geborgenheit und Zuwendung, befriedigen, bestimmt das körperliche und psychische Wohlbefinden des Kindes. Ein feinfühliger Umgang mit dem Kind weist die folgenden Merkmale auf: Die Bezugsperson ist dem Kind vertraut. Sie ist verfügbar, verlässlich und reagiert angemessen auf die individuellen Bedürfnisse des Kindes. Erfüllt eine Bezugsperson diese Bedingungen, wird sie für das Kind zu einem Hort emotionaler Sicherheit und körperlichen Wohlbefindens.

Das Bindungsverhalten weist in der Kindheit einen charakteristischen Verlauf auf. Die Bindung nimmt nach der Geburt rasch zu und erreicht in den ersten Lebensjahren ihren Höhepunkt, um danach langsam, aber kontinuierlich gegen die Pubertät hin abzunehmen.

Kinder binden sich auch an weitere Bezugspersonen wie Großeltern, Erzieherinnen und Lehrer, wenn auch weniger stark als an ihre Eltern. Und sie gehen Bindungen mit ihren Geschwistern und anderen Kindern in Form von Freundschaften ein. In der Pubertät löst sich

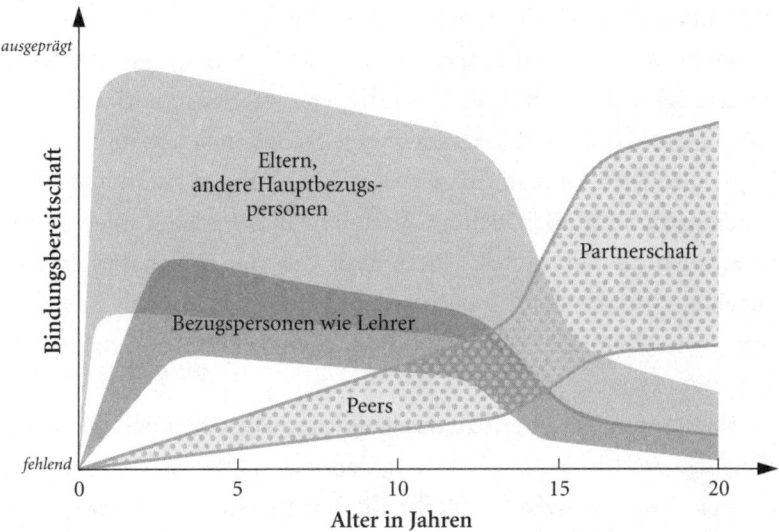

Abb. 5.3: Die Entwicklung des Bindungsverhaltens. Die Bindung an die Eltern und Bezugspersonen ist in den ersten Lebensjahren am größten, nimmt danach langsam ab und löst sich in der Pubertät weitgehend auf. Dafür nimmt die Bindungsbereitschaft zu Gleichaltrigen und schließlich zu einem Partner umso mehr zu. Die Flächen beschreiben die interindividuelle Variabilität der Bindungsbereitschaft.

die Bindung zu den Eltern so weit auf, dass die jungen Erwachsenen die Familie verlassen können. Sie werden aber emotional nicht unabhängig, sondern suchen Geborgenheit bei den Peers und binden sich schließlich an einen Partner oder eine Partnerin. Verliebtsein ähnelt in seiner starken Ausprägung der frühkindlichen Bindung, währt aber bedauerlicherweise deutlich weniger lang. Im Erwachsenenalter bleibt für die meisten Menschen ein gewisses Maß an Nähe und Vertrautheit zu den eigenen Eltern bestehen, das sie aber in ihrer emotionalen Selbständigkeit nicht einschränkt.

Wie in der Graphik dargestellt, binden sich Kinder unterschiedlich stark. So gibt es Kinder, die ein großes Bedürfnis nach Nähe und

Zuwendung haben. Kinder, die sich nur ungern von ihren Bezugspersonen trennen und ausgeprägt fremdeln, erleben wir als scheu. Andererseits gibt es Kinder, die rasch eine gewisse emotionale Unabhängigkeit von den Eltern gewinnen. Sie nehmen bereits im Säuglings- und Kleinkindalter bereitwillig Beziehungen zu anderen Personen auf und binden sich an Nachbarn und Erzieherinnen in der Kita. Auch die Bereitschaft, Freundschaften mit Gleichaltrigen einzugehen, ist unter den Kindern unterschiedlich groß. Manche haben nur einen sehr guten Freund, andere pflegen mehrere lockere Freundschaften.

Die Bindung der Eltern an das Kind ist nicht so bedingungslos wie diejenige des Kindes an die Eltern, dennoch ist sie stark. Eltern sind bei der Geburt zutiefst bereit, ihr Kind anzunehmen und zu umsorgen. Falls nötig, nehmen sie für sein Wohl über Jahre größte Strapazen und Entbehrungen auf sich. Eltern binden sich nicht nur an ihr Kind, sondern sind auch mit einer genuinen Bereitschaft ausgestattet, für es zu sorgen. Dabei werden sie vom Kind auf verschiedene Weise angeregt, sich ihm zuzuwenden und es zu umhegen. So weisen Säuglinge und Kleinkinder ein charakteristisches Erscheinungsbild auf, das beim Erwachsenen ein zugewandtes Verhalten auslöst. Dieses sogenannte Kindchenschema nach Konrad Lorenz weist die folgenden Merkmale auf: Im Vergleich zu Erwachsenen haben kleine Kinder einen großen Kopf und einen kleinen Körper. Ihr Kopf besteht aus einer mächtigen Stirn und einem kleinen Gesicht. Ihre Wangen wirken groß und voll, die Augen in den kleinen Gesichtern oft riesig. Auch junge Säugetiere, etwa Kätzchen, verfügen über diese Merkmale. Ihr Anblick löst daher bei uns ähnliche Gefühle aus, wie wir sie Kindern entgegenbringen. Die kleinkindliche Motorik ist ein weiterer Verstärker für fürsorgliches Verhalten. Ein Säugling, der hilflos auf dem Rücken liegt und strampelt, löst unseren Beschützerinstinkt aus. Ein Kind, das seine Ärmchen nach uns ausstreckt, ist unwiderstehlich:

Wir müssen es in die Arme schließen. Die Natur hat Kinder für uns auf vielerlei Weise sehr attraktiv gemacht.

Eltern sorgen sich um das körperliche und psychische Wohlbefinden ihres Kindes, erziehen es und fördern es in seiner Entwicklung. Sie erbringen während mindestens 15 Jahren in vielfacher Hinsicht eine enorme Leistung. Sie geben aber nicht nur, sie werden von den Kindern über viele Jahre hinweg mit Zuwendung reichlich belohnt. Wenn das Baby satt und zufrieden ist, sich wohl fühlt, lächelt und Quietschlaute von sich gibt, erleben seine Eltern ein tiefes Gefühl der Befriedigung, ja des Glücks. So auch, wenn das Kind spielt und vergnügt vor sich hin plaudert, herumspringt und Jauchzer ausstößt. Und sie sind stolz, wenn es zum ersten Mal Interesse an Buchstaben und Zahlen zeigt. Nicht nur Eltern, sondern auch Großeltern, ErzieherInnen und Lehrer fühlen sich zu Kindern, die sie betreuen, hingezogen und erleben eine große Befriedigung, wenn sie sich gut entwickeln.

Das fürsorgliche Verhalten der Eltern und Bezugspersonen ist wie die Bindungsbereitschaft der Kinder unterschiedlich ausgeprägt, zudem etwas stärker beim weiblichen Geschlecht als beim männlichen. Aber es gibt sie, die Väter, die sich mit großem Engagement und großer Freude um ihre Kinder kümmern. Unser ausgeprägtes fürsorgliches Verhalten kommt nicht nur Kindern, sondern Menschen jeden Alters und insbesondere kranken, behinderten und älteren Menschen zugute.

Imitatives und soziales Lernen

»Es war einmal ein steinalter Mann, dem waren die Augen trüb geworden, die Ohren taub, und die Knie zitterten ihm. Wenn er nun bei Tische saß und den Löffel kaum halten konnte, schüttete er Suppe auf das Tischtuch, und es floss ihm auch etwas wieder aus dem Mund. Sein Sohn und dessen Frau ekelten sich davor, und deswegen musste sich der Großvater schließlich hinter den Ofen in die Ecke setzen, und sie gaben ihm sein Essen in ein irdenes Schüsselchen, da sah er betrübt nach dem Tisch und die Augen wurden ihm nass. Einmal auch konnten seine zittrigen Hände das Schüsselchen nicht festhalten, es fiel zur Erde und zerbrach. Die junge Frau schalt, er aber sagte nichts und seufzte nur. Da kauften sie ihm ein hölzernes Schüsselchen für ein paar Heller, daraus musste er nun essen.
Wie die Eltern am Tisch so sitzen, so trägt der Enkel auf der Erde kleine Brettlein zusammen. ›Was machst du da‹, fragte der Vater? ›Ich mache ein Tröglein‹, antwortete das Kind, ›daraus sollen Vater und Mutter essen, wenn ich groß bin.‹ Da sahen sich Mann und Frau eine Weile an, fingen schließlich an zu weinen, holten sofort den alten Großvater an den Tisch und ließen ihn von nun an immer mitessen, sagten auch nichts, wenn er ein wenig verschüttete.«

»Der alte Großvater und der Enkel«, Gebrüder Grimm

In jeder Kultur, so verschieden sie auch sein mag, streben Eltern und Bezugspersonen in der Erziehung das gleiche Ziel an: Ihre Kinder sollen lernen, wie die Menschen in der Gemeinschaft miteinander umgehen. Sie sollen sich an die Regeln des zwischenmenschlichen Umgangs halten sowie die Wertvorstellungen und Sitten der Gemeinschaft übernehmen.

Die Sozialisierung der Kinder erfolgt dabei weit weniger durch erzieherische Belehrungen als vielmehr durch das Ausrichten an Vorbildern, dem die angeborene Fähigkeit des imitativen oder sozialen Lernens zugrunde liegt.[15] Die Erzählung vom alten Großvater und seinem Enkel veranschaulicht seine Wirkungsweise: Das Kind orientiert sich an den Menschen, mit denen es zusammenlebt, ahmt deren Verhalten nach und verinnerlicht die vorgelebten Werte. Welche zwischenmenschlichen Verhaltensweisen und Moralvorstellungen ein Kind erwirbt, hängt also von seinen Vorbildern ab. Kinder können gar nicht anders werden als ihre Vorbilder. Der Kabarettist Karl Valentin hat es einmal folgendermaßen auf den Punkt gebracht: »Wir können Kinder nicht erziehen; die machen uns eh alles nach.« Manche Anthropologen sind der Ansicht, dass das imitative Lernen wesentlich zur sozialen Evolution des Menschen beigetragen hat,[16] indem es die Tradierung von Verhaltensweisen und Wertvorstellungen von Generation zu Generation möglich machte.

Beim imitativen Lernen spielen die sogenannten Spiegelneuronen eine wichtige Rolle. 1992 haben der Neurophysiologe Giacomo Rizzolatti und seine Mitarbeiter die Hirnströme bei Makaken gemessen, die Nüsse fraßen, und bei Makaken, die den anderen durch eine Glasscheibe beim Fressen zusahen. Dabei stellten die Wissenschaftler fest, dass bei allen Affen die gleichen Hirnareale aktiv wurden, unabhängig davon, ob sie die Handlungen selbst ausführten oder sie nur beobachteten.[17] Seither haben sich zahlreiche Forschergruppen mit dem Phänomen der Spiegelneuronen beschäftigt. Es stellte sich dabei immer mehr heraus, dass es sich bei den Spiegelneuronen um Netzwerke handelt, die nicht nur der Wahrnehmung oder Ausführung von Handlungen dienen. Sie sind darüber hinaus fähig, Verhaltensweisen anderer Menschen nachzuempfinden und zu imitieren. Diese Netzwerke sind eng mit Emotionen und somatisch-vegetativen Funktionen verknüpft, was dazu führt, dass wir, wenn wir beispielsweise einem Menschen beim Essen zusehen, ebenfalls Hunger verspüren.

Kinder kommen mit der Bereitschaft auf die Welt, das Verhalten und die Wertvorstellungen anderer Menschen nachzuahmen und zu verinnerlichen. Schon Neugeborene können den mimischen Ausdruck eines offenen Mundes und einer herausgestreckten Zunge imitieren.[18] Wie in den folgenden Jahren Verhaltensweisen und Handlungen im Verlauf der Entwicklung verinnerlicht werden, kommt im sogenannten Symbolspiel besonders deutlich zum Ausdruck.[19] Mit zwölf bis 15 Monaten beginnt das Kind, sich den funktionellen Gebrauch von Gegenständen durch Nachahmung anzueignen. So versucht es, mit dem Löffel zu essen, während es von der Mutter gefüttert wird (direkte Nachahmung). In den Stunden und Tagen danach spielt es die Situation immer wieder nach, indem es den leeren Löffel zum Mund führt (funktionelles Spiel). Im Alter zwischen 15 und 18 Monaten entwickelt das Kind aus seinem Spiel die ersten symbolischen Vorstellungen.[20] Sie sind unabhängig von den zeitlichen und örtlichen Gegebenheiten und können daher vom Kind auf alle beliebigen Situationen übertragen werden. So führt es eine Handlung wie »mit dem Löffel essen« nicht nur bei sich selbst aus, es füttert auch eine andere Person oder eine Puppe mit dem Löffel (repräsentatives Spiel I). In einem weiteren Schritt stellt es sich vor, dass die Puppe den Löffel selbst benutzt (repräsentatives Spiel II). Im dritten Lebensjahr schließlich ist seine Vorstellungskraft so weit entwickelt, dass das Kind nicht nur einzelne Handlungen, sondern ganze Handlungsabläufe mit einer gemeinsamen Thematik, beispielsweise eine Mahlzeit am Familientisch, nachspielen kann (sequentielles Spiel). Dabei imitiert es nicht irgendeine Verhaltensweise, sondern vorzugsweise solche, die seinem Entwicklungsstand entsprechen. Im Alter von drei bis vier Jahren sind die feinmotorischen Fähigkeiten so entwickelt, dass ein Kind mit seinem Gekritzel die Eltern und Geschwister beim Schreiben nachzuahmen versucht. Im Schulalter bringt das Bedürfnis, zur Gemeinschaft zu gehören, das Kind dazu, soziale Regeln, Wertvorstellungen und ganze

Rollenmuster, etwa von einem bewunderten Freund, zu übernehmen. Je älter es wird, desto wichtiger werden gleichaltrige und etwas ältere Kinder als Vorbilder. Vieles lernt das Kind besser und rascher von anderen Kindern als von Erwachsenen. In der Adoleszenz werden die Gleichaltrigen zum bestimmenden Vorbild, wichtiger als die Eltern und andere Erwachsene.

In den ersten Lebensjahren eignet sich das Kind zwischenmenschliches Verhalten vorzugsweise von den Menschen an, die ihm vertraut sind. Die große emotionale Abhängigkeit von den Eltern verstärkt seine Bereitschaft zusätzlich, sich an ihnen zu orientieren. In seinem Rollenspiel ahmt das Kind mit Vorliebe Personen nach, die es besonders beeindruckt haben, zum Beispiel die Erzieherin in der Kita oder den Doktor beim letzten Arztbesuch. Das Kind übernimmt auch gerne Verhaltensweisen, die Erwachsene und andere Kinder mit Freude oder Begeisterung ausüben und mit denen sie erfolgreich sind. Schließlich wird die Wahl der Vorbilder auch durch den Entwicklungsstand und die individuelle Anlage seiner Fähigkeiten bestimmt. So neigt das Kind dazu, sich an Vorbildern zu orientieren, denen es aufgrund seiner eigenen Begabung nacheifern will, etwa ein berühmter Fußballer oder eine erfolgreiche Tennisspielerin.

Die Bereitschaft, sich an Vorbildern zu orientieren, ist in der Kindheit ausgesprochen stark, wenn auch bei jedem Kind unterschiedlich ausgebildet. Es gibt Kinder, die richten sich in einem fast beängstigenden Ausmaß auf bestimmte Personen, etwa eine Popsängerin, und selbst virtuelle Figuren, etwa Superman, aus. Auch Erwachsene orientieren sich noch an Vorbildern, etwa bei der Wahl ihrer Frisur oder Kleidung oder in ihren politischen Ansichten, indem sie Politikern nacheifern, deren politische Einstellung sie teilen. Jeder, der eine führende Stellung in Schule, Gesellschaft und Wirtschaft einnimmt, sollte sich daher seiner Vorbildfunktion und der damit verbundenen Verantwortung bewusst sein.

Soziale Kognition

Konfuzianismus, 5. Jahrhundert v. Chr.: »Tue anderen nicht, was du nicht möchtest, dass sie dir tun.«

Analekten des Konfuzius 15, 23

Hinduismus, 4. Jahrhundert v. Chr.: »Man soll sich nicht auf eine Weise gegen andere betragen, die einem selbst zuwider ist. Dies ist der Kern aller Moral. Alles andere entspringt selbstsüchtiger Begierde.«

Mahabharata, Anusasana Parva 113, 8; Mencius Vii, A, 4

Judentum, 2. Jahrhundert: »Was dir selbst verhasst ist, das tue nicht deinem Nächsten an. Dies ist das Gesetz, alles andere ist Kommentar.«

Talmud, Shabbat 31a

Christentum, Martin Luther, 16. Jahrhundert: »Was du nicht willst, dass man dir tu, das füg auch keinem andern zu.«

Tobias 4,16 in den Apokryphen; revidierte Ausgabe

Die Goldene Regel kommt in allen großen Kulturen und Religionen der vergangenen 2500 Jahre vor. Ihr liegt eine wunderbare Fähigkeit zugrunde: Der Mensch kann sich in die Gefühle, das Denken und Handeln seiner Mitmenschen einfühlen und vermag zudem einzuschätzen, wie sich sein eigenes Denken und Handeln auf andere auswirkt. Vorstellungen wie die Goldene Regel sind Teil der sozialen Kognition, die in der Evolution aus den elementaren sozialen Kompetenzen hervorgegangen ist.

In der kindlichen Entwicklung reichen die Anfänge der sozialen Kognition bis ins frühe Beziehungsverhalten zurück. Bereits der Säugling lernt, wenn auch noch völlig unbewusst, wie sich sein Verhalten, beispielsweise sein Schreien, auf die Eltern auswirkt und wie sie darauf reagieren. Aus unzähligen zwischenmenschlichen Erfahrungen entsteht im Verlauf der Kindheit ein Verständnis für die Regeln des Beziehungsverhaltens und schließlich auch für Wertvorstellungen wie die Moral, nach denen in einer Gemeinschaft gelebt wird.

Intro- und Extrospektion

Einen ersten bedeutenden Entwicklungsschritt in der sozialen Kognition, eine erste Form von Bewusstseinserweiterung, macht das Kind im Alter von 15 bis 24 Monaten: Es nimmt sich selbst als Person wahr.

Einen zuverlässigen Hinweis darauf, dass die Selbstwahrnehmung eingesetzt hat, liefert der sogenannte Rouge-Test (anfänglich wurde rote Farbe verwendet). Wenn das Kind sich selbst wahrzunehmen beginnt, wird ihm bewusst, dass der Farbfleck nicht in sein Gesicht

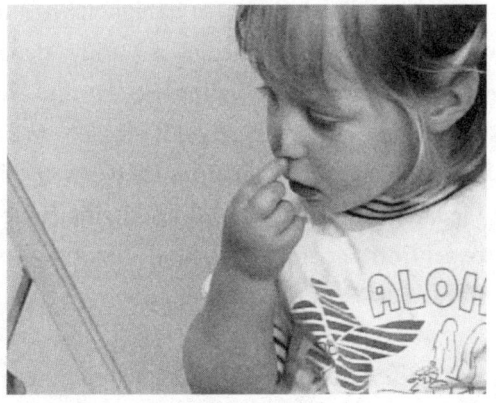

Abb. 5.4:   Rouge-Test. Stephanie, 24 Monate alt, wird unbemerkt ein Farbtupfer auf die Nase gemalt. Dann wird sie vor einen Spiegel gesetzt. Stephanie bemerkt den Farbfleck und greift danach (Zürcher Longitudinalstudie).

gehört.[21] Zunächst wurde der Test bei Menschenaffen angewendet.[22] Schimpansen und Orang-Utans bemerkten den Fleck in ihrem Gesicht, Gorillas und andere Primaten jedoch nicht. Bei Schimpansen wurde zudem festgestellt, dass ein Selbstkonzept ausblieb, wenn die Tiere isoliert aufgezogen wurden. Die Entwicklung des Selbstkonzeptes ist an soziale Erfahrungen gebunden: Nur in der Gemeinschaft kann sich das Selbst entwickeln.

In den folgenden Jahren begreift sich das Kind immer umfassender als eigenständige Person und vermag sich auch immer besser von anderen abzugrenzen, was es auch sprachlich zum Ausdruck bringt. Es beginnt die Ich-, Du- und Wir-Form zu benutzen. Mit zwei Worten, die das Kind in diesem Alter besonders gerne gebraucht, bringt es seine erwachende Identität zum Ausdruck: »Ich will.« Es geht anfänglich davon aus, dass alle Menschen so über die Welt denken und fühlen wie es selbst (Egozentrismus nach Piaget). Mit etwa vier Jahren schafft es einen weiteren wichtigen Entwicklungsschritt: Es beginnt, sich in die Emotionen anderer Menschen einzufühlen sowie ihre Gedanken und Denkweisen nachzuvollziehen. Diese Fähigkeit wird in der Psychologie »Theorie des Denkens« (»Theory of Mind«) genannt.[23] Auf diese Art lernt es, die Emotionen, Verhaltensweisen und Handlungen anderer zu verstehen und von den eigenen Gefühlen und Gedanken abzugrenzen. Die Fähigkeit zur Einsicht in die eigene Befindlichkeit und die eigenen Gedanken (Introspektion) und in diejenigen der Mitmenschen (Extrospektion) ist eine der Grundvoraussetzungen dafür, dass sich ein differenziertes Beziehungsverhalten überhaupt entwickeln kann.

Im mittleren Schulalter entwickeln Kinder eine »innere Sprache«. Waren sie sich ihrer Gefühle und Gedanken bislang nur punktuell bewusst, leben sie von nun an zunehmend in einem ständigen Strom bewussten Erlebens, in dem sie die eigenen Gedanken, Gefühle und Handlungen wahrnehmen und auch hinterfragen.[24] Sie beginnen, mit älteren Kindern und Erwachsenen über ihre Vorstellungen zu sprechen, und eignen sich neue Sichtweisen an.

Wie stark sich die soziale Kognition im Lauf der Kindheit ausdifferenziert, zeigt sich besonders eindrücklich an der Unterscheidung von Witz und Ironie. In den ersten Lebensjahren glauben Kinder alles, was ihnen gesagt wird. Sie können auch nicht lügen, das heißt bewusst etwas Falsches sagen. Erst die Fähigkeit, eine falsche Annahme als solche zu erkennen, ermöglicht es ihnen, eine Lüge zu durchschauen und andere vorsätzlich zu täuschen. Diese Fähigkeit stellt sich frühestens im Alter von fünf Jahren ein.[25] Jetzt begreifen Kinder, dass lügen heißt, etwas zu sagen, von dem man nachweislich weiß, dass es falsch ist. Nun können sie auch verstehen, was es bedeutet, ehrlich zu sein. Witz und Ironie jedoch nehmen sie immer noch für bare Münze. Erst nach dem sechsten Lebensjahr beginnen Kinder ein Verständnis für Witz und oftmals erst Jahre später auch für Ironie zu entwickeln.[26] Es ist eine erstaunliche geistige Leistung, den feinen Unterschied zwischen Ironie und Witz auf der einen und Lüge auf der anderen Seite zu begreifen, der lediglich darin besteht, dass der Zuhörer bei Ersterem durch eine Pointe überrascht, aber nicht getäuscht werden soll. Dafür braucht es eine Art Metaverständnis, unter welchen Bedingungen eine Aussage vom Zuhörer als richtig oder falsch verstanden wird. Dieses Verständnis entwickelt sich bei Kindern unterschiedlich rasch und ist selbst bei Erwachsenen verschieden stark ausgeprägt.

Die Fähigkeit, sich in die Gefühle und Gedanken, Absichten und Erwartungen seiner Mitmenschen einzufühlen, ist angeboren. Wie das Kind sie anwendet, ist jedoch erworben. So hängt die Art und Weise, wie es später Intro- und Extrospektion benutzt und welche Verhaltensweisen und Wertvorstellungen es übernimmt, sehr von seinen Kindheitserfahrungen ab. Wenn Eltern und Lehrer einfühlsam mit ihm umgehen, seine Gefühle und Gedanken respektieren, wird es mit seinen Mitmenschen genauso umgehen und sich empathisch verhalten. Muss das Kind jedoch erleben, dass seine Gefühle missachtet, seine Gedanken entwertet und seine Anliegen und Wünsche nicht respektiert werden, wird es anderen Kindern und Erwachsenen mit Misstrauen begegnen. Je nachdem, welche Verhaltensweisen und Werte einem Kind vorgelebt werden, verhält es sich später den Mitmenschen gegenüber empathisch oder aber versucht, sie auszunutzen und zu manipulieren.

Wie sich Moral entwickelt

Moralvorstellungen sind immer Ausdruck der kulturellen Gegebenheiten und können nie einem allgemeinen Wahrheitsanspruch genügen. So hat die Entwicklungspsychologin Helen Keller[27] darauf hingewiesen, dass in westlichen Gesellschaften, in denen eine individualistische Lebensweise vorherrscht, andere Moralvorstellungen gelebt werden als in den kollektivistischen Gesellschaften asiatischer Länder. Psychologen und Pädagogen haben in zahlreichen Studien dennoch versucht, eine gemeinsame Grundlage für die unterschiedlichen Vorstellungen von Moral zu finden. So hat Lawrence Kohlberg die Moralentwicklung detailliert erforscht und eine Abfolge von Entwicklungsstadien beschrieben, welche Kinder unabhängig von der Kultur, in der sie aufwachsen, durchlaufen.[28] In den ersten Lebensjahren macht das Kind die Erfahrung, dass bestimmte Verhaltensweisen erwünscht und andere unerwünscht oder gar strengstens verboten sind und auch geahndet werden, etwa an einer elektrischen Steckdose herumzufingern (Gehorsam und Strafe). Wenn das Kind mit vier Jahren fähig ist, sich in andere Menschen einzufühlen, lernt es: Wie ich dir, so du mir. Schlage ich ein anderes Kind, will es nicht mehr mit mir spielen. Das Kind realisiert, dass die Art und Weise, wie es mit anderen Menschen umgeht, auf es selbst zurückwirkt (gegenseitiges Einvernehmen). Aus diesen Erfahrungen von Gehorsam und Strafe sowie gegenseitigem Einvernehmen entstehen im Alter von vier bis sechs Jahren erste Vorstellungen von Gut, was man tun soll, und Böse, was man nicht tun darf. Damit erwacht im Kind ein großes Interesse an Märchen, in denen menschliche Verhaltensweisen in unzähligen Varianten von Gut und Böse erzählt werden. Im Vorschulalter herrscht nach Kohlberg eine Autoritätsmoral, die sich an Gehorsam, Lob und Strafe orientiert. Eine anfänglich reine Schwarzweißvorstellung von Erlaubtem und Verbotenem differenziert sich in den folgenden Jahren immer weiter aus, indem das Kind menschliche Charakterzüge, unterschiedliche Verhaltensweisen und Lebenssituationen in sein Denken einbezieht.

Im Schulalter wird die Moral zunehmend vom Umgang mit den anderen Kindern geprägt. Das Kind übernimmt die Regeln und Rituale, die in der Gruppe gültig sind (Regeln der Gemeinschaft). Will es mitspielen, muss es sich an die Vorgaben der Gruppe halten. Indem es sich einordnet, bemüht es sich um soziale Akzeptanz und Zustimmung für seine Person und sein Handeln. Eltern und Lehrer setzen ihre Autorität ein, um beim Kind ein Bewusstsein für Pflichterfüllung zu wecken. So soll es lernen, was Ordnung bedeutet, etwa Müll nicht auf den Pausenhof, sondern in den Abfalleimer zu werfen. Nach dem zehnten Lebensjahr verinnerlicht das Kind zunehmend die Regeln, die in der Gesellschaft gelten (Recht und Ordnung, »Law and Order«). Es entwickelt daraus allmählich ein Verständnis für gesellschaftliche Strukturen und staatliche Einrichtungen. Die Polizei garantiert Schutz vor Gewalt, und die Gerichte setzen Gerechtigkeit durch. Es entsteht eine Art Grundsatzmoral, die auf der Konformität der eigenen Vorstellungen mit den herrschenden Normen, Rechten und Pflichten zum Wohl der Gesellschaft beruht.

In der Adoleszenz stellt sich schließlich eine allgemeingültige Moral ein. Ethische Werte wie Freiheit oder Gerechtigkeit sollen nicht nur für die eigene Lebensgemeinschaft oder die ganze Gesellschaft, sondern für alle Menschen und im Idealfall für sämtliche Lebewesen auf der Welt gelten (universelle Ethik). Zu allen Zeiten waren junge Erwachsene für eine solche absolute Moral besonders empfänglich. Hypersensibel achtete Goethes Werther beim Gehen peinlichst darauf, nicht auf ein herumkriechendes Insekt zu treten. Heute setzt sich die junge Generation weit mehr als die ältere für die Bekämpfung von Armut, für Frieden und gegen Krieg, für den Artenschutz von Pflanzen und Tieren sowie den Klimaschutz ein. Sie fordert eine Moral, die sich am Gewissen und an allgemeingültigen ethischen Prinzipien

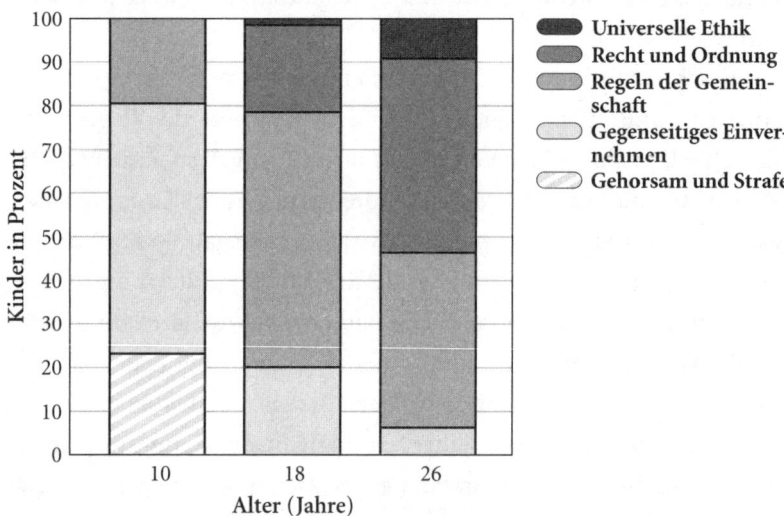

Abb. 5.5: Die Moralentwicklung. Gehorsam und Strafe: Das Kind orientiert sich an erzieherischen Vorgaben. Gegenseitiges Einvernehmen: Das Kind realisiert, dass sein Verhalten andere beeinflusst und deren Verhalten wiederum zurückwirkt. Regeln der Gemeinschaft: Das Kind begreift einfache Verhaltensregeln in der Gemeinschaft. Recht und Ordnung: Der Jugendliche hält sich an die Regeln, die in der Gesellschaft Gültigkeit haben. Universelle Ethik: Der junge Erwachsene vertritt eine Ethik, die für die ganze Menschheit Gültigkeit haben soll (Kohlberg 1976).

orientiert und die alle Menschen und möglichst alle Lebewesen einschließt.

In allen Altersperioden herrschen unterschiedliche Moralvorstellungen. So ist das ethische Bewusstsein bei Jugendlichen und Erwachsenen verschieden stark ausgeprägt. Nur eine kleine Minderheit orientiert sich an einer universellen Ethik. Die meisten Menschen halten sich an eine Moral von Recht und Ordnung, die in der Gesellschaft Gültigkeit hat, in der sie leben, oder gar nur an Regeln, die das zwischenmenschliche Verhalten in der eigenen Lebensgemeinschaft bestimmen (Clan-Verhalten). Und die unterschiedlichen moralischen Vorstellungen finden ihren Niederschlag dann schließlich auch in divergierenden politischen Überzeugungen.

Das Modell der Moralentwicklung von Kohlberg blieb nicht unwidersprochen. Die Psychologin Carol Gilligan störte sich zu Recht daran, dass in allen wissenschaftlichen Studien, die Kohlbergs Stufenmodell anwandten, Jungen deutlich bessere Testresultate erbrachten als Mädchen.[29] Dass das weibliche Geschlecht in Kohlbergs Studien als defizitär erschien, führt sie auf die Konzeption des Tests zurück. Die Kontroverse entzündete sich an Testaufgaben wie dem Heinz-Dilemma:

Die Frau von Heinz ist sterbenskrank. Der einzige Apotheker der Stadt hat ein Medikament entwickelt, das die Frau heilen könnte. Er will das Medikament aber nur für den zehnfachen Preis, den ihn die Herstellung des Medikamentes gekostet hat, verkaufen. Trotz zahlreicher Bemühungen gelingt es Heinz nicht, ausreichend Geld zu beschaffen, um das Medikament kaufen zu können. Verzweifelt bricht Heinz in die Apotheke ein und stiehlt das Medikament für seine Frau.

In den Studien neigten die Jungen dazu, den Diebstahl des Medikamentes zu rechtfertigen, da Heinz so das Leben seiner Frau retten könne. Mädchen plädierten dafür, an das Verantwortungsgefühl des Apothekers zu appellieren, um ihn zum Einlenken zu bewegen, oder aber bei den Menschen in der Nachbarschaft eine Geldsammlung durchzuführen. Gilligan setzte Kohlbergs Moralvorstellung, die in erster Linie auf dem Prinzip Gerechtigkeit beruht, eine Moral der Fürsorge entgegen. Diese Moral hat ihre Wurzeln in der Familie und ist auf die Bedürfnisse von Kindern ausgerichtet, soll aber auch allen Schwachen, Kranken wie sozial Benachteiligten in der Gesellschaft und weltweit zugutekommen.

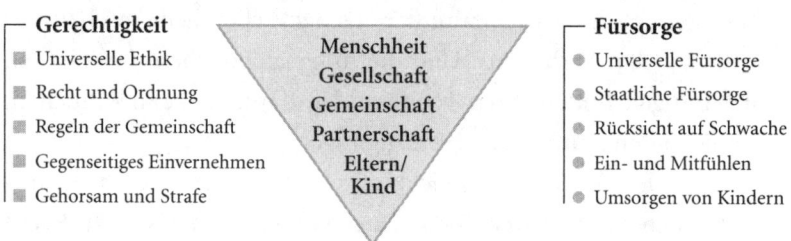

Gerechtigkeit
▨ Universelle Ethik
▨ Recht und Ordnung
▨ Regeln der Gemeinschaft
▨ Gegenseitiges Einvernehmen
▨ Gehorsam und Strafe

Menschheit
Gesellschaft
Gemeinschaft
Partnerschaft
Eltern/
Kind

Fürsorge
● Universelle Fürsorge
● Staatliche Fürsorge
● Rücksicht auf Schwache
● Ein- und Mitfühlen
● Umsorgen von Kindern

Abb. 5.6: Eine Moral von Gerechtigkeit und Fürsorge.

Beide Vorstellungen spiegeln von der Familie bis zur ganzen Menschheit unterschiedliche Aspekte der Moral wider. Die Moral der Gerechtigkeit (Tu nichts Böses!) beruht hauptsächlich auf Anweisungen und Verboten, die den zwischenmenschlichen Umgang regeln sollen. Ein klassisches Beispiel dafür sind die Zehn Gebote. Eine moderne Form von Gerechtigkeit beschreibt der Philosoph John Rawls in seinem Standardwerk »Eine Theorie der Gerechtigkeit«. Er stellt darin Gerechtigkeit als eine Tugend dar, der in den Institutionen von Gesellschaft und Wirtschaft so nachgelebt werden soll, dass die Freiheit des Einzelnen nicht verletzt wird.[30] Diese Art von Moral scheint eher einem männlichen Denken zu entsprechen. Die Moral der Fürsorge (Tu Gutes!) dagegen entsteht aus dem fürsorglichen Verhalten, das sich an den Bedürfnissen der Mitmenschen orientiert. Sie wird vor allem, aber längst nicht ausschließlich von Frauen gelebt. Die Goldene Regel wird dann zu einer Moral von Gerechtigkeit und Fürsorge, wenn wir sie folgendermaßen anpassen: »Geh mit den anderen Menschen so um, wie du möchtest, dass sie mir dir umgehen.«

Sprachliche Kompetenzen

»Aufsteigt der Strahl und fallend gießt
Er voll der Marmorschale Rund,
Die, sich verschleiernd, überfließt
In einer zweiten Schale Grund;
Die zweite gibt, sie wird zu reich,
Der dritten wallend ihre Flut,
Und jede nimmt und gibt zugleich
Und strömt und ruht.«

»Der römische Brunnen«, Conrad Ferdinand Meyer

Das Gedicht von Conrad Ferdinand Meyer vereinigt alle Elemente der Sprache auf das wunderbarste. Die Wahl der Worte, der Rhythmus und die Melodie der Verse und auch der Aufbau des Gedichts lassen in uns ein inneres Bild mit den dazugehörigen Empfindungen entstehen. Die Sprache als etwas zutiefst Menschliches hat auf die Menschen seit jeher in allen Kulturen eine große Faszination ausgeübt. Ja, wir glauben sogar, uns selbst besser zu verstehen, wenn wir das Wesen von Sprache begreifen.

Die menschliche Sprache ist weit mehr als nur eine Form der Kommunikation. Tiere kommunizieren auch, haben aber keine Sprache. Die Amsel sucht sich mit ihrem Gesang einen Partner, das Piepsen der Jungen motiviert sie, Nahrung herbeizuschaffen. Mit lautem Geschrei wehrt sie andere Vögel ab, die in ihr Territorium einzudringen versuchen. Die Kommunikation unter Tieren besteht aus Signalen, die entweder durch einen inneren Reiz (Partnersuche) oder durch einen äußeren Reiz (Piepsen der Jungen oder das Erscheinen eines Eindringlings) ausgelöst werden. Tiere vermitteln einander Botschaften, die Bedürfnisse ausdrücken oder Verhaltensweisen wie Aggression oder Flucht auslösen. Die menschliche Sprache hingegen besteht aus weit mehr als dem Vermitteln von Signalen. Sie ist Kommunikation mit Symbolcharakter. Sie ermöglicht uns, Informationen mit ganz unterschiedlichem Inhalt auszutauschen, und dies unabhängig von den jeweiligen inneren und äußeren Gegebenheiten.

Eine Sonderstellung unter den Tieren nehmen unsere nächsten Verwandten, die Menschenaffen ein. Es ist seit langem bekannt, dass sie fähig sind, sich Sprache mit Symbolcharakter begrenzt anzueignen. So sind Schimpansen imstande, Gebärden- und Zeichensprache zu lesen und auch anzuwenden.[31] Dennoch bleiben ihre sprachlichen Möglichkeiten bei aller Förderung bescheiden; ihr Sprachverständnis und Ausdrucksvermögen erreichen im besten Fall den sprachlichen Entwicklungsstand eines zweijährigen Kindes.[32] Neueste Studien belegen allerdings, dass freilebende Schimpansen bis zu 66 speziesspezifische Gebärden auf kommunikative Weise anwenden.[33] Die Anfänge der menschlichen Sprache reichen vielleicht doch weiter zurück als wir bisher angenommen haben.

Die Elemente der Sprache

Der Mensch verfügt über ein hochspezialisiertes Gehör und zwei außerordentlich gut ausgebildete Sprachzentren. Das eine Zentrum dient dem Sprachverständnis; es liegt im Schläfenlappen des Gehirns und wird nach seinem Entdecker das Wernicke-Areal genannt. Im anderen Zentrum wird die gesprochene Sprache erzeugt. Es befindet sich im Frontallappen und wird nach seinem Entdecker als Broca-Areal bezeichnet. Die Ausbildung von zwei hochdifferenzierten Sprachzentren und deren weitverzweigte Vernetzungen mit anderen Hirnarealen ist ein deutlicher Hinweis darauf, dass die menschliche Sprache bereits vor sehr langer Zeit entstanden sein muss (Teil I).

Um symbolische Vorstellungen austauschen zu können, sind wir auf ein differenziertes sprachliches Regelwerk angewiesen. So bilden sich aus Lauten Wörter, die mit symbolischen Vorstellungen wie »Kind« verknüpft werden. Die Aussagekraft einzelner Wörter wird auf verschiedene Weise zusätzlich vergrößert, beispielsweise durch die Bildung von Ein- und Mehrzahl wie »Kind« und »Kinder« (Grammatik). Die Worte werden in Wortkategorien wie Substantiv und

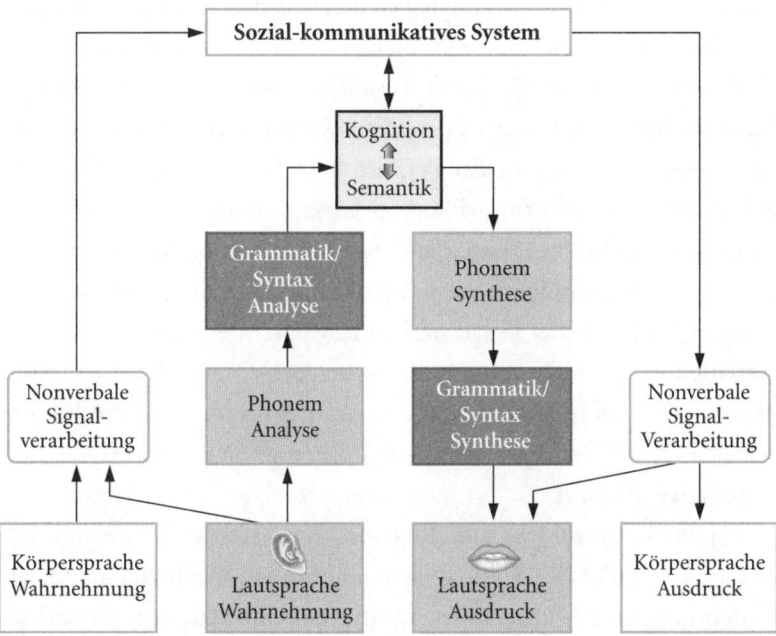

Abb. 5.7: Die Kommunikation des Menschen. Weiß: Sozial-kommunikatives System, Pragmatik; hellgrau: Phonologie; dunkelgrau: Grammatik und Syntax; gerahmt: Semantik und Lexik.

Verb zusammengefasst. Die Wortkategorien wiederum gehorchen bestimmten Regeln, wie sie in der zeitlichen Abfolge verwendet werden sollen, zum Beispiel Subjekt-Verb-Objekt wie »Kind liebt Teddybär« (Syntax). Erst durch diese formalen Gesetzmäßigkeiten erhält die Sprache ihre große Aussagekraft. Der amerikanische Sprachwissenschaftler Noam Chomsky prägte in den 1960er Jahren für dieses sinnstiftende Regelwerk den Begriff »Tiefenstruktur der Sprache«.[34] Er hat auch darauf hingewiesen, dass das Kind mit einer Prädisposition, die Struktur der Sprache wahrzunehmen, auf die Welt kommt. Anders gesagt: Das Kind hat eine angeborene Fähigkeit, die Ordnung, die einer Sprache innewohnt, zu erschließen und anzuwenden.

Derzeit werden auf der Welt noch etwa 3000 Sprachen gesprochen. Alle von ihnen beruhen auf den gleichen neurobiologischen Grundlagen, die sich aus den folgenden Elementen zusammensetzen:

Wahrnehmung und Bildung von Sprachlauten (Phonologie). Sprachlaute werden vom Gehirn grundlegend anders verarbeitet als Töne und Geräusche (kategorische Perzeption).[35] Die unterschiedliche Verarbeitung erklärt, warum wir auf Sprachlaute anders reagieren als auf Töne und Geräusche. Sprachlaute werden von allen Menschen nach den gleichen phonologischen Regeln analysiert und gebildet. Der Sprachwissenschaftler Lisker und seine Mitarbeiter haben elf sehr unterschiedliche Sprachen wie Italienisch, Deutsch und Finnisch untersucht und dabei festgestellt, dass die Wahrnehmung und Produktion von Lauten in allen Sprachen den gleichen phonetischen Gesetzmäßigkeiten unterliegt.[36]

Rhythmus, Lautstärke und Tonhöhe beim Sprechen (Prosodie). Die Prosodie verleiht der Sprache ihre emotionale Qualität und soziale Bedeutung. Eine Mutter spürt intuitiv, dass ihr Säugling aufmerksamer zuhört, wenn sie ihrer Stimme folgende Eigenschaften verleiht: hohe, wechselnde Tonlage, singender Charakter und verlangsamter Sprachfluss. Durch vielfaches Wiederholen des Gesprochenen mit kleinen Variationen von Inhalt, Tonhöhe und zeitlichem Ablauf kann sie die Wirkung beim Kind zusätzlich verstärken.

Verständnis für und Bildung von Worten und Satzstellungen (Grammatik und Syntax). Die Ausbildung der einzelnen Worte und ihre Abfolge in Sätzen folgen strengen formalen Gesetzmäßigkeiten, die eine verlässliche Zuschreibung von symbolischen Inhalten erst möglich machen.

In den ersten Lebensjahren erbringen Kinder beim Spracherwerb Leistungen, zu denen Erwachsene nur noch ausnahmsweise fähig sind. Selbst ein einfacher Satz wie »Urs füttert die Katze« stellt an das Sprachverständnis eines Kleinkindes höchste Anforderungen. Es muss aus der Abfolge von Lauten die Wörter heraushören und mindestens zwei Wortklassen unterscheiden: Substantive wie »Urs« und »Katze«, die sich auf Tier und Person beziehen, und Verben wie »füttern«, die eine Tätigkeit bezeichnen. Das Kind begreift, dass Verben wie »füttern« in ihrer Form von einem Subjekt wie »Urs« bestimmt werden und sich auf ein Objekt wie »Katze« beziehen. Das alles findet das Kind selbst heraus. Eltern würde es nie einfallen, ihrem Kind diesen Zusammenhang zu erklären: »Schau, ein einfacher Satz besteht aus einem Subjekt, einem Verb und einem Objekt.« Aber ein Kind ist noch zu weit mehr fähig. Es lernt Einzahl und Mehrzahl anzuwenden, zu deklinieren und zu konjugieren sowie die verschiedenen Zeitformen der Verben zu bilden.

Das Kind eignet sich eine Sprache also nicht durch Nachahmung an. Wäre dies der Fall, müsste es alle Sätze, die es auch in Zukunft verwendet, zuvor mindestens einmal gehört haben. Es bleibt ein kleines Wunder, wie schnell Kinder die vielfältigen Regeln der Wortbildung und des Satzbaus begreifen. Und wohlgemerkt: selbständig und ohne sich die Regeln je bewusst gemacht zu haben!

Wortbedeutung und Wortschatz (Semantik und Lexik). Die Regeln der gesprochenen Sprache zu kennen macht ein Kind noch nicht sprachkompetent. Dafür muss es den Inhalt von Worten und Sätzen begreifen. Der Sinn gehörter Worte soll erfasst und eigene Gedanken ausgedrückt werden. Sagt eine Mutter zu ihrem dreijährigen Sohn: »Dein Auto liegt unter deinem Bett«, so muss er nicht nur wissen, welches unter all den Gegenständen, die in der Wohnung vorhanden sind, das Auto beziehungsweise das Bett ist. Er muss auch die Bedeutung der Wörter »dein und deinem« sowie »unter« verstehen. Dies setzt ein Verständnis für personale Zuschreibungen und eine räumliche Vorstellungskraft voraus. Nur so begreift das Kind, welches Bett gemeint ist und in welcher räumlichen Beziehung Auto und Bett zueinander stehen: Das Auto ist nicht unter irgendeinem, sondern unter seinem Bett, und nicht auf, hinter oder neben, sondern unter dem Bett.[37]

Wie präzise inhaltliche Angaben sein können, zeigt sich an einem Wort wie »Krug«. Wir verstehen darunter einen Gegenstand, der von unterschiedlicher Form und Größe sein kann, aber bestimmte Eigenschaften aufweisen muss. So ist eine Flasche kein Krug, weil ihr der Henkel fehlt, und eine Tasse ebenfalls nicht, weil sie keinen Ausguss aufweist. Ein weiteres Merkmal von Worten ist, dass sie miteinander kombiniert und in einem immer neuen Zusammenhang verwendet werden können, beispielsweise in einem übertragenen Sinn: »Der Krug geht so lange zum Brunnen, bis er bricht.«

Anwendung der Sprache (Pragmatik). Je nach der Person, die wir ansprechen, und der Situation, in der wir uns befinden, wenden wir Sprache unterschiedlich an. Wenn wir zu einem Kleinkind sprechen, gebrauchen wir weniger Worte und bilden einfachere Sätze, als wenn wir uns an ein Schulkind oder einen Erwachsenen wenden. Wir passen auch die Wortwahl an und benutzen verstärkt die Elemente der nonverbalen Kommunikationen wie etwa die Mimik.

Die Paradedisziplin der Pragmatik ist der Smalltalk, die hohe Kunst der Geselligkeit. Es geht dabei kaum um einen Informationsaustausch, eine ernsthafte Diskussion oder gar um tiefsinnige Erörterungen. Der Smalltalk dient ausschließlich der Beziehungspflege: Man zeigt dem Gesprächspartner, dass man am Kontakt interessiert ist. Man will Distanz überwinden, sich sozial und emotional näherkommen. Und man will schlichtweg eine gute Zeit miteinander verbringen.

Unsere Alltagssprache ist bei weitem nicht so ausgefeilt wie die Lyrik von Conrad Ferdinand Meyer. Dennoch dürfen wir stolz auf unsere sprachlichen Kompetenzen sein. Allein schon die Fähigkeit, die Feinheiten seines Gedichtes zu erfassen, zeugt von einem beeindruckenden Sprachvermögen.

Wie das Kind zur Sprache kommt

Die Sprache ist während der Evolution aus der nonverbalen Kommunikation (Körpersprache) in Verbindung mit den kognitiven Fähigkeiten und dem Beziehungsverhalten hervorgegangen. Dieser Vorgang wiederholt sich in der Entwicklung jedes Kindes. In den ersten zwei Lebensjahren kommunizieren Kind und Eltern fast ausschließlich über die Körpersprache. Wenn eine Mutter zu ihrem Säugling spricht, ist – wie bereits erwähnt – der Inhalt ihrer Worte für das Kind noch kaum von Bedeutung. Die Mutter achtet vielmehr auf die Tonlage, die Melodie und den Ausdruck ihrer Stimme. Der Säugling wiederum teilt sein Befinden der Mutter mit seiner Mimik und seinem Blick- und Schreiverhalten mit. Eingebettet in die Körpersprache entwickelt sich allmählich die gesprochene Sprache.

Kleine Kinder sind eigentlich Lerngenies. Sie können sich jede Sprache, die auf der Welt gesprochen wird, aneignen. Sie hören sich dabei regelrecht in die Sprache ihrer sozialen Umgebung hinein und passen ihre Lautproduktion an sie an. Aus den langen Lautfolgen, die sie zu hören bekommen, picken sie die Wörter heraus und begreifen allmählich ihre Bedeutung. In den ersten Lebensjahren erwerben

Kinder jeden Tag mehrere neue Worte. Mit zwei Jahren bilden sie Zwei-Wort-Sätze und mit drei bis vier Jahren Mehr-Wort-Sätze. Im Alter von fünf Jahren können sich die meisten Kinder in vollständigen Sätzen ausdrücken. Ihr Wortverständnis umfasst etwa 4000 Wörter.[38]

Dieser höchst anspruchsvolle Prozess des Spracherwerbs kann nur gelingen, wenn das Kind in einem ständigen Austausch mit Eltern, Bezugspersonen und vor allem anderen Kindern ist. Dabei genügt es nicht, Sprache nur zu hören. Das Kind muss Sprache konkret erleben, das heißt, Sprache muss mit ganzheitlichen Erfahrungen verknüpft sein. Nur wenn das Kind das Gehörte mit Personen und Gegenständen, Handlungen, Emotionen und Situationen unmittelbar verbinden kann, lernt es, Sprache zu verstehen und schließlich auch zu sprechen. Die Sprache muss also in den Alltag des Kindes eingebettet sein und in einem direkten Bezug zu seinen Erfahrungen stehen. Eltern müssen ihrem Kind daher Sprache nicht »beibringen«. Es genügt, wenn sie ihm sinnbezogene Erfahrungen mit der Sprache ermöglichen. Im Gegensatz zu Erwachsenen lernen die meisten Kinder auch eine Zweit- und Drittsprache auf diese Weise perfekt, wenn auch mit einer gewissen zeitlichen Verzögerung. Die Art, wie Kinder eine Sprache erlernen, wird als synthetischer Spracherwerb bezeichnet.

Die Fähigkeit, eine Sprache synthetisch zu erlernen, erreicht bereits in den ersten Lebensjahren ihr Optimum. Sie nimmt im Schulalter immer mehr ab und kommt in der Pubertät weitgehend zum Erliegen.[39] Die meisten Erwachsenen können eine Sprache nicht mehr ganzheitlich wie Kinder lernen; sie müssen sie sich durch Auswendiglernen von Wörtern und den formalen Elementen der Sprache wie Grammatik und Syntax oft mühsam aneignen. Dieser als analytisch bezeichnete Spracherwerb führt meist nur noch zu einer beschränkten Sprachkompetenz, die charakteristischerweise mit einem Akzent behaftet ist. Allerdings gibt es Erwachsene, die die Fähigkeit, sich eine

Sprache ohne Sprachkurse zu besuchen, einfach im Austausch mit anderen Menschen, anzueignen, bewahrt haben. Doch sie sind beneidenswerte Ausnahmen.

Bis ins Alter von zehn bis zwölf Jahren sind die Regeln der Grammatik und Syntax für die meisten Kinder ein Buch mit sieben Siegeln. Erst in der Pubertät stellt sich mit dem Einsetzen des abstrakten Denkens ein Verständnis für die Gesetzmäßigkeiten der Sprache und damit auch die Fähigkeit, eine Sprache analytisch zu erwerben, ein.

Für den Erwerb der Schriftsprache müssen nicht nur die Grundfunktionen der Sprache ausreichend ausgebildet sein. Um lesen zu lernen, benötigt das Kind auch figural-räumliche Kompetenzen, die

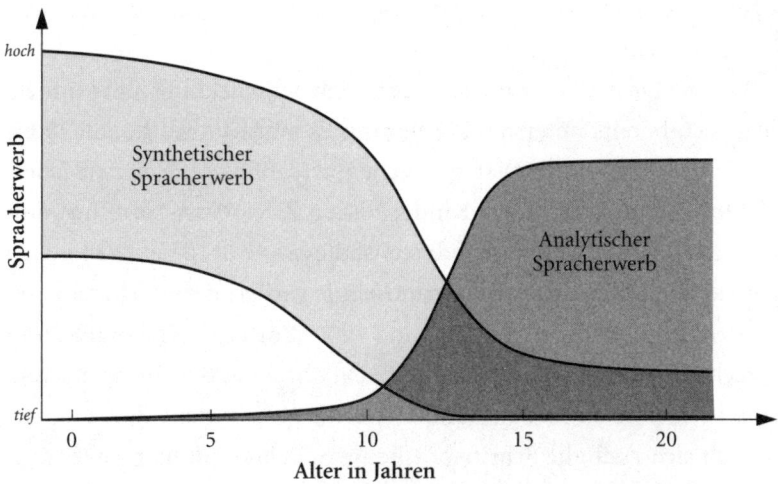

Abb. 5.8: Synthetischer und analytischer Spracherwerb. Dargestellt sind der Verlauf und die Variabilität des Spracherwerbs. Synthetisch: Das Kind eignet sich eine Sprache unbewusst an, indem es Gehörtes mit den Erfahrungen und nonverbalen Signalen und Erfahrungen verbindet, die es mit Personen, Gegenständen und Handlungen macht. Analytisch: Der Erwachsene eignet sich Sprache bewusst an, indem er Wortschatz und formale Elemente der Sprache wie Grammatik und Syntax auswendig lernt.

es befähigen, die einzelnen Buchstaben zu erkennen und zuverlässig auseinanderzuhalten, beispielsweise die Buchstaben b und d. Für das Schreiben braucht das Kind zudem ausreichend entwickelte feinmotorische Fähigkeiten.

Die Vielfalt der Sprachkompetenzen

Die Fähigkeit, eine Sprache synthetisch zu erwerben, ist unter den Kindern sehr unterschiedlich angelegt. Dies gilt genauso für den analytischen Spracherwerb im Jugend- und Erwachsenenalter. Nicht nur die Sprache als Ganzes, sondern auch ihre Elemente wie Artikulation und Semantik können beim einzelnen Menschen unterschiedlich ausgebildet sein. So kann ein Mensch stottern, vermag sich dennoch inhaltlich sehr gut auszudrücken.

Wie groß die Unterschiede in der Sprachentwicklung sein können, zeigt sich bereits im ersten Lebensjahr. Es gibt Kinder, die mit 10 bis 12 Monaten die ersten Worte sprechen, andere nicht, bevor sie 28 bis 32 Monate alt sind. Einige Kinder bilden Zwei-Wort-Sätze im Alter von 15 bis 24 Monaten, bei anderen ist dies erst mit 30 bis 42 Monaten der Fall. Beim Eintritt in die Grundschule variiert der Wortschatz unter den Schülern zwischen 1500 und 7000 Wörtern. Die einen Kinder sprechen schon so differenziert wie Achtjährige, andere bringen kaum einen fehlerfreien Satz zustande. Wie die gesprochene Sprache entwickelt sich auch die Schriftsprache im Schulalter immer weiter auseinander (siehe Graphik Seite 255). Im neunten Schuljahr erbringen manche Schüler im Lesen und Schreiben Leistungen, die weit über die durchschnittlichen Fähigkeiten von Erwachsenen hinausreichen, während andere Schüler nicht über die Stufe der vierten bis fünften Klasse hinausgekommen sind. Es erstaunt daher nicht, dass die Kompetenzen der Schriftsprache unter Erwachsenen sehr unterschiedlich ausgebildet sind. So gibt es Erwachsene, die mehrere Sprachen perfekt beherrschen, andere verfügen selbst in ihrer Erstsprache nur über eine beschränkte Kompetenz.

Wie bei den sozialen Kompetenzen gibt es auch bei der Sprache einen kleinen Geschlechtsunterschied. Mädchen weisen eine leicht höhere Sprachkompetenz auf als Jungen. Die mittlere Differenz zwischen den Geschlechtern ist jedoch um ein Vielfaches kleiner als die Unterschiede zwischen dem jeweils besten und schwächsten Jungen beziehungsweise dem besten und schwächsten Mädchen.

Sprache war zu allen Zeiten und in allen Kulturen von großer Bedeutung. Nie zuvor wurde aber ein Zeitalter derart von der Kommunikation beherrscht wie das unsrige. Die Medien und der elektronische Informationsaustausch durchdringen unser Privatleben genauso wie die Arbeitswelt. 70 Prozent der Menschen finden ihr Auskommen in der Dienstleistungswirtschaft, die hauptsächlich auf einem Austausch von Informationen beruht. In der modernen Gesellschaft bestimmt die Ausgestaltung der kommunikativen Kompetenzen, neben den sozialen, in hohem Maß die individuellen Entfaltungsmöglichkeiten und damit auch das Leben der Menschen.

Musikalische Kompetenzen

»Die Musik drückt das aus, was nicht gesagt werden kann
und worüber zu schweigen unmöglich ist.«

Victor Hugo

Das Singen der Mutter beruhigt den Säugling, die Blechkapelle gibt den Soldaten den Marschrhythmus vor, der Popsänger weckt eine unbändige Lebensfreude bei den Teenagern, und der Kirchenchor bringt Frieden in die Seelen der Gläubigen. Die Eigenheit und Kraft der Musik liegt darin, dass sie Emotionen unterschiedlichster Art, mannigfaltige Stimmungen und verborgene Sehnsüchte oftmals besser hervorzurufen vermag als das gesprochene Wort und jede andere Form der Kommunikation. Sie wirkt wie ein Katalysator auf unser Gefühlsleben und weckt ein starkes Verlangen nach Zusammengehörigkeit.

Wann unsere Vorfahren begonnen haben, zu singen, zu tanzen und Musik zu machen, wissen wir nicht. Immerhin sind die frühesten Musikinstrumente, die von Archäologen gefunden wurden, etwa 40 000 Jahre alt (Teil I). Gesungen und getanzt haben unsere Vorfahren aber vielleicht bereits vor weit mehr als 100 000 Jahren. Vieles spricht dafür, dass die musikalischen Kompetenzen ursprünglich – genauso wie die melodischen und rhythmischen Anteile der Sprache (Prosodie) – aus Elementen der nonverbalen Kommunikation hervorgegangen sind.

Ein Hinweis darauf, dass sich musikalische Kompetenzen wie Singen und Tanzen in der Menschheitsgeschichte sehr früh herausgebildet haben, findet sich in der kindlichen Entwicklung. Bereits im Mutterleib zeigt der Fötus eine Vorliebe für die melodiösen und rhythmischen Anteile der Sprache.[40] Im Alter von zwei Monaten kann ein Baby das Singen seiner Mutter anhand von Tonhöhe, Lautstärke und Melodie wiedererkennen.[41] Im Alter von einem Jahr erfasst das Kind die rhythmische Struktur von Liedern und beginnt im zweiten Lebensjahr, einfache Tonfolgen nachzusingen. Ab dem dritten Lebensjahr hat es großen Spaß an Reimen wie »Hoppe, hoppe, Reiter«, die von rhythmischen Körperbewegungen begleitet werden. Im Kindergartenalter lieben es Kinder, gemeinsam Lieder zu singen, im Schulalter wollen sie dann häufig ein Musikinstrument wie Flöte oder Klavier spielen. Kinder tanzen in jedem Alter gern, besonders aber in der Pubertät. Tanzen und gemeinsam Musik hören ist ein wichtiger Bestandteil der Jugendkultur, denn Musik bringt Jugendliche einander näher und hilft, Schranken abzubauen. Die meisten Erwachsenen hören Musik und gehen gelegentlich in Konzerte. Dabei sind ihre Vorlieben für eine bestimmte Art von Musik wie Klassik, Pop oder Volks-musik sehr unterschiedlich. Nur eine Minderheit singt oder spielt ein Instrument.

Die Ausprägung der musikalischen Wahrnehmung und Aus-drucksfähigkeit wurde bisher kaum untersucht. Aber es ist offen-sichtlich, dass die Sensibilität für Rhythmus und Melodie, Harmonie und Dissonanz sowie für die Klangfarben der Töne von Mensch zu Mensch sehr unterschiedlich angelegt ist. Dem Musikgenie Wolfgang Amadeus Mozart gelang es im Alter von 14 Jahren, nachdem er das neunstimmige Miserere von Gregorio Allegri gehört hatte, die vom Vatikan streng geheim gehaltene Partitur aus dem Gedächtnis feh-lerfrei niederzuschreiben. Sehr viele Menschen können ein einfaches Kinderlied erst nach mehrmaligem Hören nachsingen, und selbst dann machen sie noch Fehler. Wer ein feines Sensorium für Musik hat, ist jedoch nicht zwangsläufig auch ein guter Sänger oder Musiker. Ein begabter Klavierspieler ist längst nicht auch ein guter Tänzer, und eine talentierte Balletteuse ist nicht unbedingt auch eine begnadete Flötistin. Beim Singen, Musizieren und Tanzen kommen stimmliche, fein- und grobmotorische Kompetenzen hinzu, die ebenfalls unter-schiedlich angelegt sein können. Singen, Tanzen und mit Instrumen-ten Musizieren dienten bei unseren Vorfahren wohl vor allem dazu, Emotionen zu wecken und auszudrücken sowie den Zusammenhalt in der Lebensgemeinschaft zu stärken, wie es Landeshymnen bis heute tun. Es gibt immer noch viele Kulturen, in denen Gesang, Musizie-ren und Tanz diese Funktion erfüllen. In unserer Gesellschaft ist sie leider weitgehend verlorengegangen. Das Musikerleben hat sich auf die Performance einzelner Künstler reduziert, die von Millionen von Menschen bei Konzerten und im Internet konsumiert wird. So wurde beispielsweise der Song »Hello« der Popsängerin Adele auf YouTube bis März 2016 1,7 Milliarden Mal angeklickt. Adele singt von schmerz-vollem Abschied und grenzenloser Einsamkeit. Es ist wohl kein Zufall, dass sich so viele, wohl oftmals einsame Menschen von diesem Lied angesprochen fühlen. Musik kann uns auf eine Weise anrühren, wie es keine andere Kompetenz vermag.

Figural-räumliche Kompetenzen

Die figural-räumlichen Kompetenzen befähigen uns, die physikalische Umwelt mit ihren Erscheinungsformen und räumlichen Dimensionen zu erfassen. Wir benutzen dafür die visuelle Wahrnehmung, um etwa Formen und Farben von Gegenständen zu erkennen, und die Sinnesorgane von Haut, Muskeln und Gelenken (taktil-kinästhetischen Wahrnehmung), die uns Informationen beispielsweise über das Gewicht und die Oberflächenbeschaffenheit von Objekten vermitteln. Die figural-räumlichen Kompetenzen in Verbindung mit den motorischen gebrauchen wir, um uns gestalterisch auszudrücken. Bereits vor 30 000 Jahren haben unsere Vorfahren diese Kompetenzen dazu benutzt, um Felswände zu bemalen, Figuren aus Elfenbein zu schnit-

Abb. 5.9: Zeichnungen von Eva und Martha.

zen und Schmuck herzustellen (Teil I). Seitdem sind in vielen Kulturen zahlreiche großartige Kunstwerke, etwa in der Malerei, Bildhauerei und Architektur, entstanden. Die figural-räumlichen Kompetenzen nehmen auch in der Wissenschaft einen wichtigen Platz ein. Zur Entschlüsselung des Erbgutes leisteten Francis Crick und James Watson 1954 mit ihrem räumlichen Modell, der sogenannten DNS-Spirale, einen entscheidenden Beitrag. In der modernen Physik versuchen Wissenschaftler die Beziehung zwischen Raum und Zeit mit einer vieldimensionalen Darstellung wiederzugeben, und Biologen und Paläontologen beziehen aus den vielfältigen Erscheinungsformen der Lebewesen wichtige Einsichten über evolutionäre Prozesse, beispielsweise wie Pflanzen- und Tierarten auseinander hervorgegangen sind (Teil I).

Das Menschenkind kommt nicht wie ein Kätzchen blind auf die Welt. Bereits in den ersten Lebenswochen kann es bestimmte visuelle Muster wie das menschliche Gesicht zuverlässig erkennen.[42] Am Ende des ersten Lebensjahres sind seine figuralen Kompetenzen so weit fortgeschritten, dass es vertraute von unvertrauten Gesichtern unterscheiden und feinste mimische Regungen ausmachen kann (Teil III). Die gegenständliche Umwelt vermag es ebenfalls bis ins kleinste Detail zu erfassen. Im dritten Lebensjahr beginnt das Kind, seine inneren Vorstellungen, etwa beim Zeichnen, gestalterisch auszudrücken. Im vierten Jahr entwickelt es sein strichförmiges Gekritzel weiter zu geschlossenen Formen, dem sogenannten Kopffüßler. In den folgenden Jahren differenziert das Kind die menschliche Figur in Kopf, Hals, Rumpf und Extremitäten aus und versieht sie mit Haaren, Fingern und Zehen. In der Pubertät weiten sich die figural-räumlichen Kompetenzen ein letztes Mal aus. Die Perspektive wird in die Zeichnung eingebracht, und es stellt sich ein Verständnis für darstellende Geometrie und kartographische Darstellungen wie Land- und Sternkarten ein. Damit ist die figural-räumliche Entwicklung weitgehend abgeschlossen.

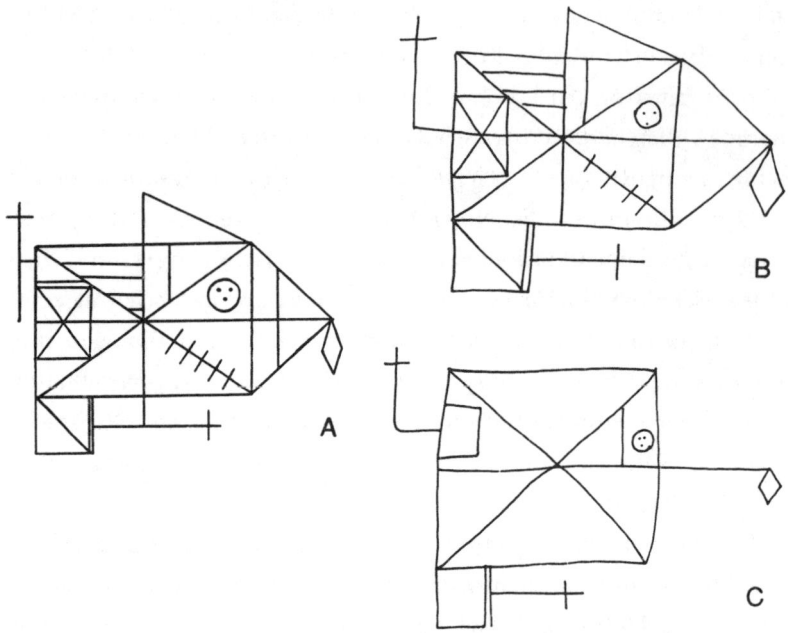

Abb. 5.10: Die Rey-Figur. 40 Akademiker kopieren die Figur A. 15 Minuten später geben sie die Figur aus dem Gedächtnis wieder. B: beste Wiedergabe; C: schwächste Wiedergabe, entspricht der durchschnittlichen Leistung eines zehnjährigen Kindes.

Die Zeichnungen von Eva und Martha, beide sechs Jahre alt, illustrieren, dass die gestalterischen Fähigkeiten deutlich hinter der figural-räumlichen Wahrnehmung hinterherhinken. Die Wahrnehmung ist bei allen Menschen weit besser entwickelt als die gestalterischen Fähigkeiten. Die Zeichnungen illustrieren auch, wie verschieden die gestalterischen Fähigkeiten bei den beiden Mädchen ausgebildet sind. Dass es auch bei Erwachsenen solche Unterschiede gibt, belegen unter anderem die Ergebnisse einer Studie, die wir am Kinderspital Zürich durchgeführt haben.

Wir baten 40 Mediziner, die komplexe Rey-Figur möglichst korrekt abzuzeichnen. 15 Minuten später haben sie dann die Figur aus dem Gedächtnis wiedergegeben. Ein Radiologe erzielte das beste Ergebnis; er gab die Vorlage weitgehend originalgetreu wieder (B). Das schwächste Ergebnis erbrachte ein Endokrinologe; seine Leistung entsprach lediglich der durchschnittlichen Leistung eines zehnjährigen Kindes (C). Die räumlichen Kompetenzen sind bei Männern etwas höher ausgebildet als bei Frauen. Anthropologen führen, wie erwähnt, diesen Unterschied auf den Umstand zurück, dass Männer 200 000 Jahre lang als Jäger ihr Orientierungsvermögen geschult haben. Frauen sind hingegen in den figuralen Kompetenzen etwas begabter, etwa beim Stricken von Mustern. Weit bedeutsamer als der Gruppenunterschied ist jedoch – wie bei allen Kompetenzen – derjenige zwischen den Individuen. So gibt es auch unter Frauen gewiefte Orientierungsläuferinnen, die sich mit rudimentären Landkarten in unwegsamem Gelände bestens zurechtfinden. Andererseits sind etliche Männer unfähig, eine Straßenkarte zu lesen, und verlassen sich beim Autofahren weitgehend auf ihr Navigationsgerät.

Logisch-mathematische Kompetenzen

»Alles Wissen ist vorläufig, bis es sich als falsch herausstellt.«

Galileo Galilei

Die logisch-mathematischen Kompetenzen sind für die meisten Menschen die Königsdisziplin der menschlichen Intelligenz. *Das* Denken schlechthin. Dies wohl hauptsächlich deshalb, weil sich logisch-mathematische Erkenntnisse als die widerspruchsfreiesten und beständigsten aller geistigen Konstrukte erwiesen haben. Wesentlich dazu beigetragen hat sicherlich auch, dass die logisch-mathematischen Kompetenzen die Grundlagen für Naturwissenschaft und Technik lieferten, die wiederum zu Erkenntnissen und Erzeugnissen führten, die in vielerlei Hinsicht unglaublich erfolgreich und nützlich waren.

Die logisch-mathematischen Kompetenzen bestehen im weitesten Sinne aus Einsichten über das Wesen von Objekten und deren Zusammenwirken. Voraussetzungen dazu sind wiederholte, genaue Beobachtungen, das Erstellen von widerspruchsfreien, qualitativen und quantitativen Kriterien sowie ein systematischer Umgang mit denselben. Eine verführerische Stärke logisch-mathematischen Denkens liegt in ihrer großen Aussagekraft. So werden Einsichten immer wieder als unumstößliche Wahrheiten missverstanden. Der Philosoph Karl Popper hat – ganz im Sinne von Galileo Galilei – die Aussagekraft von wissenschaftlichen Erkenntnissen folgendermaßen relativiert: Empirische und theoretische Einsichten können nie endgültig verifiziert, sondern nur endgültig falsifiziert werden.[43] Und dies gilt nicht nur für wissenschaftliche Erkenntnisse, sondern auch für Einsichten im Alltag.

Ein Teilbereich der logisch-mathematischen Kompetenzen ist das Zahlenverständnis (Arithmetik). Dabei geht es nicht nur um die Quantifizierung von Größen und Mengen, sondern auch um das Operationalisieren von Zahlen und deren qualitative Merkmale wie natürliche Zahlen, Primzahlen oder die Zahl π.

Das logisch-mathematische Denken als akademische Disziplin weist einen hohen Abstraktionsgrad auf. Es wurzelt aber ursprünglich in den konkreten Erfahrungen, die das Kind im Verlauf seiner Entwicklung mit der gegenständlichen Umwelt macht. So entwickelt es bereits im ersten Lebensjahr ein Verständnis für kausale Beziehungen. Es entdeckt, dass Musik erklingt, wenn es an der Schnur der Musikdose zieht. Mit 18 bis 24 Monaten realisiert das Kind, dass Gegenstände aufgrund bestimmter Eigenschaften, etwa der Farben oder Form, gleich oder verschieden sein können. Diese Einsicht ist der Beginn des Kategorisierens, einer weiteren Grundfunktion des logischen Denkens. Einfachste Mengenvorstellungen sind bereits bei Neugeborenen und jungen Säuglingen nachweisbar.[44] Kindern fehlt jedoch bis ins frühe Schulalter ein Verständnis für die Konstanz von Mengen und Volumina, wie Jean Piaget zeigen konnte.[45] Er hat in einer Studie Gefäße von unterschiedlicher Breite, Tiefe und Höhe mit der gleichen Menge Flüssigkeit gefüllt und Kinder im Alter von vier bis sieben Jahren gefragt: »In welchem Behälter befindet sich am meisten Flüssigkeit?« Ihre Antworten lauteten unisono: »In demjenigen mit dem höchsten Flüssigkeitsspiegel.«

Die Kinder hatten bei ihren Überlegungen nur die Höhe des Flüssigkeitsstandes berücksichtigt, nicht aber die beiden anderen Dimensionen, die das Flüssigkeitsvolumen mitbestimmen. Zu der Einsicht,

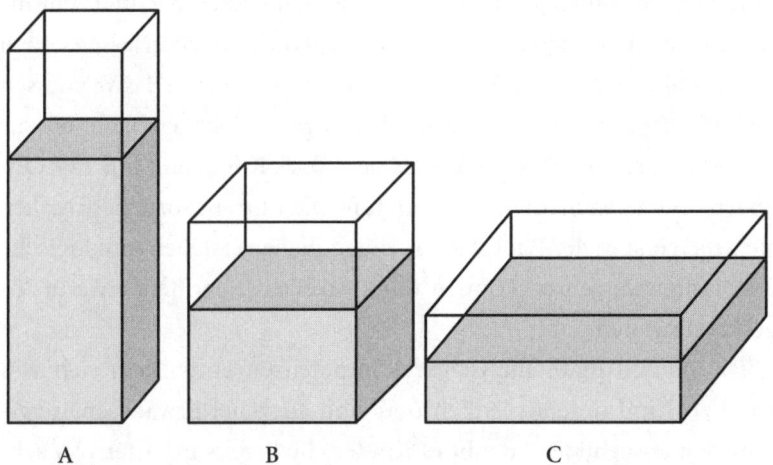

A B C

Abb. 5.11: Konstanz (Invarianz) von Mengen und Volumina. Alle drei Gefäße enthalten gleich viel Flüssigkeit. Für Kinder im Vorschulalter enthält das Gefäß A am meisten Flüssigkeit, weil dessen Flüssigkeitsspiegel am höchsten ist (nach Piaget 1975).

dass Breite, Höhe und Tiefe der Gefäße gleichermaßen von Bedeutung sind, gelangten die Kinder, wenn sie sich durch wiederholtes Umgießen der Flüssigkeiten mit der Beziehung zwischen den drei Dimensionen der Gefäße und deren Inhalt praktisch auseinandergesetzt hatten. Ein solcher Lernprozess lässt sich durch abstrakte Belehrungen und Auswendiglernen der Formel »Inhalt = Breite × Höhe × Länge« nicht abkürzen. Piagets Experiment zeigt, dass nur Erfahrungen zu einem echten Erkenntnisgewinn führen. Die Menge an Erfahrungen, die Kinder und auch Erwachsene machen müssen, bis sie einen bestimmten Zusammenhang wirklich begriffen haben, ist von Mensch zu Mensch unterschiedlich groß.

Was den meisten Kindern beim Schuleintritt ebenfalls noch fehlt, ist eine ausreichend entwickelte Zahlenvorstellung, die es ihnen erlauben würde, physikalische Größen zu messen und zueinander in Beziehung zu setzen. Im Verlauf der Schulzeit erweitern sie kontinuierlich ihr Zahlenverständnis, was sie schließlich befähigt, Raumdimensionen, Mengen und Volumina quantitativ zu erfassen. Auch dafür sind wiederum praktische Erfahrungen, wie etwa das Vermessen des Schulzimmers, unentbehrlich. Das logische Denken bleibt bis zur Pubertät anschaulich konkret, das heißt, das Kind kann nur mit Objekten und deren mentalen Bildern umgehen. Streng formales Denken stellt sich erst in der Pubertät ein. Jugendliche verstehen nun logische Zusammenhänge und können mit abstrakten Begriffen, etwa in Algebra, umgehen.

Die logisch-mathematischen Kompetenzen entwickeln sich von Kind zu Kind unterschiedlich und sind auch bei Erwachsenen verschieden ausgebildet. So gibt es Kinder, die bereits im Alter von acht Jahren über ein Zahlenverständnis verfügen, das sich bei anderen erst mit 16 Jahren oder überhaupt nie einstellt. Im Erwachsenenalter gibt es einerseits Denker wie Albert Einstein, der die Relativitätstheorie entwickelt hat, und andererseits durchschnittlich intelligente Menschen, deren Zahlenverständnis so begrenzt ist, dass sie beim Einkaufen mit großen Geldscheinen bezahlen, weil sie nicht fähig sind, den geschuldeten Geldbetrag abzuzählen. Wie sehr sich diese Menschen überfordert fühlen müssen, können wir nachvollziehen, wenn wir als Touristen mit der Währung unseres Ferienlandes nicht ausreichend vertraut sind.

Zeitlich-planerische Kompetenzen

»›Was also ist Zeit?‹ Wenn mich niemand danach fragt,
weiß ich es; will ich es einem Fragenden erklären,
weiß ich es nicht.«

Augustinus, Confessiones XI, 14

Jederzeit verfügbar sein, von Termin zu Termin hetzen. Der Tag ist durchgeplant – nicht nur bei Erwachsenen, auch bei Kindern. Überall herrscht Zeitdruck, in Familie, Gesellschaft und Wirtschaft. Höchste Zeit also, sich Gedanken darüber zu machen, wie es mit unseren zeitlich-planerischen Kompetenzen bestellt ist.

Die Uhr taktet das Leben der Menschen. Das ist erst seit kurzem so. Für unsere Vorfahren wie auch für Pflanzen und Tiere wurde der Rhythmus des Lebens durch den Tag-Nacht-Wechsel, die unterschiedliche Dauer von Tag und Nacht sowie die Jahreszeiten vorgegeben. Mit dem Beginn der Industrialisierung im 19. Jahrhundert kam die große Wende. Seitdem setzt die Wirtschaft ihr Zeitdiktat immer mehr durch. Ein gewisses kulturelles Brauchtum mit Ritualen wie Ostern, Erntedankfest und Weihnachten, welches den Ablauf eines Jahres jahrhundertelang mitgestaltet hat, pflegen wir bis heute. Was uns aber hauptsächlich bestimmt, sind die Taktgeber unserer selbstgeschaffenen Umwelt. So haben das künstliche Licht, das die Nacht zum Tag macht, die Dynamik in der Arbeitswelt und die globale 24-Stunden-Kommunikation zu einer extremen Beschleunigung der Lebensweisen geführt.

Unsere Vorfahren haben bereits vor Tausenden von Jahren Zeitmesser wie Sonnen-, Wasser- und Kerzenuhr verwendet. Mit der Erfindung der mechanischen Uhr im 14. Jahrhundert wurden die Zeiteinheiten erstmals nicht mehr durch die Natur bestimmt wie bei der Sonnenuhr, sondern vom Menschen festgelegt. Heute gehen die Zeitdimensionen, die moderne Technologien zu messen imstande sind, weit über unser subjektives Zeitempfinden hinaus. Mit hochpräzisen Messgeräten wie Quarz- und Atomuhren können einerseits kleinste Zeiträume in Nanosekunden und andererseits mit Riesenteleskopen riesige Zeiträume wie das Alter des Universums erfasst werden. Ohne diese modernen Zeitmesser wäre der technologische Fortschritt, etwa in der Informationstechnologie, undenkbar gewesen. In Naturwissenschaften wie Anthropologie und Biowissenschaften, die sich mit Entwicklungsprozessen beschäftigen, spielt die Zeitmessung ebenfalls eine ausschlaggebende Rolle. Für die Ökonomen ist die Zeit zu einem genauso unverzichtbaren Wert geworden wie das Geld.

Doch neben äußeren gibt es auch mächtige innere Zeitgeber, die weitaus älter, im wahrsten Sinne uralt sind.[46] Das Leben aller Lebewesen ist durchgetaktet. Es wird von den Einzellern bis zu den höchstentwickelten Tieren und dem Menschen von biologischen Rhythmen bestimmt. Sie regulieren biochemische Prozesse in den Zellen und physiologische Vorgänge wie Atmung und Herzschlag. In der Mitte unseres Gehirns, im Hypothalamus, tickt eine innere Uhr. Sie gibt die circadianen Rhythmen von Körperfunktionen wie Schlaf-Wach-Rhythmus und Ausschüttung von Hormonen vor (Rhythmus mit einer durchschnittlichen Dauer von etwa 24 Stunden; von lateinisch *circa*, ungefähr, und *dies*, Tag). Unsere genuinen Lebensrhythmen werden durch die äußeren Zeitgeber so sehr strapaziert, dass immer mehr Menschen körperlich und psychisch darunter leiden.

Der Mensch ist wahrscheinlich das einzige Lebewesen mit einem bewussten, wenn auch sehr subjektiven Zeitempfinden. Letzteres hat je nach Lebenssituation, in der wir uns befinden, eine unterschiedliche Qualität. Zeiträume, die mit zahlreichen und vor allem erfreulichen Ereignissen angefüllt sind, erscheinen uns kurz, ereignisarme Zeiträume hingegen erleben wir als quälend lang. In der Erinnerung ergeht es uns genau umgekehrt. Ereignisreiche Zeitspannen empfinden wir als lang, ereignisarme als kurz.

Unsere Zeitvorstellungen sind eng mit unserem Bewusstsein verbunden. Wir können die Zeit nicht aus unserem Bewusstsein verbannen und andererseits im Umgang mit der Zeit nicht ohne Bewusstsein auskommen. Zeit erfahren wir dabei als etwas Fließendes. Den momentanen Augenblick erleben wir als Gegenwart, was hinter uns liegt, bezeichnen wir als Vergangenheit, und was vor uns liegt, als Zukunft. Die Zeit bekommt dadurch eine Richtung und eine Art räumliche Dimension. Das eigentliche Zeitraster befindet sich jedoch weniger im Bewussten als vielmehr im Unbewussten (Teil VI). Es legt sich im Unbewussten über unsere Erfahrungen, Erinnerungen und Tätigkeiten und gibt ihnen, wenn sie ins Bewusstsein rücken, auf einer subjektiven Zeitachse ihren Platz.

Jede Altersperiode geht mit einem eigenen Zeitempfinden einher. Neugeborene und Säuglinge leben in ihren körpereigenen Rhythmen wie Atmung, Herzschlag und Verdauung. Wenn sich nach einigen Wochen ihr Schlaf-Wach-Rhythmus auf den Tag-Nacht-Wechsel eingestellt hat, bekommen die Wachperioden eine feste zeitliche Ordnung mit Aktivitäten wie Essen und Spielen. Säuglinge und Kleinkinder leben immer noch weitgehend im Hier und Jetzt, zeitlos eben. Mit drei bis fünf Jahren stellt sich ein erstes Zeitbewusstsein ein, das sich in den folgenden Jahren immer mehr ausweitet: vor und nach der

Mahlzeit, vor und nach dem Mittagsschlaf, morgens und abends, gestern – heute – morgen. Bis zum fünften Lebensjahr haben Kinder eine begrenzte Vorstellung von Vergangenheit, Gegenwart und Zukunft entwickelt, was sie befähigt, die unterschiedlichen Zeitformen der Tätigkeitswörter zu verstehen und anzuwenden. Im frühen Schulalter machen sie sich mit den Wochentagen und Jahreszeiten, dann mit Wochen und Monaten vertraut. Mit sieben bis zehn Jahren lernen sie die Uhrzeit kennen. Diese ist mit ihrer komplizierten Einteilung in Stunden, Minuten und Sekunden eine echte Herausforderung für die Kinder, setzt doch der Umgang mit den Zeiteinheiten ein gutentwickeltes Zahlenverständnis voraus. Mit dem Eintritt in die Pubertät werden die Jugendlichen fähig, den Lebensbogen von der Geburt bis zum Tod und große Zeiträume in Vergangenheit und Zukunft wie Jahrhunderte und Jahrtausende, etwa im Geschichtsunterricht, zu überblicken.

Ob die Empfindung und das Verständnis für Zeit bei allen Menschen gleich ausfallen, ist wissenschaftlich noch kaum untersucht. Doch es ist anzunehmen, dass sie von Mensch zu Mensch unterschiedlich angelegt sind, unter anderem auch deshalb, weil die Zeitvorstellungen aus einem Zusammenwirken mit anderen Kompetenzen, wie etwa dem Zahlenverständnis, hervorgehen. Darüber hinaus wird das Zeitempfinden durch die Umwelt geprägt, in der das Individuum lebt, die Erfahrungen, die es zuvor gemacht hat, und die Erwartungen, die es an sein zukünftiges Leben stellt. Unterschiedliche Zeitkompetenzen machen sich auch in den planerischen Fähigkeiten bemerkbar. Je besser man die zeitliche Abfolge von Ereignissen überblicken und den Aufwand für eine Tätigkeit zeitlich einschätzen kann, desto erfolgreicher kann man seinen Alltag gestalten. Jeder Mensch nutzt und verplant die Zeit auf seine Weise und fühlt sich durch planerische Aufgaben unterschiedlich stark belastet.

Unsere Vorfahren entwickelten Zeitvorstellungen, die an ihre Lebensbedingungen und die herrschenden kulturellen und sozialen Gegebenheiten angepasst waren. Heute sind wir in unseren Zeitvorstellungen und in unserem Umgang mit der Zeit durch die permanente Kommunikationsflut und die globalisierte Wirtschaft weitgehend fremdbestimmt. Es ist schwierig geworden, eine verträgliche Balance zwischen den vielfältigen zeitlichen Anforderungen, die tagtäglich an uns gestellt werden, den individuell getakteten circadianen Rhythmen und dem Bedürfnis nach Erholung zu finden.

Motorisch-kinästhetische Kompetenzen

Der Adler fliegt, das Rentier rennt, und der Fisch schwimmt. Der Mensch spielt Fußball, klettert an Felswänden hoch, fährt Rad und springt Trampolin. Und damit ist sein Repertoire an motorischen Aktivitäten noch längst nicht ausgeschöpft. Wir basteln, malen und zeichnen, spielen Geige oder ein Schlaginstrument und tanzen. Die Mannigfaltigkeit, mit der die Menschen ihre Motorik einsetzen, hat im Verlauf der Menschheitsgeschichte erstaunliche Ausmaße angenommen.

Unsere motorisch-kinästhetischen Kompetenzen sind so vielfältig, weil sie je nach Leistung in Verbindung mit anderen Kompetenzen umgesetzt werden. So benötigen gute Fußballer nicht nur einen gekonnten Umgang mit dem Ball sowie Kraft und Wendigkeit, sondern auch räumliche Übersicht und taktisches Spielgeschick. Ein Geiger muss neben einer großen Fingerfertigkeit auch über hohe musikalische Kompetenzen verfügen. Genauso wichtig ist das Zusammengehen einer motorischen Begabung mit anderen hochentwickelten Kompetenzen bei Fachleuten wie Chirurgen oder Graphikern.

Mit den motorisch-kinästhetischen Kompetenzen drücken wir uns nicht nur aus und wirken auf die Umwelt ein. Sie dienen uns auch als taktil-kinästhetisches Wahrnehmungsorgan (Oberflächen- und Tiefensensibilität). Wenn wir nach einem Apfel greifen, vermitteln uns die Sinnesrezeptoren der Haut und der Muskeln, wie groß, hart und schwer die Frucht ist. Wenn wir im Haus herumgehen, geben uns der Bewegungssinn und die visuelle Wahrnehmung präzise Angaben darüber, in welche Richtung wir uns bewegen und wie etwa ein Zimmer oder eine Treppe räumlich gestaltet sind. Alle diese Informationen vermitteln uns Rezeptoren in den Muskeln und Gelenken. Lage- und Gleichgewichtssinn schließlich versorgen uns mit Informationen über die Position des Körpers im Raum, etwa ob wir liegen oder stehen (vestibuläres Organ).

In den ersten Lebensjahren besteht die Entwicklung der motorisch-kinästhetischen Kompetenzen hauptsächlich in der Ausbildung von Fähigkeiten wie Haltungskontrolle, Fortbewegung und Greifen.[47] In den folgenden Jahren eignet sich das Kind Fertigkeiten wie Fahrradfahren und Schreiben an. Im Verlauf der Pubertät wird die Entwicklung motorischer Fähigkeiten abgeschlossen. Erwachsene können sich aber immer noch Fertigkeiten wie Tennisspielen aneignen, wenn auch weniger leicht und umfassend wie als Kind (Teil III).

Motorische Fähigkeiten und Fertigkeiten sind bereits in der frühen Kindheit unterschiedlich ausgebildet. So gibt es Kinder, die mit zehn Monaten die ersten Schritte machen, andere erst mit 20 Monaten. Im Alter von sieben Jahren erbringen manche Kinder motorische Leistungen, zu denen andere erst mit 16 Jahren fähig sind (Teil III). Bei feinmotorischen Tätigkeiten wie Zeichnen und Malen oder grobmotorischen Aktivitäten wie Fußball und Turnen ist die interindividuelle Vielfalt unter Kindern und Erwachsenen noch weit größer. Die Vielfalt der motorischen Leistungen, zu denen wir Menschen fähig sind, wird also nicht allein durch die individuell ausgeprägten motorisch-kinästhetischen Kompetenzen bestimmt, sondern immer auch durch das komplexe Zusammenspiel mit anderen Kompetenzen.

Körperliche Kompetenzen

Sara ist der Liebling aller Kinderpflegerinnen auf der Neugeborenenstation. Sie wird am häufigsten hochgenommen und herumgetragen. Sara kuschelt sich so angenehm an die Brust der Pflegerin. Sie hat ein freundliches, offenes Gesicht, einen lustigen Haarschopf und – sie riecht so gut.

Kinderpflegerinnen sprechen emotional auf Kinder unterschiedlich an. Werden sie darauf hingewiesen, dass sie bestimmte Kinder bevorzugen, ist es ihnen peinlich, möchten sie doch alle Kinder gleich behandeln. So ergeht es den meisten Menschen, gelegentlich selbst Eltern mit ihren eigenen Kindern. Auch im Schulalter sind Kinder für ErzieherInnen und Lehrer unterschiedlich attraktiv, was sich wiederum in der Zuwendung und selbst in der Benotung niederschlägt.[48] In der Adoleszenz verdrehen die Mädchen den Jungen den Kopf, nicht nur mit ihren Körperformen, sondern vor allem mit ihrem schönen Gesicht. Im Erwachsenenalter spielt die körperliche Erscheinung nicht nur bei der Paarbildung eine große Rolle (Teil I), Körpergröße und gutes Aussehen sind auch für die Karriere in Gesellschaft und Wirtschaft von Vorteil. Schließlich können auch ältere Menschen noch eine starke körperliche Ausstrahlung auf ihre Familie oder sie betreuende Menschen haben.

Körperliche Attribute können uns in unserem Beziehungsverhalten so stark beeinflussen, dass wir uns von Vorurteilen leiten lassen. So halten Schulkinder und selbst manche Erwachsene unattraktive Menschen für weniger intelligent.[49] Eine Verbindung stellen wir auch zwischen Schönheit und Moral her: Eine Prinzessin mit einem guten Charakter muss hübsch sein, eine hässliche Hexe kann nur böse sein.[50]

Ob wir es wahrhaben wollen oder nicht – Körpermaße und Kleidung sagen viel über eine Person aus und beeinflussen unsere Haltung ihr gegenüber. Es ist uns nicht gleichgültig, ob unser Gesprächspartner einen Kopf größer ist oder ob wir auf ihn herabblicken. Je nachdem, wie eine Person angezogen ist, kann sie Sympathie und Bewunderung, aber auch Distanz oder gar Ablehnung auslösen. Wir setzen unseren Körper und wie wir ihn ausstatten gezielt dafür ein, soziale Aufmerksamkeit zu bekommen, beispielsweise bei einem Bewerbungsgespräch oder einem Date. Und wir verbinden mit der körperlichen Erscheinung Vorstellungen wie Schönheit und Männlichkeit.

Zahlreiche äußere Merkmale wie Gesichtszüge und Augenfarbe, Haarfarbe und Frisur, Körpergröße und Körperproportionen tragen in jedem Alter zum Erscheinungsbild eines Menschen bei. Mit einem riesigen Aufwand an Körperpflege, Kosmetik und Sport versuchen die Menschen, ihre körperliche Attraktivität zusätzlich zu steigern. Auch wie eine Person sich kleidet, gibt einen Hinweis darauf, wie sie wahrgenommen werden will, und sagt oftmals zudem etwas über ihren sozialen Status aus. Bereits Kleinkinder realisieren ganz genau, dass sie mit ihrem hübschen Röckchen und der lässigen Latzhose Aufmerksamkeit erregen. In der Adoleszenz wird der Dresscode dann zum Statussymbol. In der Art und Weise, wie Jugendliche sich kleiden und Accessoires verwenden, betonen sie die Zugehörigkeit zu ihrer Clique.

Eine große, wenn auch unbewusste Rolle spielen zudem Gerüche. Duftstoffe sind in der Natur seit Jahrmillionen weit verbreitet. So locken Pflanzen mit verführerischen Duftstoffen Insekten an, damit diese ihre Pollen und Samen weitertragen, und sie schrecken mit übelriechendem Gestank Fressfeinde ab. Tiere benutzen Duftstoffe, um sich mit Artgenossen zu verständigen und Sexualpartner für sich zu interessieren. Hunde markieren mit gezielter Urinausscheidung ihr Revier, und Schmetterlinge locken potentielle Partner aus vielen Kilometern an. Auch Menschen duften, und dies nicht nur mit einem etwas eindringlichen Schweißgeruch. Die sogenannten Pheromone, die wir nur unbewusst wahrnehmen, spielen im zwischenmenschlichen Verhalten eine wichtige Rolle. Jeder Mensch besitzt seinen eigenen Körpergeruch, der genetisch festgelegt ist und für unser Beziehungsverhalten von weit größerer Bedeutung ist, als wir gemeinhin annehmen. Wie wichtig uns Gerüche sind, zeigt sich in der Vielzahl von Parfümen und Deodorants, die je nach den kulturellen Gegebenheiten von den Menschen verwendet werden. Weltweit wird der Jahresumsatz von Geruchsstoffen auf 20 Milliarden US-Dollar geschätzt.

Auch der Geschmack gehört zu den körperlichen Kompetenzen. Mit den Geschmacksknospen auf der Zunge können wir fünf Geschmacksqualitäten erkennen: süß, sauer, salzig, bitter und umami (»fleischig«; durch Glutamat hervorgerufen). Seine biologische Bedeutung liegt bei den Tieren weniger in der Kommunikation innerhalb einer Art oder zwischen Arten, sondern hauptsächlich im Auffinden von Nahrung und in der Einschätzung von deren Verträglichkeit. Der Mensch hat den Geschmackssinn wie den Geruchssinn weiter ausgebaut. Begabte Köche und Köchinnen gestalten Essen und Trinken mit viel Geschick und Phantasie zu einem Erlebnis für Feinschmecker. Sie verwenden auserlesene Gemüse und Früchte, verfeinern die Speisen mit einer Vielzahl von Gewürzen. Auch hier spielen wiederum eine Reihe von Kompetenzen ineinander: Geschmacks- und Geruchssinn, ein Gespür für das Auswählen und Kombinieren von Nahrungsmitteln, aber auch figural-räumliche Fähigkeiten beim Arrangieren der Köstlichkeiten und schließlich eine soziale Begabung in der Art und Weise, wie die Speisen den Gästen präsentiert werden.

Einen weiteren wichtigen Bereich der körperlichen Kompetenzen stellen Erotik und Sexualität dar. In der Pubertät bekommt die körperliche Erscheinung durch die Ausbildung der sekundären Geschlechtsmerkmale und geschlechtsspezifischen Körperproportionen ihre große und bleibende soziale Bedeutung. Die erotische Ausstrahlung, das Begehren, als sexuelles Wesen wahrgenommen zu werden und die sexuellen Triebe befriedigen zu können, sind bis ins höhere Erwachsenenalter von großer Wichtigkeit.

Körperliche Kompetenzen sind für jeden Menschen von ganz unterschiedlicher Bedeutung und werden von jedem sehr individuell eingesetzt und gelebt. So gibt es Menschen, die großen Wert auf ihre Erscheinung legen, andere wiederum vernachlässigen sich in dieser Hinsicht geradezu. Sie holen sich ihre Anerkennung auf andere Weise, beispielsweise über ihre sozialen Kompetenzen. Ebenso unterschiedlich ist auch der Aufwand, den Menschen im Bereich von Erotik und Sexualität treiben. Manche Menschen bemühen sich sehr um ihre erotische Ausstrahlung und sexuelle Attraktivität, andere kümmern sich überhaupt nicht darum.

Die körperlichen Kompetenzen erhalten im Allgemeinen keine hohe Wertschätzung. Sie sind als lustbetont verschrien und gelten als »Äußerlichkeiten« und moralisch geradezu anrüchig. Doch sie spielen im Alltag eine wichtige Rolle, und das bereits in den ersten Lebenstagen und bis ins hohe Alter hinein. Allerdings sollten wir die körperlichen Kompetenzen auch nicht überschätzen. Die Art und Weise, wie Menschen soziale Kompetenzen wie Mimik, Sprache und Motorik einsetzen, trägt ebenfalls wesentlich zu ihrer Attraktivität bei. Die Wirkung der körperlichen Attraktivität nimmt zudem immer mehr ab, je besser wir einen Menschen kennenlernen, während andere Kompetenzen dafür immer bedeutsamer werden.

Einzigartiges Zusammenspiel der Kompetenzen

Anina spielt »Familientisch«. Sie ordnet die Stühle um den Tisch herum an und weist den Puppen die Plätze zu, die Mutter, Vater, Schwester und sie selbst in der Familie einnehmen. Sie wählt die richtige Anzahl von Tellerchen und Tässchen, Löffelchen und Messerchen

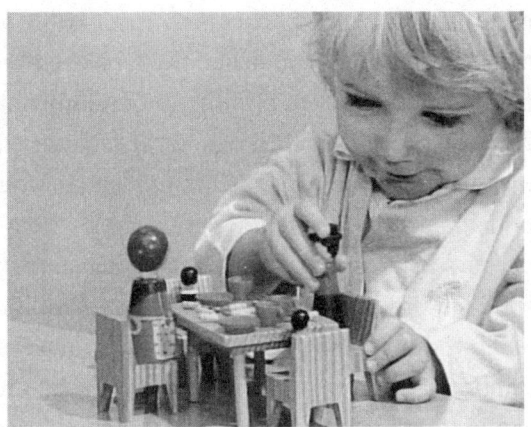

Abb. 5.12: Anina spielt »Familientisch«.

aus und verteilt sie mit großem feinmotorischem Geschick. Mit den Püppchen spielt sie die Rollen von Eltern und Kindern nach und imitiert deren Sprechweise. Sie tischt Speisen und Getränke auf, lässt die Puppen essen und trinken und räumt schließlich den Tisch ab. Anina erbringt im Alter von 26 Monaten eine unglaubliche Leistung. Sie setzt in ihrem Spiel nicht nur fünf Kompetenzen ein, nämlich figural-räumliche, motorisch-kinästhetische, soziale, sprachliche sowie planerische, sondern verknüpft sie auch miteinander.

Kinder müssen nicht nur ihre Kompetenzen zur Entfaltung bringen, sondern sie auch miteinander vernetzen. Die gigantischen Netzwerke, die dabei entstehen, sind wohl die plausibelste Erklärung dafür, weshalb das menschliche Gehirn im Vergleich mit dem bei unseren nächsten Verwandten, den Primaten, eine derart außerordentliche Größe aufweist und die Hirnentwicklung 15 Jahre in Anspruch nimmt (Teil I, III).

Erwachsene benutzen bei ihren Tätigkeiten ständig mehrere Kompetenzen. So gibt ein Lehrer nicht nur sein Fachwissen an die Schüler weiter. Er setzt auch seine sozialen Kompetenzen ein, um die Schüler zu motivieren, und seine sprachlichen, um Fertigkeiten und Wissen weiterzugeben. Seine figural-räumlichen Kompetenzen verwendet er, um den Schülern mit Graphiken bestimmte Zusammenhänge besser verständlich zu machen. Schließlich benutzt er seine zeitlich-planerischen Kompetenzen, um die Unterrichtsstunden, Wochenlektionen und das Schuljahr zu strukturieren.

Wie Kinder und Erwachsene ihr Leben gestalten, hängt wesentlich davon ab, wie ihr Kompetenzprofil zusammengesetzt ist. So gibt es Kinder, deren Spiel durch die sozialen und sprachlichen Kompetenzen geprägt ist, während andere sich vor allem mit der räumlichen Anordnung der Gegenstände beschäftigen. Genauso führen Erwachsene ein unterschiedliches Leben, je nachdem, wie ihr Kompetenzprofil zusammengesetzt ist. In der nachstehenden Graphik sind die Kompetenzprofile von zwei Frauen, beide etwa 40 Jahre alt, dargestellt. Sofia ist mit dem Bürgermeister einer mittelgroßen Stadt verheiratet und Mutter von zwei Kindern. Erika ist Graphikerin und als Künstlerin tätig. Sie ist alleinstehend und führt ein bescheidenes, zurückgezogenes Leben.

Sofia setzt ihre sehr gut entwickelten sozialen und sprachlichen Fähigkeiten bei der Betreuung von behinderten und sozial benach-

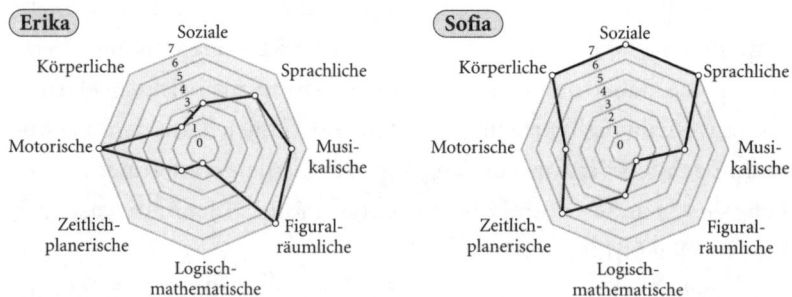

Abb. 5.13: Individuelles Profil der Kompetenzen von Erika und Sofia. Skalierung der Kompetenzen: 1: sehr niedrig; 4: mittel; 7: sehr hoch.

teiligten Menschen ein. Erika verfügt über durchschnittlich sprachliche, aber nur wenig entwickelte soziale Kompetenzen. Smalltalks an Vernissagen sind ihr ein Gräuel. Sie tanzt sehr gern. Sofia singt im Kirchenchor. Sofia ist im Zeichnen sehr unbeholfen, und ihr Orientierungsvermögen ist so beschränkt, dass sie sich beim Autofahren ohne Navigationsgerät selbst in der eigenen Stadt kaum zurechtfindet. Erika dagegen verfügt über eine ausgezeichnete figural-räumliche Wahrnehmung. Sie ist beim Gestalten, sei es beim Malen, Töpfern oder Bildhauern, so richtig in ihrem Element. Im Rechnen ist sie wie auch Sofia wenig kompetent und kommt immer wieder in finanzielle Schwierigkeiten. Ihre Arbeitsweise ist chaotisch. Wenn sie ihre Werke für eine Ausstellung vorbereiten muss, gerät sie regelmäßig unter großen Stress. Sofia hingegen liebt es, Veranstaltungen für ihren Gatten, den Bürgermeister, zu planen und zu organisieren. Ihre motorischen Kompetenzen sind wenig entwickelt, während Erika mit ihren ausgeprägten fein- und grobmotorischen Fähigkeiten äußerst geschickt ist. Erika ist von unscheinbarer, magerer Statur. Sofia verfügt über eine ansprechende Erscheinung und sieht immer sehr gepflegt aus.

Wie gut die Kompetenzen eines Menschen ausgebildet sind, hängt von der Anlage und den Erfahrungen ab, die er insbesondere in der Kindheit macht (Teil III). Sofia spricht nicht nur vier Sprachen, weil sie über gute sprachliche Kompetenzen verfügt. Ihre Eltern waren als Missionare in verschiedenen Ländern tätig, und so ist sie in mehreren Sprachkulturen aufgewachsen. Erika konnte als Kind ihre figural-räumlichen Fähigkeiten voll und ganz entwickeln, weil ihre Eltern große Freude an ihrem gestalterischen Eifer hatten und sie in ihrem kreativen Schaffen nach Kräften unterstützt haben. Erika und Sofia haben das Glück, dass sie ihr Leben nach ihren Kompetenzen leben können.

Wie in Teil III erläutert, suchen Kinder selektiv nach Erfahrungen, die sie für die Entfaltung ihrer individuellen Kompetenzen benötigen.

Genauso verhalten sich auch Erwachsene. Sie suchen – oft unbewusst wie Kinder – bei der Arbeit und im Privatleben nach einem Umfeld, in dem sie ihre Kompetenzen am besten zur Geltung bringen können. Die unterschiedlichen Kompetenzprofile von Erika und Sofia zeigen, dass ein Mensch nicht irgendein Leben führen kann. Müssten Erika und Sofia das Leben der jeweilig anderen führen, wären beide gleichermaßen unterfordert und überfordert. Aus der Sicht des Fit-Prinzips hängen psychisches und körperliches Wohlbefinden, Selbstwertgefühl und Selbstwirksamkeit in einem hohen Maß davon ab, wie weit es den Menschen gelingt – genauso wie bei der Befriedigung der Grundbedürfnisse –, ihre Kompetenzen in Übereinstimmung mit der Umwelt leben.

Grundlegendes für das Fit-Prinzip

Jeder Mensch hat ein einmaliges Puzzle von Kompetenzen

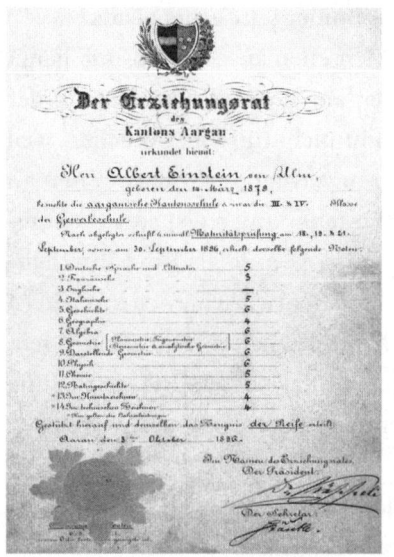

Im September 1896 legt Albert Einstein im Alter von 18 Jahren die Maturitätsprüfung an der Kantonsschule Aarau (Schweiz) ab. In Algebra, Geometrie, Darstellender Geometrie und Physik erhält er die Bestnote 6. In Geographie, im künstlerischen und technischen Zeichnen erreicht er die Note 4 und in Französisch lediglich die Note 3.

Abb. 5.14: Das Maturazeugnis von Albert Einstein.

Albert Einstein, vielleicht der berühmteste Physiker aller Zeiten, wurde nachgesagt, er sei in Mathematik und Physik keineswegs ein hochbegabter, sondern sogar ein miserabler Schüler gewesen. Doch diese Behauptung beruhte auf einem Missverständnis: Die Bestnote in der Schweiz ist nicht die 1 wie in Deutschland, sondern die 6.

Das Zeugnis von Albert Einstein reicht von Sechsern über Fünfer und Vierer bis zu einer Drei. Einstein war außergewöhnlich begabt, aber kein Universalgenie. Menschen, bei denen gleich mehrere Kompetenzen überdurchschnittlich entwickelt sind, sind ausgesprochen selten. Leonardo da Vinci war eine solche Ausnahmeerscheinung. Er erbrachte als Maler und Zeichner, Architekt und Ingenieur, Naturwissenschaftler und Dichter außerordentliche Leistungen.

Jeder Mensch besitzt ein einmaliges Puzzle von Fähigkeiten und Fertigkeiten. So kann ein zweijähriges Kind sozial und sprachlich für sein Alter sehr fortgeschritten sein, während seine motorischen Fähigkeiten noch wenig ausgebildet sind. Bei einem anderen, gleichaltrigen Kind ist es genau umgekehrt. Es gibt Erwachsene, die über große soziale, aber geringe logisch-mathematische Fähigkeiten verfügen. Andere sind vor allem logisch-mathematisch, aber sozial wenig begabt. Wie weit Kompetenzen auseinanderliegen können, zeigt sich bei Menschen, die einerseits an einer Behinderung leiden und andererseits hochbegabt sind. 2004 erregte Daniel Tammet mit seinen mathematischen Fähigkeiten großes Aufsehen, als er in Oxford 22 514 Dezimalstellen der Kreiszahl π auswendig ableiten konnte.[51] Er weist ein erstaunliches mathematisches Talent als Inselbegabung auf und leidet gleichzeitig an einer Beeinträchtigung der sozialen Kompetenzen. Die Neuropsychiater haben bei ihm die Diagnose eines hochfunktionalen autistischen Savant-Syndroms gestellt.

Genauso wie es Hochbegabungen gibt, kommen auch Minderbegabungen vor. Eine solche sogenannte Teilleistungsschwäche kann beispielsweise darin bestehen, dass die Lesekompetenz oder das Zahlenverständnis weit weniger ausgebildet ist als alle anderen Fähigkeiten. Minderbegabungen können bei allen Kompetenzen auftreten und sind häufiger als gemeinhin angenommen. Der Anteil an Menschen, die von einer Teilleistungsschwäche betroffen sind, wird in der Normalbevölkerung auf mindestens 30 Prozent geschätzt. Wie sehr diese Menschen durch ihre Minderbegabung beeinträchtigt werden, hängt von den Anforderungen ab, welche Gesellschaft und Wirtschaft an sie stellen. So wirkt sich eine Lese- oder Rechenschwäche in einer bäuerlichen Bevölkerung weit weniger nachteilig aus als in einer modernen Dienstleistungsgesellschaft.

Zur Vielfalt der Begabungen trägt auch der Umstand bei, dass die Elemente einer Kompetenz, beispielsweise der sozialen, beim einzelnen Menschen unterschiedlich ausgeprägt sein können. So verfügt eine Schauspielerin über ausgezeichnete Fähigkeiten in der nonverbalen Kommunikation und im sozialen Lernen, was ihr eine große mimische Ausdrucksfähigkeit verleiht und eine präzise Wiedergabe von verschiedenartigen menschlichen Charakteren ermöglicht. Eine Pflegefachfrau verfügt über ein hohes Maß an Einfühlungsvermögen und fürsorglichem Verhalten, was sie für die Betreuung von Kindern, behinderten und alten Menschen besonders befähigt. Ein Philosoph schließlich weist eine Stärke im Bereich der sozialen Kognition auf. Er ist ein Experte, wenn es um ethische Fragestellungen in Medizin und Wirtschaft geht. Als Schauspieler oder Pflegefachmann wäre er wahrscheinlich weit weniger geeignet. Die Schauspielerin und die Pflegefachfrau wiederum würden sich als Expertinnen für Ethik kaum wohl fühlen.

Die einzigartige Ausgestaltung der Kompetenzen gehört – ebenso wie bei den Grundbedürfnissen – zur Individualität eines Menschen. Für die gut ausgebildeten Kompetenzen sollten wir dankbar sein und die weniger ausgebildeten akzeptieren. Und wie bei den Grundbedürfnissen, geht es auch bei den Kompetenzen nicht nur darum, das eigene Profil zu akzeptieren, sondern auch dasjenige der anderen Menschen zu respektieren. Unsere Kinder, unser Partner und alle anderen unserer Mitmenschen haben ihr eigenes Kompetenzprofil, auf das wir in den Erwartungen, die wir in sie setzen, und den Anforderungen, die wir an sie stellen, Rücksicht nehmen sollten.

Eine Welt, in der wir unsere Kompetenzen entfalten und nutzen können

Wir sind keine Alleskönner.

Unsere Kompetenzen sind im Verlauf von Hunderttausenden von Jahren aus einem Leben in der Natur und in der Lebensgemeinschaft entstanden. Nun haben wir uns aber der Natur weitgehend entfremdet und leben in einer anonymen Massengesellschaft, in der wir viele unserer Kompetenzen immer weniger entfalten und nutzen können – mit teilweise gravierenden Auswirkungen.

Wenden wir uns zuerst den Kindern zu. Kinder wollen alle ihre Kompetenzen entfalten und nicht nur die, die von Eltern und Lehrern verlangt werden. Dafür müssen sie in einer Umwelt aufwachsen, in der sie entwicklungsgerechte Erfahrungen machen können. Kinder wollen aber nicht nur ihre Kompetenzen entfalten, sondern die dazu notwendigen Erfahrungen auf ihre Weise und in ihrem Tempo machen. Das ist im heutigen Bildungssystem, in dem sie weitgehend fremdbestimmt lernen müssen, kaum mehr möglich. Es geht also nicht nur darum, was Kinder lernen, sondern immer auch, wie sie lernen.

Im Vorschulalter verbringen Kinder viel Zeit in ihrem Zimmer, das mit Spielsachen vollgestopft ist. Sie sitzen vor dem Fernseher – in der Schweiz tun dies zwei- bis vierjährige Kinder ein bis zwei Stunden pro Tag – und beschäftigen sich, wenn sie älter werden, mit Smartphone und Tablet. Viele wichtige Erfahrungen sind ihnen verwehrt – mit nachteiligen Folgen. So macht es für ihre motorische Entwicklung einen großen Unterschied, ob sie jeden Tag durch Wiesen laufen und auf Bäume klettern oder lediglich von Zimmer zu Zimmer gehen und die größte motorische Herausforderung darin besteht, auf einen Stuhl zu klettern und nicht über Türschwellen zu stolpern. Kinder möchten aber an Bächen und Seen spielen, anstatt sich auf garantiert gefahrensicheren Spielplätzen zu langweilen. Und es überrascht auch nicht, dass immer mehr Kinder, weil sie zu wenig Möglichkeiten haben, sich im Freien zu bewegen, als hyperaktiv bezeichnet werden. Auch soziale Kompetenzen können sich Kinder nicht ausreichend aneignen, weil ihnen dafür oftmals die zwischenmenschlichen Erfahrungen fehlen. Manche Eltern sind mit ihrem eigenen Leben so gestresst, dass sie es nicht mehr schaffen, ausreichend Zeit, etwa beim Spielen und Wandern, mit ihren Kindern zu verbringen. Stabile und vertrauensvolle Beziehungen mit Verwandten und Nachbarn, die als Vorbilder dienen, fehlen den Kindern immer mehr. Vor allem aber vermissen sie das Zusammensein mit anderen Kindern. Kinder sind für ihre soziale Entwicklung darauf angewiesen, viel Zeit, mehrere Stunden pro Tag, mit Kindern unterschiedlichen Alters zu verbringen und von ihnen zu lernen. Kindern, die keine Kita besuchen oder sonst wie mit anderen Kindern zusammen sein können, fehlen weitgehend diese Erfahrungen, was sich besonders nachteilig auf ihre soziale und sprachliche Entwicklung auswirkt.

Und dann kommen die Kinder in die Schule. Ein kindgerechtes Bildungswesen wäre so gestaltet, dass Kinder alle ihre Kompetenzen selbstbestimmt entfalten können. Stattdessen leiden die Kinder unter einem allgemeinen Förderwahn. Sie sollen nur noch die Fertigkeiten erwerben, die in Gesellschaft und Wirtschaft benötigt werden. So fordert derzeit die Wirtschaft in der Schweiz mehr Naturwissenschaftler und IT-Spezialisten. Beflissen erhöhen die Schulen die Stundenzahl in den Naturwissenschaften und führen im Unterricht das Programmieren ein.

Der schulische Unterricht beschränkt sich weitgehend darauf, den Schülern Fertigkeiten wie Lesen, Schreiben und den Umgang mit Computern beizubringen und sie mit Wissen zu versorgen, von dem die Bildungspolitiker glauben, dass es später von Nutzen sein wird. Dabei sollen die Kinder weniger ihre Kompetenzen entfalten als vielmehr vor allem Leistungen erbringen. Vom ersten Schultag bis zum Abschluss an Hochschulen und Ausbildungszentren diktiert ein detaillierter Lernplan, was Schüler und Studenten zu lernen haben. In der Grundschule geht es hauptsächlich ums Auswendiglernen, Hausaufgaben machen und Prüfungen bestehen. Auch an den Fach- und Hochschulen sind die Studenten vor allem damit beschäftigt, Unmengen von Stoff auswendig zu lernen, Credits und Zertifikate zu sammeln und die Promotion möglichst mit summa cum laude zu bestehen.

Ist das Bildungswesen damit erfolgreich? Die Wirtschaft, die den Förderwahn selbst anheizt, beklagt sich, dass die jungen Erwachsenen unselbständig seien und darauf warten würden, dass man ihnen sagt, was sie zu tun haben. Ihnen fehle jede Eigeninitiative, und sie scheuten die Verantwortung. Was noch bedenklicher ist: Viele Schüler und Studenten fühlen sich überfordert, fremdbestimmt und gestresst. Sie sind in ihrem körperlichen und psychischen Wohlbefinden beeinträchtigt und leiden an unterschiedlichsten Beschwerden wie Kopfschmerzen, Schlafstörungen und Erschöpfung.

Und was ist aus dem Bildungskanon der bürgerlichen Gesellschaft geworden? Den Gymnasiasten fällt es schwer, sich für Goethes »Faust« zu erwärmen, auch wenn sich ihre Lehrer größte Mühe geben. Für die klassischen Philosophen wie Sokrates und Kant haben sie nur ein müdes Lächeln übrig. Der kategorische Imperativ ist ihnen bekannt, aber sie bezweifeln, dass die Lektüre von Kants »Kritik der reinen Vernunft« ihnen zu Einsichten verhelfen kann, die für ihr Leben wirklich von Belang sind. Die jungen Menschen haben durchaus ihre Wertvorstellungen, sehr starke sogar. Diese stammen aber nicht mehr aus dem 19. Jahrhundert. Sie machen sich Gedanken über Gerechtigkeit in einer Welt, in der Armut, Hunger und Elend herrschen. Warum es so viel Ungerechtigkeit gibt und wie man die Welt besser machen könnte. Darüber möchten die Schüler von ihren Lehrern etwas hören und mit ihnen auf Augenhöhe diskutieren. Und vor allem möchten sie erfahren, was denn eigentlich den Sinn des Lebens ausmacht.

Aus der Sicht des Fit-Prinzips muss das Bildungswesen von Grund auf erneuert werden. Es darf sich nicht mehr fast ausschließlich nach den Bedürfnissen der Wirtschaft ausrichten. Es muss sich an den Gesetzmäßigkeiten der Entwicklung sowie an den Grundbedürfnissen und Kompetenzen der Kinder orientieren. Jeder junge Erwachsene soll sich beim Abschluss der Ausbildung sagen können: Ich konnte alle meine Kompetenzen entfalten und war beim Erbringen von Leistung zumeist erfolgreich. Ich verfüge über ein gutes Selbstwertgefühl und eine gute Selbstwirksamkeit und freue mich auf mein zukünftiges Leben in Gesellschaft und Wirtschaft.[52]

Die Erwachsenen schließlich wollen nicht nur für den Lebensunterhalt arbeiten. Sie wollen auch ihre Kompetenzen nutzen und Leistungen erbringen, die sie befriedigen und Sinn machen. Was ihnen in der heutigen Gesellschaft und Wirtschaft aus verschiedenen Gründen immer schwerer fällt. So haben Kompetenzen, die in der Vergangenheit geradezu lebenswichtig waren, ihre Bedeutung weitgehend verloren. Unsere Vorfahren haben sie bei praktischen Tätigkeiten eingesetzt, beispielsweise beim Jagen und Kräutersammeln oder Hüttenbauen und beim Herstellen von Werkzeugen und Alltagsgegenständen wie Körben und Tongefäßen. Dafür sind andere Kompetenzen sehr wichtig geworden, etwa die logisch-mathematischen in der Informationstechnologie. Schließlich genügen selbst hochentwickelte Kompetenzen immer weniger in der heutigen Zeit. Sie sind für ein Leben in kleinen Lebensgemeinschaften unter ausschließlich vertrauten Menschen gedacht und nicht für eine anonyme Massengesellschaft. Bis vor 150 Jahren waren die meisten Menschen als Bauern und Handwerker tätig. Heute sind in Europa und Amerika lediglich noch etwa zwei Prozent der Bevölkerung in einer industrialisierten Landwirtschaft beschäftigt. Die handwerklichen Berufe sind ebenfalls im Niedergang begriffen.[53] 70 Prozent der Menschen sind in Dienstleistungsbetrieben angestellt, wo vor allem soziale und sprachliche Kompetenzen benötigt werden. Was aber geschieht mit all den Menschen, die handwerklich begabt sind und körperliche Arbeit verrichten möchten? Kann aus einem talentierten Schreiner oder kräftigen Bauarbeiter ohne weiteres ein tüchtiger IT-Spezialist oder Sozialarbeiter werden? Diese einseitige Entwicklung führt immer mehr dazu, dass die Menschen, um ihren Lebensunterhalt zu verdienen, Leistungen erbringen müssen, die sie mit ihren Kompetenzen nur mit Mühe erreichen können. Sie leiden unter einem enormen Arbeitsstress und befürchten sogar, keine Arbeit mehr zu finden. Ein Schreckensszenario? Nur, wenn wir uns nicht ernsthaft mit der heutigen Situation beschäftigen und die Herausforderung annehmen, Gesellschaft und Wirtschaft so umzugestalten, dass die Menschen ihre Grundbedürfnisse ausreichend befriedigen und ihre Kompetenzen entfalten und nutzen können (Teil X).

TEIL VI

UNSERE VORSTELLUNGEN UND
ÜBERZEUGUNGEN

»Der Mensch ist das einzige Lebewesen,
das sich die Welt erklären muss,
um das Leben zu bewältigen«

»Wer ein Warum zum Leben hat, erträgt fast jedes Wie.«

Friedrich Wilhelm Nietzsche

Der Mensch ist längst nicht das einzige Lebewesen, das sich Vorstellungen von seiner Umwelt machen kann. Auch alle höherentwickelten Tiere verfügen über die Fähigkeit der inneren Repräsentation. So besitzt die Katze eine präzise Vorstellung davon, wie der Kater aussieht, der ihr das Revier streitig machen will. Das Eichhörnchen hat eine profunde räumliche Vorstellung von seinem Lebensraum und findet so im Winter die Vorräte wieder, die es im Herbst versteckt hat. Die Vorstellungen der Tiere sind differenziert, aber selektiv. Sie geben immer nur Ausschnitte der Umwelt wieder, nämlich diejenigen, die für die Tiere bedeutsam sind, etwa ein Futterplatz oder ein Kater, der sich anschleicht.

Wir Menschen nehmen in der Umwelt nicht nur das wahr, was der Befriedigung unserer elementaren Bedürfnisse dient. Wir wollen die Umwelt möglichst als Ganzes verstehen und entwickeln dafür umfassende Vorstellungen. Stehen wir vor einem Rätsel, geben wir keine Ruhe, bis wir es gelöst, eine Erklärung dafür gefunden haben. Gelegentlich maßen wir uns sogar an, die endgültige Wahrheit entdeckt zu haben. Wir sind wohl die einzigen Lebewesen, die sich die Welt erklären müssen, um das Leben zu bewältigen. Oder wie Nietzsche hellsichtig anmerkt: Ein Warum zum Leben zu haben hilft, uns das Leben zu ertragen.

Unsere Vorstellungen weisen eine weitere Besonderheit auf. Wir können uns nicht alle, aber manche unserer Vorstellungen bewusstmachen, darüber nachdenken und uns mit Hilfe der Sprache mit anderen über sie austauschen. Die Fähigkeit, sich Vorstellungen von der Welt und sich selbst zu machen, und das Bedürfnis, diese mit anderen Menschen zu teilen, hat wohl entscheidend dazu beigetragen, dass der Mensch ein hochdifferenziertes Kommunikationsverhalten und daraus sehr erfolgreiche Überlebensstrategien entwickelt hat.

Im Folgenden werden wir versuchen zu klären, was wir unter Vorstellungen verstehen und wie sie entstehen. Warum sind unsere Vorstellungen so vieldeutig? Und warum werden uns manche Vorstellungen bewusst, während andere im Unterbewusstsein verborgen bleiben? Was ist überhaupt Bewusstsein? Warum hat jeder Mensch seine eigenen Vorstellungen, und warum sind kollektive Vorstellungen wie Religion oder Ideologie so mächtig?

Über das Wesen unserer Vorstellungen

Vorstellungen im Wandel der Zeiten

Die Menschen haben sich in jeder Kultur und zu jeder Zeit ihre eigenen Vorstellungen gemacht, beispielsweise über die Welt. Unsere Vorfahren, die bis vor 70 000 Jahren in der Mitte Afrikas lebten, dachten vermutlich, dass die Erde aus Savanne und Urwald, Bergen und Tälern, Flüssen und Seen besteht. Ihre Nachfahren, die Afrika durchwanderten und bis nach Eurasien vorstießen, stellten fest, dass es nicht nur

Land, sondern auch viel salziges Wasser gibt, und passten ihr Weltbild entsprechend an: Die Erde ist eine flache Scheibe, die von einem Meer umgeben ist, welches bis an die Ränder der Welt reicht.

Bereits im 4. Jahrhundert vor Christus kamen Gelehrte zu der Erkenntnis, dass die Erde die Gestalt einer Kugel besitzt. Der griechische Philosoph Aristoteles führte dafür drei stichhaltige Gründe an. Erstens: Wenn ein Schiff aufs Meer hinausfährt, verschwindet zuerst der Rumpf, dann die Segel; zweitens: Bei einer Mondfinsternis ist der Erdschatten, der sich auf dem Mond abbildet, immer rund; und drittens: In südlichen Ländern stehen südliche Sternbilder höher über dem Horizont als in nördlichen Ländern. Die große Mehrheit der Menschen blieb aber bei der Vorstellung, die ihrer Lebenswirklichkeit weit besser entsprach: Die Erde ist eine flache Scheibe.

Auch für den Genueser Christoph Columbus war die Erde eine Kugel. Er war daher überzeugt, dass er nach China und Indien gelangen müsste, wenn er Richtung Westen segelte. 1492 machte er sich mit drei Schiffen auf und fuhr gegen Sonnenuntergang. Doch bekanntlich erreichte er nicht China, sondern entdeckte Amerika. Sein fundamentaler Irrtum bestand darin, nicht für möglich zu halten, dass zwischen Europa und Asien noch ein weiterer, riesiger Kontinent liegen könnte. 1519 machte sich der Portugiese Ferdinando Magellan mit fünf Schiffen auf, die Welt zu umsegeln. Er selbst kam dabei ums Leben, aber sein Steuermann Juan Sebastián Elcano vollendete 1522 die erste Weltumsegelung. Damit war die Kugelgestalt der Erde endgültig bestätigt, und die Menschen passten ihr Weltbild an.

Doch dann wurden die gängigen Vorstellungen über die Erde erneut in Frage gestellt. Diesmal ging es um ihre Stellung als Planet im Kosmos. Zu Beginn des 17. Jahrhunderts kamen Nikolaus Kopernikus, Galileo Galilei und Johannes Kepler übereinstimmend zur Erkenntnis: Die Sonne kreist nicht um die Erde, sondern die Erde um die Sonne. Das heliozentrische Weltbild war ein Schock für die Menschen, doch die Marginalisierung der Erde nahm damit erst ihren Anfang. Es folgte die Erkenntnis, dass auch das Sonnensystem nicht im Zentrum des Universums steht, sondern lediglich am Rand der Milchstraße. Letztere ist wiederum nur eine von mindestens hundert Milliarden Galaxien, von denen jede im Durchschnitt aus hundert Milliarden Sternen besteht, um die Milliarden von Planeten kreisen.

Was lehrt uns diese kurze Chronik über das Weltbild unserer Vorfahren? Die Menschen haben sich in allen Kulturen und zu allen Zeiten die Welt in ihren Vorstellungen so zurechtgelegt, dass sie für sie stimmig war, also ihrer Wahrnehmung und ihren Erfahrungen entsprach. Stellten sich neue Einsichten ein, passten sie ihr Weltbild an. Auf diese Weise verliefen auch die Erkenntnisprozesse in den Wissenschaften, etwa in der Biologie, Physik oder der Psychologie. Das Menschenbild schließlich war – wie das Weltbild – immer Ausdruck der jeweiligen Kultur und Zeit. Und genauso wie den Menschen in der Menschheitsgeschichte ergeht es uns in unserem Dasein. Wir passen unsere Vorstellungen immer wieder aufs Neue an veränderte Lebensumstände an. Unsere Einsichten im banalen Alltag sind wie die der Astronomen immer nur vorläufig. Was uns jedoch nicht davon abhält, die jeweils aktuellen Erkenntnisse für endgültig zu halten – weil wir uns die zukünftigen nicht vorstellen können.

Wie Kinder zu ihren Vorstellungen kommen

Ich habe über drei Jahrzehnte Kinder beim Spielen beobachtet und dabei allmählich verstehen gelernt, wie sie im Verlauf der Kindheit zu ihren Vorstellungen kommen. Das zeigt beispielhaft die Entwicklung der räumlichen Vorstellungen beim Baby bis hin zum Erwachsenen.

In den ersten Lebenswochen vermag der Säugling den Raum nur sehr beschränkt wahrzunehmen; seine Sehschärfe ist auf eine Distanz von 20 Zentimetern begrenzt. Mit etwa vier Monaten kann er seine

Augen auf unterschiedliche Entfernungen einstellen. Er beginnt, nach Gegenständen zu greifen, verfolgt Eltern und Geschwister, wenn sie in der Wohnung herumgehen, und lernt so, Distanzen einzuschätzen. Im Alter von sechs und zwölf Monaten fängt er an, sich fortzubewegen und den Raum aktiv zu erkunden. Bis in dieses Alter ist die Entwicklung der Raumwahrnehmung kaum anders verlaufen als bei Jungtieren höherentwickelter Säugetierarten.

Nun aber setzt die für den Menschen charakteristische Entwicklung ein: Das Kind beginnt in seinem Spiel, sich aktiv mit den räumlichen Beziehungen zwischen Gegenständen auseinanderzusetzen. Mit zwölf bis 18 Monaten beschäftigt es sich mit Behältern und deren Inhalt. Es füllt beispielsweise Würfel in eine Schachtel und nimmt sie wieder heraus. Im Alter von 18 Monaten ist es von der Vertikalen fasziniert, es stapelt die Würfel. Sechs Monate später interessiert sich das Kind für die Horizontale. Es reiht Würfel nun aneinander und spielt mit der Holzeisenbahn. Mit etwa drei Jahren kombiniert es die Horizontale und die Vertikale und baut eine Treppe. Ist es drei oder vier Jahre alt, bringt das Kind alle drei Dimensionen des Raumes in seinem Spiel zusammen. So konstruiert es mit Legosteinen eine Garage für sein Spielzeugauto.[1] Im zweiten Lebensjahr ist das Kind bereits fähig, seine räumlichen Vorstellungen mit den entsprechenden sprachlichen Begriffen zu verbinden. Als Erstes ordnet es die Vorstellung von Inhalt und Behälter der Präposition »in« zu. Anschließend entwickelt es ein Verständnis für die Präpositionen »auf« und »unter«, »hinter« und »vor«.[2] In den folgenden Jahren differenziert es seine gestalterischen Fähigkeiten beim räumlichen Nachbilden seiner gegenständlichen Umwelt, etwa indem es sich mit Stühlen und Tüchern eine kleine Hütte baut. In der Pubertät wird die Entwicklung des räumlichen Vorstellungsvermögens mit dem abstrakten Denken abgeschlossen. In der darstellenden Geometrie gehen die Schüler von einer zwei- zu einer dreidimensionalen Darstellung über. Sie lernen, wie der Umfang eines Kreises oder das Volumen einer Kugel aus dem Durchmesser berechnet werden kann. Damit sind die kognitiven Voraussetzungen geschaffen, um die Gesetzmäßigkeiten des Raumes zu verstehen und praktisch anzuwenden. In der Physik lernen die Schüler beim Experimentieren mit Linsen die Gesetze der Optik kennen. Dadurch entwickeln sie ein Verständnis für Mikroskop und Fernrohr, die ihnen wiederum einen Einblick in die räumlichen Strukturen von Zellen und des Weltalls ermöglichen.

Kompetenzen	Vorstellungen Sprachliche Begriffe	Tätigkeiten Erzeugnisse
Soziale	Empathie, Liebe, Mitleid, soziale Regeln, Moral	Rituale wie Hochzeit und Taufe, Fürsorge, Rechtswesen
Sprachliche	Grammatik, Syntax, Wortschatz	Schrift, Telefon, Internet, Medien
Figural-räumliche	Formen, Farben, räumliche Dimensionen	Architektur, Bildhauerei, Astronomie
Logisch-mathematische	Kategorisieren, kausales Denken, Zahlenverständnis	Informatik, Naturwissenschaften, Mathematik

Aus der Tabelle wird anhand von vier Kompetenzen ersichtlich, wie in der Entwicklung aus Erfahrungen Vorstellungen und sprachliche Begriffe entstehen, die wiederum in Tätigkeiten und Erzeugnissen umgesetzt werden.

Wie Erfahrungen Vorstellungen prägen

Vorstellungen, die auch als innere Bilder oder Schemata bezeichnet werden, gehen also im Verlauf der Kindheit aus den Erfahrungen hervor, die Kinder mit ihrer physischen und sozialen Umwelt machen. Abstrakte Aussagen wie etwa eine mathematische Formel, können Schüler wohl auswendig lernen, wirklich verstehen werden sie sie aber nur, wenn sie dafür die notwendigen Erfahrungen gemacht haben. Den Satz von Pythagoras beispielsweise begreifen Schüler erst dann wirklich, wenn sie rechtwinklige Dreiecke in unterschiedlicher Größe gezeichnet, die Quadrate über der Hypotenuse und den Katheten dargestellt und ausgeschnitten sowie deren Flächen zueinander in Beziehung gesetzt haben. Wie sehr Erfahrungen Vorstellungen prägen, wird besonders in der Sozialentwicklung deutlich.

»Was aber ist Mitleid anderes als das Mitempfinden fremden Elends in unserem Herzen, durch das wir jedenfalls angetrieben werden zu helfen, soweit wir können?« (Augustinus, »De civitate Dei«, IX, 5). Barmherzigkeit als erstrebenswerte Tugend anzupreisen reicht nicht aus, damit aus einem Kind ein empathisches Wesen wird. Erst dann, wenn es die entsprechenden Gefühle und Verhaltensweisen miterleben darf und sie emotional nachempfinden kann, begreift es Worte wie Nächstenliebe, Mitgefühl oder Erbarmen und wird sich auch dementsprechend verhalten. So verinnerlicht ein Kind, wie fürsorglich seine Eltern mit ihm selbst und den Mitmenschen, beispielsweise behinderten und alten Menschen, umgehen. Wie sich die Eltern am Familientisch über Tagespolitik unterhalten, etwa welche Haltung sie Flüchtlingen und ihren Lebensschicksalen gegenüber einnehmen, verinnerlicht das Kind ebenfalls, aber weit weniger als ihr fürsorgliches Verhalten. Eltern und Bezugspersonen sind – im Guten wie im Schlechten – Vorbilder, die das Kind in seinem Sozialverhalten und seinen Wertvorstellungen prägen (Teil V, Soziales Lernen). Dies gilt genauso für die Art und Weise, in der Schüler unterrichtet werden. Ein Lehrer diktiert seinen Schülern die folgende einfache Definition von Gerechtigkeit ins Heft: »Gerechtigkeit liegt dann vor, wenn es in einer Gemeinschaft einen angemessenen, unparteilichen und einforderbaren Ausgleich der Interessen und der Verteilung von Chancen und Gütern gibt.«[3] Nachdem sie brav auswendig gelernt haben, dürfen die Schüler auf eine gute Prüfungsnote hoffen. Gerecht verhalten werden sie sich aber nur dann, wenn sie auch so behandelt wurden und anhand von Vorbildern ein aufrichtiges und redliches Verhalten verinnerlicht haben.

Doch Einstellungen und Haltungen werden nicht nur beim einzelnen Menschen, sondern auch im Kollektiv durch Erfahrungen bestimmt. In der Schweiz hat sich bei Volksabstimmungen wiederholt gezeigt, dass eine ablehnende Einstellung fremden Menschen gegenüber umso größer ist, je weniger Erfahrungen die Bevölkerung mit ihnen gemacht hat. Die Landbevölkerung, die Fremde lediglich vom Hörensagen kannte, verhielt sich deutlich ablehnender als die Stadtbevölkerung, die schon seit vielen Jahren mit Fremden zusammenlebte. Fehlende Erfahrungen können zu wahnähnlichen Vorstellungen, diffusen Bedrohungsängsten und einer erhöhten Bereitschaft zur Ausgrenzung führen, während konkrete Begegnungen vermehrt mit Hilfsbereitschaft und Solidarität einhergehen. Genauso ergeht es Flüchtlingen und Immigranten, die nach Europa kommen, mit ihren oftmals unrealistischen Wunschvorstellungen. Erst wenn sie – hoffentlich positive – Erfahrungen mit der Bevölkerung gemacht haben, entsprechen ihre Vorstellungen der Wirklichkeit im Land.

Wir können Verhaltensweisen und Vorstellungen des einzelnen Menschen wie auch eines Kollektivs besser verstehen, wenn wir davon ausgehen, dass ihre Vorstellungen nicht isolierte Konstrukte sind. Sie beruhen vielmehr auf bestimmten Erfahrungen und stehen in einem engen Zusammenhang mit den Grundbedürfnissen und den aktuellen Lebensbedingungen (Teil VIII, IX und X). Ein konservativer oder grüner Politiker wird man nicht nur, weil man vom Parteiprogramm überzeugt ist, sondern vor allem, weil die Zielsetzungen der Partei den individuellen Grundbedürfnissen und Kompetenzen sowie den bisherigen Erfahrungen und der Lebenssituation, in der man sich befindet, am meisten entspricht. Und genauso orientieren sich Bürger und Bürgerinnen an den politischen Vorstellungen, von denen sie glauben, dass sie ihre Grundbedürfnisse am ehesten befriedigen werden.

Warum unsere inneren Bilder vieldeutig sind

Wie groß und reichhaltig das Universum der Vorstellungen ist, wird uns so richtig bewusst, wenn man sich Bibliotheken ansieht oder allein schon eine Enzyklopädie durchblättert, ganz zu schweigen davon, wenn man versucht, sich das Ausmaß der aktuellen digitalen Datenberge vorzustellen. Ein Merkmal dieser Vorstellungen: Sie gehen alle mit sprachlichen Begriffen einher. Es gibt aber auch Vorstellungen, die sich der Sprache weitgehend entziehen und die wir daher nur sehr eingeschränkt mitteilen können. So fällt es uns schwer, die Erinnerung an den verführerischen Geruch eines Parfüms oder an die vertrauensvolle Stimme eines geliebten Menschen in Worte zu fassen. Erinnerungen lassen sich oft nicht mit einem einzelnen Begriff, sondern nur umschreibend, etwa erzählerisch oder filmisch, wiedergeben. Genauso ergeht es uns mit dem Inhalt unserer Träume. Auch für diffuse Ängste und körperliches Unwohlsein finden wir nur schwer die richtigen Worte. So ringen wir oftmals um einen Ausdruck für etwas, von dem wir ein klares inneres Bild haben, das aber kaum vermittelbar ist. Fehlen uns die passenden Worte, bedeutet das aber noch lange nicht, dass diese Vorstellungen nicht vorhanden sind.

Vorstellungen, die sich in sprachliche Begriffe fassen lassen, sind aus vielerlei Gründen oft nur vordergründig eindeutig. Ein Wort wie »Tasse« oder »Apfel« wird zumeist so verstanden, wie es gemeint ist. Manche Begriffe aber, etwa »Erziehung« oder »Familie«, werden von jedem anders aufgefasst und verwendet, weil sie auf unterschiedlichen Erfahrungen beruhen. Letztendlich erschließt sich der Sinn vieler Vorstellungen erst aus den Beziehungen zu anderen Vorstellungen. So besteht der »Lebensbogen« eines Menschen aus allen Ereignissen, die ihm zwischen Geburt und Tod widerfahren sind.

Begriffe, bei denen die Vieldeutigkeit und die unterschiedliche Auslegung besonders deutlich zum Ausdruck kommen, sind Religion und Ideologie. Die Religion vereinigt Vorstellungen unterschiedlichster Art, von denen jede ihre eigene Bedeutung hat, wie die folgende Aufstellung zeigt:

Jenseitiges und Übersinnliches. Die Angst vor dem Tod ist die Mutter aller Religionen. Das Übersinnliche kam in die Gedankenwelt der Menschen, als sie eine Zeitvorstellung entwickelt hatten und sich bewusst wurden, dass sie sterblich sind. Menschen trauern um geliebte Menschen, müssen einsehen, dass auch sie einmal sterben werden, und fragen sich, ob und wie es nach dem Tod wohl weitergehen wird.

Bedrohungen bannen und Leid mindern. Mit dem Einsetzen von Zeitvorstellungen und einem Bewusstsein für die eigene Existenz begannen die Menschen auch nach den Ursachen von Glück und Unglück zu fragen. Weshalb bedrohen uns Naturgewalten wie Vulkanausbrüche, bleibt der Regen aus und verdorrt die Ernte? Warum müssen Mensch und Tier hungern? Warum brechen Seuchen wie Cholera und Pest aus, bringen Siechtum und Tod über die Menschen und müssen selbst unschuldige Kinder schreckliches Leid ertragen? Wer ist für all diese Übel verantwortlich? Bedrohungen wie Dürren und Wirbelstürme schreiben wir nicht mehr übersinnlichen Kräften zu, sondern den Naturkräften und den Schäden, die wir in der Umwelt anrichten. Die meisten Krankheiten, etwa bakterielle Infektionen, sind nicht mehr ein Fluch der Götter oder eine Verwünschung des Nachbarn, sondern können diagnostiziert und wirksam behandelt werden. Wenn aber die moderne Medizin an ihre Grenzen gelangt, wenden sich auch heute noch viele kranke Menschen an Gott oder suchen Geist- und Naturheiler auf.

Schöpfung: Warum es uns gibt. Mit der Zeitvorstellung und dem Bewusstwerden der eigenen Existenz und von allem, was auf dieser Erde vorkommt, haben sich unsere Vorfahren irgendwann auch gefragt, wie all dies entstanden ist und wer es erschaffen hat. Sie haben sich dafür je nach Kultur und Lebensbedingungen ganz unterschiedliche

Erklärungen zurechtgelegt und großartige Mythen, wie die Schöpfungsgeschichte im Alten Testament, hervorgebracht.

Gemeinschaft, Solidarität. Menschen brauchen für ihr psychisches Wohlbefinden die Gemeinschaft. Religionen können den Gläubigen ein ausgeprägtes Gemeinschaftsgefühl vermitteln. Dazu trägt das Zusammenkommen in beeindruckenden Bauten wie Kirchen und Tempeln bei. Gemeinsames Beten, Singen und Tanzen verbindet die Gläubigen emotional und sozial miteinander. Die wichtigen Ereignisse im Leben der Menschen werden in Ritualen gefeiert, erlitten und betrauert, freudige Anlässe wie eine Hochzeit oder die Geburt eines Kindes genauso wie das Durchstehen einer Krankheit oder der Tod eines Angehörigen. Gemeinsame Erfahrungen stiften auch ein ausgeprägtes Gefühl von Zusammengehörigkeit. Ein Hort von Geborgenheit und Fürsorglichkeit für die Gläubigen zu sein ist wohl eine der stärksten Kräfte, über die Religionen verfügen.

Moral. Der Einfluss, den die Religionen im Verlauf der Menschheitsgeschichte auf das zwischenmenschliche Verhalten ausgeübt haben, kann kaum überschätzt werden. Religionen waren und sind in manchen Kulturen auch heute noch so mächtig, weil sie ihren Einfluss auf das Sozialverhalten der Menschen und ihre moralischen Werte auf das engste mit Vorstellungen von Tod und Jenseits sowie übernatürlichen Mächten verknüpfen. Verstöße gegen die von der Religion verordnete Moral erhalten dadurch die Bedeutung einer folgenschweren Sünde. Die großen Religionen und ganz besonders das Christentum stehen aber auch für eine Moral der Barmherzigkeit und der Gnade: den schwachen und benachteiligten Menschen Gutes zu tun, gefallenen Menschen zu verzeihen und sie in die Gemeinschaft aufzunehmen. Eine umfassende Fürsorge, wie sie von Mutter Teresa und Albert Schweitzer vorgelebt wurde, reicht über die eigene Lebensgemeinschaft und selbst die eigene Gesellschaft hinaus. Eine Vorstellung, die sich aus der Enge der Lebensgemeinschaft, in der die

Fürsorge ursprünglich entstanden ist, frei gemacht hat. Sie soll allen Menschen auf dieser Welt zugutekommen.

Der Begriff »Religion« besteht also nicht aus einer, sondern aus einer ganzen Reihe von Vorstellungen. Je nach der Bedeutung, die die Kulturen den einzelnen Bereichen zumessen, erleben die Menschen eine Religion unterschiedlich und schreiben ihr eine eigene Bedeutung zu. Genauso wie der Begriff »Religion« vieldeutig ist und unterschiedlich verwendet werden kann, gibt es zahllose Vorstellungen, etwa in den Geistes- und Naturwissenschaften, die nur aus ihrer Entstehungsgeschichte und dem Kontext, in dem sie Anwendung finden, verstanden werden können.

Bewusste und unbewusste Vorstellungen

»Da sah die Frau, dass es gut wäre, von dem Baum zu essen, und dass er eine Lust für die Augen war und dass der Baum begehrenswert war, weil er wissend machte, und sie nahm von seiner Frucht und aß. Und sie gab auch ihrem Mann, der mit ihr war, und er aß. Da gingen den beiden die Augen auf, und sie erkannten, dass sie nackt waren. Und sie lochten Feigenblätter und machten sich Schurze.«

Genesis 3, 6–7

Mit der Selbstwahrnehmung, der bewussten Vorstellung von sich als eigenständiger Person und dem Bewusstsein als einem geistigen Zustand haben sich die Menschen wohl schon weit länger auseinandergesetzt, als es in schriftlichen Aufzeichnungen wie der wunderbaren biblischen Schilderung über die verlorene Unschuld von Adam und Eva festgehalten wird. Einen Meilenstein setzte der Philosoph René Descartes im 17. Jahrhundert mit der Einführung des Begriffs *conscientia* und der Einsicht: *Cogito ergo sum.* Ich denke, also bin ich. Weiter folgerte er: »Da es ja immer noch ich bin, der zweifelt, kann ich an diesem Ich, selbst wenn es träumt oder phantasiert, selber nicht mehr zweifeln.«[4] Seit der Aufklärung bemühen sich Philosophen, Psychologen und neuerdings auch Neurowissenschaftler um eine Klärung des Begriffs »Bewusstsein«, was die Meinungsverschiedenheiten zusätzlich befeuert hat. Wir tun uns nach wie vor schwer mit dem Bewussten, aber noch weit mehr mit dem Unbewussten. Und wir überschätzen dabei die Vorstellungen, die uns bewusst werden, und unterschätzen die Vorstellungen, die im Unterbewussten unser Leben mitbestimmen.

Mysterium Bewusstsein

Irgendwann stellt sich fast jeder die Frage: Was ist eigentlich Bewusstsein? In der Vergangenheit und wohl auch noch heute versteht die Mehrheit der Menschen unter Bewusstsein einen mentalen Zustand, der über die körperlichen Grenzen des Individuums hinausreicht. Bewusstsein wird als »Belebtsein« oder »Beseeltsein« verstanden. Dabei geht man von einer dualistischen Vorstellung von Geist und Seele einerseits und Körper andererseits aus. So werden Nahtoderfahrungen als Beleg für die Existenz eines erweiterten Bewusstseins und für Transzendenz gedeutet. Eine solche über das Physische hinausgehende, als real empfundene übersinnliche Wirklichkeit gehört auch zum Fundament der meisten Religionen.

In der klinischen Medizin hingegen kommt ein ganz pragmatischer Ansatz im Umgang mit dem Bewusstsein zur Anwendung. Anhand einfacher Verhaltenskriterien werden verschiedene Zustände unterschieden, die vom vollen Bewusstsein bis zum Koma reichen. Ein wacher Patient ist ansprechbar und kann sich in Raum und Zeit orientieren. Er ist in seinem Bewusstsein eingeschränkt, wenn er desorientiert und nicht mehr konversationsfähig ist, aber noch auf Reize wie Berührung reagiert. Spricht er auch auf starke Schmerzreize nicht mehr an, ist er komatös. In einem neurophysiologischen Ansatz wird das Bewusstsein in verschiedene Wach- und Schlafstadien eingeteilt, die mit Hilfe der Elektroenzephalographie (EEG) erfasst werden.

Seit einigen Jahrzehnten betreibt die Neurowissenschaft einen enormen Aufwand, um mit bildgebenden Technologien wie der Magnetresonanztomographie (MRT) dem Bewusstsein auf die Spur zu kommen. In Hirnarealen wie Hirnstamm, Thalamus und Großhirn suchen sie mit immer raffinierteren Methoden nach neuronalen Aktivitäten und morphologischen Strukturen, die uns den Sitz des Bewusstseins erklären könnten.[5] Doch eine allgemeingültige Definition des Bewusstseins gibt es bis heute nicht.

Dem Bewusstsein wird je nach theoretischer Annahme und Erfahrungsbereich eine unterschiedliche Bedeutung zugeschrieben. Dabei ist unser subjektiver Eindruck doch so eindeutig: Wir erleben uns als ein Wesen mit Ich-Qualität. Wir schreiben uns einen eigenen Willen zu. Wir sind überzeugt, dank unseres Bewusstseins in Freiheit entscheiden, handeln und Verantwortung übernehmen zu können. Vielleicht gelangen wir zu einem vertieften Verständnis des Bewussten, wenn wir das Unterbewusste einbeziehen. Worin liegt das Verbindende, worin das Trennende zwischen Bewusstem und Unbewusstem?

Über das Zusammenspiel von Unbewusstem und Bewusstsein

Die Bedeutung des Unbewussten wird maßlos unterschätzt. Für Sigmund Freud war es das Reich der Triebe, Träume und vor allem des Verdrängten. Doch das Unbewusste ist für weit mehr zuständig (Teil III), es bestimmt in hohem Maß unser Denken, Fühlen und Handeln.[6] Wir unterschätzen das Unbewusste vor allem deshalb, weil es sich – per definitionem – unserem Vorstellungsvermögen weitgehend entzieht. Dennoch können wir heute über das Unbewusste weit mehr als nur Mutmaßungen anstellen.

Alle unsere Vorstellungen und Begriffe gehen – wie bereits erwähnt – aus den emotionalen, sensorischen und motorischen Erfahrungen hervor, die wir während unseres Lebens machen. Letztere bilden zusammen mit den angeborenen und erworbenen Fähigkeiten das Fundament des Unbewussten. Motorische Funktionen, von den einfachsten Reflexen wie dem Patellarsehnenreflex über komplexe Bewegungsprogramme wie das Gehen und Greifen bis zu den erworbenen Fertigkeiten wie dem Schreiben und Zeichnen, haben ihre Wurzeln im Unbewussten (Teil III). Fahren wir nach der Arbeit auf einer vertrauten Strecke nach Hause, wissen wir später kaum, welchen Fahrzeugen und Menschen wir auf der Straße begegnet sind. Lenken, schalten und bremsen, Distanzen und Geschwindigkeiten einschätzen, all dies geschieht weitgehend unbewusst. Wir hängen unseren Gedanken nach und überlegen, was wir zu Hause noch alles erledigen müssen, und das Unbewusste weist uns freundlicherweise den richtigen Weg. Wird uns auf der Heimfahrt jedoch eine Umleitung angezeigt, ist unsere Aufmerksamkeit sofort geweckt. Unser Unbewusstes war die ganze Zeit auf seine Weise wachsam und signalisiert uns rechtzeitig: Jetzt ist bewusstes Entscheiden angesagt. So pendeln wir im Wachzustand ständig zwischen Bewusstem und Unbewusstem hin und her.

Tief verborgen im Unbewussten sind auch Emotionen, Stimmungen und psychovegetative Funktionen wie Schlaf und Sexualität. Wir nehmen sie oft nur punktuell bewusst wahr. Schließlich sind da noch Unmengen an Erinnerungen, die uns nur sehr eingeschränkt zugänglich sind. Gelegentlich kommen sie in Träumen hoch oder werden durch ein Ereignis oder einen bestimmten Reiz plötzlich bewusst, wenn beispielsweise ein verführerischer Geruch uns an den Kuchen erinnert, den uns unsere Mutter immer zum Geburtstag gebacken hat.

Im Alltag sind wir überzeugt, dass unsere Verhaltensweisen auf bewusstem, wohlüberlegtem Denken und Handeln gründen – was durchaus vorkommen kann, aber häufig nicht der Fall ist. Der Neurophysiologe Benjamin Libet führte 1979 ein einfaches, aber geniales Experiment durch, das eine heftige Debatte über die Rolle des Bewusstseins und der Willensfreiheit ausgelöst hat, die bis heute andauert.[7] Libet setzte den Probanden vor eine Art Uhr, auf der sich ein Lichtpunkt auf einer kreisförmigen Skala bewegte. Der Proband entschied sich für eine bestimmte Position auf der Skala, bei der er seine Finger bewegen wollte. Erreichte der Lichtpunkt die gewählte Position, löste der Proband die Fingerbewegungen aus. Parallel dazu wurden seine Hirnströme (EEG) und seine Muskelbewegungen (EMG) gemessen. Mit dieser Versuchsanordnung ließen sich nicht nur der genaue Zeitpunkt der Handlungsentscheidung, die Finger zu bewegen, und deren bewusste Durchführung bestimmen, sondern auch der Moment, in dem die Handbewegung im motorischen Cortex (Rindenschicht) vorbereitet wurde; mit Hilfe des EEGs konnte dort ein sogenanntes Bereitschaftspotential nachgewiesen werden.

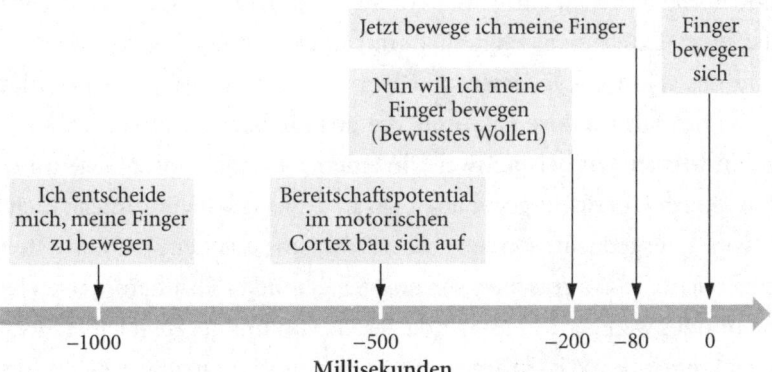

Abb. 6.1: Das Libet-Experiment zum freien Willen. Auf der Zeitskala wird angegeben, was bis zu dem Zeitpunkt geschieht, an dem die Finger bewegt werden.

Das überraschende Resultat, das mittlerweile von mehreren Forschergruppen bestätigt worden ist, war, dass im Gehirn die Bewegung der Hand bereits zu einem Zeitpunkt vorbereitet wurde, zu dem der Proband selbst noch gar nicht die Absicht hatte, die Bewegung auszuführen. Das Bereitschaftspotential im motorischen Cortex kündigte die Handlungsabsicht 500 und mehr Millisekunden vor der tatsächlichen Handlung an. Sind wir also fremdbestimmt? Das trifft nur dann zu, wenn wir das Unbewusste nicht als einen Teil unserer Persönlichkeit betrachten und fälschlicherweise davon ausgehen, dass unser Unbewusstes keine vernünftigen Entscheidungen fällen und keine sinnvollen Handlungen durchführen kann. Eine unsinnige Annahme, verhalten sich doch alle Tiere, geleitet von ihrem Unbewussten, so »vernünftig«, dass sie ein erfolgreiches Leben führen.

Das Unbewusste ist keine chaotische Dunkelkammer (Teil II). Ganz im Gegenteil, das Unbewusste ist hochstrukturiert, multimodal vernetzt und auf die Grundbedürfnisse und Interessen des Individuums abgestimmt. Es ist unablässig bemüht, die Funktionstüchtigkeit von verschiedensten Bereichen wie Wach-Schlaf-Rhythmus, Motorik und Sozialverhalten aufrechtzuerhalten. Das Unbewusste bereitet, wie das Libet-Experiment zeigt, nicht nur Entscheidungen vor, es denkt – und das ständig – gewissermaßen im Stillen mit und berücksichtigt dabei oftmals zahllose Faktoren, die uns nie bewusst geworden sind. Beeindrucken wir beispielsweise in einem Gespräch unser Gegenüber mit klugen Überlegungen, haben wir uns die Gedanken zumeist nicht bewusst ausgedacht, sondern sie werden uns aus dem Unbewussten zugereicht. So überraschen wir uns gelegentlich selbst damit, wie viel mehr oder weniger Kluges wir da gerade von uns gegeben haben. Unser mangelndes Wissen über seine Organisationsstruktur sollte uns jedoch nicht mehr dazu verleiten, das Unbewusste so ungemein zu unterschätzen. Es gibt nichts in unserem bewussten Denken und Handeln, dessen Quelle nicht im Unbewussten läge.

Wie reichhaltig diese Quelle an Fähigkeiten, Erfahrungen, Erinnerungen und Erkenntnissen sein muss, erahnen wir, wenn wir einen Roman lesen, uns ein Theaterstück ansehen oder Musik hören. Dabei entstehen innere Bilder und Empfindungen von spannend, abscheulich bis traumhaft schön. Sie rühren im Unbewussten längst Vergangenes und Ersehntes, Ängste und Glücksgefühle an. Welche enormen gestalterischen Kräfte im Unbewussten freigesetzt werden, zeigt sich auch im kreativen Schaffen von Künstlern oder in der Forschung von Wissenschaftlern. Wichtige Erkenntnisse sind oftmals nicht das Resultat bewusster, rationaler Schlussfolgerungen, sondern Intuition – ahnendes Begreifen aus dem Unbewussten. Häufig stellen sich Eingebungen nicht im Labor oder am Schreibtisch ein, sondern auf einem Spaziergang oder unter der Dusche. Einer Legende nach soll der Chemiker August Kekulé 1865 im Schlaf auf die Struktur des Benzolrings gekommen sein. Die sechseckige Form des Benzolrings erschloss sich ihm aus dem Traumbild von einer Schlange, die sich in den Schwanz beißt. Das Unbewusste ist der Fundus unserer Kreativität, in einem umfassenden Sinn unser schöpferisches Potential.

Wie Vorstellungen bewusst werden

Die Wurzeln des Unbewussten reichen bis in die Anfänge der Evolution zurück, nämlich in die Zeit, wo mehrzellige Lebewesen erstmals über ein primitives Nervensystem verfügten. Ein Bewusstsein hat sich vermutlich erst dann eingestellt, als das Gehirn vor 200 000 Jahren seine endgültige Größe erreichte. Damit waren durch die hochgradige Vernetzung der Hirnregionen die Voraussetzungen für ein bewusstes Denken und Handeln geschaffen.

Auch in der kindlichen Entwicklung beginnt alles im Unbewussten. Ob Kinder bereits im ersten Lebensjahr über eine Art Bewusstsein verfügen, wissen wir nicht. Eine erste Form von Bewusstsein lässt sich im Alter von 18 bis 24 Monaten nachweisen: Das Kind nimmt sich als eigenständiges Wesen wahr (Teil V). Mit vier Jahren begreift es nach und nach, dass jeder Mensch seine eigenen Empfindungen, Gedanken und Absichten hat (»Theory of Mind«, Teil V). Mit dem Bewusstsein, ein eigenständiges Wesen zu sein, entwickelt sich auch eine Wahrnehmung des eigenen »Innenlebens«. Damit wird den Kindern ihr Denken und Handeln immer mehr bewusst, sie begreifen sich als eigenständige Individuen und nehmen gleichzeitig die soziale Umwelt in ihrer Vielgestaltigkeit immer deutlicher wahr.

Wie sich in der frühen Kindheit symbolische Vorstellungen und sprachliche Begriffe im Unbewussten entwickeln und wie diese allmählich ins Bewusstsein treten, gibt die folgende Abbildung beispielhaft wieder. Ausgangspunkt sind Erfahrungen, die das Kleinkind bei den Mahlzeiten am Familientisch macht. Es lernt Gegenstände wie Löffel und Teller, Speisen wie Brot und Spaghetti sowie Tätigkeiten wie Kochen, Essen und Trinken kennen. Aus seinen Erfahrungen bildet es Vorstellungen, für die Eltern und Geschwister Wörter verwenden. So lernt das Kind, seine Vorstellungen mit den entsprechenden sprachlichen Begriffen zu verbinden. Nach einiger Zeit begreift es auch, dass Begriffe wie Löffel, Gabel und Messer unter einem Oberbegriff wie »Besteck« zusammengefasst werden können.

So entstehen in der Kindheit und auch noch im Erwachsenenalter im Unbewussten immer größere Netzwerke von symbolischen Vorstellungen und sprachlichen Begriffen, Denk- und Verhaltensweisen sowie Erfahrungen und Erinnerungen. Dabei werden dem Bewusstsein immer mehr symbolische Vorstellungen und sprachliche Begriffe zugänglich. Für diesen wunderbaren Vorgang der Bewusstwerdung unbewusster Inhalte gibt es bis heute keine überzeugende Erklärung. So müssen wir uns mit Metaphern behelfen, beispielsweise der folgenden: Das Bewusstsein ist wie eine Art Bildschirm, auf dem Inhalte aus

306

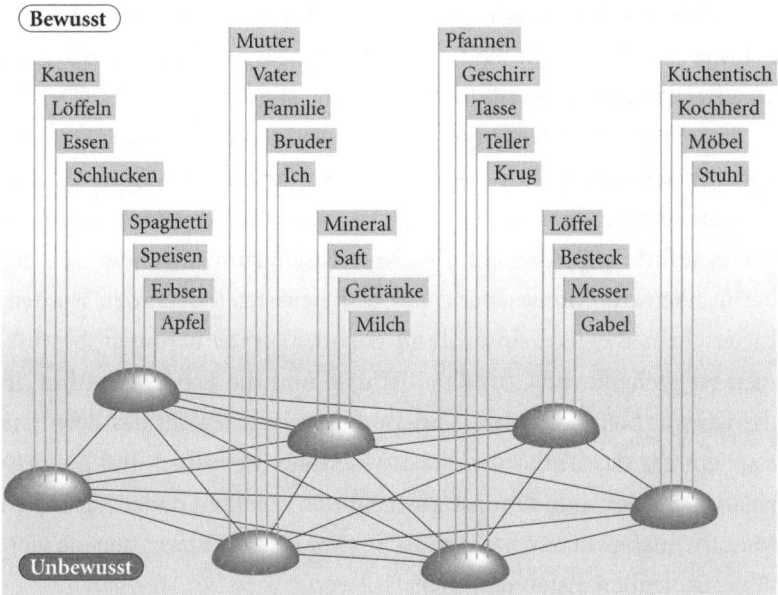

Bewusst

Mutter	Pfannen	
Kauen	Vater	Geschirr	Küchentisch
Löffeln	Familie	Tasse	Kochherd
Essen	Bruder	Teller	Möbel
Schlucken	Ich	Krug	Stuhl

Spaghetti	Mineral	Löffel
Speisen	Saft	Besteck
Erbsen	Getränke	Messer
Apfel	Milch	Gabel

Unbewusst

Abb. 6.2: Symbolische Vorstellungen und sprachliche Begriffe, unbewusst und bewusst. Aus den Erfahrungen am Familientisch entstehen im Unbewussten symbolische Vorstellungen und sprachliche Begriffe, die hierarchisch vernetzt sind und ins Bewusstsein aufsteigen können.

dem Unbewussten abgebildet werden. Was auf der Projektionsfläche erscheint, ist dabei nicht beliebig, sondern wird von unseren Bedürfnissen und momentanen Interessen bestimmt. So löst eine anstehende Zugreise eine Flut von Überlegungen aus, wie im Fahrplan nachsehen, Fahrkarten kaufen, Koffer packen und Blumen gießen. Das Unterbewusste denkt mit und setzt dabei Emotionen wie Vorfreude und Stressgefühle frei. Je mehr wir bewusst denken und handeln, desto stärker erleben wir eine Art autonomes »Ich«. Wir sind überzeugt, über ein hohes Maß an Wahl-, Entscheidungs- und Willensfreiheit zu verfügen, Herr über uns selbst zu sein. Doch unser »Ich« strebt nicht nur nach Autonomie, sondern noch weit mehr nach Selbstverwirklichung der eigenen Individualität, nach dem, was im Unbewussten an Grundbedürfnissen und Kompetenzen angelegt ist (Teil IV, VIII).

Trotz aller Unklarheiten über das Bewusste und Unbewusste können wir davon ausgehen, dass es ohne ein hochstrukturiertes Unbewusstes kein Bewusstsein gäbe. Ein Bewusstsein bar jeder Vorstellung gibt es wahrscheinlich nicht. Das Bewusstsein kann am ehesten als ein besonderer Funktionszustand des Unbewussten verstanden werden. In welchem Bewusstseinszustand wir uns gerade befinden, bestimmen weitgehend die Grundbedürfnisse und die Lebenssituation, in der wir uns befinden. Vieles spricht dafür, dass weniger das Bewusste als vielmehr das Unbewusste das Wesen des Menschen und die Einzigartigkeit des Individuums ausmacht. Wir sollten daher nach dem Maestro, also unserem wahren »Ich«, weniger im Bewussten als vielmehr im Unbewussten fahnden.

Schließlich stellt sich noch die Frage, warum der Mensch überhaupt ein Bewusstsein entwickelt hat, sind doch sämtliche Lebewesen über Hunderte Millionen Jahre ohne ein solches ausgekommen. Mit hoher Wahrscheinlichkeit gilt einmal mehr, was die Evolution generell vorantreibt: Uns wird bewusst, was sich in der Vergangenheit als *nützlich* daran erwiesen hat, bewusst zu werden. Nützlich in dem Sinne, dass längst nicht in allen, aber in wesentlichen Lebensbereichen bewusstes Denken und Handeln dem unbewussten Verhalten überlegen war und damit die Überlebenschancen des Menschen verbessert hat. Wie überaus erfolgreich bewusstes Denken und Handeln ist, zeigt sich in der soziokulturellen Evolution des Menschen (Teil I). Und dennoch verbleibt das Allermeiste von unserem Denken, Fühlen und Handeln dort, wo es für uns am nützlichsten ist: im Unbewussten.

Grundlegendes für das Fit-Prinzip

Jeder Mensch hat seine eigenen Vorstellungen

»Das Wort gehört zur Hälfte dem, der spricht,
und zur Hälfte dem, welcher hört.«

Montaigne, Essais

Unsere Worte werden von anderen oft nicht genauso verstanden, wie wir sie gemeint haben. Manche Vorstellungen und sprachlichen Begriffe haben für jeden Menschen ihre eigene Bedeutung, beruhen sie doch auf individuellen Erfahrungen, die wir insbesondere in der Kindheit gemacht haben. Wie am Beispiel der Moralentwicklung ausgeführt, entwickeln Kinder unterschiedliche Moralvorstellungen, je nachdem, wie Eltern und Bezugspersonen sie erziehen. Darüber hinaus sind die Erfahrungen, die Kinder machen, immer selektiv. Sie hängen von den Grundbedürfnissen und Kompetenzen sowie der emotionalen Befindlichkeit und der aktuellen Lebenssituation ab. Selbst wenn sie als Geschwister in derselben Familie aufwachsen, verinnerlichen Kinder aufgrund ihrer individuellen Anlage unterschiedliche Erfahrungen und entwickeln so ihre eigenen Vorstellungen (Teil II, III).

Vorstellungen werden oft auch unterschiedlich verstanden, weil sie fast nie für sich allein stehen. Sie sind im Unbewussten vielfach vernetzt mit anderen Vorstellungen, die sich gegenseitig beeinflussen. So ist beispielsweise das Wort »Lernen« unter anderem mit Begriffen wie »Auswendiglernen«, »Fleiß« und »Noten« verbunden. Wenn wir in ein Gespräch vertieft sind, können Vernetzungen dazu führen, dass wir vom Hundertsten ins Tausendste kommen. Die hochgradige Vernetzung ist auch der Grund dafür, dass wir immer wieder erleben müssen: Vorstellungen lassen sich nicht so leicht verändern. Auch mit den besten Argumenten ist ihnen oft nicht beizukommen. Eine

bleibende Veränderung setzt eine Anpassung der mit ihnen vernetzten Vorstellungen voraus, was nicht allein durch rationale Einsicht,
sondern wiederum nur durch zusätzliche Erfahrungen gelingen kann.

Welche Vorstellungen wir in einem Gespräch vertreten oder in
einem Text zu Papier bringen, wird immer auch durch die Lebenssituation beeinflusst, in der wir uns gerade befinden. Wie wir uns fühlen,
spielt ebenfalls eine Rolle, etwa ob wir ausgeschlafen oder todmüde,
nüchtern oder angeheitert sind. Am meisten werden Vorstellungen
jedoch durch die Anlage der Grundbedürfnisse bestimmt. Dabei sind
wir uns meist nicht bewusst, wie sehr die Grundbedürfnisse uns beeinflussen. So tritt Karl als Teenager einer Freikirche bei. Er verteidigt
vehement deren rigide religiöse Vorstellungen – nicht so sehr, weil sie
ihn überzeugen. Er fühlt sich vielmehr in seinem Privatleben einsam
und in der Glaubensgemeinschaft aufgehoben. In den Predigten bekommt er eine klare Richtung vorgegeben und Ratschläge erteilt, wie
er sein Leben gestalten soll. Er darf im Chor auf der Bühne vor Hunderten von Gläubigen singen und erhält dabei viel Wertschätzung.

Die meisten Vorstellungen und Überzeugungen sind nicht für alle
Zeiten festgelegt. Sie verändern sich im Laufe des Lebens aufgrund
der Erfahrungen, die wir in dieser Zeit machen. Nach zehn Jahren
tritt Karl aus der Freikirche aus, weil er Geborgenheit in einer Partnerschaft gefunden, eine Familie gegründet und die Erfahrung gemacht
hat, dass er sein Leben eigenständig bewältigen kann. Auch politische
Einstellungen verändern sich oftmals nach einiger Zeit, was der folgende Spruch treffend zum Ausdruck bringt: »Wer als junger Mensch
nicht links ist, hat kein Herz. Wer später nicht konservativ ist, hat keinen Verstand.«

Wie also sollen wir mit den eigenen Vorstellungen und denjenigen
anderer Menschen umgehen? Karl wäre während seiner Zeit in der
Freikirche mit rationalen Argumenten kaum von seiner Überzeugung
abzubringen gewesen. Hätten wir seine Freikirche und ihre religiösen

Verheißungen als »Bauernfängerei« angeprangert und seine Begeisterung als Verblendung abgetan, hätte er sich dennoch nicht umstimmen lassen. Wir verstehen ihn aber im Nachhinein, wenn wir begreifen, warum er die Freikirche als Lebenshilfe erlebt hat und weshalb er später dann aus der Freikirche ausgetreten ist. Seine Lebenssituation hat sich so weit verändert, dass er seine Grundbedürfnisse auf andere Weise besser befriedigen kann. Nun ist er auch innerlich bereit, die religiöse Botschaft der Freikirche kritisch zu hinterfragen.

Jemanden mit Argumenten von der Richtigkeit unserer Vorstellungen überzeugen zu wollen ist zumeist wenig erfolgreich – was uns aber nicht davon abhält, es immer wieder zu versuchen. Dabei kann es zu kommunikativen Missverständnissen kommen, die schlimmstenfalls die Beziehung beeinträchtigen. Wir können uns umso besser verständigen und einander näherkommen, je mehr jeder von uns versteht, welche individuellen Erfahrungen er selbst und der jeweils andere gemacht hat. Wirklich hilfreich aber ist es, wenn wir begreifen, welche Bedürfnisse, Interessen und Lebenssituation den eigenen Vorstellungen und Worten wie auch denjenigen des anderen zugrunde liegen. Weil wir dies oftmals zu wenig wissen, sollten wir Mitmenschen möglichst ihre eigenen Vorstellungen zugestehen und ihnen mit Respekt begegnen und zudem die Herkunft der eigenen Vorstellungen, vor allem in Bezug auf die Grundbedürfnisse, immer wieder hinterfragen.

Es gibt sie, seltene Augenblicke, wo wir uns von einem anderen Menschen zutiefst verstanden fühlen. Sie sind so wunderbar, weil sich in solchen Momenten nicht nur eine Übereinstimmung der Gedanken, sondern das Gefühl einer Wesensverwandtschaft einstellt.

Was Vorstellungen im Kollektiv so mächtig macht

»Worte sind die mächtigste Droge,
welche die Menschheit benutzt.«

Joseph Rudyard Kipling

Es gibt kollektive Vorstellungen, die so mächtig sind, dass aus ihnen Ideologien entstehen, die wiederum zu Massenbewegungen und staatlichen Gebilden und oftmals auch zu kriegerischen Auseinandersetzungen führen können. Dazu zählt etwa der Nationalsozialismus, aus dem Hitlers Deutsches Reich entstand, oder der Kommunismus, auf dessen Dogmen Lenin die Sowjetunion und Mao das moderne China aufgebaut haben. Welche Macht solchen Ideologien innewohnt, zeigt sich in den verheerenden Zerstörungen, die sie im 20. Jahrhundert weltweit angerichtet hatten. Die eigene Bevölkerung und zahlreiche weitere Völker wurden einem Gesinnungsterror unterworfen. Abermillionen von Menschen wurden ausgegrenzt und umgebracht. Millionen von Menschen wurden manipuliert und zum Töten angestiftet. Heute terrorisieren fundamentalistische Gruppen mit pseudoreligiösen Vorstellungen die Menschen in den Ländern des Nahen Ostens und zunehmend auch im Westen. Was macht Ideologien so mächtig?

Ideologien werden immer noch als die treibende Kraft von Massenbewegungen, etwa der Oktoberrevolution, missverstanden. Wladimir Iljitsch Lenin konnte 1917 die Menschen jedoch nicht hinter sich scharen, weil sein ideologisches Gedankengut das russische Volk überzeugt hätte. Es war eine verschwindend kleine Minderheit, die das »Kapital« überhaupt gelesen hatte. Die zeitbedingten sozialen und wirtschaftlichen Missstände waren es, die Lenin zur Macht verholfen haben. Die Menschen glaubten, mit der Revolution Armut und Arbeitslosigkeit entfliehen zu können. Sie erhofften sich soziale Gerechtigkeit, ein besseres Bildungs- und Gesundheitswesen.

Ideologen missbrauchen das unbändige Verlangen der Menschen, ihre Grundbedürfnisse ausreichend befriedigt zu bekommen, um ihre Macht zu festigen und Gewalt auszuüben. Sie bringen die Menschen dazu, Gesinnungsterror zu ertragen und enorme Ungerechtigkeiten zu akzeptieren, indem sie ständig die Hoffnung schüren, dass sie die Lebenssituation der Menschen verbessern werden. So entwickelt manche Ideologie eine zerstörerische Dynamik, die schlimmstenfalls Jahrzehnte andauern und zu großem menschlichen Leid führen kann. Ideologien verlieren dann ihre Macht, wenn die Menschen realisieren, dass die gemachten Versprechungen nie eingelöst werden und sich ihre Lebenssituation durch sie nicht verbessert. Zu dieser Einsicht kam die Bevölkerung in den 1980er Jahren in den Ostblockländern. So waren es in der DDR nicht nur Bespitzelung, Selbstbereicherung und Machtmissbrauch, die den Bürgern das Vertrauen in die Staatsführung geraubt haben. Den Menschen wurde vielmehr klar, dass sie nie den Wohlstand und die sozialen Freiheiten wie in der Bundesrepublik erreichen konnten, schlimmer noch, dass die DDR politisch und wirtschaftlich immer mehr in Rückstand geriet und in Kürze dem Zerfall preisgegeben war. Spätestens dann verloren sie den Glauben an den real existierenden Sozialismus und an den Staat, was die Berliner Mauer schließlich zum Einsturz brachte.

Manche Länder, wie beispielsweise die Schweiz, blieben im 20. Jahrhundert von Faschismus und Kommunismus verschont, aber nicht etwa, weil ihre Bevölkerung besonders resistent gegenüber Ideologien gewesen wäre. Materieller Wohlstand, existentielle Sicherheit und soziale Gerechtigkeit bewahrten sie davor. Sollten sich die Lebensbedingungen verschlechtern – was ich nicht hoffe –, ist nicht auszuschließen, dass auch die aufrechten Schweizer Eidgenossen für eine Ideologie anfällig werden und einem »Führer« nachlaufen. Die

Macht von Ideologien liegt in den impliziten Verheißungen, die sie Menschen machen, die unter misslichen Lebensbedingungen leiden. Der Nährboden, auf dem Ideologien gedeihen, sind die unbefriedigten Grundbedürfnisse der Menschen und die Hoffnung auf ein menschenwürdiges Dasein.

Ideologien verschwinden spätestens dann, wenn sie ihre Versprechungen, etwa Arbeit für alle, nicht einlösen können und es vor allem nicht schaffen, die Grundbedürfnisse der Menschen ausreichend zu befriedigen. Ganz anders die Religionen wie das Christentum. Sie haben Jahrtausende überdauert, weil sie – anders als die Ideologien – die Welt nicht verbessern wollten. Für sie war das Elend der Welt Teil des menschlichen Schicksals. Bei allen moralischen Verirrungen, wie etwa dem Ablasshandel, die den Religionen unterlaufen sind, sind sie für die Menschen glaubwürdig geblieben, weil sie sie bei der Befriedigung ihrer Grundbedürfnisse wirksam unterstützten. Sie spendeten den Menschen Geborgenheit und Hoffnung und waren ein Hort der Gemeinschaft und Solidarität. Und sie bemühten sich insbesondere um die schwachen und benachteiligten Menschen. Franz von Assisi, eine Lichtgestalt des Christentums, brachte diese Grundhaltung wie folgt zum Ausdruck: »Glücklich der Mensch, der seinen Nächsten trägt in seiner ganzen Gebrechlichkeit, wie er sich wünscht, von jenem getragen zu werden in seiner eigenen Schwäche.« Heute sind wichtige Hilfeleistungen, die Religionen während Jahrtausenden erbrachten, von Staat und Wirtschaft übernommen worden. So unterstützen staatliche Einrichtungen Menschen ohne Arbeit in Beratungszentren und mit finanziellen Zuschüssen und stehen älteren Menschen bei, die sonst in Armut leben müssten. Das Kernanliegen der Religionen, die Menschen mit all ihren Stärken und Schwächen anzunehmen und ihnen beizustehen, ist jedoch bis heute erhalten geblieben. Es ist auch ein Grundgedanke des passenden Lebens.

TEIL VII

VON DER NATUR ZUR
MENSCHENGEMACHTEN UMWELT

»Zum Überleben brauchen alle Lebewesen nicht irgendeine,
sondern eine auf ihre Bedürfnisse abgestimmte Umwelt«

»In der lebendigen Natur geschieht nichts, was nicht
in der Verbindung mit dem Ganzen steht.«

Johann Wolfgang Goethe

Die Umwelt gibt es nicht. Jedes Lebewesen hat seine eigene Umwelt, an die es sich im Verlauf der Evolution angepasst hat. Zum Überleben brauchen Tiere und Pflanzen deshalb nicht irgendeine, sondern eine auf ihre Bedürfnisse abgestimmte Umwelt. Unsere Vorfahren waren bereits in frühester Zeit in dieser Hinsicht eine Ausnahme. Sie waren fähig, in unterschiedlichsten Lebensräumen wie Dschungel, Wüste oder Taiga zu überleben. In den vergangenen 10 000 Jahren haben die Menschen Mittel und Wege gefunden, die Befriedigung ihrer Grundbedürfnisse immer besser sicherzustellen, etwa Hungersnöte mit Vorräten zu überstehen (Teil I). Heute sind wir fähig, uns in einer extrem lebensfeindlichen Umgebung zu behaupten, beispielsweise in einem Unterseeboot im Marianengraben, am tiefsten Punkt der Erde in 11 000 Meter Tiefe, oder auf der Internationalen Raumstation im Weltraum, 400 Kilometer außerhalb der Atmosphäre.

Die soziokulturelle Evolution hat uns zu einer großen Ausnahme unter den Lebewesen gemacht. Der genuine Drang, die Welt zu verstehen und zu beherrschen, hat uns – im biblischen Sinn – aus der Natur vertrieben (Teil I). Wir leben kaum mehr im »natürlichen« Habitat des Homo sapiens, in einem Stück vertrauter Natur. Wir haben einen weltumspannenden gesellschaftlichen und wirtschaftlichen Lebensraum geschaffen, dessen soziale, kulturelle und ökonomische Komplexität wir immer weniger durchschauen und der uns zunehmend überfordert. Mit dem Anthropozän[1] ist ein neues Erdzeitalter angebrochen, in dem der Mensch zu einem der wichtigsten Einflussfaktoren auf die biologischen, geologischen und atmosphärischen Prozesse der Erde geworden ist.

Doch auch wenn wir Menschen überaus anpassungsfähige Wesen sind, sind auch wir immer noch von bestimmten Umweltbedingungen abhängig, die in der Evolution des Homo sapiens geherrscht und unsere Anlagen geprägt haben. So sind unsere existentiellen und sozialen, körperlichen und psychischen Bedürfnisse immer noch die gleichen wie vor 100 000 Jahren. Die Umwelt jedoch, in der wir heute leben, unterscheidet sich so sehr von derjenigen unserer Vorfahren, dass sie immer weniger unseren Grundbedürfnissen entspricht. In Teil VII wollen wir Antworten auf die folgenden Fragen finden:

In welchem Ausmaß hat der wissenschaftliche, technologische und wirtschaftliche Fortschritt unsere Umwelt verändert? Wie sehr wurde unsere Beziehung zur Natur und damit auch die Lebensqualität beeinträchtigt? Was für eine Umwelt haben wir uns geschaffen? Wie stark hat sich dadurch das Zusammenleben unter den Menschen verändert? Fühlen wir uns durch die Macht der anonymen staatlichen und wirtschaftlichen Institutionen fremdbestimmt? Warum entspricht die heutige Umwelt unseren Grundbedürfnissen immer weniger, und wie stark wird unser körperliches und psychisches Wohlbefinden dadurch beeinträchtigt?

Der Natur entfremdet

Unsere Vorfahren haben während 200 000 Jahren in und von der Natur gelebt. Ihre Behausungen haben sie nur aufgesucht, um darin zu schlafen und Zuflucht vor der Unbilden der Witterung und vor Feinden zu suchen. Die meiste Zeit verbrachten sie im Freien, wo sie ihren Tätigkeiten wie Jagen und Sammeln nachgingen (Teil I). Die Menschen waren auf das engste mit der Natur verbunden, die ihnen das Überleben ermöglichte. In den letzten 12 000 Jahren sind die Menschen zuerst aus der Natur in kleine überschaubare Siedlungen gezogen, dann in Städte und schließlich in Megacities abgewandert.

Die Urbanisierung hat in den vergangenen 200 Jahren exponentielle Züge angenommen. Noch zu Beginn des 19. Jahrhunderts lebten weltweit die allermeisten Menschen auf dem Land. 2008 wohnten schon mehr Menschen in den Städten als auf dem Land, und bis 2030 werden nach einer Schätzung der UNO fünf von acht Milliarden Menschen weltweit ihr Leben in Metropolen verbringen.

Welche Folgen hat die Entfremdung von der Natur für unser Wohlbefinden? Im Alltag ist uns die Natur weitgehend abhandengekommen. Die meisten Menschen verbringen – wenn überhaupt – nur noch einen Bruchteil ihrer Zeit in der Natur. Sie joggen in der Freizeit, unternehmen in den Ferien eine Safari-Tour in Namibia oder machen eine Schiffsreise nach Spitzbergen. Eine Ahnung davon, wie wichtig die Natur für unser Wohlbefinden ist, bekommen wir, wenn wir uns in den Wald begeben, auf einen Berg steigen oder an einem Fluss entlangwandern. Wir erfreuen uns an der Natur und erleben, wie erholsam sie ist. Immer noch rührt die Natur etwas zutiefst Vertrautes in uns an. Eine Stadt, die wir das erste Mal betreten, ist uns fremd und ist mit Stress verbunden. Ein Stück unbekannte Natur hingegen ist uns irgendwie vertraut und wirkt auf uns beruhigend.

Ein besonders enges Verhältnis zur Natur haben die Kinder. So

Abb. 7.1:   Von der Höhle zur Megacity.

marschieren die Kleinen lustvoll durch Wasserpfützen und waten durch den Matsch. Sie sammeln mit Eifer Beeren, Tannenzapfen und Schneckenhäuser. Größere Kinder lieben es, im See zu schwimmen und zu tauchen oder einen Bach zu stauen. Im Wald verstecken sie sich und jagen einander nach. Sie schneiden sich Stöcke zurecht, mit denen sie untereinander Kämpfe ausfechten. Sie sind fasziniert von Streichhölzern und lieben es, ein Lagerfeuer anzuzünden. Ihr Spiel mutet geradezu archaisch an. Es ist, als spielten sie in längst vergangenen Zeiten.[2] Kaum ein Kind zieht sein Zimmer, auch wenn es mit Spielzeug noch so vollgestopft ist, dem Spiel mit anderen Kindern in der freien Natur vor. Die Natur übt eine unglaublich starke Anziehungskraft auf Kinder aus. Wahrscheinlich weckt sie in ihnen 100 000 Jahre alte Lernimpulse, die sie zu Erfahrungen anregen, die sie für ihre Entwicklung brauchen.

Die Menschen leben zwar immer weniger in der Natur, ihr Interesse an der Natur aber hat ständig zugenommen. Sie wollen sie besser verstehen, um sie besser nutzen zu können. So hat sich in den letzten 200 Jahren ein immenses Wissen über die belebte und unbelebte Natur angehäuft. Unsere Vorfahren wussten nicht einmal, dass es so etwas wie Bakterien gibt. Wir wissen nicht nur, dass bestimmte Bakterienarten wie Staphylokokken schwere Infektionen auslösen können, wir haben zudem Mittel wie Antibiotika entwickelt, um sie wirksam zu bekämpfen. Außerdem haben wir gelernt, dass viele Bakterienarten überaus positive Eigenschaften besitzen und für uns sogar lebenswichtig sind. So ist unser Darm auf Milchsäurebakterien angewiesen, die ihn bei der Verdauung von Nahrung unterstützen. Genauso leben unzählige Bakterienarten in einer Symbiose mit Pflanzen und Tieren. All diese Erkenntnisse über das Wesen der Natur brachten uns schließlich zu der Einsicht, dass Bakterien wie alle Lebewesen – den Menschen eingeschlossen – zu einem einzigen, weltumspannenden Ökosystem gehören. Die Schäden, die wir im Kleinen, etwa bei den Bakterien durch Dünger und Chemikalien, und im Großen, etwa durch Ausrottung von Pflanzen und Tieren, anrichten, werden sich zwangsläufig auch für uns nachteilig auswirken. Der berühmte Insektenforscher Edward Wilson hat es folgendermaßen auf den Punkt gebracht: »Wenn es keine Insekten mehr gibt, bezweifle ich, dass wir Menschen länger als ein paar Monate überleben würden.« Man kann ohne Übertreibung anfügen: Wenn es keine Bakterien mehr gibt, wird die Menschheit, aber auch Fauna und Flora innerhalb weniger Wochen aussterben.

Es gibt noch weitere Schäden, die wir in der Natur angerichtet haben. Die Übernutzung von Ressourcen wie Erz, Kohle und seltenen Erden sowie eine industrialisierte Landwirtschaft, etwa mit Palmölplantagen, bemächtigen sich – einer riesigen Krake gleich – der Natur. Der CO_2-Ausstoß belastet die Atmosphäre, die Urwälder werden abgeholzt und die Biosphäre zerstört, die Meere mit Chemikalien und Plastikmüll verschmutzt. Wir sind zu Ausbeutern der Natur geworden und fürchten uns vor den Folgen unseres übermäßigen Gewinnstrebens und unserer Unachtsamkeit.

Wir wissen, dass wir die Zerstörung der Natur schleunigst beenden müssen, und das nicht nur, weil wir existentiell auf sie angewiesen sind. Wir müssen uns aber auch Gedanken darüber machen, welche nachteiligen Folgen es für unser Wohlbefinden hat, wenn wir überhaupt nicht mehr in der Natur leben. Könnte es sein, dass bestimmte psychische Leiden wie ADHS davon herrühren, dass wir uns der ursprünglichen Lebensweise in der Natur weitgehend entfremdet haben? Hyperaktive Kinder sind im Wald nicht mehr auffällig. Können wir, insbesondere Kinder, auf die Natur verzichten, die Hunderttausende von Jahren unser Lebensraum war, ohne körperlich und seelisch Schaden zu nehmen?

Eine Gesellschaft mit großartigen Errungenschaften, aber sinnentleerter Kultur

Es gibt gute Gründe, weshalb immer mehr Menschen in die Städte abwandern. Sie profitieren von einer höheren Lebensqualität und von höheren und besser abgesicherten Einkommen. Sie wohnen komfortabel und leben in großem materiellen Wohlstand, manche drohen gar in einer Flut von Konsumgütern zu versinken. Welche enormen Fortschritte im Gesundheitswesen erzielt worden sind, zeigt sich in einem ausgeprägten Rückgang der Kindersterblichkeit und einem kontinuierlichen Anstieg der Lebenserwartung. In Europa ist die Kindersterblichkeit (Todesfälle auf 1000 Lebendgeburten in den ersten fünf Lebensjahren) in den letzten 100 Jahren von 200 auf acht Promille gesunken. Sie hat in den vergangenen 20 Jahren weltweit um fast 50 Prozent abgenommen. 1860 betrug die durchschnittliche Lebenserwartung in Deutschland für Frauen 41 und für Männer 35 Jahre. Sie ist bis zum Jahr 2015 auf 83 beziehungsweise 78 Jahre angestiegen und wird in den kommenden Jahrzehnten noch weiter zunehmen. Es ist nicht mehr die hohe Sterblichkeit, die den Menschen in diesen Ländern Kummer bereitet, sondern Überbevölkerung und Überalterung. Ihre größten Sorgen sind nicht mehr Hungersnöte und Unterernährung wie noch im 19. Jahrhundert, sondern Überernährung (Adipositas) und deren negative Auswirkungen wie Diabetes und Herzerkrankungen. Das Sozialsystem ist so weit ausgebaut, dass auch Menschen, die in schwierigen existentiellen Verhältnissen leben, ein menschwürdiges Leben führen können. Die Häufigkeit von Gewalt, sei es in Form von Kriegen oder Kriminalität, hat weltweit abgenommen, auch wenn das in Anbetracht der derzeitigen kriegerischen Auseinandersetzungen auf der ganzen Welt kaum zu glauben ist. Eines steht fest: Verbessern sich die Lebensbedingungen, nimmt die Gewalt ab.[3]

Eine weitere große Errungenschaft der Neuzeit ist die Bildung. Das Großziehen der Kinder war in der Vergangenheit Aufgabe der Familie und der Lebensgemeinschaft. Kinder entwickelten sich, indem sie mit Menschen unterschiedlichen Alters zusammenlebten, die ihnen als Vorbilder dienten. So eigneten sie sich die Sprache wie auch die Regeln und Werte des sozialen Umgangs an. Sie erwarben Fähigkeiten und Wissen, indem sie von den Erwachsenen in deren Tätigkeiten, wie Beeren oder Holz sammeln, jagen und Vieh hüten, einbezogen wurden. Bei Festlichkeiten waren die Kinder von klein auf dabei, schauten und hörten erst noch zu, dann tanzten und sangen sie mit und verinnerlichten so die Bräuche und Sitten ihrer Gemeinschaft.

Bildung als gezielte Schulung von akademischen Fähigkeiten wie Lesen, Schreiben und Rechnen sowie die Vermittlung von kulturellen Errungenschaften setzte vor etwa 4000 Jahren ein, blieb aber lange Zeit einem kleinen, elitären Kreis vorbehalten. Die Volksschule, eine Schule für alle Kinder, wurde im 19. Jahrhundert im Zuge der Industrialisierung eingeführt. Die Gesellschaft hatte erkannt, dass der wissenschaftliche, technologische und wirtschaftliche Fortschritt eine Anhebung des allgemeinen Bildungsniveaus notwendig machte. Heute verfügen wir über ein hochdifferenziertes Bildungssystem, das von der Betreuung in der Krippe bis zum Abschluss an der Universität reicht und sich mit Weiter- und Fortbildung bis ins Seniorenalter fortsetzt. Diese Entwicklung hat in den letzten 150 Jahren zu einer massiven Verlagerung der Verantwortung in den Bereichen Bildung und Erziehung von der Familie und Lebensgemeinschaft hin zu staatlich geführten Bildungseinrichtungen geführt.

Zahlreiche Länder verfügen noch nicht über eine allgemeine Schulpflicht, und ihr Bildungssystem ist rückständig. Doch in den letzten Jahrzehnten wurden weltweit große Fortschritte gemacht, die zuversichtlich stimmen. Der Analphabetismus ist global auf dem Rückzug.[4] Die Forderung, jeder Mensch habe ein Anrecht auf Bildung, hat gute Chancen, verwirklicht zu werden. Und nicht nur das männliche Geschlecht, sondern immer mehr auch das weibliche erhält selbst in Entwicklungsländern uneingeschränkten Zugang zu Bildung. In manchen europäischen Ländern haben Frauen bereits den gleichen oder gar einen höheren Bildungsstand als Männer. So besuchen in der Schweiz 60 Prozent der Mädchen, aber lediglich 40 Prozent der Jungen das Gymnasium.

Die Kultur hat wie die Bildung die Aufgabe, einen Beitrag zur Sinnstiftung und zum gemeinschaftlichen Zusammenhalt zu leisten. Nun ist es aber mit der Globalisierung der Lebensbereiche zu einer Sinnentleerung der Kultur gekommen, die Neil Postman bereits in den 1980er Jahren beklagt hat.[5] Ein Merkmal der Kultur in der ursprünglichen Lebensgemeinschaft war: Menschen jeden Alters beteiligten sich aktiv daran. Sie haben einander Geschichten erzählt, miteinander gesungen, getanzt und Musik gemacht. Sie liebten es, zusammen zu essen und zu feiern. Sie haben gemeinsame Werte und Symbole wie eine eigene Moral und lokale Helden geschaffen. Die Kultur diente dazu, mit Ritualen, Traditionen und Wertvorstellungen den sozialen und emotionalen Zusammenhalt in der Gemeinschaft zu verstärken und eine gemeinsame Identität zu schaffen. Mit der Transformation der Lebensgemeinschaften in eine anonyme Gesellschaft ist nicht nur der soziale, sondern auch der kulturelle Zusammenhalt zusehends schwächer geworden. Rituale, Sitten und Traditionen werden immer weniger gelebt und gemeinsame Werte immer weniger gepflegt. Kulturelle Aktivitäten, an denen sich die Menschen aktiv beteiligen, werden immer mehr durch ein nationales und neuerdings globales kommerzielles Unterhaltungsangebot abgelöst, das von den Menschen weitgehend passiv konsumiert wird. So sitzen Milliarden von Menschen abends allein oder zu zweit vor dem Fernseher oder Computer und lassen sich unterhalten. Täglich ausgestrahlte Seifenopern erzählen in ständig abgewandelter Form Geschichten über Liebe und Trennungsschmerz, Intrigen im Privat- und Arbeitsleben, Krankheit und Tod. Sie liefern den Menschen all die Emotionen in die gute Stube, die sie in ihrem Leben so sehr vermissen. Wenn der Abend zu Ende geht, bleibt ein schales Gefühl sinnlos verbrachter Stunden zurück, weil auch die beste aller virtuellen Welten reales Zusammenleben nicht ersetzen kann.

Es stimmt, es gibt wunderbare Konzerte, hinreißende Theateraufführungen und überwältigende Kunstsammlungen, die die Menschen begeistern. Solche Veranstaltungen erfüllen aber den ursprünglichen Auftrag von Kultur, nämlich Räume für ein aktives gemeinsames Erleben zu schaffen, nicht mehr. In der Vergangenheit wurde kulturelles Gut, Sitten und Bräuche, Geschichten, Lieder und Tänze, wie ein kostbarer Schatz gehütet und von Generation zu Generation weitergegeben. Heute jagen sich Hypes in der bildenden Kunst, im Film, in Musik und Literatur von Woche zu Woche und rund um den Globus.

Eine riesige, profitorientierte Unterhaltungsindustrie hält die Menschen einigermaßen bei Laune, zum Zusammenhalt in einer anonymen Massengesellschaft trägt sie aber nichts bei. Die Kultur diente in der Lebensgemeinschaft als zwischenmenschlicher Kitt und sinnstiftendes Erlebnis. Wie wir zu einer in der Gemeinschaft gelebten Kultur zurückfinden können, wird in Teil X angedacht.

Der Wandel in der sozialen Umwelt

Der Mensch ist ein zutiefst soziales Wesen. Er kann auf Dauer nur in einem verlässlichen Beziehungsnetz existieren. Mindestens 200 000 Jahre lang bestand dieses Netz aus Familienverbänden mit unterschiedlichen Beziehungskonstellationen und sippenähnlichen Lebensgemeinschaften (Teil I).

Unsere Vorfahren verbrachten ihr ganzes Leben in einem Beziehungsnetz von einigen hundert Menschen, mit denen sie auf das engste vertraut waren. Sie waren existentiell aufeinander angewiesen, da sie ihre Grundbedürfnisse nur innerhalb der Familie und Lebensgemeinschaft befriedigen konnten. Dabei hat sich ein kooperatives Verhalten entwickelt, das unter allen Lebewesen einzigartig und bis heute erhalten geblieben ist.[6] Nun ist aber innerhalb von wenigen Generationen aus übersichtlichen und kleinräumigen Lebensgemeinschaften eine anonyme Massengesellschaft entstanden. Für eine solche soziale Umwelt sind wir aufgrund unseres evolutionären Erbes eigentlich nicht gemacht. Wir sind für unser Wohlbefinden auf ein Beziehungsnetz mit vertrauten Menschen angewiesen.

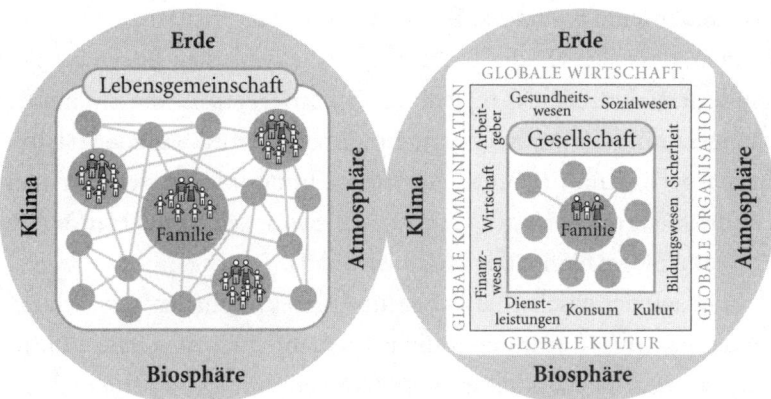

Abb. 7.2: Von der Familie und Lebensgemeinschaft (links) zur Massengesellschaft mit staatlichen Institutionen und Wirtschaft umgeben von globalen Organisationen (rechts).

Von der Großfamilie zur Klein- und Patchworkfamilie

Die Familie feiert Evas dritten Geburtstag. Großeltern, Onkel, Tanten und deren Kinder sind dafür angereist. Eva ist beim Auspacken ihrer Geschenke, als sie plötzlich einem Kind nachrennt, das ihr ein Päckchen »gestohlen« hat. Sie stolpert, fällt hin und fängt an zu weinen. Niemand kann sie trösten, nur ihre Mutter.

Kinder suchen, wenn sie in Not geraten, als Erstes bei Mutter und Vater Beistand und Schutz. Die Eltern sind für jedes Kind die wichtigsten Bezugspersonen. Aber Kinder wollen auch vertrauensvolle Beziehungen mit Menschen aus der erweiterten Familie und der Lebensgemeinschaft eingehen. Eine breit abgestützte Betreuung war in der Vergangenheit für das Überleben der Kinder enorm wichtig, verstarben doch die Eltern, vor allem die Mütter, oft frühzeitig. Wie bedeutsam eine erweiterte Betreuung war, lässt sich auch daran erkennen, dass sich Kinder nicht nur an die leiblichen Eltern binden, sondern grundsätzlich an jede erwachsene Person, die sie ausreichend umsorgt. Die ausgeprägte Bindung zwischen Kind, Eltern und Bezugspersonen weist unter allen Beziehungsformen den höchsten Grad von Vertrautheit auf (Teil IV, V).[7] Sie ist seit 200000 Jahren das Fundament des familiären Zusammenhalts.

Im Zuge der gesellschaftlichen und wirtschaftlichen Entwicklung in den letzten 150 Jahren hat die Familie ihre ursprüngliche emotionale und soziale Stabilität immer mehr verloren. Dazu hat eine Reihe von Faktoren beigetragen; einer der bedeutsamsten war die längst fällige Emanzipation der Frau. Einen wichtigen Beitrag dazu hat eine Entdeckung geleistet, deren gesellschaftliche Auswirkungen bis heute massiv unterschätzt werden: die Antibabypille. Die Frau wird erstmals in der Menschheitsgeschichte nicht mehr schicksalhaft schwanger. Sie kann selbst bestimmen, ob und wann sie Kinder bekommen will. Einen weiteren entscheidenden Beitrag leistete die Gleichstellung von Mann und Frau. Sie wurde im Bildungswesen weitgehend erreicht, nur teilweise in der Gesellschaft und noch weniger in der Wirtschaft. Weitere wesentliche Faktoren waren einerseits der Niedergang der produktiven Wirtschaft und damit der Rückgang der körperlichen Arbeit, die hauptsächlich von Männern erbracht worden ist, und andererseits das Aufkommen der Dienstleistungswirtschaft, in der die sozialen und sprachlichen Kompetenzen der Frauen besonders gefragt sind. Diese vielschichtige Entwicklung hat das Beziehungsverhalten und Rollenverständnis der Geschlechter nachhaltig verändert, was sich wiederum stark auf das Familienleben ausgewirkt hat.

Wandel in den vergangenen 50 Jahren
- Emanzipation der Frau bezüglich Bildung, Beruf und sozialer Stellung in Familie und Gesellschaft
- Antibabypille und künstliche Befruchtung
- Berufstätigkeit beider Eltern
- Neues Rollenverständnis von Frau und Mann
- Erhöhte Mobilität

Auswirkungen auf das Zusammenleben
- Kleinfamilien mit ein bis zwei Kindern
- Mehr- und Überbelastung von Müttern und Vätern
- Hohe Scheidungsrate
- Elternschaft und Partnerschaft werden immer häufiger getrennt gelebt
- Alleinerziehende Mütter und Väter
- Patchworkfamilien mit Stiefeltern und Stiefkindern
- Fragmentierung der Lebensräume durch vermehrte Mobilität
- Zunahme von Stress und Verunsicherung bei Eltern und Kindern
- Mangelnde Unterstützung und fehlender Zusammenhalt durch Verwandtschaft und Gemeinschaft
- Vermehrte Abhängigkeit von der Gesellschaft, etwa von Sozialämtern

---

Wandel und Belastungen im familiären Zusammenleben.

Einen solchen massiven Umbruch der familiären Strukturen hat es wohl noch nie gegeben. Es erstaunt daher nicht, dass sich nicht nur die Eltern im Alltag damit schwertun, sondern auch die Gesellschaft. Großfamilien mit zahlreichen Kindern und Verwandten sind zu Kleinfamilien mit ein oder zwei Kindern und nur noch lockeren verwandtschaftlichen Beziehungen geschrumpft. Die Scheidungsrate ist in den westlichen Ländern innerhalb weniger Jahrzehnte von 5 auf bis zu 50 Prozent angestiegen. Partnerschaft und Elternschaft werden immer häufiger getrennt gelebt. In Deutschland wachsen etwa 20 Prozent der Kinder in sogenannten Nachtrennungsfamilien auf. Die Hälfte dieser Kinder wird von alleinerziehenden Personen, zumeist den Müttern, betreut. Die andere Hälfte lebt in unterschiedlichsten Konstellationen wie Patchworkfamilien. Die Anzahl derjenigen, die keine Ehe mehr eingehen, aber dennoch Kinder haben wollen, nimmt zu, wie auch der Anteil derjenigen, die keine Kinder mehr großziehen wollen.

Stabilität und Kontinuität in der Betreuung, die für das Wohlbefinden der Kinder so wichtig sind, haben deutlich abgenommen. Die Zahl vertrauter Bezugspersonen ist kleiner geworden, und die Anzahl an Menschen, die sich um die Kinder kümmern, aber oftmals nicht ausreichend mit ihnen vertraut sind, hat zugenommen. Dies ist nicht nur in der Familie, etwa bei einer Betreuung durch Tagesmütter und Au-pair-Mädchen, der Fall, sondern auch durch den ständigen Wechsel von ErzieherInnen und LehrerInnen in Kitas und Schulen. Die räumliche und zeitliche Fragmentierung des Alltags, insbesondere durch die große Mobilität, beeinträchtigt nicht nur die Lebensqualität der Erwachsenen, sondern auch die der Kinder. Den Kindern fehlen langfristige Beziehungen mit Bezugspersonen und ganz besonders mit anderen Kindern. Es fällt ihnen immer schwerer, Freundschaften einzugehen und aufrechtzuerhalten.

Kann das auf Dauer gutgehen? Zweifel sind angebracht. Es gibt deutliche Anzeichen dafür, dass immer mehr Kinder emotional und sozial gestresst sind. Burn-out wird neuerdings bereits bei Jugendlichen und selbst bei Kindern diagnostiziert.[8] Wir müssen befürchten, dass manche Kinder zu verunsicherten Menschen heranwachsen, weil sie in der Kindheit ein Urvertrauen, bedingungslos geliebt und umsorgt zu werden, nicht ausreichend aufbauen konnten. Wenn wir wollen, dass aus unseren Kindern Menschen mit einem gesunden Urvertrauen werden, dann müssen wir ihre Lebensräume neu gestalten. Kontinuität und Stabilität in der Kinderbetreuung können Kleinfamilien allein nicht gewährleisten. Dafür braucht es eine stabile Gemeinschaft sowie eine Gesellschaft und eine Wirtschaft, die endlich ein angemessenes Verständnis für die Familie aufbringen und sie ausreichend unterstützen (Teil X).

Geborgenheit und Zuwendung brauchen aber nicht nur Kinder, sondern – weit mehr als häufig angenommen – auch Erwachsene. Immer mehr Menschen der jungen und mittleren Generation leiden unter mangelnder emotionaler Sicherheit und Einsamkeit. Partnerschaften sind heutzutage weniger tragfähig und von beschränkter Dauer, was sich in den hohen Scheidungsraten niederschlägt. Die emotionale und soziale Verunsicherung nimmt im Alter weiter zu. Die Beziehungen zu Verwandten und Bekannten werden immer schwächer und lösen sich schließlich ganz auf. Mit dem Eintritt in den Ruhestand verlieren die Menschen zudem viel von ihrem sozialen Status, fühlen sich nutzlos, nur noch als Last für Familie und Staat, was sie in ihrem Selbstwertgefühl und Wohlbefinden zusätzlich beeinträchtigt.

Der Mensch ist – aus evolutionärer Sicht – für ein Leben in der Gemeinschaft geschaffen. Menschen jeden Alters wollen sich geborgen fühlen, verlässliche Beziehungen mit vertrauen Menschen eingehen und in einer Umgebung leben, der sie sich zugehörig fühlen und über die sie mitbestimmen können. Wie neue Formen des gemeinschaftlichen Zusammenlebens aussehen könnten, wird in Teil X beschrieben.

Von der Lebensgemeinschaft zur Massengesellschaft

Es herrscht Ruhe im Zug. Die Menschen fahren abends müde von der Arbeit nach Hause. Sie lesen Zeitung, gamen, schauen aus dem Fenster. Plötzlich steht der Zug. Stromausfall. Die Menschen warten ab, werden ungeduldig und ärgerlich. Schließlich nehmen sie untereinander Kontakt auf und überlegen gemeinsam, wie sie nach

Hause kommen können. Zu Fuß? Mit dem Bus? Gibt es jemanden,
der sie mit dem Auto abholen kann? Lösungen sind rasch gefunden,
und alle sind schlagartig guter Laune. Am nächsten Morgen sitzen
sie wieder im Zug und grüßen ihre neuen Bekannten.

Bedürfnisse schaffen Beziehungen. Das war in einem ausgesprochen
hohen Maß schon bei unseren Vorfahren der Fall. In der Lebensgemeinschaft waren die Menschen emotional, sozial und existentiell
extrem voneinander abhängig. Neben der Familie war die Lebensgemeinschaft in der Vergangenheit die zweite vorherrschende Form des
Zusammenlebens (Teil I). Sie umfasste nicht mehr als einige hundert
Menschen, die alle miteinander vertraut waren und in unterschiedlichen sozialen Konstellationen zusammenlebten. Sie waren durch
ihre Sprache, Bräuche und Sitten sowie religiöse Vorstellungen in die
Gemeinschaft eingebunden. Die Befriedigung der Bedürfnisse, wie
die Beschaffung von Nahrung, Betreuung der Kinder oder Schutz vor
Gewalt, wurde gemeinsam erbracht, oftmals unter stark erschwerten
Bedingungen, was die Menschen auf das engste zusammenschweißte.
Ein weiteres wichtiges Element des Zusammenhalts war die Aufgabenteilung. Jeder Mensch setzte – etwas idealisiert dargestellt – seine
Talente und seine Kenntnisse zum Wohl der Gemeinschaft ein und
profitierte von den Kompetenzen und Leistungen der anderen. Er
konnte seine Stärken einbringen, erhielt für seine Schwächen Unterstützung und fühlte sich in der Gemeinschaft aufgehoben. Die Rolle,
die ihm zugedacht war, und die soziale Stellung, die er in der Gemeinschaft einnahm, trugen maßgeblich zu seiner Identität bei. Das dichte
Geflecht aus gegenseitigem Nutzen und Abhängigkeiten führte wohl
immer wieder zu Konflikten und auch Gewalt, vermittelte aber ein
starkes Gefühl von existentieller, sozialer und emotionaler Sicherheit.
   Lebensgemeinschaften waren in der westlichen Hemisphäre bis ins
20. Jahrhundert weit verbreitet. In zahlreichen Ländern leben auch

heute noch Milliarden von Menschen in solchen Gemeinschaften. Sie sitzen abends zusammen, berichten einander, was sie im Laufe des Tages erlebt haben, erzählen sich Neuigkeiten und Geschichten. Sie singen und tanzen miteinander, feiern ausgedehnt wichtige Ereignisse wie Geburt und Heirat. Sie lachen, weinen und streiten sich. Konfliktfrei sind auch Lebensgemeinschaften nicht, genauso wenig wie Familien. Aber die Menschen leben in der beruhigenden Gewissheit, dass ihnen das Zusammenleben mit vertrauten Personen langfristig erhalten bleibt. Die Psychologin Susan Pinker beschreibt in ihrem berührenden Buch »The Village Effect« das Zusammenleben in einem Bergdorf auf Sardinien. Ihrer Meinung nach sind vertrauensvolle und verlässliche Beziehungen von der Geburt bis zum Tod von lebenswichtiger Bedeutung.[9]

In der Neuzeit gingen die Lebensgemeinschaften in immer größer werdenden sozialen Einheiten auf. Im 19. Jahrhundert wurden Nationalstaaten gegründet, die das Zusammenleben grundsätzlich neu regelten. In der zweiten Hälfte des 20. Jahrhunderts entstanden übernationale Gebilde wie die EU und globale Institutionen wie die UN und die WHO. Eine vergleichbare Entwicklung stellte sich in der Wirtschaft ein. So wurden während der industriellen Revolution zahllose Firmen in den Ländern gegründet, die sich allmählich zusammenschlossen, aus denen wiederum transnationale und schließlich globale Imperien wie etwa ExxonMobil oder Nestlé hervorgingen.

Wie tiefgreifend dieser gesellschaftliche Wandel war, kommt in der Art und Weise, wie das Zusammenleben geregelt wurde, besonders deutlich zum Ausdruck. Innerhalb von 200 Jahren entwickelten sich aus den oftmals nur mündlich überlieferten Rechtsnormen, die in der Lebensgemeinschaft für einige hundert Menschen verbindlich waren, Verfassungs- und Gesetzestexte, die für Millionen von Menschen bindend wurden, und schließlich ein globales Rechtsverständnis, das weltweit umgesetzt werden soll. Die Allgemeine Erklärung der Menschrechte und die Charta der Vereinten Nationen sind heute für jedermann zugänglich und können jederzeit aus dem Internet heruntergeladen werden. Eine solch rasante Entwicklung hat nicht nur in der Ausgestaltung des Rechtssystems, sondern in sämtlichen Bereichen der Gesellschaft wie Gesundheits-, Sozial-, und Kommunikationswesen stattgefunden. In der modernen, hochkomplexen Gesellschaft haben riesige, anonyme staatliche und wirtschaftliche Einrichtungen Aufgaben übernommen, die in der Lebensgemeinschaft von wenigen hundert Menschen erbracht wurden.

Grundlegendes für das Fit-Prinzip

Es war ein Weckruf. 1972 publizierte der Club of Rome seinen Bericht »Grenzen des Wachstums«. Seitdem sind wir uns immer mehr bewusstgeworden, welche Gefahr unser Wachstumswahn für die Natur darstellt. Dass unsere selbstgeschaffene Umwelt nicht nur die Natur schädigt, sondern auch den Menschen immer weniger entspricht, dämmert uns erst allmählich.

Beziehungen mit vertrauten Menschen sind unverzichtbar

> »Geborgenheit ist das ganze Leben, einsam sein
> der halbe Tod.«
>
> *Unbekannt*

Wir leben immer noch in familienähnlichen Strukturen und Lebensgemeinschaften, die aber – im Vergleich zu früheren Zeiten – stark geschrumpft sind. Unser Beziehungsnetz besteht aus oftmals separaten Lebensbereichen wie Partnerschaft, Elternschaft, Arbeitswelt und Freizeit, in denen wir immer nur einige unserer Bedürfnisse befriedigen und bestimmte Tätigkeiten ausüben. Der Kreis von Menschen, mit denen wir wirklich vertraut sind und langfristige, gar lebenslängliche Beziehungen pflegen, ist sehr klein geworden. Wir leben in einer anonymen Gesellschaft mit Abermillionen von Menschen, mit denen wir nur oberflächliche oder überhaupt keine Beziehungen eingehen. Den ständigen Umgang mit fremden Menschen, etwa beim Einkaufen oder bei der Arbeit, erleben viele Menschen als Stress.

Abb. 7.3: Geselligkeit und Einsamkeit. Links: Ländliches Fest in Holland (Pieter Brueghel der Jüngere). Rechts: Hochhäuser in Hongkong.

Wir sind viel weniger als unsere Vorfahren bei der Befriedigung unserer Grundbedürfnisse auf andere Menschen angewiesen. Mehr noch, wir leben in einer Gesellschaft, in der wir untereinander in einem ständigen Wettbewerb stehen, uns immer wieder aufs Neue als Partner und Arbeitskraft bewähren müssen und dauernd Gefahr laufen, aus allen Beziehungsnetzen herauszufallen und sozial zu vereinsamen. Immer mehr Erwachsene jeden Alters leiden unter einem Mangel an Geborgenheit, Zuwendung sowie an sozialer Anerkennung und Zusammengehörigkeit. In der Lebensgemeinschaft wirkte eine fürsorgliche, solidarische und auch wettbewerbs- und stressdämpfende Kraft, die in der anonymen Gesellschaft weitgehend verlorengegangen ist, da jeder zu einem großen Teil auf sich selbst gestellt ist. Ein Klage, die immer häufiger zu hören ist: Wir leben einen extremen Individualismus auf Kosten der Solidarität.

Wir führen ein Leben, als ob wir auf beständige und tragfähige zwischenmenschliche Beziehungen verzichten könnten. Emotionale Sicherheit und soziale Wertschätzung können jedoch nur aus beständigen und vertrauensvollen Beziehungen und einem kooperativen Zusammenleben entstehen. Wir müssen in Zukunft der Familie und Lebensgemeinschaft – wenn auch in einer neuen Form – die Bedeutung zurückgeben, die für eine Befriedigung der emotionalen und sozialen Grundbedürfnisse unverzichtbar ist (Teil X).

Selbstbestimmung und Eigenverantwortung

»Es gibt nur eine Schwierigkeit für dieses Gefängnis,
nämlich die, zu beweisen, dass es kein Gefängnis ist,
sondern ein Hort der Freiheit ...«

Friedrich Dürrenmatt, 1990

In lediglich 60 Jahren hat die individuelle Freiheit, im Sinne einer Entscheidungs- und Wahlmöglichkeit, in einem ungeahnten Ausmaß zugenommen. Wir können weitgehend selbst bestimmen, welchen Beruf wir ergreifen, wo wir wohnen und arbeiten wollen. Wir können uns aus einer breiten Palette von Konsumgütern bedienen. Wir kaufen das Brot nicht mehr beim einzigen Bäcker im Dorf, sondern in irgendeinem der zahllosen Supermärkte. Unsere Kleidung lassen wir nicht mehr bei einem Schneider anfertigen, sondern bestellen sie bei einer der zahlreichen Onlinefirmen im Internet. Wir können auswählen, zu welchem Arzt, Friseur oder Steuerberater wir gehen wollen. Wir arbeiten, schlafen und vergnügen uns an unterschiedlichen Orten. Wir nehmen den TGV, um eine Oper in Paris oder eine Modeschau in Mailand zu besuchen. Wir fliegen zum Shoppen nach London oder für Badeferien auf die Malediven. Unsere Mobilität hat in einem die Umwelt schädigenden Grad zugenommen. Volatilität ist eines der Schlüsselwörter unserer Zeit. Volatil ist nicht nur die Börse, sondern auch der Lebensstil der Menschen geworden.

Für diese Freiheiten bezahlen wir einen hohen Preis. Wir sind hochgradig von den anonymen Einrichtungen des Staates und der Wirtschaft abhängig geworden. Kaum jemand kann sich noch selbständig mit Nahrung, Energie und Wohnraum versorgen. Wir erarbeiten uns ein Einkommen und erkaufen uns damit Lebensunterhalt, Mobilität und den Zugang zu einer Vielzahl von Dienstleistungen und einer globalisierten Konsumwelt. Staatliche Einrichtungen begleiten uns durchs Leben, von der Krippe und Schule über die Arbeitslosen- und Krankenversicherung bis zum Pflege- und Altersheim. Wir sind gut versorgt, haben aber die Kontrolle über essentielle Bereiche unseres Lebens weitgehend verloren. Wir sitzen in einem komfortabel eingerichteten Käfig. Die Wärter, die uns versorgen, sind die anonymen Institutionen. Sie machen es uns leicht, die Grundbedürfnisse befriedigt zu bekommen, was für unsere Vorfahren eine riesige Belastung war, aber auch zum Lebenssinn beigetragen hat (Teil IV). Die existentielle Bewährung ist zu einem Leistungswettbewerb, Gewinnstreben und Konsumzwang verkommen. Immer mehr Menschen fühlen sich fremdbestimmt und überfordert und suchen nach alternativen Lebensformen. Sie streben nach mehr Eigenständigkeit und wollen Verantwortung übernehmen. So gründen sie zum Beispiel selbstverwaltete Wohngemeinschaften, wo Familien mit Kindern, Alleinstehende und ältere Menschen zusammenleben (Teil X).

Die Menschen fühlen sich nicht nur fremdbestimmt, sie verlieren auch immer mehr das Vertrauen in Staat und Wirtschaft. So hat der Finanzcrash im Jahr 2008 die Menschen nachhaltig verunsichert. Sie fürchten sich vor Massenarbeitslosigkeit und einem allgemeinen Niedergang der Wohlstandsgesellschaft. Ihre Verunsicherung wird dadurch noch verstärkt, dass Gesellschaft und Wirtschaft für sie undurchschaubar geworden sind. Sie fragen sich, wer für die staatlichen und wirtschaftlichen Institutionen, die etwa für Nahrung und Energie sorgen, eigentlich verantwortlich ist. Sie zweifeln daran, dass die Regierenden und CEOs den Überblick wirklich noch haben, wie sie behaupten, und zudem kompetent genug sind. Selbst Politiker und Wirtschafsführer sind immer häufiger der Ansicht, unsere bislang recht erfolgreich praktizierte Demokratie und boomende Marktwirtschaft steckten in der Krise.

Es kommt so etwas wie Endzeitstimmung auf. Die Menschen spüren, dass es so nicht weitergehen kann, haben jedoch keine Ahnung, wie Gesellschaft und Wirtschaft in Zukunft gestaltet werden müssten. Ihre Ratlosigkeit ähnelt derjenigen nach der Französischen Revolution. Die Menschen damals konnten sich einfach nicht vorstellen, wie es nach der Abschaffung des Feudalstaates weitergehen sollte. Seit dem 9. Jahrhundert waren Macht und Boden ganz in den Händen von Adel und Kirche gewesen, und Leibeigenschaft war weit verbreitet. Doch im 19. Jahrhundert entstanden innerhalb weniger Jahrzehnte – mit vorübergehenden Rückschritten – die ersten demokratischen Republiken, und mit der Industrialisierung und Dienstleistung entwickelten sich völlig neue Wirtschaftsformen. Nun steht 200 Jahre später eine weitere Reform der gesellschaftlichen und wirtschaftlichen Strukturen an, die wohl noch tiefgreifender ausfallen dürfte als diejenige nach der Französischen Revolution. Für die Menschen waren damals repräsentative Demokratie und freie Marktwirtschaft schlichtweg undenkbar. Genauso ist es für uns heute schwer vorstellbar, wie Gesellschaft und Wirtschaft in Zukunft aussehen könnten (Teil X).

Ich bin zuversichtlich, dass es zukünftige Generationen schaffen werden, Gesellschaft und Wirtschaft so umzugestalten, dass die Menschen ihre Grundbedürfnisse besser befriedigen können. »Freiheit, Gleichheit und Brüderlichkeit« war die Losung der Französischen

Revolution. Die unsere könnte lauten: »Die individuelle Vielfalt in Solidarität leben«. Damit meine ich ein Leben, in dem die Menschen ihre Grundbedürfnisse ausreichend befriedigen und ihre Kompetenzen selbstbestimmt nutzen können. Und in einer Gemeinschaft leben dürfen, die sie mit all ihren Stärken und Schwächen so annimmt, wie sie nun einmal sind (Teil X).

TEIL VIII

DAS PASSENDE LEBEN – DAS FIT-PRINZIP

»Unsere Individualität zu leben ist eine Herausforderung, die uns ein Leben lang auf Trab hält«

»Vor seinem Ende sprach Rabbi Sussja: In der kommenden Welt werde ich nicht gefragt werden: ›Warum bist du nicht Moses gewesen?‹ Die Frage wird vielmehr lauten: ›Warum bist du nicht Sussja gewesen?‹«

Das Fit-Prinzip baut auf dem Urbedürfnis des Menschen auf, seine Individualität in Übereinstimmung mit der Umwelt zu leben und damit sein Wesen zu verwirklichen. Das ist – wie die Geschichte von Rabbi Sussja zeigt – keine neue Erkenntnis. Das Fit-Prinzip ist vielmehr der Versuch, eine alte Weisheit in einer zeitgemäßen Form zum Ausdruck zu bringen.

Wenn Rabbi Sussjas Empfehlung so einfach zu befolgen wäre, hätte ich kein so dickes, vielleicht sogar überhaupt kein Buch darüber geschrieben. Doch unsere Individualität zu leben ist wohl die größte Herausforderung, die uns das Leben stellt. So wollen wir unsere Stärken verwirklichen und müssen lernen, mit unseren Schwächen umzugehen. Und selbst wenn wir uns noch so sehr anstrengen, allein bringen wir es nicht zustande. Wir sind auf eine soziale Umwelt – Angehörige, Freunde, Arbeitskollegen – angewiesen, die uns dabei unterstützt und die unsere Einzigartigkeit respektiert.

In Teil VIII werden wir uns mit den folgenden Fragen beschäftigen: Was zeichnet die Individualität eines Menschen aus? Was tragen die Grundbedürfnisse, Kompetenzen und Vorstellungen zur Individualität bei? Welche Bedeutung hat die Umwelt für das Individuum? Welche Bereiche der Umwelt sind für uns besonders wichtig, beispielsweise um soziale Anerkennung zu erhalten? Inwieweit kann uns das Fit-Prinzip helfen, nicht nur uns selbst und unsere Lebenssituation, sondern auch unsere Mitmenschen und deren Lebenssituation besser zu verstehen? Und wie kann es uns schließlich gelingen, unsere Individualität in Übereinstimmung mit der Umwelt zu leben? Was tragen wir selbst zur Übereinstimmung und was die Umwelt dazu bei?

Wie das Fit-Prinzip entstanden ist

So wie der Mensch im Verlauf der Evolution aus einem unablässigen Zusammenwirken von Anlage und Umwelt hervorgegangen ist, bemüht sich jeder Mensch von der Kindheit bis ins hohe Alter, seine Individualität in Übereinstimmung mit der Umwelt zu leben. Er vollzieht gewissermaßen im Kleinen ein Grundprinzip der Evolution nach. Dies war wohl meine größte Einsicht, zu der mir meine wissenschaftliche und klinische Tätigkeit verholfen hat. Es war wie in einem Puzzle. Durch diesen einen Puzzlestein haben auch alle anderen Steine ihren Platz im Fit-Prinzip gefunden.

Die Puzzlesteine

Zahlreiche Schriften herausragender Persönlichkeiten der Geistes- und Naturwissenschaften, die ich während meines Lebens gelesen habe, trugen wesentlich zur Entstehung des Fit-Prinzips bei. Eine dieser Persönlichkeiten war der Religionsphilosoph Martin Buber. Er hat vor hundert Jahren, ausgehend vom jüdisch-mystischen Chassidismus, dem Christentum und der Existentialphilosophie von Sören Kierkegaard, das sogenannte Dialogische Prinzip entwickelt.[1] Buber geht davon aus, dass der Mensch seine Identität hauptsächlich in der Beziehung zu der ihn umgebenden Umwelt herausbildet. Das »Ich« entstehe aus der Begegnung mit einem menschlichen Gegenüber, dem »Du« (Ich-Du-Beziehung), und der dinglichen Welt, dem »Es« (Ich-Es-Beziehung). Sein Dialogisches Prinzip hat mir zu einer neuen Sichtweise auf unser Beziehungsverhalten verholfen. Abraham Harold Maslow hat in seinem Werk großen Nachdruck auf die Einmaligkeit des Individuums als eine *conditio sine qua non*, als eine notwendige Bedingung der menschlichen Natur gelegt.[2] Er war Mitbegründer der Transpersonalen Psychologie, mit der ich als junger Arzt in den 1970er Jahren an der University of California in Los Angeles in Kontakt gekommen bin. Besonders beeindruckt hat mich damals seine Pyramide, in der er die menschlichen Bedürfnisse hierarchisch anordnet.

Etwa zur gleichen Zeit unternahmen die chilenischen Neurobiologen Huberto Maturana und Francesco Varela den Versuch, die charakteristischen Organisationsmerkmale von Lebewesen mit den Mitteln der Systemtheorie zu definieren.[3] Sie führten den Begriff Autopoiesis ein, was so viel wie Selbsterschaffung und Selbstorganisation bedeutet. Diese beiden Begriffe sind nicht nur wichtige Elemente der Evolution, sondern auch des Fit-Prinzips geworden, insbesondere was das Verständnis der kindlichen Entwicklung angeht.

In den 1970er und -80er Jahren stellte der Soziologe Aaron Antonovsky – anders als die traditionelle Medizin – nicht die Pathogenese, die Entstehung und Entwicklung von Krankheiten, sondern die Salutogenese ins Zentrum seiner Überlegungen, die Entstehung und Erhaltung der Gesundheit. Es ging ihm also weniger um die Frage: »Warum wird der Mensch krank?« Er suchte vielmehr nach Antwor-

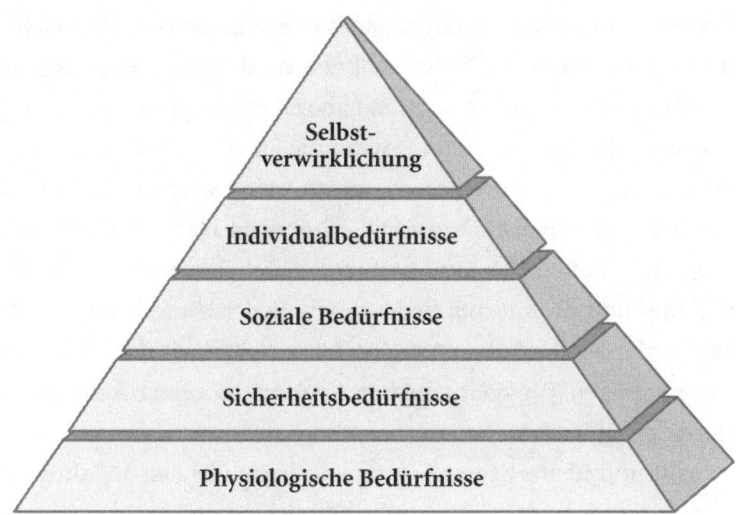

Abb. 8.1:   Die Maslow'sche Pyramide.

ten auf die Frage: »Was erhält ihn gesund?«[4] Das Prinzip der Salutogenese war der Beginn einer Sichtweise, die sich nicht an der Pathologie,
sondern am gesunden Organismus orientiert. Ein Ansatz, der meiner
Denkweise als Arzt und Forscher sehr entspricht, habe ich doch aus
meinen Beobachtungen von gesunden und »normal« entwickelten
Kindern weit mehr gelernt als durch das Studium von Krankheiten.

Stella Chess und Alexander Thomas, beide in der Kinderpsychiatrie
tätig, haben in den 1980er Jahren den Ausdruck »Goodness of fit«
eingeführt, der besagt, dass sich ein Kind dann optimal entwickelt,
wenn eine Übereinstimmung zwischen seinem Temperament und
seiner Motivation einerseits und den Erwartungen, Anforderungen
und Möglichkeiten der Umwelt andererseits besteht.[5] Das Fit-Prinzip ist eine erweiterte Vorstellung dieses Konzeptes. Es versucht nicht
nur, Temperament und Motivation zu erfassen, sondern möglichst
alle wesentlichen Eigenschaften des Menschen wie die Grundbedürfnisse sowie alle Umweltfaktoren, die für ihn wesentlich sind.

Das Fit-Prinzip war also in vielerlei Hinsicht angedacht, als ich in den 1970er Jahren meine Arbeit als Entwicklungspädiater aufgenommen habe. In den folgenden Jahren habe ich das Fit-Prinzip aufgrund der wissenschaftlichen Erkenntnisse, die in den Zürcher Longitudinalstudien gewonnen wurden, immer weiter ausgebaut (Anhang, Zürcher Longitudinalstudien). Die erhobenen Daten verhalfen mir zu einem vertieften Verständnis für die Vielfalt und Individualität der Kinder und die enorme Bedeutung, die der Umwelt für die Entwicklung der Kinder zukommt. Zusätzlich haben wir das Fit-Prinzip in der klinischen Tätigkeit eingesetzt. Aufgrund der praktischen Erfahrungen mit Tausenden von Kindern haben wir es immer wieder überprüft und überarbeitet. So entstand in den letzten 30 Jahren ein Arbeitsinstrument, das sich als sehr hilfreich erwies, beispielsweise in der Schlafsprechstunde. Schlafstörungen sind im Kindesalter häufig, etwa ein Drittel der Kinder im Vorschulalter leiden irgendwann an einer Ein- und Durchschlafstörung.

Der Nachtschlaf verläuft in der Kindheit sehr dynamisch. Im ersten Lebensjahr nimmt seine Dauer fast um das Doppelte zu, um danach bis zur Pubertät ständig abzunehmen.[6] Der Nachtschlaf weist in jedem Alter eine große Variabilität auf. Einjährige Kinder schlafen im Durchschnitt 12 Stunden pro Nacht. Es gibt jedoch Kinder, die mit weniger als 10 Stunden auskommen, und andere, die bis zu 14 Stunden Schlaf benötigen. Die Einsicht, dass der Schlafbedarf in jedem Alter unterschiedlich groß ist, hat unmittelbar praktische Konsequenzen. Beispielsweise trifft die unter Fachleuten und Laien weitverbreitete Meinung, Kinder würden sich umso besser entwickeln, je mehr sie schlafen, nicht zu. Kinder, wie übrigens auch Erwachsene, fühlen sich dann ausreichend erholt, wenn sie ihrem individuellen, biologisch festgelegten Schlafbedarf entsprechend schlafen können. Schlafen sie zu wenig, werden sie in ihrem Denken, Verhalten und Wohlbefinden beeinträchtigt. Müssen Kinder länger im Bett bleiben,

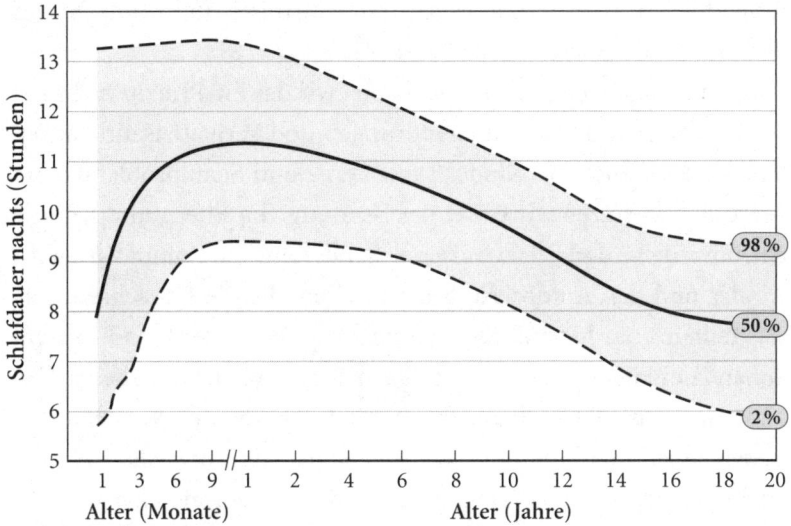

Abb. 8.2: Verlauf des Nachtschlafs vom 1. bis zum 20. Lebensjahr.
Dicke Linie: 50. Perzentile (Durchschnitt); obere und untere Begrenzung:
98. und 2. Perzentile; je 2 Prozent der Population liegen darüber bzw.
darunter (Zürcher Longitudinalstudien).

als sie schlafen können, dann liegen sie nachts wach. In der Schlafsprechstunde baten wir die Eltern, anhand eines Schlafprotokolls
das Schlafverhalten ihres Kindes zehn Tage lang aufzuzeichnen. Dabei stellte sich heraus, dass eine der häufigsten, wenn auch nicht die
alleinige Ursache für Schlafstörungen darin besteht, dass Eltern den
Schlafbedarf ihres Kindes falsch einschätzen, zumeist überschätzen. In
der Beratung leiteten wir die Eltern dazu an, sich auf den individuellen Schlafbedarf ihres Kindes einzustellen.[7] In allen Entwicklungsbereichen wie Essverhalten, Motorik oder Sprache haben wir durchgehend die Erfahrung gemacht, dass eine sehr große Vielfalt unter den
Kindern besteht. Eltern, Erzieherinnen und Lehrer unterstützen die
Kinder in ihrer Entwicklung dann am besten, wenn sie sich an der

individuellen Ausprägung der Grundbedürfnisse und Kompetenzen der Kinder orientieren (Teile IV bis VI).

In den vergangenen 30 Jahren haben wir das Fit-Prinzip nicht nur bei Kindern mit Entwicklungsstörungen und Verhaltensauffälligkeiten, sondern auch bei Kindern mit Lern- und Schulproblemen angewandt.[8] So setzen wir es bei der Beratung von Eltern und Lehrern ein, um einen Ausgleich zwischen den individuellen Kompetenzen der Kinder und den Anforderungen zu finden, die die Erwachsenen an sie stellten.[9] Bei Jugendlichen konnten wir den Eltern und Lehrern anhand des Fit-Prinzips verständlich machen, welch tiefgreifende Veränderungen die Grundbedürfnisse, Kompetenzen und Vorstellungen in der Pubertät erfahren und wie Jugendliche und Erwachsene damit am besten umgehen können.[10] In Scheidungssituationen machten wir die Eltern auf die individuellen Grundbedürfnisse ihrer Kinder, insbesondere auf ihren großen Bedarf an Geborgenheit und Zuwendung aufmerksam und besprachen mit ihnen, wie sie ihre Kinder nach der Scheidung so betreuen können, dass diese in ihrem Wohlbefinden möglichst wenig beeinträchtigt werden.[11] Dabei haben wir die Eltern im Gespräch immer auch nach ihren eigenen Grundbedürfnissen, Kompetenzen und Vorstellungen gefragt. Bestimmen doch ihre Grundbedürfnisse, etwa die Sicherstellung des Lebensunterhalts, das Streben nach Leistung im Beruf und die Zeit, die sie dafür aufwenden, wesentlich mit, wie sie sich auf ihr Kind einstellen und mit ihm umgehen. Ist der Vater bereit, nachts aufzustehen, wenn das Kind schreit, oder will er durchschlafen, weil er sonst am nächsten Morgen müde ist und die vom Arbeitgeber verlangte Leistung nicht erbringen kann? Im Verlauf der Jahre haben wir das Fit-Prinzip nach und nach auf alle Lebensalter und insbesondere auch auf die Beziehungskonstellationen, etwa zwischen Kind, Geschwistern und Eltern, ausgeweitet.

Die Elemente des Fit-Prinzips

Jeder Mensch ist einmalig.
Jeder Mensch will seine Grundbedürfnisse befriedigen.
Jeder Mensch will seine Kompetenzen entfalten und nutzen.
Jeder Mensch entwickelt seine eigenen Vorstellungen und
* Überzeugungen.*
Jeder Mensch macht seine eigenen Erfahrungen,
* die seine Individualität mitbestimmen.*
Jeder Mensch strebt danach, seine Individualität
* in Übereinstimmung mit der Umwelt zu leben.*

Menschen können nicht irgendein Leben führen, sondern nur ihr eigenes. Genauso wie jeder Mensch in seinem Wesen einzigartig ist, ist auch sein Lebensweg einmalig. Die Elemente, die dabei bestimmend sind, wurden in Teil IV bis VII ausführlich dargestellt. Wie sie zusammenwirken, geht aus der folgenden Graphik hervor.

Diejenigen Elemente, die das Leben eines Menschen am meisten bestimmen, sind die Grundbedürfnisse. Jeder Mensch ist Tag für Tag darum bemüht, sich auf die Umwelt so einzustellen, dass er seine Grundbedürfnisse möglichst gut befriedigen kann. Dafür setzt er seine Kompetenzen ein und orientiert sich an seinen Vorstellungen. Inwieweit es ihm gelingt, seine Grundbedürfnisse ausreichend zu befriedigen, hängt von der Umwelt wie Familie, Schule und Arbeitsplatz ab. Schließlich kommt es immer auch darauf an, welche Erfahrungen er in der Vergangenheit gemacht hat, in welcher Lebenssituation er sich gegenwärtig befindet und welche Erwartungen er an die Zukunft hat. So wirken sich Armut in der Kindheit oder ein derzeit gesichertes Einkommen oder die Vorfreude auf einen Karrieresprung mit einer Gehaltserhöhung ganz unterschiedlich auf die Lebenszufriedenheit aus. Gelingt es dem Menschen, in Übereinstimmung mit der Umwelt

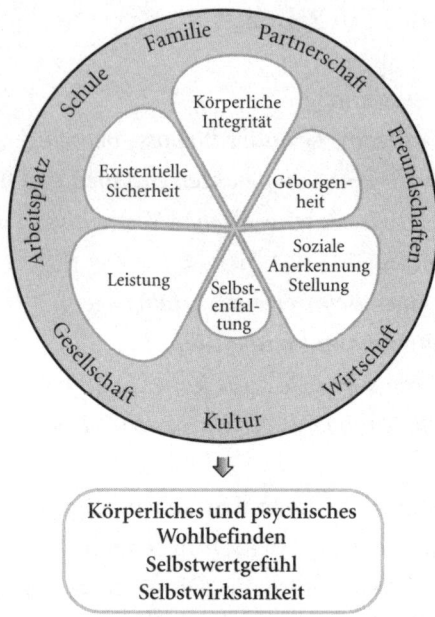

Abb. 8.3: Fit-Konstellation: Übereinstimmung zwischen Individuum und Umwelt. Weiß: Individuum mit seinen unterschiedlich ausgeprägten Grundbedürfnissen; dunkel: Umwelt.

zu leben, fühlt er sich körperlich und psychisch wohl und verfügt über ein gutes Selbstwertgefühl und eine gute Selbstwirksamkeit.

Im Folgenden wird es darum gehen, was die Individualität eines Menschen ausmacht, welche Bereiche der Umwelt bedeutsam sind und – das Kernstück des Fit-Prinzips – wie Individuum und Umwelt zusammenwirken.

Individuum

Grundbedürfnisse, Kompetenzen und Vorstellungen sind die drei Grundelemente, die die Individualität eines Menschen in einem hohen Maß ausmachen und einen großen Einfluss darauf haben, wie er sein Leben gestalten kann. Darüber hinaus tragen die Erfahrungen, die der Mensch über die Jahre, insbesondere in der Kindheit macht, ebenfalls zur Ausgestaltung seiner Individualität bei.

Welche enorme Bedeutung die *Grundbedürfnisse* für das Leben der Menschen haben, können wir an den Emotionen ermessen, die mit den Bedürfnissen einhergehen, etwa Liebe und Hass, wenn es um Geborgenheit, Geiz und Neid, wenn es um existentielle Sicherheit geht. Jedes Grundbedürfnis ist von Mensch zu Mensch unterschiedlich ausgeprägt (interindividuelle Variabilität). Ich habe Menschen kennengelernt, die ein extremes Bedürfnis nach Geborgenheit und existentieller Sicherheit hatten, dann wieder solche, deren große emotionale und existentielle Unabhängigkeit mich erstaunt haben. Manche Menschen richten ihr ganzes Leben auf Leistung aus und tun alles, um ein hochgestecktes berufliches Ziel zu erreichen. Andere wiederum beschränken sich darauf, Leistungen zu erbringen, die ausreichen, um den Lebensunterhalt zu gewährleisten.

Die Grundbedürfnisse sind nicht nur zwischen den Menschen, sondern auch beim einzelnen Menschen selbst unterschiedlich ausgeprägt. So weist jeder Mensch sein ihm eigenes Profil von Grundbedürfnissen auf, das er auf seine Weise befriedigen will. Je nachdem, wie die Grundbedürfnisse ausgestaltet sind, ist es für die einen Menschen ein Leichtes, eine Übereinstimmung mit sich und der Umwelt zu erreichen, während es anderen Menschen weitaus schwerer fällt (ausführliche Darstellung der Grundbedürfnisse siehe Teil IV).

Die *Kompetenzen* dienen dazu, die Grundbedürfnisse zu befriedigen. Sie können, je nachdem, wie die Grundbedürfnisse ausgestaltet sind und welche Anforderungen das Leben an die Menschen stellt, ganz unterschiedlich eingesetzt werden. So benutzt eine Sekretärin ihre sprachlichen Kompetenzen, um Aufträge und Briefe zu

- *Körperliche Integrität.* Wir streben nach körperlichem Wohlbefinden. Wir wollen unsere elementaren Bedürfnisse wie Ernährung und Sexualität befriedigt haben.
- *Geborgenheit.* Als Kinder sind wir ausgesprochen auf Geborgenheit und Zuwendung angewiesen. Als Erwachsene erleben wir Geborgenheit als ein Gefühl von Vertrautheit, gegenseitiger Hilfsbereitschaft und Verantwortlichkeit.
- *Soziale Anerkennung.* Wir wollen als Person geachtet werden und eine soziale Stellung einnehmen, die uns entspricht. Wir suchen nach Zugehörigkeit in Familie und Lebensgemeinschaft, in der Schule, am Arbeitsplatz und in der Gesellschaft.
- *Selbstentfaltung.* Wir streben in der Kindheit und in einem geringeren Ausmaß auch noch im Erwachsenenalter danach, unsere Kompetenzen weiterzuentwickeln und kreativ tätig zu sein.
- *Leistung.* Wir wollen die Leistungen erbringen, zu denen wir aufgrund unserer Fähigkeiten, Fertigkeiten und unseres Wissens fähig sind.
- *Existentielle Sicherheit.* Wir bemühen uns, existentielle, materielle und gesellschaftliche Voraussetzungen zu schaffen, welche die Befriedigung der Grundbedürfnisse gewährleisten und das bisher Erreichte sicherstellen.

Die Grundbedürfnisse

verfassen, ein Politiker will mit seinen Reden möglichst viel soziale Anerkennung bekommen und ins Parlament gewählt werden, und einem Schriftsteller geht es darum, ein bleibendes Werk zu hinterlassen.

- *Soziale Kompetenzen*, bestehend aus vier Komponenten:
Mit den Elementen der *nonverbalen Kommunikation* regeln wir unser Beziehungsverhalten. Ihre wesentlichen Elemente sind: Mimik, Blickverhalten, Stimme, Körperhaltung, Körperbewegungen und Distanzverhalten. Das *fürsorgliche Verhalten* besteht in der Bereitschaft, auf die Bedürfnisse anderer Menschen, insbesondere von Kindern und hilfsbedürftigen Personen, einzugehen und sie bei der Befriedigung ihrer Bedürfnisse zu unterstützen.
Unter *imitativem und sozialem Lernen* wird die angeborene Bereitschaft verstanden, Verhaltensweisen von anderen Menschen zu übernehmen und deren Wertvorstellungen zu verinnerlichen.
Die *soziale Kognition* verhilft uns zu gedanklichen und gefühlsmäßigen Einsichten in die eigene Befindlichkeit (Introspektion) und diejenige der Mitmenschen (Extrospektion). Wichtige Aspekte der sozialen Kognition sind Empathie und symbolische Vorstellungen wie Moral.
- *Sprache* ist Kommunikation mit Symbolcharakter. Wir haben die einzigartige Fähigkeit, symbolische Vorstellungen in formalen Strukturen wie Worten und Sätzen zum Ausdruck zu bringen. Sprache befähigt uns, Informationen mit unterschiedlichsten Inhalten auf verschiedene Weise mit unseren Mitmenschen auszutauschen.
- *Musikalische Kompetenzen* bestehen aus einer Sensibilität für Rhythmus und Melodie, Harmonie und Dissonanz sowie für die Klangfarben der Töne. Beim Singen, Tanzen und Spielen eines Instruments setzen wir die musikalischen Kompetenzen zusammen mit stimmlichen, fein- und grobmotorischen Kompetenzen ein.
- *Figural-räumliche Kompetenzen* befähigen uns, die physikalische Umwelt mit ihren Erscheinungsformen und räumlichen Dimensionen zu erfassen und gestalterisch wiederzugeben, beispielsweise beim Zeichnen.
- *Logisch-mathematische Kompetenzen* verhelfen uns im weitesten Sinn zu Einsichten über die Eigenschaften von Objekten und abstrakten Strukturen sowie deren Zusammenwirken. Das Zahlenverständnis (Arithmetik) ermöglicht uns die Quantifizierung von Größen und Mengen sowie das Operationalisieren von Zahlen.

- *Zeitlich-planerische Kompetenzen* bestehen aus inneren Zeitgebern, Vorstellungen der Zeit, etwa über den Lebensbogen, und dem Umgang mit der Zeit, etwa beim Planen von Arbeitsabläufen.
- Die *motorisch-kinästhetischen Kompetenzen* umfassen fein- und grobmotorische Fähigkeiten wie Greifen und Gehen sowie Fertigkeiten wie Schreiben. Sie dienen auch als Wahrnehmungsorgan, etwa beim Berühren von Gegenständen eingesetzt (Oberflächen- und Tiefensensibilität).
- *Körperliche Kompetenzen* befähigen uns, körperliche Bedürfnisse wie Essen und Trinken beim Kochen auszugestalten oder uns mit Kleidern und Schmuck wirkungsvoll in Szene zu setzen.

Die Kompetenzen

Die Kompetenzen sind wie die Grundbedürfnisse sowohl zwischen den Menschen wie auch beim einzelnen Menschen sehr unterschiedlich ausgebildet. So verfügt jedes Individuum über sein eigenes Profil an Kompetenzen, das wesentlich bestimmt, wie es sich an seine Umwelt anpassen und auf sie Einfluss nehmen kann. Als besondere Herausforderung erweist sich dabei der Umstand, dass es – etwa als Student – nicht nur darum geht, das Potential der Kompetenzen möglichst gut zu nutzen, sondern auch deren Grenzen zu erkennen und zu akzeptieren (ausführliche Darstellung der Kompetenzen siehe Teil V).

Die ersten *Vorstellungen* gehen aus den konkreten Erfahrungen hervor, die das Kind mit der sozialen und gegenständlichen Umwelt macht. In den folgenden Jahren übernimmt es immer mehr Vorstellungen von der Familie, der Schule und der Gesellschaft. So verinnerlicht es beispielsweise die in seiner sozialen Umwelt vorherrschende Einstellung zu Ehe oder Sexualität. Wie stark Vorstellungen von den kulturellen Gegebenheiten, Lebensbedingungen und Zeitumständen abhängen, wurde mir Anfang der 1970er Jahre so richtig bewusst, als ich durch Mexiko reiste und ganz im Süden einige Dörfer kennenlernte, in denen ein ausgeprägtes Matriarchat gelebt wird. Die Vorstellungen über Geschlechterrolle und Erziehung, die dort galten, waren ganz anders als im übrigen Mexiko, wo eine ausgeprägte patriarchalische Einstellung vorherrscht.

Auch innerhalb einer Kultur existieren ganz verschiedene Vorstellungen und Überzeugungen. Diese Unterschiede sind unter anderem darauf zurückzuführen, dass die Menschen in der Kindheit unterschiedliche Vorstellungen übernommen und verinnerlicht haben. Ein Kind, das in einer streng katholischen Familie aufwächst, entwickelt eine andere Moral als ein Kind, das mit Eltern groß wird, die einen liberalen Lebensstil pflegen. Im Erwachsenenalter können sich die Wertvorstellungen – je nach den Beziehungserfahrungen – weiter wandeln.

Schließlich sind die Vorstellungen auch deshalb von Mensch zu Mensch unterschiedlich, weil sie immer auch Ausdruck der Grundbedürfnisse und Kompetenzen sind. Menschen mit einem großen Bedürfnis nach Geborgenheit haben andere Vorstellungen von Ehe und Familie als Menschen mit einem geringeren Verlangen nach emotionaler Sicherheit. Je nachdem, wie ausgeprägt ihr Leistungsbedürfnis ist, haben Menschen ihre eigenen Vorstellungen, welche Anforderungen in Schule und Wirtschaft erfüllt werden müssen. Für Menschen, die sehr hohe Ansprüche an ihre existentielle Sicherheit stellen, sind Reichtum und materielle Sicherheit von weit größerer Bedeutung als für Menschen, die diesbezüglich nur ein geringes Bedürfnis, aber dafür hohe Erwartungen hinsichtlich des gemeinschaftlichen Zusammenlebens haben. Ein reicher Unternehmer wird eine andere politische Haltung einnehmen als ein in äußerst einfachen Verhältnissen lebender Journalist, der in seinen Essays gegen die immer größer werdende Kluft zwischen Arm und Reich anschreibt. Nicht zuletzt vertreten Menschen auch ganz unterschiedliche Vorstellungen von der Bedeutung von Kunst und Wissenschaft, je nachdem, wie groß ihr eigenes Bedürfnis nach Selbstentfaltung ist und wie ihre Kompetenzen, etwa die figural-räumlichen oder musikalischen, ausgebildet sind. Die einzig »richtigen«, für alle Menschen gültigen Vorstellungen, etwa religiöser Art, gibt es nicht. Dafür sind unsere Grundbedürfnisse und Kompetenzen zu unterschiedlich angelegt (ausführliche Darstellung der Vorstellungen siehe Teil VI).

Die Menschen sind nicht nur passive Empfänger von all dem, was in ihrer Umwelt vor sich geht. Sie suchen vielmehr gezielt nach Erfahrungen, mit denen sie ihre Grundbedürfnisse befriedigen, ihre Kompetenzen entfalten und nutzen und ihre eigenen Vorstellungen entwickeln können. So spielt der eine Golf, ein anderer ein Musikinstrument und ein dritter im Laientheater. Im Lauf der Jahre prägen die Menschen mit den selbstgewählten Erfahrungen ihre Individualität mit.

Das Zusammenwirken der Grundbedürfnisse, Kompetenzen, Vorstellungen einerseits und der Erfahrungen andererseits möglichst gut nachzuvollziehen hilft uns nicht nur, uns selbst besser zu begreifen, sondern auch im Umgang mit den Mitmenschen deren Denken und Handeln besser zu verstehen.

Umwelt

Unsere Grundbedürfnisse und Kompetenzen sind in einer Umwelt entstanden, von der sich die heutige Umwelt grundsätzlich unterscheidet. Während 200 000 Jahren haben unsere Vorfahren in kleinräumigen und übersichtlichen Lebensräumen von Familienverbänden und Sippschaften ihr Leben verbracht. Darum herum war viel Natur. Wie sich die Menschen in lediglich 200 Jahren eine hochkomplexe Umwelt geschaffen haben, wird in den Teilen I und VII beschrieben. Heute leben wir kaum mehr in der Natur und auch nicht mehr ausschließlich in einer Gemeinschaft vertrauter Menschen, sondern in einer anonymen Massengesellschaft. Wir leben nicht mehr in einem Lebensraum, sondern in verschiedenen, die oftmals weitgehend voneinander getrennt sind, etwa Familie und Arbeitsplatz.

Diese enormen Umwälzungen in Gesellschaft und Wirtschaft haben die Menschen nachhaltig verunsichert. Deren Strukturen sind für sie undurchschaubar geworden. Mit dem rasanten wissenschaftlichen und technischen Fortschritt, etwa in der Informationstechnologie und der Automatisierung von Arbeitsprozessen, können sie immer weniger Schritt halten. Eine wuchernde Bauwirtschaft und eine rasch wachsende Mobilität haben zu einem ständig wachsenden Umbau der Lebensräume und einer Art Heimatlosigkeit geführt. Was den Menschen aber am meisten zu schaffen macht, ist, dass das Netz langfristig stabiler und verlässlicher Beziehungen mit vertrauten Menschen, wie es in der ursprünglichen Lebensgemeinschaft bestanden hat, immer kleiner und weniger verlässlich geworden ist. In Teil X werden wir uns ausführlich damit befassen, weshalb die heutige Gesellschaft und Wirtschaft den Bedürfnissen der Menschen immer weniger entsprechen und was wir dagegen tun müssen. Wie es den Menschen in dieser hochkomplexen Umwelt immer noch gelingen kann, ein weitgehend passendes Leben zu führen, darauf wollen wir im Folgenden näher eingehen.

Individualität in Übereinstimmung mit der Umwelt leben

Planen Menschen bewusst ihr Leben? Vermutlich glauben sie das oft, doch viel eher sind sie ständig damit beschäftigt – weitgehend unbewusst –, ihre Grundbedürfnisse zu befriedigen. Die individuelle Ausgestaltung der Grundbedürfnisse, aber auch der Kompetenzen und Vorstellungen trägt also ganz entscheidend dazu bei, wie Menschen ihr Leben gestalten. Und die Umwelt bestimmt immer mit, inwieweit ihnen dies auch gelingen kann.

Um die wechselseitige Beziehung zwischen Individuum und Umwelt besser zu verstehen, wollen wir uns in vier Personen im Alter zwischen 30 und 40 Jahren hineinversetzen, die ich in den Studien, meiner klinischen Tätigkeit und im Privatleben kennengelernt habe. Es ist ihnen dank günstiger Lebensbedingungen weitgehend gelungen, ihre Individualität zu leben. Die Kurzbiographien beschreiben vier ganz unterschiedliche Lebensformen. Jakob ist Immobilienmakler, Hannes betreibt Sport aus Leidenschaft, Erika ist Künstlerin und Sofia ist im Sozialwesen tätig. Um ihre Grundbedürfnisse und Kompetenzen zu erfassen, wurde eine semiquantitative Bewertung verwendet. Die Skalierung, die den individuellen Profilen zugrunde liegt, gibt an, welche Bedeutung die Grundbedürfnisse für sie haben und wie es um die Ausprägung ihrer Kompetenzen steht. Sie reicht von 1 (sehr niedrig), 2 (niedrig), 3 (mäßig niedrig) über vier (mittel) bis 5 (mäßig hoch), 6 (hoch) und 7 (sehr hoch). In Teil IX wird die Methode, die bei der Einschätzung der Grundbedürfnisse, Kompetenzen und Vorstellungen angewendet wurde, ausführlich beschrieben.

Anhand der Profile von Jakob, Hannes, Erika und Sofia wollen wir Antworten auf die folgenden Fragen finden: Wie sehr unterscheiden sich ihre Profile der Grundbedürfnisse und Kompetenzen voneinander? Wie sind ihre Vorstellungen und Überzeugungen zustande gekommen? Lassen sich ihre Lebensläufe anhand der individuellen Ausgestaltung ihrer Grundbedürfnisse, Kompetenzen und Vorstellungen erklären? Inwieweit haben die individuellen Profile aus Grundbedürfnissen, Kompetenzen und Vorstellungen ihr Leben bestimmt? Welchen Einfluss haben die Erfahrungen, die sie im Laufe des Lebens gemacht haben, auf ihre Grundbedürfnisse, Kompetenzen und Vorstellungen?

Jakob, der Immobilienmakler

Jakob handelt mit Liegenschaften. Er besitzt eine eigene Firma, ist verheiratet und hat drei Kinder.

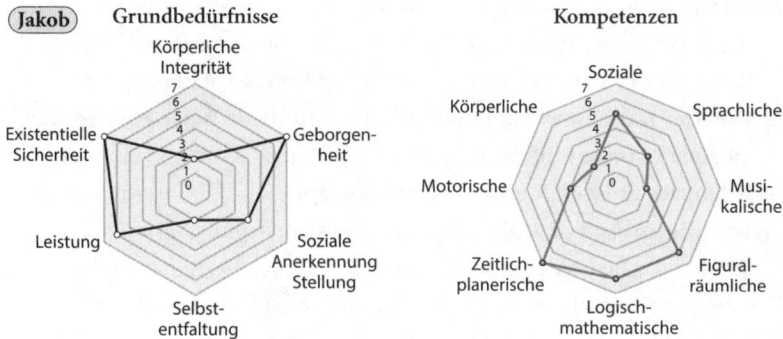

Skalierung: 1: sehr niedrig; 4: mittel; 7: sehr hoch.

Grundbedürfnisse

Körperliche Integrität: Jakob kümmert sich kaum um seine Gesundheit.
   Er ist übergewichtig, bewegt sich zu wenig.

Geborgenheit: Jakob verlangt viel Geborgenheit und Zuwendung von seiner
   Frau, seinen Kindern und Verwandten. Er versteht sich als Familienmensch und Patriot.

Soziale Anerkennung und soziale Stellung: Eine starke Stellung in Familie
   und Firma ist ihm sehr wichtig. Die Öffentlichkeit meidet er, soweit es
   geht.

Selbstentfaltung: Sein Bedürfnis, sich zu verwirklichen, ist gering. Er pflegt
   keine Hobbies, will aber seine Kenntnisse im IT-Bereich ständig erweitern.

Leistung: Jakob ist ein Arbeitstier. Er arbeitet oft auch abends und an den
   Wochenenden. Erfolgreiche Abschlüsse im Immobilienbereich befriedigen ihn zutiefst. Er erwartet von seinen Kindern sehr gute schulische
   Leistungen.

Existentielle Sicherheit: Jakob arbeitet sehr hart. Sich und seine Familie materiell abzusichern ist sein eigentlicher Lebensinhalt; dafür setzt er seine ganze Kraft und Zeit ein. Er besitzt mehrere Liegenschaften und hat ein beträchtliches Vermögen angehäuft.

Kompetenzen

Soziale: Im Umgang mit seinen Kindern pflegt Jakob ein fürsorgliches Verhalten. Zu seinen Angestellten hat er ein eher autoritäres Verhältnis. Er versteht es aber, auf die Wünsche seiner Kundschaft einzugehen.

Sprachliche: Jakob ist wenig kommunikativ, liest wenig. Seine Frau erledigt die Korrespondenz in der Firma.

Musikalische: Er ist an Musik kaum interessiert.

Figural-räumliche: Er hat ein gut entwickeltes Vorstellungsvermögen, das ihm bei der Beurteilung von Immobilien dienlich ist. Er hat ein feines Gespür dafür, welcher Baustil der Kundschaft gefallen könnte.

Logisch-mathematische: Ein gut entwickeltes Zahlenverständnis hilft Jakob bei der Buchhaltung. Er ist stolz darauf, dass er das IT-System seiner Firma weitgehend selbst eingerichtet hat.

Zeitlich-planerische: Diese Kompetenzen sind sehr gut entwickelt. Sie helfen Jakob, effiziente Arbeitsabläufe beim Bau und bei der Renovierung von Gebäuden zu erstellen.

Motorische: Er ist fein- und grobmotorisch wenig geschickt. Er betreibt keinen Sport.

Körperliche: Jakob ist ein großer, etwas übergewichtiger Mann, aber eine eher unscheinbare Erscheinung.

Vorstellungen

Der Wunsch nach materieller Sicherheit beherrscht Jakobs Lebenseinstellung. Was Familie, Ehe und Kinder betrifft, hat er eine patriarchale Haltung. Er versteht sich als Oberhaupt der Familie. Er unterstützt eine christlich-konservative Partei, ist aber politisch nicht aktiv. Sein Credo: Jeder ist für sein Leben selbst verantwortlich.

Hannes, der Sportler

Hannes hat eine Ausbildung zum Kaufmann gemacht. Er arbeitet seit zehn Jahren als Personalchef in einem größeren Lebensmittelgeschäft. Doch sein Hauptinteresse gilt weniger der Arbeit als vielmehr dem Sport. Er lebt mit einer Partnerin zusammen und ist kinderlos.

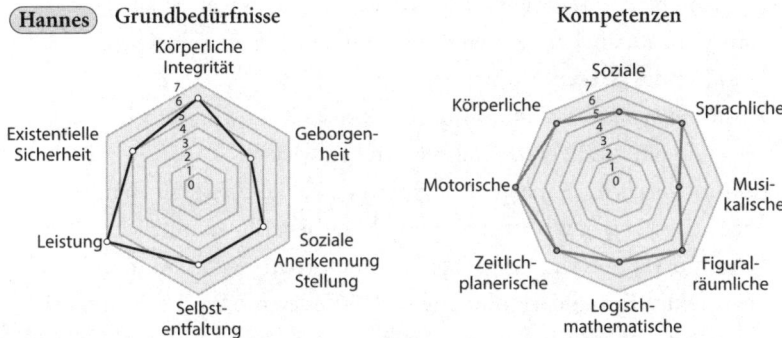

Skalierung: 1: sehr niedrig; 4: mittel; 7: sehr hoch.

Grundbedürfnisse

Körperliche Integrität: Körperliche Fitness und Gesundheit sind Hannes
  sehr wichtig.
Geborgenheit: Hannes hat ein durchschnittlich ausgeprägtes Bedürfnis
  nach Geborgenheit und Zuwendung.
Soziale Anerkennung und soziale Stellung: Anerkennung und einen
  angemessenen sozialen Status holt sich Hannes vor allem bei seinen
  Sportkameraden, weniger bei seinen Mitarbeitern.
Selbstentfaltung: Er bemüht sich, seine motorischen Fähigkeiten
  im Langstrecken- und Orientierungslauf ständig zu verbessern.
Leistung: Hannes will gute Arbeit leisten, aber nicht Karriere machen.
  Sehr wichtig sind ihm Erfolge im Sport.
Existentielle Sicherheit: Außer einem gesicherten Einkommen
  hat Hannes keine weitergehenden materiellen Ansprüche.

Kompetenzen

Soziale: Hannes ist ziemlich geschickt im Umgang mit seinen Kollegen und Kolleginnen.

Sprachliche: Er kann sich auf Deutsch und Italienisch gut verständigen. Er liest Sachbücher über Natur und Sport.

Musikalische: Er hört gelegentlich Jazzmusik.

Figural-räumliche: Sein räumliches Vorstellungsvermögen ist gut, aber nicht ausreichend, um beim Orientierungslauf wirklich erfolgreich zu sein, was Hannes gelegentlich frustriert.

Logisch-mathematische: Diese Kompetenzen sind für seine Arbeit, etwa im Ein- und Verkauf, ausreichend entwickelt.

Zeitlich-planerische: Seine guten logistischen Fähigkeiten sind Hannes beim Einsatz seiner Mitarbeiter und Mitarbeiterinnen nützlich.

Motorische: Hannes war bereits als Kind motorisch geschickt und galt als hyperaktiv. Er trainiert mindestens 20 Stunden pro Woche. Er fühlt sich dann am wohlsten, wenn er sich körperlich betätigen kann.

Körperliche: Hannes ist von großer Statur, athletisch und austrainiert.

Vorstellungen

Familie hat für Hannes keine hohe Priorität. Seine Partnerin möchte Kinder, er eher nicht. Er befürchtet, als Vater zu wenig Zeit für seinen geliebten Sport zu haben. Er ist sehr naturverbunden und setzt sich für ökologische Anliegen ein. Er besitzt kein eigenes Auto und ist Mitglied der Grünen Partei. Er ist ein überzeugter Agnostiker.

Erika, die Künstlerin

Erika hat eine Ausbildung als Dekorateurin gemacht und sich anschließend zur Graphikerin weitergebildet. Sie möchte ausschließlich als Künstlerin tätig sein. Da sie davon nicht leben kann, arbeitet sie halbtags als Graphikerin. Erika ist alleinstehend. Sie führt ein äußerst bescheidenes Leben. Das Atelier dient ihr auch als Wohnung.

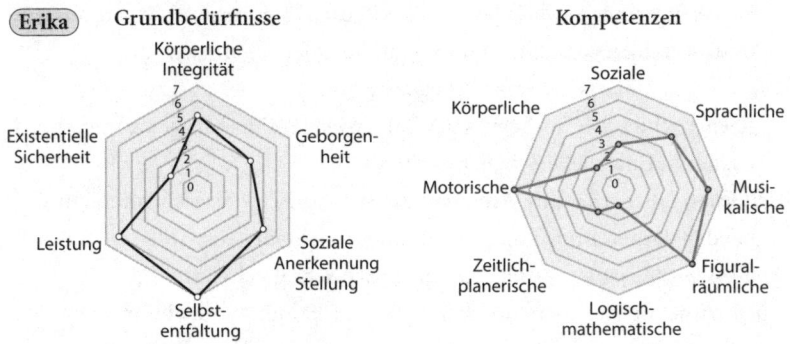

Skalierung: 1: sehr niedrig; 4: mittel; 7: sehr hoch.

Grundbedürfnisse

Körperliche Integrität: Erika ist Veganerin und achtet auf ihre Gesundheit.

Geborgenheit: Sie kann gut allein leben. Sie hatte nie eine feste Beziehung. Hält sich zwei Katzen.

Soziale Anerkennung und soziale Stellung: Erika holt sich viel Anerkennung mit ihren Bildern, Plastiken und Installationen. Ein gewisser Status unter den Künstlern ist ihr wichtig.

Selbstentfaltung: Ihr Lebensinhalt besteht darin, etwas Bleibendes als Künstlerin wie Meret Oppenheim zu schaffen. Wenn ihr das gelingt, ist sie ganz bei sich selbst.

Leistung: Erika arbeitet vor einer Ausstellung bis zur Erschöpfung. Sie fühlt sich aber gut dabei.

Existentielle Sicherheit: Erika befindet sich ständig in finanziellen Engpässen, leidet aber nicht darunter.

Kompetenzen

Soziale: Erika ist unsicher im Umgang mit Menschen; sie meidet Großveranstaltungen.

Sprachliche: Sie mag gehaltvolle Gespräche und liest viel Belletristik.

Musikalische: Erika hört viel Musik und tanzt sehr gern.

Figural-räumliche: Sie liebte von klein auf das Basteln, Malen und Zeichnen.

Sie verfügt über eine ausgezeichnete figural-räumliche Wahrnehmung und kann ihre Vorstellungen sehr gut künstlerisch umsetzen.

Logisch-mathematische: Erika litt in der Schule an einer ausgeprägten Rechenschwäche. Ihr begrenztes Zahlenverständnis bringt sie immer wieder in finanzielle Schwierigkeiten.

Zeitliche-planerische: Ihre Arbeitsweise ist chaotisch, was sich vor allem bei der Vorbereitung von Ausstellungen nachteilig auswirkt.

Motorische: Sie ist fein- und grobmotorisch sehr geschickt.

Körperliche: Erika ist von unscheinbarer Erscheinung und von mittelgroßer, magerer Statur.

Vorstellungen

Erika ist an esoterischen und spirituellen Themen interessiert. Sie hat einige Monate in einem Ashram in Indien verbracht. Sie arbeitet als freiwillige Helferin in einem Tierheim. Erika betrachtet sich als unpolitisch.

Sofia, die Fürsorgliche

Sofia ist in Afrika und Südamerika aufgewachsen; ihre Eltern waren in der Mission tätig. Sie hat viele Jahre in der Reisebranche gearbeitet. Sofia ist mit dem Bürgermeister einer mittelgroßen Stadt verheiratet und hat zwei Kinder. Sie ist in Institutionen und Stiftungen aktiv, wo sie sich für behinderte und sozial benachteiligte Menschen einsetzt.

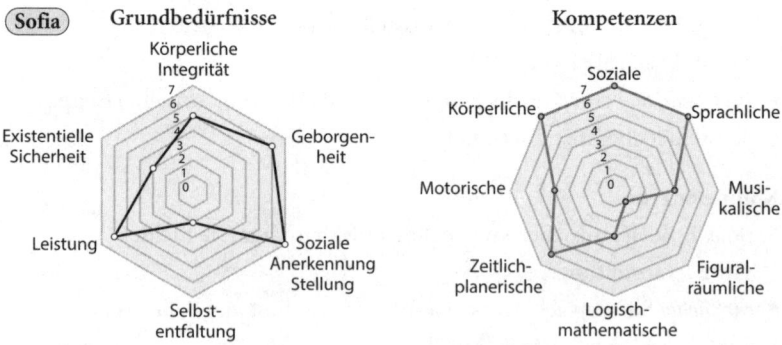

Skalierung: 1: sehr niedrig; 4: mittel; 7: sehr hoch.

Grundbedürfnisse

Körperliche Integrität: Ernährung und Gesundheit sind Sofia wichtig.

Geborgenheit: Familie, Verwandtschaft und Freunde bedeuten ihr sehr viel. Sie braucht ständig die Nähe vertrauter Menschen, um sich wohl zu fühlen.

Soziale Anerkennung und soziale Stellung: Sofia ist soziale Anerkennung sehr wichtig, etwa wie sie in der Öffentlichkeit wahrgenommen wird. Sie tritt gern an der Seite ihres Ehepartners bei Veranstaltungen auf.

Selbstentfaltung: Sie hat diesbezüglich kaum Ansprüche, pflegt keine Hobbies.

Leistung: Es erfüllt Sofia mit großer Befriedigung, sich für das Wohlbefinden ihrer Familie und der ihr anvertrauten behinderten und sozial benachteiligten Menschen einzusetzen.

Existentielle Sicherheit: Kümmert sie wenig. Sie verlässt sich diesbezüglich ganz auf ihren Ehemann.

Kompetenzen

Soziale: Sofia ist im Umgang mit Menschen hochkompetent und verfügt über ein ausgesprochen fürsorgliches Verhalten.

Sprachliche: Sie beherrscht vier Sprachen fast perfekt.

Musikalische: Sofia singt in einem Kirchenchor, weniger wegen der Musik als wegen des Zusammenseins.

Figural-räumliche: Ihr Orientierungsvermögen ist sehr beschränkt. Beim Autofahren ist sie auf das Navigationsgerät angewiesen.

Logisch-mathematische: Hier ist Sofia wenig kompetent.

Zeitlich-planerische: Sie versteht es, Veranstaltungen zu planen und zu organisieren.

Motorische: Sofias motorische Kompetenzen sind durchschnittlich entwickelt.

Körperliche: Sie verfügt über eine ansprechende Erscheinung und ein sympathisches Wesen. Sie sieht immer sehr gepflegt aus.

Vorstellungen

Sofia setzt sich für eine sozial gerechte Welt und einen Austausch zwischen den Religionen ein. Sie engagiert sich in der Sozialdemokratischen Partei und unterstützt ihren Ehemann bei politischen Veranstaltungen.

Die Grundbedürfnisse und Kompetenzen weisen bei Jakob, Hannes, Erika und Sofia sehr unterschiedliche Profile auf. Um die Unterschiede deutlich zu machen und Vergleiche zu erleichtern, sind die Werte nachfolgend tabellarisch zusammengestellt.

	Jakob	Hannes	Erika	Sofia
Grundbedürfnisse				
Körperliche Integrität	2	6	5	5
Geborgenheit	7	4	4	6
Soziale Anerkennung und Stellung	4	5	5	7
Selbstentfaltung	2	5	7	2
Leistung	6	7	6	6
Existentielle Sicherheit	7	5	2	3
Kompetenzen				
Soziale	5	5	3	7
Sprachliche	3	6	5	7
Musikalische	2	4	6	4
Figural-räumliche	6	6	7	1
Logisch-mathematische	6	5	1	3
Zeitlich-planerische	7	6	2	6
Motorische	3	7	7	4
Körperliche	2	6	2	7

Ausprägung der Grundbedürfnisse, Kompetenzen und Vorstellungen bei Jakob, Hannes, Erika und Sofia. Skalierung: 1: sehr niedrig; 4: durchschnittlich; 7: sehr hoch.

Auf körperliche Integrität, etwa körperliche Fitness, legt Jakob (2) sehr wenig Wert. Sie ist für Hannes (6) sehr wichtig und für Erika (5) und Sofia (5) von durchschnittlicher Bedeutung. Auf Geborgenheit wiederum sind Jakob (7) und Sofia (6) sehr angewiesen, Hannes (4) und Erika deutlich weniger (4). Jakob (4) hat ein durchschnittliches Bedürfnis nach Anerkennung, wichtig ist ihm aber die Meinung seiner Klienten. Sofia (7) lebt von der sozialen Anerkennung, die sie in der Öffentlichkeit und bei ihrer Tätigkeit in Heimen und Stiftungen für behinderte und sozial benachteiligte Menschen erhält. Hannes (5) und Erika (6) wiederum wollen eine spezifische Anerkennung für das, was sie sportlich beziehungsweise künstlerisch leisten. Das Bedürfnis, kreativ tätig zu sein, ist bei Jakob (2) und bei Sofia (2) wenig ausgeprägt, bei Erika (7) als bildender Künstlerin jedoch sehr und bei Hannes leicht überdurchschnittlich (5). Alle vier wollen gute bis sehr gute Leistungen erbringen (6 bis 7), jeder jedoch auf seine Weise. Jakob, indem er materiellen Reichtum anhäuft, Hannes mit guten Leistungen im Sport, Erika mit ihren Bildern und Plastiken und Sofia mit ihrem sozialen Engagement. Für Jakob (7) ist das Bedürfnis, sich und der Familie existentielle Sicherheit zu bieten, sein eigentlicher Lebensinhalt. Dafür arbeitet er hart. Für Hannes (5) und Sofia (3) ist die existentielle Sicherheit von knapp über- beziehungsweise unterdurchschnittlicher Bedeutung, und für Erika ist sie kaum von Belang (2), obwohl sie immer wieder in finanziellen Schwierigkeiten steckt.

Auch die Kompetenzen sind wie die Grundbedürfnisse bei den vier Personen unterschiedlich ausgeprägt. Die sozialen und sprachlichen Kompetenzen sind bei Jakob durchschnittlich (5) beziehungsweise gering (3) ausgebildet. Da er in der Schriftsprache Schwächen aufweist, erledigt seine Frau für ihn die Korrespondenz in der Firma. Sofia verfügt über außerordentlich gut entwickelte soziale und sprachliche Fähigkeiten (7, 7), während ihre figural-räumlichen Kompetenzen (1) nur sehr schwach ausgebildet sind. Sie kann sich nicht auf ihren Orientierungssinn verlassen. Bei den anderen drei Personen sind die figural-räumlichen Kompetenzen gut bis sehr gut entwickelt, werden aber unterschiedlich genutzt. Jakob (6) setzt sie bei der Beurteilung von

Immobilien ein, Hannes (6) im Orientierungslauf und Erika (7) bei der Gestaltung von Plastiken und Installationen. Jakob verfügt über gute logisch-mathematische (6) und sehr gute zeitlich-planerische Kompetenzen (7), die ihm beim Erstellen von Arbeitsabläufen und beim Lösen von IT-Problemen von großem Nutzen sind. Erika (1, 2) weist diesbezüglich markante Schwächen auf. Sie gerät regelmäßig in größte Schwierigkeiten, wenn sie eine Ausstellung vorbereiten und aufbauen muss. Die motorischen Kompetenzen sind bei Jakob (3) wenig, bei Hannes (7) und Erika (7) sehr gut ausgebildet; sie werden von Hannes bei Laufwettbewerben und von Erika beim künstlerischen Gestalten und Tanzen eingesetzt. Die körperlichen Kompetenzen schließlich sind bei Jakob (2) und Erika (2) nur schwach, bei Sofia (7) jedoch sehr hoch entwickelt. Sofia vertraut bei öffentlichen Auftritten auf ihre attraktive Erscheinung und ihr einnehmendes Wesen.

Die Grundbedürfnisse und Kompetenzen sind nicht nur zwischen den Personen (interindividuelle Variabilität), sondern auch bei jeder einzelnen Person unterschiedlich ausgebildet (intraindividuelle Variabilität). So sind bei Jakob die Grundbedürfnisse nach Geborgenheit (7) und existentieller Sicherheit (7) sehr ausgeprägt, während seine Bedürfnisse nach körperlicher Integrität (2) und Selbstentfaltung (2) nur wenig entwickelt sind. Die Profile von Erika und Sofia sind ebenfalls uneinheitlich, während die Grundbedürfnisse wie auch Kompetenzen bei Hannes ziemlich gleichförmig ausgebildet sind.

Wie steht es mit ihren Vorstellungen und Überzeugungen? Auch diese sind bei allen vier Personen deutlich verschieden. Jakob hat eine konservative Haltung, was Familie und Gesellschaft betrifft. Er legt großen Wert auf klare soziale Hierarchien und eine liberale Wirtschaft. Er ist praktizierender Katholik mit einer christlich-traditionellen Grundhaltung. Hannes ist Agnostiker, sorgt sich um die Natur und ist Mitglied der Grünen Partei. Erika interessiert sich für spirituelles Gedankengut und ist unpolitisch. Sofia hat eine ausgesprochen sozial ausgerichtete Lebenseinstellung. Sie beteiligt sich am Dialog zwischen den Religionen.

Wie sind Jakob und Hannes, Erika und Sofia zu ihren Vorstellungen und Überzeugungen gekommen? Wie alle Kinder haben sie Vorstellungen von ihrer sozialen Umwelt übernommen. So hat Sofia die sozialen und religiösen Überzeugungen ihrer Eltern verinnerlicht. Im Verlauf des Lebens entwickelten sie ihre Vorstellungen weiter, entsprechend ihren Grundbedürfnissen und Kompetenzen und den Erfahrungen, die sie gemacht haben. Solche Anpassungen können dazu führen, dass sich Geschwister und selbst Zwillinge in ihren Vorstellungen und Überzeugungen immer weiter auseinanderentwickeln und sich mit den Jahren immer fremder werden (Teil III). So sind Jakob und sein Bruder Martin in politischen Belangen unterschiedlicher Meinung. Jakob hat in jeder Hinsicht eine konservative Lebenseinstellung. Sein Bruder Martin dagegen hat wie die Eltern eine sozial orientierte Grundhaltung. Er engagiert sich als Lehrer für die schulische Integration von Kindern aus Migrationsfamilien. Reiche Menschen wie Jakob müssen nicht zwangsläufig einer konservativen Grundhaltung anhängen. Es gibt sehr wohlhabende Menschen, die aufgrund ihrer hohen sozialen Kompetenzen eine liberale oder gar sozial progressive Haltung einnehmen. Andererseits sind längst nicht alle Lehrer wie Martin liberal und sozial eingestellt. Manche haben sogar eine äußerst konservative Haltung in gesellschaftlichen und bildungspolitischen Fragen.

Unsere Grundbedürfnisse, Kompetenzen und Vorstellungen bringen uns immer wieder dazu, unser Leben zu überdenken und dann vielleicht einen anderen Weg einzuschlagen. Für die Eltern von Jakob war es selbstverständlich, dass Jakob Lehrer werden würde wie sie. Also bewegten sie ihn, wie auch seinen Bruder Martin, nach dem Abitur dazu, auf Lehramt zu studieren. Als Jakob, nach einer mehrjährigen pädagogischen Ausbildung, vor einer Klasse stand, wurde ihm schnell klar, dass er als Lehrer mit seinen beschränkten sozialen und sprachlichen Kompetenzen überfordert war. Die stundenlange Präsenz vor den Kindern, das ständige Bemühen, mit ihnen zu kommunizieren und ihre Aufmerksamkeit zu fesseln, erschöpfte ihn innerhalb eines Jahres. Er wechselte zu einer Bank und machte sich nach einigen Jahren als Immobilienmakler selbständig. Hannes ist auf dem Land aufgewachsen. Seine Eltern waren Bauern und führten einen landwirtschaftlichen Betrieb. Sie erwarteten, dass Hannes den Betrieb übernehmen würde. Die Arbeit als Bauer entsprach ihm jedoch nicht. Er war froh, als sich sein jüngerer Bruder bereit zeigte, den Betrieb zu übernehmen, und er eine kaufmännische Lehre absolvieren konnte. Die Liebe zur Natur ist Hannes aber geblieben. Erika und Sofia konnten weitgehend ein Leben führen, das ihren individuellen Anlagen entsprach. Die Eltern von Erika leiteten ein Heim für behinderte Kinder. Sie hatten nie die Erwartung, dass Erika ebenfalls Pädagogin werden würde. Sie erkannten früh das gestalterische Talent ihrer Tochter und unterstützten sie in der Ausbildung zur Graphikerin und Künstlerin. Das Rechnen fiel Erika in der Schule schwer. Eltern und Lehrer zeigten großes Verständnis für ihre Teilleistungsschwäche, und Erika lernte mit ihrer Unterstützung, damit umzugehen. Sofia hat ihre Kindheit in Afrika und Südamerika verbracht. Ihre Eltern waren, wie schon erwähnt, in der Mission und Entwicklungshilfe tätig. Die vielfältigen kulturellen Erfahrungen entsprachen sehr den Grundbedürfnissen und Kompetenzen von Sofia. Sie liebt den Umgang mit Menschen aus unterschiedlichen Kulturen und spricht perfekt vier Sprachen.

Wir schreiben den Menschen oft bestimmte Persönlichkeitsmerkmale zu. Wir bezeichnen sie beispielsweise als kontaktfreudig oder scheu, ordentlich oder chaotisch, kreativ oder ideenlos. Solche Zuschreibungen sind jedoch keine eigenständigen Merkmale, sondern vielmehr Ausdruck dafür, wie die Grundbedürfnisse, Kompetenzen,

Vorstellungen und Emotionen bei einem Menschen ausgebildet sind. Der Gesamteindruck, den wir von einem Menschen erhalten, entsteht weniger durch ein einzelnes Grundbedürfnis, eine spezifische Kompetenz oder eine bestimmte Vorstellung, die er vertritt – Ausnahmen sind etwa Künstler und Wissenschaftler. Er entsteht vielmehr durch deren Zusammensetzung, durch das Profil des betreffenden Menschen. So macht Jakob den Eindruck eines erfolgreichen Immobilienmaklers, weil er durch sein großes Bedürfnis nach existentieller Sicherheit angetrieben wird und über ausgeprägte figural-räumliche, logisch-mathematische und zeitlich-planerische Kompetenzen verfügt. Bei Sofia prägen ein hohes Bedürfnis nach sozialer Anerkennung, die sehr gut entwickelten sozialen und sprachlichen Kompetenzen sowie ihre ansprechende Erscheinung ihre Persönlichkeit. Menschen wie Hannes erwecken mit ausgeglichenen Profilen den Eindruck einer stabilen Persönlichkeit. Erika dagegen wirkt labil. Sie läuft immer wieder Gefahr, mit ihrem einseitigen Profil und einem unbändigen Streben nach Selbstentfaltung in schwierige Situationen zu geraten. Kann sie sich mit ihrem künstlerischen Schaffen nicht durchsetzen, fällt ihr eine Anpassung an die Umwelt weit schwerer als Hannes.

Kann man ein Leben gegen seine Grundbedürfnisse und Kompetenzen führen? Bei Jakob, Hannes, Erika und Sofia stimmen die Profile der Grundbedürfnisse und Kompetenzen mit ihren Biographien gut überein. Es ist nur schwer vorstellbar, dass Hannes das Leben von Jakob hätte führen können und umgekehrt. Dies trifft genauso auf Erika und Sofia zu. Hätte man sie dazu gezwungen, wären alle vier unglücklich geworden. Manche Menschen eifern einem großen Vorbild nach, etwa einer berühmten talentierten Popsängerin oder einem innovativen und reichen IT-Nerd, obwohl sie nicht im entferntesten über die entsprechenden Grundbedürfnisse und Kompetenzen verfügen. So stoßen sie rasch an ihre Grenzen, die sie auch mit größtem Aufwand nicht übersteigen können. Wir sollten also akzeptieren, dass unsere Grundbedürfnisse und Kompetenzen begrenzt sind. Wir können nur unser eigenes Leben führen. Authentisch zu sein ist eine Grundvoraussetzung dafür, ein passendes Leben zu führen.

Freier Wille und Lebenssinn

Jeder Mensch verfügt über einen freien Willen

»Nur derjenige ist frei, der alles um sich herum frei machen will.«

Johann Gottlieb Fichte (1762–1814)

Bei manchen Lesern und Leserinnen mag der beklemmende Eindruck entstanden sein, dass wir durch unsere Grundbedürfnisse, Kompetenzen und Vorstellungen in unserem Denken und Handeln weitgehend festgelegt sind. Ein freier Wille also reines Wunschdenken sei. Es ist sicher so, dass in uns keine Ich-Instanz sitzt, die unabhängig von unseren Grundbedürfnissen, Kompetenzen und Vorstellungen völlig frei Entscheidungen fällen könnte (Teil VI).

Das Fit-Prinzip geht jedoch davon aus, dass jeder Mensch über einen freien Willen verfügt, und zwar in dem Sinn, dass er seine Grundbedürfnisse befriedigen, seine Kompetenzen nutzen und nach seinen Vorstellungen leben will. Wird es ihm verwehrt, fühlt er sich in seiner Willensfreiheit eingeschränkt. So zeigt bereits ein Kleinkind eine große Willensstärke, wenn es daran gehindert wird, eigene Erfahrungen zu machen, etwa eine Treppe rauf- und runterzukriechen. Es protestiert mit viel Geschrei und versucht, seinen Willen mit aller Kraft durchzusetzen. Größere Kinder bringen einen beeindruckenden Willen auf, etwa um das Fahrradfahren möglichst gut zu beherrschen. Manche Erwachsene verfügen über eine außerordentliche Willensstärke, etwa ein Jungunternehmer, der eine eigene IT-Firma aufbaut.

Die Menschen haben nicht einen einheitlichen Willen. Ihre Willensstärke ist unterschiedlich groß, je nachdem, in welchen Bereichen der Grundbedürfnisse, mit welchen Kompetenzen und Vorstellungen sie sich durchsetzen wollen. So sind bei Jakob, wie wir zuvor gesehen haben, die Grundbedürfnisse existentielle Sicherheit und Leistung sehr ausgeprägt. Dementsprechend groß ist sein Wille, für seine Firma hart zu arbeiten, nicht aber darin, seine motorischen Kompetenzen in eine sportliche Betätigung einzubringen. Hannes verfügt über sehr gut entwickelte motorische Kompetenzen. Sein Wille, im Sport Höchstleistungen zu erbringen, ist groß, weit weniger aber seine Bereitschaft, sich für eine berufliche Karriere einzusetzen. Jakob und Hannes haben nicht nur unterschiedliche religiöse und politische Vorstellungen. Ihr Wille, für ihre Überzeugungen einzustehen, ist ebenfalls unterschiedlich ausgeprägt. Jakob ist passives Mitglied einer christlichen Partei, Hannes engagiert sich aktiv für ökologische Anliegen. Der Wille eines Menschen ist so vielgestaltig wie seine Grundbedürfnisse, Kompetenzen und Vorstellungen und hängt immer auch von der Lebenssituation ab, in der er sich befindet.

Werden wir in unserem Willen eingeschränkt, fühlen wir uns in Frage gestellt und in unserem Denken und Handeln fremdbestimmt. Selbstbestimmt zu leben ist ein hohes Gut, das wir nicht nur für uns selbst in Anspruch nehmen dürfen, sondern auch allen Menschen zugestehen müssen, indem wir ihren Willen respektieren. Die Durchsetzung des eigenen Willens stößt dort an ihre Grenzen, wo sie die Willensfreiheit der anderen einschränkt. Frei – wie der Philosoph Johann Gottlieb Fichte feinsinnig anmerkt – fühlen wir uns erst dann, wenn wir auch unseren Mitmenschen einen freien Willen zugestehen.

Die Suche nach dem Lebenssinn

»Zu werden, wer wir sind, ist Lebensziel und Lebenssinn zugleich.«

Helga Schäferling

Wir können es nicht wissen. Aber es ist äußerst unwahrscheinlich, dass Tiere und selbst unsere nächsten Verwandten, die Primaten, sich Gedanken über den Sinn des Lebens machen. Dazu braucht es ein Bewusstsein und hochentwickelte Vorstellungen, etwa über Geburt, Leben und Tod. Beides fehlt auch den Menschenkindern in den ersten Lebensjahren. Dann beginnen sie Warum-Fragen zu stellen, etwa warum der Apfelbaum im Garten seine Blätter verliert, und hören damit nie mehr auf. Nach dem Sinn des Lebens fragen sie aber erst in der Pubertät. Nicht wenige Jugendliche geraten dann geradezu in eine Sinnkrise. Was will ich in meinem Leben erreichen? Welche Aufgaben stellt mir das Leben? Für was lohnt es sich einzusetzen?

In Philosophie und Religion nimmt die Frage nach dem Sinn des Lebens einen zentralen Platz ein. In den vergangenen 2500 Jahren haben die Philosophen unterschiedliche Antworten auf die Frage nach der Bedeutung und Bestimmung des menschlichen Lebens gefunden. So bestand für die Philosophen der Antike der Sinn des Lebens vor allem in der Erlangung von Glückseligkeit. Um dieses Ziel zu erreichen, hielten sie die Menschen zu sinnvollem Tun an und ermutigten sie, Tugenden wie Klugheit, Gerechtigkeit und Mäßigung nachzuleben und Untugenden wie Gier, Lust und Macht zu meiden. Für die Religionen ergab sich der Lebenssinn aus ihren spirituellen Grundwahrheiten, etwa im Christentum der Suche nach Erleuchtung und die Vereinigung mit Gott. Bis heute nimmt die katholische Kirche für sich in Anspruch, in der Sinngebung des menschlichen Daseins unfehlbar zu sein.

Die meisten philosophischen Richtungen und Religionen haben

neben der spirituellen Ebene immer auch eine lebenspraktische, auf der sie die Grundbedürfnisse der Menschen ansprechen. So betonen die Hedonisten das Streben und Erleben von sinnlicher Lust. In der christlichen Religion drückt sich das Sehnen nach Geborgenheit, Fürsorge und Zuwendung in der Liebe Gottes und der Menschen aus. Philosophen setzen sich von der Antike bis in die heutige Zeit für Gerechtigkeit ein, denn nur so sei die Würde des Einzelnen und ein friedliches Zusammenleben gewährleistet. Das eigene Wesen zu verwirklichen, seine Begabungen zur Entfaltung zu bringen ist ein weiteres Anliegen vieler Philosophen. Für Friedrich Nietzsche bestand der Sinn des Lebens darin, dass sich der Mensch zu einem höheren Menschentypus, einem Übermenschen weiterentwickelt. Die Muße trägt mit ihrer charakterbildenden und schöpferischen Kraft für die Philosophen seit der Antike zum Lebenssinn bei. In der Reformationszeit geriet die Muße in Verruf, fortan bestimmte das Erbringen von Leistung das Leben der Menschen. Für den Protestantismus, insbesondere den calvinistischen, ist die Arbeit ein von Gott vorgeschriebener Zweck des Lebens. Die dazugehörige Arbeitsmoral umfasst Fleiß, Selbstdisziplin und Genügsamkeit. Sie hat dem Soziologen Max Weber zufolge wesentlich zur industriellen Revolution und zum modernen Kapitalismus beigetragen. Beim Streben nach existentieller Sicherheit weisen Philosophen und Religionsstifter vor allem auf dessen Schattenseiten wie Gewinnsucht und Reichtum, Ausbeutung und Armut hin. Für die Menschen besteht die Bedeutung von Philosophie und Religion nicht nur in den rationalen Einsichten und spirituellen Botschaften, die sie vermitteln, sondern auch ganz konkret darin, sie bei der Befriedigung ihrer Grundbedürfnisse zu unterstützen.

Es gibt ein sinnerhellendes Phänomen, das beim einzelnen Menschen und auch bei einem Kollektiv zu beobachten ist. Solange es den Menschen gutgeht, sie sich einigermaßen in einer Fit-Konstellation befinden, fragen sie nur wenig nach dem Lebenssinn. Geht es ihnen aber schlecht, wenn etwa ein Mensch schwer erkrankt oder eine Bevölkerung unter extremer Armut und Unterdrückung leidet, setzt die Sinnsuche ein. Der kranke Mensch fragt sich, ob er ein sinnerfülltes Leben geführt hat. Die Bevölkerung sucht nach einem Sinn, der ihr als Lebensstrategie aus dem Elend heraushelfen soll, und findet ihn beispielsweise im Kommunismus als Antithese zum ausbeuterischen Kapitalismus. Aus der Sicht des Fit-Prinzips besteht der Sinn des Lebens darin, sich ein Bild des Menschen und der Welt zu schaffen, das einem entspricht, und vor allem in dem lebenslänglichen Bemühen, ein passendes Leben zu führen.

TEIL IX

MISFIT-KONSTELLATIONEN

»Beim Fit-Prinzip geht es darum, die Misfit-Situation anzugehen,
indem die aktuelle Lebenssituation hinterfragt wird« —————————

»Wenn ich Menschen nicht dazwischenfahre, passen sie auf sich
  selbst auf.
Wenn ich Menschen nicht befehle, verhalten sie sich von selbst richtig.
Wenn ich Menschen nicht predige, werden sie von selbst besser.
Wenn ich mich Menschen nicht aufdränge, werden sie sie selbst.«

Lao-tse

Keinem Menschen ist es wohl je gelungen, in einem permanenten Fit,
in einer ständigen Übereinstimmung mit sich und der Umwelt, zu leben. Es wäre auch nicht erstrebenswert. Misfit-Situationen, die das Individuum eigenständig zu bewältigen vermag, gehören zum Alltag. Sie
sind ein Ansporn, sich in einem bestimmten Lebensbereich vermehrt
einzusetzen. Damit geht ein sogenannter Eustress einher (griechisch:
eu, gut; Stress: Reaktion auf Anforderung), der die Aufmerksamkeit
und Leistungsfähigkeit von Psyche und Körper erhöht. Misfit-Situationen bringen das Individuum immer wieder dazu, gewohnte Verhaltensweisen, Überzeugungen und Zielsetzungen auf ihre Gültigkeit hin
zu überprüfen und sich an die veränderten Gegebenheiten anzupassen. Auf diese Weise wächst ein Individuum an den Herausforderun-

gen, die es bewältigen kann, und erlebt Erfolge als Glücksmomente. Es muss nicht immer erfolgreich sein, um motiviert zu bleiben, aber ausreichend oft, um nicht entmutigt zu werden. Eustress führt nicht zu einem Energieverschleiß und hat auch keine langfristig negativen Auswirkungen. Er beeinträchtigt weder das körperliche und psychische Wohlbefinden noch das Selbstwertgefühl und die Selbstwirksamkeit. Misfit-Situationen, die lediglich einen Eustress auslösen, bilden die unabdingbaren Voraussetzungen für einen lebenslangen Wandel. Der Mensch ist aufgrund seiner evolutionären Erfahrungen fähig, die meisten, wenn auch nicht alle Misfit-Situationen selbständig zu lösen und – wie Lao-tse bereits vor 2400 Jahren anmerkte – so immer wieder zu sich selbst zu finden.

In Teil IX wollen wir uns mit Misfit-Konstellationen beschäftigen, die über den Eustress hinausgehen und einen Disstress auslösen, der das körperliche und psychische Wohlbefinden derart beeinträchtigen kann, dass Menschen denk- und handlungsunfähig werden. Uns stellen sich Fragen wie die folgenden: Wie reagieren Menschen auf übermäßigen Stress? Wie entstehen Misfit-Konstellationen, und warum leiden manche Menschen unter einer Misfit-Situation mehr als andere? Wie wirken sich Misfit-Situationen auf die betroffenen Menschen aus? Und wie kann eine Misfit-Situation aufgelöst werden?

Misfit-Konstellationen sind so vielfältig wie die Menschen

Vom Eustress zum Disstress

Unser Leben ist geprägt von kleinen und großen Herausforderungen. Es gibt Momente der Unterforderung, etwa wenn wir die tägliche Haushaltsroutine erledigen. Steigen die Anforderungen, beispielsweise am Arbeitsplatz, nehmen die Leistungen und auch der Eustress zu. Überschreiten die Anforderungen einen gewissen Punkt, den jeder

Mensch unterschiedlich rasch erreicht, schlägt der Eustress in Disstress um (griechisch: *dis*, schlecht). Halten die Anforderungen an oder werden sie gar noch größer, sinkt das Leistungsvermögen, und ein Gefühl der Überforderung macht sich breit. Schließlich bleiben die Leistungen ganz aus, und ein Erschöpfungszustand stellt sich ein. Aus dem Fit ist eine gravierende Misfit-Situation, eine weitgehend fehlende Übereinstimmung mit der Umwelt geworden. Die Gründe dafür können beim Individuum oder bei der Umwelt liegen, sind zumeist aber sowohl beim Individuum als auch bei der Umwelt zu finden.

Misfit-Konstellationen kennen wir vor allem als Überforderung, die beim Erbringen von Leistungen, etwa bei der Arbeit, auftreten. Grundsätzlich kann aber jedes Grundbedürfnis davon betroffen sein. Wird ein Kind emotional vernachlässigt, wird dies sein Wohlbefinden beeinträchtigen. Erwachsene fühlen sich gestresst, wenn sie in der Familie oder am Arbeitsplatz unter mangelnder Anerkennung leiden,

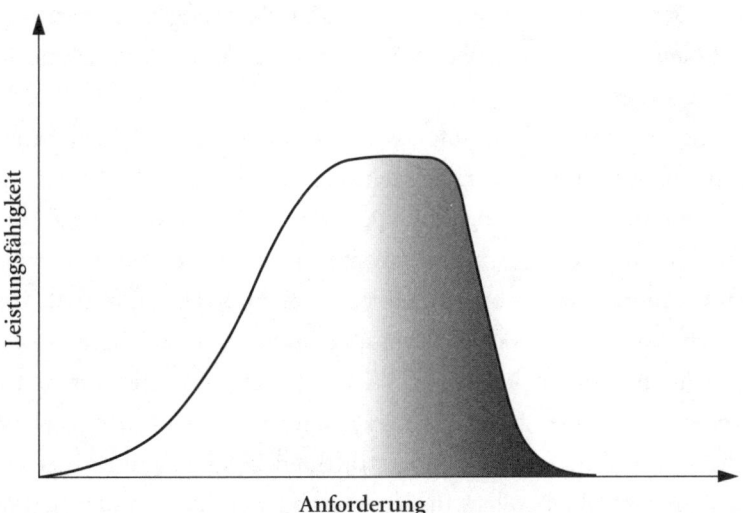

Abb. 9.1:   Fit und Misfit. Verlauf der Leistungsfähigkeit und Übergang von Eu- (hell) zu Disstress (dunkel) mit Zunahme der Anforderung.

ihre Fähigkeiten nicht befriedigend einsetzen können oder existentiell verunsichert sind, weil das Geld bis zum Monatsende kaum ausreichen wird.

Wenn Menschen in eine Misfit-Situation geraten, versuchen sie anfänglich, den Disstress zu ertragen und den Missstand durchzustehen. Sie halten sich an das Prinzip Hoffnung: Es wird schon wieder besser werden. So versucht beispielsweise eine Mutter nach der Scheidung, neben der beruflichen Tätigkeit die Betreuung ihrer zwei Kinder allein zu bewältigen. Sie fühlt sich überfordert, hofft jedoch, dass die Doppelbelastung mit der Zeit abnehmen wird. Die meisten Menschen reagieren nicht nur mit Aussitzen, sondern auch mit vermehrtem Einsatz und kompensatorischem Verhalten. Droht eine Partnerschaft in die Brüche zu gehen, verstärken die Frau oder der Mann ihre Aufmerksamkeit für den anderen und versuchen, ihn auf alle möglichen Weisen zufriedenzustellen. Um dem Arbeitgeber zu genügen und eine Kündigung zu vermeiden, arbeiten Angestellte auch abends und an den Wochenenden. Nimmt die soziale Anerkennung am Arbeitsplatz ab, holen sie sich die Zuwendung vermehrt in der Familie und im Freundeskreis.

Steigt der Stress aber weiter, wird das körperliche und psychische Wohlbefinden immer stärker beeinträchtigt. Manche Menschen suchen und finden Erholung durch gezielte Entspannung und Stärkung von Geist und Gemüt, beispielsweise mit einer der vielen Formen von Yoga und Meditation. Andere nehmen eines der zahlreichen körperlich orientierten Behandlungsangebote wie Craniosacral- oder Shiatsu-Therapie in Anspruch. Wieder andere besuchen Kurse und Seminare – immer häufiger esoterische und pseudowissenschaftliche –, die ihnen Bewältigungsstrategien anbieten und sie stressresistenter machen sollen. In den vergangenen Jahrzehnten hat das enorme Bedürfnis nach Erholung und Lebensstrategien zu einer boomenden Coaching- und Wellnessindustrie geführt. Dabei geht es oft nicht nur darum, das körperliche und psychische Wohlbefinden wiederherzustellen, sondern zusätzliche Kräfte freizumachen, damit zukünftig Überforderungen besser gemeistert und noch höhere Leistungen erbracht werden können. Bleibt die Überforderung trotz aller Bemühungen bestehen oder wachsen die Anforderungen gar noch an, nimmt die Belastung weiter zu, und das Leistungsvermögen vermindert sich. Der Misfit wird körperlich und psychisch manifest.

Woran erkennen wir, dass wir selbst oder andere Menschen in eine Misfit-Situation geraten sind? Wie äußert sich Disstress? Als Erstes werden das Wohlbefinden, das Selbstwertgefühl und die Selbstwirksamkeit beeinträchtigt. Nimmt der Misfit weiter zu, reagieren die Menschen je nach ihrer psychischen und körperlichen Disposition mit den folgenden Begleitsymptomen:

Das *Temperament* verändert sich, was beispielsweise zu einem vermehrt impulsiven und unbeherrschten Auftreten führt.

Emotionale Störungen zeigen sich in Form von Ängsten; Reizbarkeit und Verstimmungen werden häufiger.

Die *sozialen Kompetenzen* sind eingeschränkt, etwa das Einfühlungsvermögen und das fürsorgliche Verhalten. Die betroffen Menschen sind vor allem mit sich selbst beschäftigt.

Lern- und Leistungsbereitschaft nehmen ab.

Verhaltensauffälligkeiten wie aggressives Verhalten oder sozialer Rückzug nehmen zu.

Psychosomatische Störungen wie Schlafstörungen oder Darmbeschwerden stellen sich ein.

Suchtverhalten wie übermäßiger Alkohol- oder Medikamentenkonsum treten auf.

Erschöpfungszustände wie Depression und Burn-out sind schließlich die Folge. Die einfachsten Anforderungen im Alltag können nicht mehr bewältigt werden. Eine allgemeine emotionale Leere breitet sich aus.

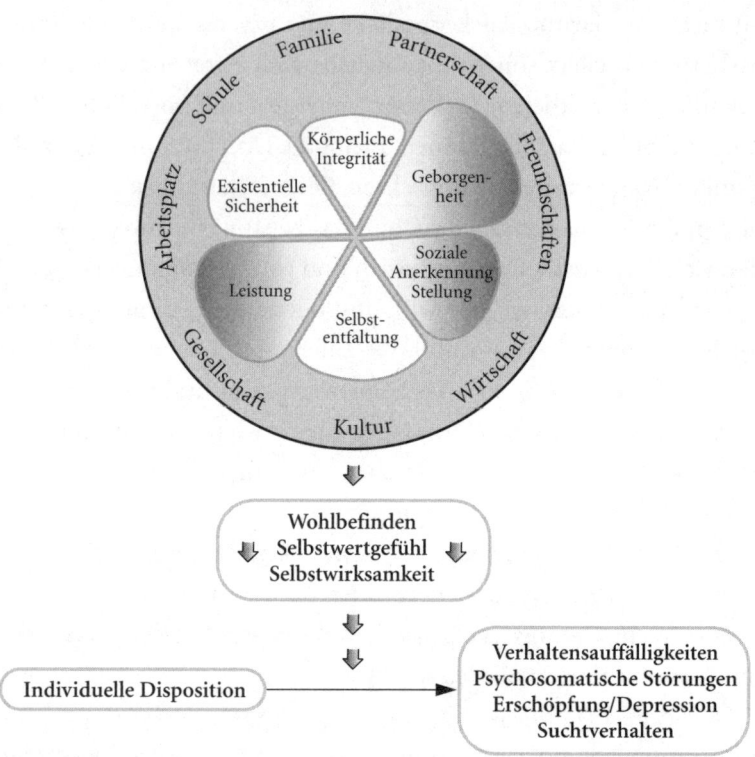

Abb. 9.2: Misfit-Konstellation. Individuum: Größe der Grundbedürfnisse gibt deren Ausprägung wieder; weiß: Anteil der Grundbedürfnisse, der befriedigt ist; dunkel: Anteil, der nicht befriedigt ist. In diesem Beispiel sind existentielle Sicherheit, körperliche Integrität und Selbstentfaltung ausreichend befriedigt; Geborgenheit, soziale Anerkennung und Stellung sowie Leistung nur teilweise. Grau: Umwelt.

Die Art und Weise, wie Menschen auf Misfit-Situationen reagieren, hängt von ihrer individuellen körperlichen und psychischen Disposition ab. Sie können aufgebracht und verärgert sein, sich zurückziehen und die Überforderung still ertragen oder an einer emotionalen Verstimmung und an Ängsten leiden. Manche Menschen sind in ihrer Lern- und Leistungsbereitschaft beeinträchtigt. Die meisten Menschen reagieren mit psychosomatischen Symptomen wie Migräneanfällen und Schlafstörungen. Weit verbreitet ist der Griff zu Medikamenten, anfänglich aus der Hausapotheke. Wenn sich keine Besserung einstellt, suchen die Betroffenen einen Arzt auf und lassen sich Pillen gegen körperliche Beschwerden wie Kopfschmerzen und Magenbrennen verschreiben, Schlafmittel gegen Schlaflosigkeit oder Antidepressiva und Aufputschmittel gegen depressive Verstimmungen und Antriebslosigkeit. Ein beträchtlicher Prozentsatz gestresster Menschen neigt zum übermäßigen Konsum von Alkohol. Unter prüfungsgeplagten Studenten und überforderten Führungskräften ist die Einnahme von leistungssteigernden Medikamenten (Neuroenhancer) wie Ritalin und Beruhigungsmitteln wie Valium weit verbreitet. Dauert eine schwere Misfit-Konstellation längere Zeit an, kann sie zu einer allgemeinen körperlichen und psychischen Erschöpfung führen, die von der Medizin als reaktive Depression oder Burn-out bezeichnet wird. Der betroffene Mensch kommt im wörtlichen Sinne zum Stillstand, was eine längere psychotherapeutische Behandlung erforderlich und oftmals einen längeren Aufenthalt in einer psychiatrischen Klinik notwendig macht. Spätestens dann kommt man nicht mehr darum herum, sein Leben grundsätzlich zu überdenken.

Wie sich Kinder in Misfit-Situationen bewähren

Kinder können nur sehr begrenzt, in den ersten Lebensjahren überhaupt nicht ihre Grundbedürfnisse selbständig befriedigen. Sie sind dafür auf eine soziale Umwelt, Eltern und Bezugspersonen wie ErzieherInnen, angewiesen. Wenn Kinder in Misfit-Situationen geraten, liegt es daher fast immer nicht an ihnen, sondern an der Umwelt.

Misfit-Situationen können sich auf jedes der sechs Grundbedürf-

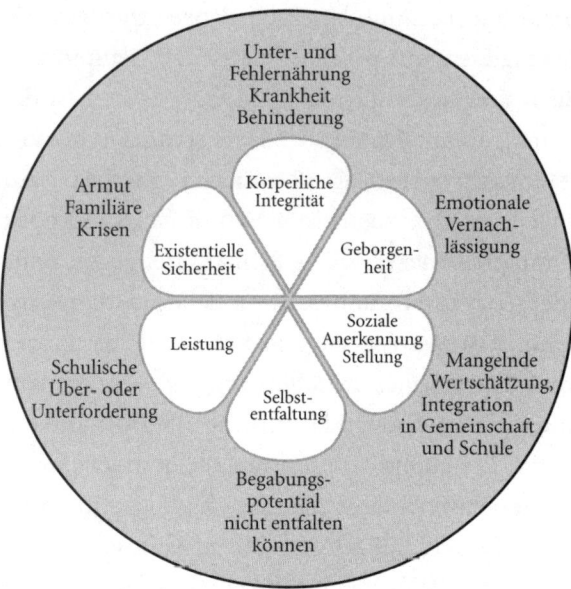

Abb. 9.3:   Risikofaktoren in der Kindheit, die Misfit-Situationen auslösen können.

nisse nachteilig auswirken und damit die Kinder in ihrem Wohlbefinden beeinträchtigen und zu psychischen und körperlichen Begleiterscheinungen führen. So kann ein Kleinkind in der Familie oder Kita zu wenig Geborgenheit und Zuwendung erhalten. Es ist besonders anhänglich und weinerlich und verweigert das Essen. Ein Schulkind kann durch Asthma in seinem körperlichen Wohlbefinden so eingeschränkt werden, dass seine Lernmotivation und Leistungsbereitschaft vermindert sind. Ein anderes Kind bekommt zu wenig Anerkennung von seinen Freunden und Freundinnen, weil es sich wegen einer motorischen Behinderung nur begrenzt an gemeinsamen Aktivitäten beteiligen kann. Ein Kind kann in seiner Selbstentfaltung beeinträchtigt sein, weil seine Begabung, etwa eine musikalische, keine Beachtung findet und nicht gefördert wird. Abermillionen von Kindern sind selbst in wohlhabenden Ländern in ihrem Wohlbefinden und in ihrer Entwicklung beeinträchtigt, weil ihre Familien in Armut leben und nicht genügend in die Gesellschaft integriert sind.

Fachleute haben seit Jahrzehnten darüber gerätselt, weshalb manche Kinder, die unter schwierigen Lebensbedingungen aufwachsen, in ihrem psychischen und körperlichen Befinden schwer beeinträchtigt werden, während andere in vergleichbaren Lebenssituationen weit weniger oder überhaupt nicht betroffen sind. Die Entwicklungspsychologin Emmy Werner fand in ihrer Studie dafür eine Erklärung. In ihrem Buch »The children of Kauai« und in weiteren Büchern fasste sie die Ergebnisse der Studie zusammen, in der fast 700 Kinder eines Jahrgangs von 1955 bis 1995 umfassend auf ihre Entwicklung hin untersucht worden waren.[1] Die Kinder lebten auf Kauai, einer damals abgeschiedenen Insel des Hawaii-Archipels. Sie wuchsen unter schwierigen, durch Armut, Drogenabhängigkeit, Vernachlässigung und Gewalt geprägten Lebensbedingungen auf. Zur Überraschung des Forscherteams wurden aus rund einem Drittel der Kinder lebenstüchtige Erwachsene. Emmy Werner bezeichnete diese Kinder als resilient: Sie wiesen eine psychische und körperliche Widerstandsfähigkeit gegenüber nachteiligen Lebensumständen auf.

Doch worin bestand diese Resilienz? Die widerstandsfähigen Kinder verfügten nicht etwa über ein Resilienz-Gen, sondern waren in Bezug auf ihre Grundbedürfnisse und Kompetenzen besonders gut ausgestattet, was wesentlich zu einer erfolgreichen Lebensbewältigung beitrug.

Die widerstandsfähigen Kinder besaßen Grundbedürfnisse, die besonders ausgeprägt waren, wie etwa die Selbstentfaltung und sehr gut ausgebildete Kompetenzen. Sie hatten ein großes Bedürfnis, ihre Begabungen zu entfalten und Leistungen zu erbringen. Sie konnten beispielsweise gut singen und musizieren, waren in einer Sportart besonders erfolgreich, konnten sich gestalterisch besonders gut ausdrü-

- Widerstandsfähige Kinder sind tendenziell intelligenter und verfügen über höhere Kompetenzen als weniger widerstandsfähige Kinder.
- Sie sind interessierter an Menschen, Sachen und Ideen. Sie sind lernbereit, und die meisten von ihnen gehen gern zur Schule.
- Widerstandsfähige Kinder sind sozial oft überdurchschnittlich kompetent. Sie sind anderen Menschen zugewandt und reagieren positiv auf Aufmerksamkeit.
- Sie sind sozial angepasster, »leichter zu lenken« und versuchen, die Erwartungen der Erwachsenen zu erfüllen.
- Sie sind interessiert an Bezugspersonen außerhalb der Familie. Sie suchen aktiv die Beziehung zu erwachsenen Bezugspersonen, die an ihnen interessiert sind und sie unterstützen.
- Sie sind – entgegen einem weitverbreiteten Vorurteil – nicht hart im Nehmen oder »zäh«. Sie bitten eher um Hilfe und geben Schwächen bereitwilliger zu als andere.
- Widerstandsfähige Kinder weisen eine hohe Impulskontrolle auf und sind bereit, eine Belohnung aufzuschieben.
- Sie verfügen über eine realistische Selbsteinschätzung und präzise Zukunftsvorstellungen.
- Sie verlassen oft nach der Schulzeit das belastende Milieu ihrer Familie und suchen sich eine Umgebung, die ihren Bedürfnissen besser entspricht.
- Sie verfügen als Erwachsene über ein stärkeres Selbstwertgefühl und eine größere Selbstwirksamkeit.

Warum widerstandsfähige Kinder stark sind.

cken oder verfügten über eine attraktive Erscheinung. Sie waren sozialer und suchten aktiv die Nähe von vertrauten Personen, die ihnen zugetan waren und sie in ihrer Entwicklung unterstützten. Diese Eigenschaften machten sie auch für Erwachsene außerhalb der Familie wie Musiklehrer und Sporttrainer attraktiv. So wurden zusätzlich zu den Eltern weitere Erwachsene zu wichtigen Bezugspersonen, denen es Freude bereitete, die Kinder in ihrer Entwicklung zu fördern und sie erfolgversprechend aufwachsen zu sehen. Diese breite Unterstützung führte wiederum zu guten Schulabschlüssen, Erfolg bei der Suche nach einer Lehrstelle und zu einer vielversprechenden beruflichen Laufbahn.[2] Sie ging zudem mit einer verbesserten sozialen Integration einher und senkte so die Anfälligkeit für kriminelle Aktivitäten, Drogenabhängigkeit und psychische Erkrankungen.

Widerstandsfähige Kinder waren in ihren Bemühungen um Beziehung und Unterstützung aber nur dann erfolgreich, wenn in ihrem sozialen Umfeld die Bereitschaft vorhanden war, sich ihrer anzunehmen. Ein solches Umfeld wies in der Kauai-Studie, aber auch in anderen Studien die folgenden Merkmale auf:

- Eltern widerstandsfähiger Kinder sind häufiger besser ausgebildet als Eltern weniger widerstandsfähiger Kinder.
- Sie sind freundlich, einfühlsam, unterstützend und nehmen Anteil am Leben ihrer Kinder.
- Sie sind selbst eher widerstandsfähig und damit für ihre Kinder ein Vorbild, wie man auch unter widrigen Umständen bestehen kann.
- Der gemeinschaftliche Zusammenhalt in Verbänden, etwa in Schulen und Sportvereinen, vermittelt Geborgenheit und soziale Anerkennung sowie Entwicklungserfahrungen.
- Der soziale Zusammenhalt fördert bei den Kindern empathisches Verhalten und die Bereitschaft, Verantwortung zu übernehmen.
- Vertraute und den Kindern zugewandte Menschen dienen als Vorbilder in der Lebensbewältigung und verhelfen ihnen zu den notwendigen Lernerfahrungen. Sie wecken beispielsweise das Interesse am Lesen, indem sie den Kindern den Zugang zu Bibliotheken ermöglichen.

Familie und Gemeinschaften widerstandsfähiger Kinder.

Eltern widerstandsfähiger Kinder, auch wenn sie selbst nicht die Möglichkeit hatten, eine gute oder überhaupt eine Schule zu besuchen, legten großen Wert auf eine gute Schulbildung. Sie erhofften sich, dass es ihre Kinder einmal besser haben werden als sie selbst. Innerhalb der Familie kam neben den Eltern den älteren Geschwistern, Großeltern und Verwandten eine wichtige Rolle zu. Widerstandsfähige Kinder wuchsen seltener in Ein-Eltern-Familien auf als weniger widerstandsfähige Kinder. In verlässlichen und tragfähigen Gemeinschaften wurden die Mädchen im Teenageralter weniger häufig schwanger und Söhne weniger oft kriminell oder drogensüchtig. Eltern widerstandsfähiger Kinder engagierten sich häufig in kirchlichen Vereinigungen, Schulen und in anderen Formen gemeinschaftlicher Aktivitäten, die den Kindern ein Gefühl von Geborgenheit und gemeinsame Werte vermitteln.

In der Kauai-Studie und weiteren Studien kamen die Forscher übereinstimmend zu folgendem Ergebnis: Zur Behauptung unter schwierigen Lebensbedingungen tragen einerseits die Kinder mit ihren gutausgestatteten Grundbedürfnissen und Kompetenzen bei und andererseits ein soziales Umfeld, das sie unterstützt. Aus dem Zusammenwirken zwischen den Kindern und ihrer Umwelt entsteht eine Aufwärtsspirale, die sich zusätzlich positiv auf ihre Entwicklung auswirkt. Diese Einsicht gilt nicht nur für die Kinder, die auf einer armen Insel wie Kauai aufwuchsen, sondern auch für Kinder, die in einer wohlhabenden Gesellschaft leben. Und sie gilt nicht nur für begabte, sondern für alle Kinder.

Die meisten Kinder sind in ihren Grundbedürfnissen und Kompetenzen durchschnittlich ausgestattet. Sie trauen sich weniger, auf Bezugspersonen zuzugehen und sich für ihre Grundbedürfnisse zu wehren. Wenn sich die Umwelt nicht ausreichend um sie kümmert, kann es zu einer Abwärtsspirale kommen. Wir müssen uns deshalb dieser Kinder ganz besonders annehmen. Wir dürfen nicht darauf warten, dass sie sich mit ihren Bedürfnissen schon »melden« werden. Wir müssen für sie eine erhöhte Aufmerksamkeit aufbringen und sie umfassend unterstützen. Was mit einem vermehrten Aufwand verbunden sein kann, aber uns auch mit einer tiefen Befriedigung erfüllen kann, weil diese Kinder für eine vertrauensvolle Beziehung und umsichtige Unterstützung besonders dankbar sind.

Viele durchschnittlich begabte Kinder geraten in unserer Leistungsgesellschaft in Misfit-Situationen, weil sie ihre Eltern, Lehrer, ja die ganze Gesellschaft mit ihren Leistungen nicht zufriedenstellen können. Die Kinder möchten sehr wohl mehr leisten, verfügen aber nicht über die entsprechenden Kompetenzen. So ist auch unter privilegierten Lebensumständen (engagierte Eltern, gutes Bildungssystem) eine Entwicklung über das angelegte Entwicklungspotential hinaus nicht möglich (Teil II, III), was manche Eltern und Lehrer nicht akzeptieren wollen. Die Kinder werden dadurch verunsichert und ängstlich, weil sie spüren, dass sie die Erwartungen der Eltern und Lehrer nicht erfüllen können. Das wiederum kann dazu führen, dass sie selbst nicht die Leistungen erbringen, zu denen sie eigentlich fähig wären. Der Druck von Familie und Gesellschaft auf die Kinder ist so groß geworden, dass manche Kinder in ihrer Entwicklung langfristig beeinträchtigt werden.

Schließlich gibt es Kinder, die besonders verletzlich sind, weil sie mit ihren eingeschränkten Fähigkeiten Gefahr laufen, immer wieder in Misfit-Situationen zu geraten. Solch ein Kind in meiner Sprechstunde war Karim. Er war durchschnittlich intelligent, litt aber an einer leichten motorischen Behinderung. Er war in den ersten Schuljahren beim Schreiben und Zeichnen zunehmend in eine Überforderung geraten. Karim war also nicht nur in seiner körperlichen Integrität beeinträchtigt, sondern auch in seinem Leistungsvermögen. Er konnte mit den anderen Kindern immer weniger mithalten, was ihn zusehends entmutigte. Aus seiner Verunsicherung heraus entwickelte er auch Lernblockaden in anderen Schulfächern. Sein Wohlbefinden, Selbstwertgefühl und seine Selbstwirksamkeit waren beeinträchtigt, und er litt an schweren Schlafstörungen. Karims Eltern und Lehrer waren nicht bereit, seine körperliche Behinderung zu akzeptieren; sie wollten sie wegtherapiert haben. Ich machte sie darauf aufmerksam, dass die Behinderung nicht behoben werden kann. Das Ziel sollte vielmehr sein, dass Karim mit Hilfe einer Ergotherapeutin lernt, mit der Behinderung möglichst gut umzugehen und sie zu akzeptieren. Als Eltern und Lehrer könnten sie dazu einen wichtigen Beitrag leisten, wenn sie Verständnis für sein langsames Arbeitstempo zeigten und weniger die erbrachte Leistung als vielmehr seine Anstrengungen lobten. So würde auch Karim zu einem selbstbewussten Erwachsenen heranwachsen.

Alle Kinder, hochbegabte, durchschnittlich entwickelte und Kinder mit geistigen und körperlichen Behinderungen, möchten ihre Grundbedürfnisse möglichst gut befriedigt haben und ihre Kompetenzen entfalten und nutzen. Wir können sie darin am besten unterstützen, wenn wir ihre Einzigartigkeit akzeptieren und ihre Umwelt so gestalten, dass sie sich selbstbestimmt entwickeln können.

Seit Sigmund Freud wissen wir, traumatische Erfahrungen in der Kindheit können sich langfristig auf das psychische Wohlbefinden eines Menschen auswirken. So kann sexueller Missbrauch im Kindesalter die emotionale Stabilität und die Beziehungsfähigkeit eines Menschen schlimmstenfalls ein Leben lang beeinträchtigen. Das Fit-Prinzip geht davon aus, dass Misfit-Situationen Kinder nicht nur in ihren emotionalen und sozialen, sondern in allen Grundbedürfnissen langfristig beeinträchtigen können. Nicht nur körperliche und psychische Gewalt in der Familie kann viele Jahre nachwirken, sondern auch belastende Erfahrungen wie schulische Überforderung und soziale Ablehnung durch Lehrer und Gleichaltrige oder mangelnde Förderung von Begabungen oder Armut und existentielle Ängste der

Eltern, die sich auf das Kind übertragen. Die Kinder in ihrer Entwicklung so zu begleiten, dass sie möglichst selten in Misfit-Situationen geraten, und wenn es dennoch geschieht, ihnen wieder herauszuhelfen, ist nicht nur in der Kindheit von Bedeutung, sondern wirkt weit darüber hinaus nach.

Wie Erwachsene in Misfit-Konstellationen geraten

Genauso wie in der Kindheit wirken sich Misfit-Situationen auch im Erwachsenenalter unterschiedlich aus, je nachdem, wie die Grundbedürfnisse, Kompetenzen und Vorstellungen der Menschen gestaltet sind, welche Erfahrungen mit Misfit-Situationen sie bisher gemacht haben und welchen Belastungen sie im aktuellen Leben ausgesetzt sind. So kann die Kündigung der Arbeitsstelle den einen Menschen existentiell verunsichern, einem anderen fehlt die Befriedigung durch erbrachte Arbeit, einem Dritten macht der Verlust der beruflichen Stellung zu schaffen, und ein Vierter leidet unter allen drei Beeinträchtigungen.

Erwachsene sind wie Kinder unterschiedlich widerstandsfähig. So gibt es Flüchtlinge mit hochentwickelten Kompetenzen, die sich in Europa mit ausreichender Unterstützung innerhalb kürzester Zeit sozial integrieren und beruflich hocharbeiten. Es gibt aber weit mehr Flüchtlinge, die über durchschnittliche Kompetenzen verfügen, und einige, die behindert sind. Sie alle sind ganz besonders auf unsere Unterstützung angewiesen.

Heutzutage geht es weniger darum, sich unter schlechten Lebensbedingungen zu behaupten, als vielmehr darum, in einer sehr wettbewerbsorientierten Gesellschaft zu bestehen. Dies gelingt den Menschen, je nachdem, mit welchen Grundbedürfnissen und Kompetenzen sie ausgestattet sind, mehr oder weniger gut. Menschen mit ausgeprägten Grundbedürfnissen und überdurchschnittlichen Kompetenzen sind oftmals überzeugt, dass es ihr ureigenes Verdienst ist, erfolgreich und kaum je in eine größere Misfit-Situation geraten zu sein. Daraus leiten sie ein Anrecht auf eine angesehene soziale Stellung, ein exorbitantes Einkommen und allerhand Privilegien ab. Dabei strengen sich Menschen, die über durchschnittliche Grundbedürfnisse und Kompetenzen verfügen, genauso oder sogar noch mehr an als diejenigen, die bezüglich Anlage und Lebensbedingungen vom Schicksal bevorteilt sind. Und es gibt immer auch Menschen, die es wegen einer psychischen oder körperlichen Behinderung besonders schwer haben, sich in dieser Gesellschaft zu behaupten.

Jedes Grundbedürfnis und jede Kompetenz kann durch eine Misfit-Situation beeinträchtigt werden. So kann die körperliche Integrität durch eine Krankheit wie Diabetes oder Rheuma oder durch einen ungesunden Lebenswandel wie Alkoholismus herabgesetzt werden,

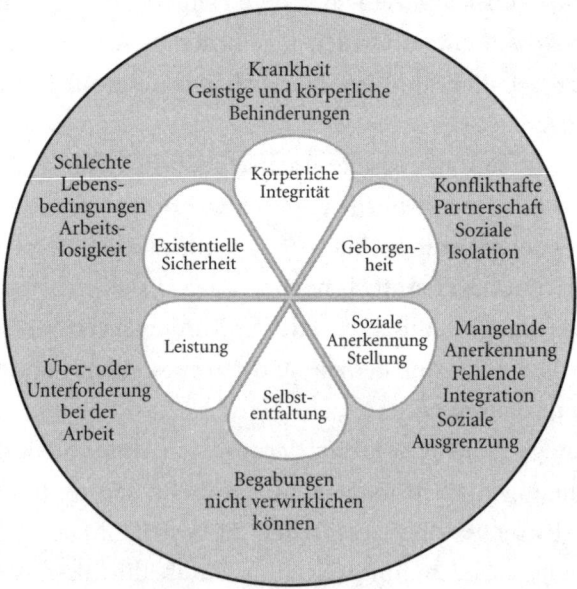

Abb. 9.4:   Risikofaktoren im Erwachsenenalter, die zu Misfit-Konstellationen führen können.

was zu einer Misfit-Situation in der Familie und bei der Arbeit führen kann. Ein durchschnittlich kompetenter Angestellter kann durch eine aus der Sicht des Vorgesetzten durchaus zumutbare Arbeitsbelastung überfordert werden. Die Überforderung wirkt sich besonders nachteilig aus, wenn die Mitarbeiter und der Vorgesetzte darauf nicht mit Verständnis, sondern mit Kritik und Ablehnung reagieren. In der gleichen Lebenssituation kann sich der eine Mensch wohl fühlen und ein anderer leiden, je nachdem, wie ihre Grundbedürfnisse und Kompetenzen ausgestaltet sind. Beispielsweise in einem Altersheim, wo ein älterer Mensch im Umgang mit den Mitbewohnern und dem Pflegepersonal noch erstaunlich kontaktfähig und kommunikativ ist und dafür viel Aufmerksamkeit bekommt, während sein Zimmernachbar in seiner Beziehungsfähigkeit eingeschränkt ist und darunter leidet, dass er zu wenig Aufmerksamkeit und Zuwendung erhält. Manche Menschen können ihre Kompetenzen nicht so einsetzen, wie sie möchten, weil die gesellschaftlichen und wirtschaftlichen Bedingungen sie daran hindern. Immigranten geraten besonders häufig in solche Misfit-Situationen. Eine Nachbarin, die aus Polen stammt, hat mir erzählt, weshalb sie in der Schweiz eine Arbeitsstelle angenommen hat, für die sie überqualifiziert ist. Sie hat in Polen Psychologie studiert, konnte aber auf ihrem Fachgebiet nicht arbeiten. In der Schweiz führt sie nun einer betagten Frau den Haushalt, um mit dem Verdienst ihren beiden Söhnen ein Studium zu ermöglichen. In Berlin wurde ich von einem Taxifahrer zu einer Veranstaltung gefahren, der in Pakistan als Arzt tätig war, aus politischen Gründen flüchten musste und nun, da er in Deutschland nicht als Arzt arbeiten kann, als Taxifahrer den Lebensunterhalt für seine Familie verdienen muss.

Misfit-Situationen können auch entstehen, wenn sich Menschen an Vorstellungen und Vorbildern orientieren, die mit ihren individuellen Grundbedürfnissen und Kompetenzen nicht in Einklang stehen. So können elterliche Wertvorstellungen, beispielsweise die, eine Ehe halte lebenslänglich und eine Scheidung sei undenkbar, dazu führen, dass sich die Tochter nach einer gescheiterten Ehe als Versagerin fühlt und unter Schuldgefühlen leidet. Oder ein junger Mann studiert Architektur, weil sein Vater in diesem Beruf sehr erfolgreich war und er ihn nicht enttäuschen will. Ihm fehlen aber die dafür notwendigen Kompetenzen. Misfit-Konstellationen können auch ungewollt entstehen, wenn beispielsweise ein Schüler durch einen sehr engagierten und pädagogisch geschickten Lehrer dazu verleitet wird, Mathematik zu studieren, obwohl er dafür nicht über die notwendige Begabung verfügt.

Vulnerabilität ist unter Erwachsenen häufiger verbreitet, als man gemeinhin annimmt. Wenn man davon ausgeht, dass jede der acht Kompetenzen bei tief veranschlagten drei bis fünf Prozent der Menschen vermindert angelegt sind, ist mehr als ein Drittel aller Menschen von einer Teilleistungsschwäche betroffen (Teil II, V). Dabei haben die Einschränkungen je nach Kompetenz unterschiedlich große Auswirkungen. So beeinträchtigt eine Lese- und Schreibschwäche einen Menschen ungleich mehr als wenig angelegte oder gar fehlende musikalische Kompetenzen. Sprachliche Kompetenzen gewährleisten in unserer Gesellschaft die existentielle Sicherheit ungleich besser als viele andere Kompetenzen – es sei denn, man ist musikalisch hochbegabt. Oftmals ist die Einschränkung den Betroffenen und ihren Mitmenschen gar nicht bewusst. So wird ein Arbeiter in einer Logistikfirma von seinen Arbeitskollegen ausgegrenzt, weil er sich mit seinen beschränkten planerischen und organisatorischen Fähigkeiten nur ungenügend in die Arbeitsabläufe zu integrieren vermag. Er fühlt sich als Versager, und für seine Arbeitskollegen ist er ein Chaot. Da die Kompetenzen beim einzelnen Menschen ungleich ausgebildet sind, kann es vorkommen, dass die eine Kompetenz sehr gut und eine andere nur wenig ausgebildet ist. So begeistert ein Kandidat fürs Bürgermeisteramt die Wählerschaft mit seiner einnehmenden Erscheinung und rednerischen Eloquenz. Einmal an der Macht, enttäuscht er die Bürger mit seinen mangelhaften sozialen und planerischen Kompetenzen.

Misfit-Konstellationen verschärfen sich, wenn nicht nur ein, sondern gleich mehrere Grundbedürfnisse beeinträchtigt sind, beispielsweise wenn ein Erwachsener an einer chronischen Krankheit leidet, sozial isoliert und arbeitslos ist. Misfit-Konstellationen nehmen bei Asylanten und Flüchtlingen besonders gravierende Ausmaße an, weil alle Grundbedürfnisse mehr oder weniger betroffen sind: hochgradige existentielle Verunsicherung durch den Verlust von Einkommen und Eigentum, beeinträchtigte Gesundheit durch Hunger und Krankheiten, Einbuße an emotionaler Sicherheit durch den Zerfall der Familie und den Verlust von Angehörigen, mangelnde soziale und berufliche Integration sowie fehlender Zugang zum Bildungssystem. Die betroffenen Menschen fühlen sich hilflos und fremdbestimmt, was sich fatal auf ihr Wohlbefinden auswirken kann. Diese Menschen sind ganz besonders darauf angewiesen, dass wir sie nicht nur willkommen heißen, sondern umfassend unterstützen.

Wir alle haben unsere Stärken und Schwächen. Von den Stärken zehren wir, die Schwächen werden wir nie los. So müssen wir mit ihnen leben lernen, was uns aber nicht leichtgemacht wird. Gesellschaft und Wirtschaft interessieren sich nur für unsere Stärken, was dazu führt, dass immer mehr Menschen an ihren Schwächen leiden. Ihnen wird vor allem in der Wirtschaft wenig Verständnis entgegengebracht. Dabei wären sie vermehrt auf Entgegenkommen und Rücksichtnahme angewiesen, damit auch sie ihr Leben erfolgreich bewältigen können. Auch sie möchten nicht bevormundet werden, sondern selbstbestimmt leben können. Misfit-Situationen werden in unserer Gesellschaft immer häufiger, weil Gemeinschaften, in denen die Menschen miteinander vertraut sind, immer mehr fehlen. Sie sind aber eine der Grundvoraussetzungen dafür, dass die Menschen bereit sind, Schwächen bei ihren Mitmenschen zu akzeptieren und ihnen, wenn sie in Not geraten, zu helfen. Je weniger Menschen ihre Grundbedürfnisse befriedigen und ihre Kompetenzen entfalten können, desto wichtiger wird für sie der Beistand, den sie von der Gemeinschaft erhalten. Wie bedeutsam das Zusammenleben mit vertrauten Menschen ist, damit die Menschen in Übereinstimmung mit der Umwelt leben können, wird in Teil X näher ausgeführt.

Misfit-Situationen bewältigen

Die meisten Anpassungen, die uns die kleinen Misfit-Situationen im Alltag abverlangen, tätigen wir unbewusst. Wir lassen uns dabei von unserem Bauchgefühl leiten. Wir spüren intuitiv, was falsch läuft, und versuchen zu korrigieren. So wächst in uns beispielsweise ein diffuses Unbehagen, wenn wir unsere Korrespondenz allzu sehr vernachlässigen. Schließlich setzen wir uns an den Schreibtisch und machen uns an die Arbeit. Treten jedoch Alarmzeichen wie Kopfschmerzen, Schlaflosigkeit oder gar eine Depression auf, signalisiert uns dies, dass wir in eine Misfit-Situation geraten sind, mit der wir uns ernsthaft befassen müssen.

Misfit-Situationen verstehen

Ein erster Schritt, um aus einer Misfit-Situation herauszufinden, ist, sich zu fragen, wie es dazu gekommen ist, wie die eigenen Grundbedürfnisse, Kompetenzen und Vorstellungen gestaltet sind und weshalb sie mit der Umwelt nicht zusammenkommen. Die Lebensgeschichte von Tanja zeigt uns beispielhaft, wie eine Misfit-Situation entstehen und sich auch wieder auflösen kann.

Tanja ist 22 Jahre alt und wird wegen Magersucht in ein psychiatrisches Ambulatorium eingewiesen. Sie berichtet dem Tagesarzt Folgendes: Ihre Eltern haben sich scheiden lassen, als sie drei und ihr Bruder Aldo sechs Jahre alt waren. Ihren Vater hat sie in den Jahren danach nur wenige Male gesehen. An ihrem Geburtstag hat er ihr regelmäßig ein kleines Geschenk geschickt. Die Mutter arbeitete als kaufmännische Angestellte in einem Großbetrieb. Sie kam für sich und ihre beiden Kinder weitgehend selbst auf, da der Vater die Alimente nur unregelmäßig überwies. Es musste an allen Ecken und Enden gespart werden; gemeinsame Ferien gab es nur ausnahmsweise. Die Mutter war mit Arbeit und Familie chronisch überlastet. Am Abend und an den Wochenenden war sie müde und erschöpft und vermochte sich kaum mehr um die Kinder zu kümmern. Während sie arbeitete, wurden die beiden Kinder von den Großeltern mütterlicherseits, Tagesmüttern und in Kindertagesstätten betreut. Im Schulalter waren sie sich häufig selbst überlassen, unter anderem auch, weil die Mutter im Lauf der Jahre verschiedene Beziehungen hatte, die sie aber strikt getrennt von den Kindern lebte. Ihr Bruder war für Tanja eine wichtige Bezugsperson. Oft schien es Tanja, dass sie Aldo mehr anvertraute als der Mutter. Sie war eine gute Schülern, fleißig, zuverlässig und bei den Mitschülerinnen beliebt. Sie besuchte dreimal die Woche ein Schwimmtraining, das ihr sehr gefiel. Im Haushalt musste Tanja früh viel Verantwortung übernehmen mit Einkaufen, Kochen und Putzen, was zusammen mit den Hausaufgaben zu einer großen Belastung für sie wurde. In der Pubertät kam es häufig zu Konflikten mit der Mutter. Tanja wurde adipös und zog sich immer mehr zurück. Nach der Schule machte sie wie ihre Mutter eine kaufmännische Lehre, zog danach in eine andere Stadt und suchte sich eine neue Arbeitsstelle. Sie wollte möglichst selbständig und unabhängig leben, fühlte sich aber rasch sehr einsam. Bis zu diesem Zeitpunkt hatte Tanja keine partnerschaftlichen Erfahrungen gemacht. Am neuen Arbeitsplatz verliebte sie sich in ihren Chef und begann eine heimliche Beziehung mit ihm.

Ihr Chef war verheiratet, machte aber nie Anstalten, sich scheiden zu lassen und mit Tanja eine feste Verbindung einzugehen. Tanja fühlte sich ausgenutzt, hatte aber nicht die Kraft, die Beziehung zu beenden und eine neue Stelle zu suchen. Dies umso mehr, weil sie sich in der fremden Stadt sehr einsam fühlte. Sie begann abzunehmen und wurde schließlich magersüchtig.

Die nachstehende Darstellung gibt das Profil der Grundbedürfnisse von Tanja in der Kindheit und im Alter von 22 Jahren wieder. Das Ausmaß der ungenügend befriedigten Grundbedürfnisse macht verständlich, weshalb Tanja in einen schweren Disstress geraten ist und an Magersucht leidet.

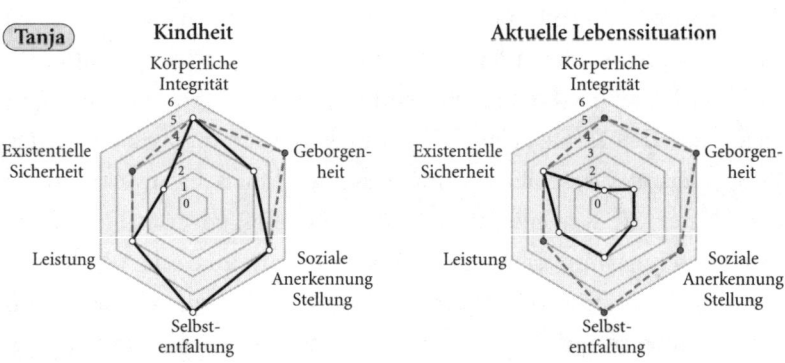

Grundbedürfnisse von Tanja in Kindheit und aktueller Lebenssituation.
Gestrichelte Linie: Grundbedürfniss von Tanja; durchgezogene Linie:
Befriedigung durch die Umwelt.

Körperliche Integrität: Tanja war ein gesundes Kind. In der Pubertät wurde sie adipös, dann verfiel sie in ein bulimisches Essverhalten, verschlang große Mengen Nahrung und erbrach das meiste wieder. Sie nahm immer mehr an Gewicht ab und wurde schließlich magersüchtig.

Geborgenheit: Tanja litt während der ganzen Kindheit unter der mangelnden Verfügbarkeit der Mutter. Die ständigen Wechsel der Bezugspersonen, Großeltern, verschiedene Tagesmütter und Horterzieherinnen haben sie zusätzlich emotional verunsichert. Das Gefühl fehlender Geborgenheit nahm nach dem Umzug massiv zu. Sie erhoffte sich, beim Chef Geborgenheit zu finden, was aber in keiner Weise der Fall war. Die Verlassenheitsgefühle wurden durch die unglückliche Liebesbeziehung noch verstärkt. Ihre wichtigste Vertrauensperson war der Bruder. Tanja fühlt sich daher noch einsamer, seit Aldo für ein IT-Praktikum nach Kalifornien gezogen ist. Sie skypen wöchentlich miteinander.

Soziale Anerkennung und soziale Stellung: Tanja bekam als Kind von Bezugspersonen wie Lehrern und Gleichaltrigen viel Anerkennung. Sie hatte zwei gute Freundinnen vom Kindergarten bis in die Oberstufe. Die eine Freundin, Saskia, machte bei der gleichen Firma eine Ausbildung wie Tanja. Mit dem Umzug in eine andere Stadt verloren sie sich jedoch aus den Augen. Tanja versuchte, neue Beziehungen zu knüpfen, was ihr schwerfiel.

Selbstentfaltung: Als Kind und Jugendliche war das Schwimmen im Verein Tanjas Ein und Alles. Was sie besonders liebte, war das Turmspringen. Sie war talentiert und nahm an Wettkämpfen teil. Seit sie in der anderen Stadt lebt, schwimmt sie nur noch gelegentlich und für sich allein.

Leistung: Ihre schulischen Leistungen waren immer ausreichend. Die Lehre hat sie erfolgreich abgeschlossen. Die Arbeit in der anderen Stadt befriedigt sie jedoch nicht. Sie ist eintönig und macht für sie wenig Sinn.

Existentielle Sicherheit: In der Kindheit hat Tanja die finanzielle Not der Familie deutlich zu spüren bekommen. Nach der Lehre war es für sie sehr wichtig, ihr eigenes, sicheres Einkommen zu haben und sich gelegentlich einen kleinen Luxus leisten zu können.

Die Grundbedürfnisse von Tanja und wie sie sie befriedigen kann.

Mit dem Umzug in eine andere Stadt und dem Antritt einer neuen Arbeitsstelle geriet Tanja in eine gravierende Misfit-Situation. Bereits in der Kindheit bekam Tanja wenig Geborgenheit und Zuwendung. Ihr Bedürfnis nach Geborgenheit wurde in der unglücklichen Beziehung zu ihrem Chef noch größer. Ihr fehlte im Privatleben zudem die soziale Anerkennung, und so zog sich immer mehr zurück. Tanja litt unter dem Gefühl, sich nicht mehr entfalten zu können und eine Arbeit zu machen, die sie nicht befriedigte. Sie fühlte sich zusehends körperlich unwohl und begann, an Gewicht zu verlieren.

Ihre Kompetenzen konnte Tanja auch nicht durchgehend so einsetzen, wie es ihr entsprochen hätte.

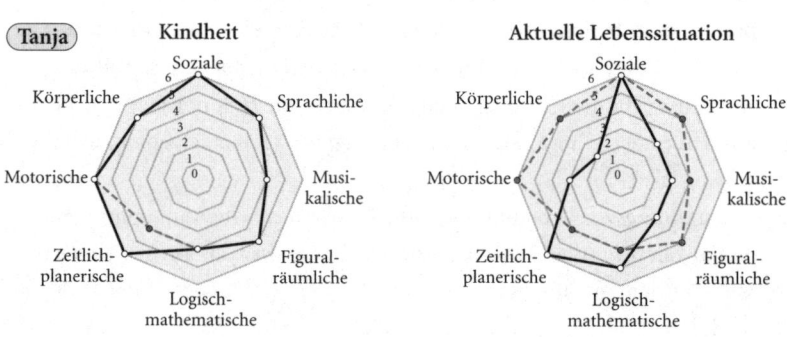

Kompetenzen von Tanja in Kindheit und aktueller Lebenssituation.
Gestrichelte Linie: Kompetenzen von Tanja; durchgezogene Linie:
Anforderungen der Umwelt.

Soziale Kompetenzen: Sie sind bei Tanja gut ausgebildet, was ihr als Kind den Umgang mit anderen Kindern leicht machte und bei der Arbeit in der Zusammenarbeit mit den Kollegen eine große Hilfe ist.

Sprachliche: Auch die sprachlichen Kompetenzen sind gut ausgebildet. Tanja fühlt sich bei der Arbeit jedoch unterfordert. Das Schreiben von immer gleichen Berichten und Standardbriefen langweilt sie. In der Freizeit liest sie Belletristik und Bücher über Frauenschicksale.

Musikalische: Diese sind durchschnittlich ausgebildet. Tanja hört vor allem

Countrymusik und Gospelsongs. Allein mag sie keine Konzerte besuchen, was sie in der Pubertät gerne getan hat.

Figural-Räumliche: Diese Kompetenzen sind recht gut ausgebildet. Tanja möchte vermehrt gestalterisch tätig sein. Sie überlegt, ob sie einen Töpferkurs besuchen soll.

Logisch-mathematische: Sie sind durchschnittlich ausgebildet. Tanja fühlt sich dennoch bei der Führung der Buchhaltung am PC überfordert. Gelegentlich nimmt sie Arbeit mit nach Hause, um nicht in Rückstand zu geraten.

Zeitlich-planerische: Als Kind war Tanja mit den Aufgaben im Haushalt überfordert. Das Vorbereiten der Einsatzpläne für die Mitarbeiter im Außendienst bereitet Tanja große Mühe, insbesondere weil sie sich von ihrem Chef nicht ausreichend unterstützt fühlt.

Motorische: Tanjas motorische Kompetenzen sind sehr gut entwickelt. Sie möchte ihr motorisches Talent wieder vermehrt einsetzen.

Körperliche: Als Kind war Tanja ein attraktives Mädchen. Heute leidet Tanja unter ihrer unvorteilhaften Erscheinung. Sie mag es nicht, wenn Menschen sie kritisch beäugen oder – noch schlimmer – sie gar nicht beachten.

Die Kompetenzen von Tanja und wie sie diese entfalten und nutzen kann.

Das Kompetenzprofil von Tanja ist wie dasjenige ihrer Grundbedürfnisse ziemlich ausgeglichen. Die meisten Werte liegen um den Durchschnitt (4), die höchsten Werte (6) erreicht sie im Bereich der sozialen und motorischen Kompetenzen. In der Kindheit konnte Tanja ihre Kompetenzen ausreichend entwickeln. Mit ihren begrenzten zeitlich-planerischen Kompetenzen (3) war sie aber bereits damals überfordert. In ihrer jetzigen Lebenssituation fühlt sich Tanja einerseits unterfordert (sprachlich, figural-räumlich, motorisch) und andererseits überfordert (logisch-mathematisch, zeitlich-planerisch, körperlich).

Darüber, wie sie ihr zukünftiges Leben gestalten soll, hat sich Tanja bisher kaum Gedanken gemacht. Sie wollte nur eines: weg von zu Hause und selbständig werden. Nun verspürt sie eine große Leere in sich und fragt sich: Was will ich erreichen? Was ist mir wichtig? Tanja beginnt, ihr bisheriges Leben mit einer Psychologin aufzuarbeiten. Sie gehen den Gründen nach, weshalb sie in ihrem körperlichen und psychischen Wohlbefinden so beeinträchtigt ist, ihr Selbstwertgefühl und ihre Selbstwirksamkeit auf einem Tiefpunkt angelangt sind und sie magersüchtig geworden ist. Nach einigen Monaten versteht sie sich selbst und die Misfit-Situation, in die sie geraten ist, immer besser. Es fällt ihr aber schwer, sich klarzuwerden, was sie in ihrem Leben ändern muss.

Weshalb bereitet es uns oftmals so große Mühe, eine Änderung in unserem Leben vorzunehmen, auch wenn wir sie als notwendig ansehen? Ein wichtiger Grund ist, dass wir in unseren Grundbedürfnissen, Kompetenzen und Vorstellungen durch gute und schlechte Erfahrungen, die wir in der Vergangenheit gemacht haben, bis zu einem gewissen Grad festgelegt sind. Es braucht daher nicht nur Einsicht, sondern immer auch neue positive Erfahrungen, um eine Misfit-Konstellation aufzulösen und das innere Gleichgewicht wiederzufinden. So erlebt es auch Tanja. Eines Abends trifft sie beim Einkaufen Saskia, ihre ehemalige Freundin aus der Kindheit, mit der sie seit dem Jobwechsel keinen Kontakt mehr hatte. Sie gehen zusammen essen und reden stundenlang miteinander. Von da an sehen sie sich regelmäßig. Saskia ist in die gleiche Stadt gezogen und hat einen großen Freundeskreis, mit dem sie Tanja bekannt macht. Tanja geht es psychisch und körperlich zusehends besser. Schließlich hat sie genügend Kraft, um die Beziehung mit ihrem Chef zu beenden und sich eine neue Stelle zu suchen. Sie arbeitet nun in der Verwaltung eines Krankenhauses. Auch diese Arbeit ist wenig anspruchsvoll, aber sie hat nette Arbeitskollegen. Im Personalrestaurant lernt sie eine Physiotherapeutin kennen, die Tanja von ihrer Arbeit erzählt. Tanja ist begeistert. Sie will auch Physiotherapeutin werden. In diesem Job kann sie ihre motorischen Fähigkeiten einsetzen und in engen Kontakt mit Menschen kommen. Ein neues Beziehungsnetz und eine Zukunftsperspektive zu haben verbessern ihre Befindlichkeit zusehends. Ihr Essverhalten beginnt sich zu normalisieren.

Wie der Werdegang von Tanja zeigt, kann es bei der Auflösung einer Misfit-Situation nicht darum gehen, die Grundbedürfnisse und Kompetenzen zu verändern – was auch kaum möglich ist –, sondern durch neue Erfahrungen eine größere Übereinstimmung zwischen sich und der Umwelt herzustellen. Allein schafft man das jedoch nur selten. Meistens braucht man Menschen, die einen unterstützen. Saskia nahm sich viel Zeit für Tanja und half ihr auf vielerlei Weise. So konnte Tanja ihre Sorgen mit ihr besprechen und fühlte sich durch den neuen Freundeskreis nicht mehr alleingelassen.

Misfit-Konstellationen, die ihre Wurzeln wie bei Tanja teilweise in der Kindheit haben, müssen nicht ein Leben lang nachwirken. Viele Konstellationen lösen sich mit dem Älterwerden von selbst auf oder werden in einer psychotherapeutischen Behandlung verarbeitet. Wirklich hilfreich sind jedoch positive Erfahrungen, wie sie beispielsweise Karim machen konnte. Er war – wie wir bereits vernommen haben – während der ganzen Schulzeit wegen seiner leichten motorischen Behinderung beim Schreiben beeinträchtigt und hatte darunter sehr gelitten. In seiner Ausbildung zum kaufmännischen Angestellten lernte er, auf dem PC zu schreiben, und war dabei zu seiner Überraschung genauso rasch wie seine Kollegen. Er fühlte sich das erste Mal nicht mehr minderwertig, was seinem Selbstwertgefühl und seiner Selbstwirksamkeit sehr guttat.

Sich und andere besser begreifen

Spätestens dann, wenn es uns so richtig schlechtgeht, wir uns in einer schwierigen Misfit-Situation befinden, beginnen wir uns selbst und unser Leben ernsthaft zu hinterfragen. Was fehlt mir in der Partnerschaft? Warum bin ich bei der Arbeit unglücklich? Aber auch Menschen, denen es im Großen und Ganzen gutgeht, möchten ihre Grundbedürfnisse, Kompetenzen und Vorstellungen wie auch die Fit- und vor allem die Misfit-Situationen, die sie bisher erlebt haben, besser verstehen. So kommt Tanja zu der Einsicht, dass ihr Bedürfnis nach emotionaler Sicherheit weit größer ist, als sie bisher annahm, und dass sie ihre motorischen und sozialen Kompetenzen vernachlässigt hat. Sich selbst besser zu verstehen kann uns das Gefühl geben, das Leben besser im Griff zu haben. Wer es für unnötig hält, sich mit sich selbst zu beschäftigen, sollte bedenken: Wir alle machen uns Vorstellungen über uns selbst und unsere Umwelt. Die Frage ist nur, wie realistisch sind diese Vorstellungen, und falls sie es nicht sind, tragen sie vielleicht sogar zur Misfit-Situation bei?

An die eigenen Grundbedürfnisse, Kompetenzen und Vorstellungen heranzukommen ist nicht einfach. Die nachfolgende Übersicht ist eine kleine Einführung, wie man dabei vorgehen und sich näherkommen kann. Man ruft sich beispielsweise in Erinnerung, ob man sich in der Schule von Lehrern und Mitschülern akzeptiert gefühlt hat oder ob einem etwa das Rechnen im Vergleich mit den anderen Kindern leicht- oder eher schwerfiel. Dabei wird einem bewusst, wie man in der Kindheit gewesen ist, aber auch wie man sein wollte. Erhellend können Fremdeinschätzungen sein, beispielsweise Gespräche mit Eltern und Geschwistern, Lehrern und Schulkameraden oder Freunden und Arbeitskollegen. Sie können genauer sein als die eigenen, weil sie etwas zum Vorschein bringen, das wir längst vergessen oder verdrängt haben. Hilfreich kann auch die Unterstützung durch eine Fachperson, etwa einen Psychotherapeuten, sein. Eine nützliche Strategie, eine Misfit-Situation besser zu verstehen, ist das sogenannte Focusing.[3] Man sitzt vor einem leeren Blatt Papier und schreibt sich in Stichworten auf, was einem zu einem bestimmten Gefühl, etwa einem nagenden Unbehagen, einfällt. Das Gefühl dient dabei als eine Art Lotse durch das Unbewusste. Man macht so lange mit dem Auflisten weiter, bis das Unbehagen an Stärke nachlässt. Dann hat man mindestens einige wesentliche Aspekte, die mit dem Gefühl einhergehen, erfasst.

Es ist empfehlenswert, die in der nachfolgenden Übersicht aufgeführten Themenbereiche getrennt nach Kindheit, Adoleszenz und Erwachsenenalter zu durchforschen und sich abschließend zu fragen: Was hat sich im Lauf der Zeit verändert?

Grundbedürfnisse
Wie sind meine Grundbedürfnisse beschaffen (auf einer Skala von 1 bis 7 einschätzen; Profil zum Ausfüllen im Anhang)? Welche Grundbedürfnisse sind mir besonders wichtig, welche weniger? Warum kann ich manche Grundbedürfnisse befriedigen und andere nicht?
• *Körperliche Integrität:* Wie stark habe ich mich als Kind körperlich gefühlt? War ich je ernsthaft krank? Gab es Unfälle? Leide ich an den Spätfolgen? Fühle ich mich heute gesund und fit? Warum nicht? Wie gehe ich damit um?
• *Geborgenheit:* War ich ein Kind, das viel Geborgenheit benötigte? Habe ich mich als Kind geborgen und angenommen gefühlt, in der Familie, unter Gleichaltrigen und in der Schule? Wie viel Zuwendung brauchte ich im Vergleich mit den Geschwistern und anderen Kindern? Bekomme ich heute in der Partnerschaft und im Freundeskreis ausreichend Zuwendung? Fühle ich mich gelegentlich vernachlässigt, außen vor gelassen und warum? Was trage ich und was trägt die soziale Umwelt dazu bei?

- *Soziale Anerkennung und Stellung:* Habe ich als Kind von den Eltern und anderen Bezugspersonen wie Lehrern ausreichend Anerkennung bekommen oder gar Ablehnung erfahren? Warum? Wie war meine soziale Stellung in der Familie und in der Schule? Bekomme ich heute in der Partnerschaft und im Freundeskreis genügend Anerkennung? Welche soziale Stellung nehme ich bei der Arbeit ein? Bin ich ein Einzelgänger oder ein Teamplayer? Wie ist meine soziale Umwelt in den verschiedenen Lebensbereichen beschaffen, und wie steht sie zu mir?
- *Selbstentfaltung:* Wie habe ich mich als Kind entwickelt im Vergleich mit den Geschwistern und anderen Kindern? War ich ein Früh- oder Spätzünder? Konnte ich in der Familie und Schule meine Kompetenzen entfalten? Was hat mich in meiner Entwicklung behindert? Welche Kompetenzen möchte ich noch weiterentwickeln? Werde ich von der Umwelt darin unterstützt? Welches sind meine Stärken und Schwächen, und wie gehe ich und wie gehen andere mit ihnen um?
- *Leistung:* Welche Leistungen habe ich als Kind gern erbracht, welche haben mich überfordert? Wie waren meine Schulnoten? Wie waren meine Leistungen im Vergleich zu denen der Mitschüler? Wie habe ich auf schulischen Erfolg und Misserfolg reagiert? Bin ich heute mit meinen Leistungen zufrieden? Welche Kompetenzen setze ich dafür ein? Kann ich leistungsmäßig mit den anderen mithalten? Fühle ich mich bei der Arbeit unter- oder überfordert und warum? Was trägt die Umwelt dazu bei? Weshalb stelle ich an mich so hohe Leistungserwartungen? Verfüge ich überhaupt über die notwendigen Kompetenzen, um meinen Leistungsansprüchen zu genügen?
- *Existentielle Sicherheit:* Wie haben meine Eltern den Lebensunterhalt der Familie bestritten? Habe ich als Kind unter materieller Not gelitten? Welche Ängste und Nöte habe ich von den Eltern übernommen? Wie schätze ich meine aktuelle Lebenssituation bezüglich Einkommen und Besitz ein? Was tragen die Lebensumstände dazu bei? Welche Erwartungen habe ich für die Zukunft?

Kompetenzen

Wie sind meine Kompetenzen ausgebildet (auf einer Skala von 1 bis 7 einschätzen; Profil zum Ausfüllen im Anhang)? Dabei sollte es um mehr als eine subjektive Einschätzung gehen. Hilfreich sind Vergleiche, etwa beim Einschätzen der mathematischen Kompetenzen mit denen ehemaliger Mitschüler oder bei der Leistungsfähigkeit mit derjenigen der Kollegen. Wie setze ich meine Kompetenzen ein? Wann fühle ich mich unter- oder überfordert? Und woran liegt es, an meinen Kompetenzen und / oder an den Anforderungen der Umwelt?

- *Soziale Kompetenzen:* Wie kompetent war ich als Kind im Umgang mit anderen Kindern, und wie kompetent bin ich heute als Erwachsener, etwa in der Familie und am Arbeitsplatz? Wie gut kann ich das Denken und Handeln anderer Menschen nachvollziehen? Wie groß sind mein Einfühlungsvermögen und meine Bereitschaft zu fürsorglichem Handeln?
- *Sprachliche:* Wie gut konnte ich mich als Kind sprachlich ausdrücken? Habe ich in der Schule gern Aufsätze geschrieben, oder hat es mir Mühe bereitet und warum? Fällt es mir heute leicht, einen Text zu verfassen? Wie steht es mit meinen Fremdsprachenkenntnissen? Wie gut kann ich mich in einem Gespräch oder Vortrag sprachlich ausdrücken?
- *Musikalische:* Wie gut konnte ich als Kind singen und tanzen? Ging ich gern in den Musikunterricht? Höre ich gern Musik? Wie steht es heute mit Singen und Tanzen? Warum spiele ich kein Instrument?
- *Figural-räumliche:* Habe ich als Kind gern gebastelt und gezeichnet? Wie gut ist mein Orientierungssinn ausgebildet, etwa beim Autofahren?
- *Logisch-mathematische:* Ist mir das Rechnen in der Schule leichtgefallen? Habe ich den Überblick über Einkommen und Ausgaben? Kann ich gut argumentieren? Wie kompetent bin ich im Umgang mit Computern?
- *Planerisch-zeitliche:* War ich als Kind ein kleiner Chaot, etwa beim Erledigen der Schulaufgaben und Zusammenpacken der Schulsachen? Wie gut gelingt es mir heute, meinen Alltag zu organisieren? Bin ich fähig, langfristig zu planen?

- *Motorische:* Wie geschickt war ich als Kind beim Klettern auf Bäume, Seilspringen und Ballspielen? Wie geschickt bin ich heute fein- und grobmotorisch, etwa beim Stricken und im Tennis?
- *Körperliche:* War ich ein hübsches Kind, das Beachtung fand, oder wurde ich oft übersehen? Wie reagieren die Menschen heute auf meine Erscheinung? Fühle ich mich in meinem Körper wohl?

Vorstellungen

Um an die eigenen Vorstellungen heranzukommen, ist es hilfreich, sich an den Kompetenzen zu orientieren, etwa figural-räumliche Vorstellungen, und sich zu überlegen, welche Vorstellungen in den verschiedenen Lebensbereichen vorherrschend waren, etwa die politischen.

- Was für Bücher habe ich in der Kindheit gelesen, welche Filme geschaut, und was hat mich daran interessiert? Welche Wertvorstellungen habe ich von den Eltern und anderen Bezugspersonen wie Lehrern mitbekommen? Wer war für mich ein Vorbild?
- Welche Vorstellungen sind mir heute wichtig, und welchen versuche ich nachzuleben? Welche Erwartungen habe ich an mich selbst, und welche werden von den Mitmenschen an mich gestellt?
- Inwieweit sind meine Vorstellungen Ausdruck meiner Grundbedürfnisse, Kompetenzen und vergangener Erfahrungen?

Allgemeine Befindlichkeit

Die Befindlichkeit lässt sich am besten erfassen, wenn man sich bestimmte Lebenssituationen in Erinnerung ruft und sich fragt, wie man sich dabei gefühlt hat und warum, etwa in der Schule beim Unterricht oder auf dem Schulhof.

- Wie schätze ich mein Wohlbefinden, mein Selbstwertgefühl und meine Selbstwirksamkeit in meinem bisherigen Leben ein? Wann fühlte ich mich glücklich, wann unglücklich?
- Welche Erfahrungen haben mein Wohlbefinden, Selbstwertgefühl und meine Selbstwirksamkeit gestärkt beziehungsweise geschwächt? In welchen Lebenssituationen fühle ich mich wohl, will Berge versetzen und warum? Wann fühle ich mich unwohl, hilf- und kraftlos und warum?

- Was trage ich, was tragen andere Menschen und mein Umfeld,
  etwa die Familie, zu meinem Wohlbefinden bei?

Reaktionen bei Disstress

Sie lassen sich am besten nachvollziehen, wenn man sich überlegt, in welchen Lebenssituationen man voller Tatkraft war, so dass man sich gern an sie erinnert, und in welchen man unter Disstress gelitten hat.

- Wie habe ich als Kind reagiert, wenn ich mich wohl oder unwohl fühlte,
  Erfolg hatte oder versagte? Wurde ich krank? Zog ich mich zurück?
  Suchte Zuspruch bei den Eltern oder einer Bezugsperson?
- Wie reagiere ich heute auf Misfit-Situationen? Welches sind die
  Frühwarnzeichen, wenn ich in eine Misfit-Situation gerate? Spüre
  ich, wenn ich in meinem körperlichen und psychischen Wohlbefinden
  beeinträchtigt bin? Welche psychischen und körperlichen Symptome
  treten dabei auf?
- Wie gehe ich mit Symptomen wie Schlafstörungen oder Bauchschmerzen
  um? Welche Maßnahmen haben geholfen, welche nicht?

Fit- und Misfit-Konstellationen

Misfit-Situationen kann man überdenken, indem man sich fragt: Welche Grundbedürfnisse waren beeinträchtigt, und welche Kompetenzen waren nicht ausreichend? Was habe ich und was hat die Umwelt dazu beigetragen? Aus Fit-Situationen kann man ebenfalls viel lernen: Welche Grundbedürfnisse konnte ich gut befriedigen und welche Kompetenzen erfolgreich einsetzen und weshalb?

- Wann hatte ich meine großartigen Zeiten und wann meine grottenschlechten und warum? Was habe ich aus Misfit-, aber auch aus
  Fit-Situationen gelernt?
- Welche Fit-Konstellationen gab es in der Kindheit und im Erwachsenenalter? Welche Grundbedürfnisse wurden befriedigt und welche Kompetenzen haben besonders dazu beigetragen? Inwieweit lag es an meinen
  Mitmenschen und der Lebenssituation?
- Welche Misfit-Situationen habe ich erlebt? Wie sind sie entstanden?
  Welche Grundbedürfnisse waren beeinträchtigt? Wie ist es mir gelun-

gen, Misfit-Situationen zu überwinden? Welche Misfits konnte ich nicht auflösen und warum nicht? Wer hat mich dabei unterstützt? Welche Strategien habe ich entwickelt, um Misfit-Situationen zu bewältigen?

- Wie beliebt war ich bei meinen Spielkameraden und Mitschülern? Mit wem war ich am liebsten zusammen und warum? Wen habe ich gemocht, wen weniger und warum? Wie habe ich mit meinen Freunden gern die Freizeit verbracht? Warum habe ich den einen Lehrer gemocht und einen anderen nicht?

- Wann habe ich mich in der Schule wohl gefühlt? Was war ein Albtraum und warum? Wie häufig waren schulischer Erfolg und Misserfolg? Wie gut stimmten meine Kompetenzen mit den schulischen Anforderungen überein? Mein Lieblings-, mein Horrorfach? Wie ist es heute: Fühle ich mich wohl am Arbeitsplatz, wenn nicht, warum nicht? Passen meine Grundbedürfnisse und Kompetenzen zu meiner Arbeit?

- Wie gut stimmen meine Grundbedürfnisse und Kompetenzen, meine Erwartungen und Überzeugungen mit dem Familienleben überein? Wie groß ist die Übereinstimmung in der Partnerschaft? Wo sind die Gemeinsamkeiten, wo die Verschiedenheiten? Verfüge ich über ausreichende soziale und fürsorgliche Kompetenzen, um Kinder großzuziehen, oder brauche ich dabei Unterstützung?

- Bekomme ich am Arbeitsplatz ausreichend Anerkennung, und welche Stellung nehme ich unter den Mitarbeitern ein? Wie gut verstehe ich mich mit einem Vorgesetzten? Kann ich die Leistung erbringen, die ich von mir erwarte, oder bin ich unter- oder überfordert?

- Wann fühle ich mich selbst-, wann fremdbestimmt? Was trage ich und was trägt die Umwelt dazu bei? In welchen Lebenssituationen kann ich nicht frei entscheiden und handeln und warum? Wie müsste meine Umwelt aussehen, damit ich selbstbestimmt leben kann?

Selbsteinschätzung von Grundbedürfnissen, Kompetenzen und Vorstellungen, allgemeiner Befindlichkeit und Reaktionen auf Disstress sowie Fit- und Misfit-Konstellationen.

Sich selbst mehr und mehr kennenzulernen kann faszinierend und befreiend sein, ist aber zumindest am Anfang häufig auch mit Verunsicherung und schmerzhaften Einsichten verbunden. So müssen wir längst Vertrautes in Frage stellen und auf Sündenböcke verzichten, die wir bisher für schwierige Lebenssituationen verantwortlich gemacht haben. Oftmals scheuen wir vertiefte Einsichten, weil wir die Konsequenzen fürchten, die sich daraus ergeben können, und noch nicht bereit sind, unser Leben zu verändern. Sich mit sich selbst zu befassen ist aufwendig, aber längerfristig lohnend. Denn wenn es gelingt, uns, die Umwelt und die momentane Lebenssituation besser zu verstehen, fühlen wir uns freier und haben weniger das Gefühl, Misfit-Situationen hilflos ausgeliefert zu sein.

Man darf aber keine ultimative Erkenntnis erwarten, die wie ein alles erhellender Blitz einschlägt und all unsere Probleme schlagartig in Klarheit und Wohlgefallen auflöst. Es braucht Zeit und Geduld, sich so anzunehmen, wie man ist, und nicht, wie man sein möchte. Um eine Misfit-Situation zu beenden, reicht auch die größte Einsicht allein nicht aus. Dazu braucht es neue Erfahrungen, die überwiegend mit Erfolg verbunden sind, zu weiteren Schritten ermutigen und so Wohlbefinden und Selbstvertrauen stärken. Je besser dies gelingt, desto eher kann man sich mit sich selbst versöhnen, und desto rascher stellt sich eine Übereinstimmung mit der Umwelt ein. Sich auf neue Erfahrungen einzulassen ist genauso wichtig, wie sich um Einsicht zu bemühen.

Wir haben über unsere Mitmenschen – oftmals vorgefasste – Meinungen. Will man ihnen mehr gerecht werden, ist es sinnvoll, sich auch über sie wie über sich selbst Gedanken zu machen. Geht es ihnen gut, oder stecken sie in einer Misfit-Situation und warum? Um sie in ihrer Einzigartigkeit und in ihren Verhaltensweisen besser zu verstehen, ist es hilfreich, sich zu überlegen, mit welchen Grundbedürfnissen und Kompetenzen sie ausgestattet sind und in was für einer Umwelt sie leben. Wo stimmen sie mit der Umwelt überein und wo nicht? Wie reagieren sie, wenn sie sich gestresst fühlen? Solche Überlegungen können Eltern helfen, ihr Kind besser zu verstehen, und Lehrern, sich auf die Eigenheiten von Schülern einzustellen, die ihnen im Unterricht Mühe bereiten. In der Arbeitswelt kann es Vorgesetzte darin unterstützen, ihre Mitarbeiter so zu beschäftigen, dass diese ihre individuellen Fähigkeiten für sich und das Unternehmen sinnvoll und nutzbringend einsetzen können. Wenn man sich ernsthafte Gedanken über die Mitmenschen macht, kommt es hin und wieder zu einer erfreulichen Begleiterscheinung: Man lernt auch sich selbst besser kennen.

Menschen unterstützen und Umwelt überdenken

Aufeinander zugehen

»Mitgefühl ist das wache Bewusstsein, daß alle Dinge voneinander abhängen.«

Thomas Merton

Die meisten Menschen fühlen sich sozial verantwortlich und sorgen sich um ihre Mitmenschen. Sie freuen sich, wenn Kinder zufrieden aufwachsen, leiden mit, wenn es den Mitmenschen schlechtgeht, und wollen dazu beitragen, dass sie sich wieder wohl fühlen. Sie leisten einen enormen Aufwand, beispielsweise als Eltern beim Großziehen ihrer Kinder oder als Angehörige bei der Betreuung älterer Familienmitglieder. Kein anderes Lebewesen kümmert sich um seine Artgenossen in einer solch umfassenden Weise wie der Mensch. Dafür hat er im Verlauf der Evolution ein ausgeprägtes empathisches und fürsorgliches Verhalten entwickelt (Teil V).

Der französische Trappistenmönch Thomas Merton weist uns darauf hin, dass echtes Mitgefühl – ganz im Sinne des Fit-Prinzips – darin besteht, die Menschen in ihrem Eingebundensein in die Umwelt zu verstehen. Beispielsweise ein dreijähriges Kind, das quengelt und nicht allein spielen will. Wenn die Eltern erkennen, dass ihr Kind auf das jüngere Geschwister eifersüchtig ist, können sie sein Wohlbefinden verbessern, indem sie sich ihm vermehrt zuwenden und es in ihre Tätigkeiten mit einbeziehen, etwa beim Windelwechseln des Babys. Oder ein achtjähriger Junge, der keine Lust aufs Klavierspielen hat. Wenn die Eltern die Vorstellung, dass das Spielen eines Musikinstruments zur Allgemeinbildung eines jeden Menschen gehört, aufgeben, werden sie ihn nicht mehr in den Musikunterricht schicken, sondern ihm erlauben, in einen Fußballverein zu gehen, weil er dort eine seiner Stärken ausspielen kann. Oder der Sohn und die Tochter, die sich um ihren betagten Vater kümmern. Sie können dem Vater das Leben erleichtern, wenn sie begreifen, dass sein Raum- und Zeitverständnis so stark eingeschränkt ist, dass es nur noch demjenigen eines Kleinkindes entspricht. Ihr Vater braucht eine möglichst stabile, kleinräumige Umgebung und eine Betreuung, die darauf Rücksicht nimmt, dass er sich nur noch in kurzen Zeiträumen zu orientieren vermag.

Von unseren Mitmenschen erwarten wir, dass sie immer ihr Bestes geben. Wenn sie unsere Erwartungen nicht erfüllen und es uns schwerfällt, sie so anzunehmen, wie sie nun einmal sind, sind es oft unsere eigenen Ängste und Interessen, die uns daran hindern. So setzen Eltern ihr Kind unter Druck, weil sie befürchten, dass es sich mit seinen schwachen Schulleistungen die erhoffte Berufskarriere verbauen wird. Wenn wir die Menschen besser kennenlernen, zeigt sich zumeist, dass sie sich sehr wohl anstrengen, es aber aus vielerlei inneren und äußeren Gründen nicht schaffen, den Ansprüchen zu genügen. Wir sollten sie nicht bevormunden und ihnen möglichst viel Eigenständigkeit zugestehen. Alle Menschen, vom quengeligen Kleinkind bis zum betagten Großvater, wollen selbstbestimmt leben. Dabei unterstützen wir sie am besten, wenn wir sie in ihren Stärken bestärken, ihre Schwächen akzeptieren und ihnen helfen, sich in ihrer Umwelt so einzurichten, dass sie sich wohl fühlen.

Menschen so zu unterstützen, dass ihnen wirklich geholfen wird, ist eine anspruchsvolle Aufgabe, beispielsweise Menschen im Ruhestand. Manche leiden an einem stark verminderten Selbstwertgefühl. Sie fühlen sich nutzlos, weil sie keine Leistungen mehr erbringen können, und vermissen den sozialen Status, den sie am Arbeitsplatz innehatten. Ratschläge, auch solche, die uns selbst weitergeholfen haben, sollten wir vermeiden. Sie führen leicht dazu, dass die Menschen sich fremdbestimmt fühlen. Fragen sie danach, was sie tun sollen, darf man ihnen die eigene Meinung sagen – ohne aber darauf zu pochen, dass sie diese auch teilen. Das Wichtigste, was wir Menschen in schwierigen Lebenssituationen geben können, ist Mitgefühl und Vertrauen, indem wir ihnen emotional beistehen und glaubhaft versichern, dass sie es auf ihre Weise schon schaffen und wir sie dabei unterstützen werden. Mitmenschen in guten und schlechten Tagen auf ihrem Lebensweg zu begleiten kann zu einer überaus befriedigenden und faszinierenden Lebenserfahrung werden. Wir lernen dabei, mit der Vielfalt der Menschen umzugehen, ihre Andersartigkeit zu akzeptieren und Normvorstellungen und falsche Erwartungen abzubauen.

Warum wir uns mit Misfit-Situationen so schwertun

Ob sich unsere Vorfahren auch so viele Gedanken über sich selbst und die Welt gemacht haben wie wir? Eher nicht. Wenn sie in Schwierigkeiten geraten sind, haben sie sich wahrscheinlich weitgehend auf ihr Bauchgefühl verlassen und in der Gemeinschaft ausgedehnte Palaver darüber abgehalten, wie den betroffenen Menschen am besten geholfen werden kann. Wir verlassen uns im Alltag auch heute noch auf unser Bauchgefühl, das uns aber häufig nicht mehr weiterhilft. Gespräche mit Menschen, die unsere Sorgen teilen, führen wir auch, suchen aber immer häufiger professionelle Hilfe, etwa bei Psychotherapeuten oder Fürsorgestellen.

Ein Leben ohne immer neue Verunsicherungen und ständigen Stress ist zu einem Wunschbild verkommen. Ein wichtiger Grund dafür ist sicherlich, dass die weitgehend unbewussten Lebensstrategien, die für unsere Vorfahren in ihren kleinräumigen, übersichtlichen Lebensgemeinschaften mit vertrauten Menschen ausreichend waren, zur Bewältigung von Misfit-Situationen in der heutigen Gesellschaft mit ihren hochkomplexen Strukturen nicht mehr ausreichen (Teil VII). Ein weiterer wichtiger Grund ist, dass unser Beziehungsnetz immer kleiner und weniger tragfähig geworden ist. Immer mehr Menschen fühlen sich zu sehr auf sich allein gestellt. Viele Misfit-Situationen lassen sich jedoch nur in einer Gemeinschaft mit vertrauten Menschen lösen, da können auf Dauer kein noch so kompetenter Psychotherapeut und kein noch so fachkundiges Sozialamt weiterhelfen. Wir müssen also nicht nur uns selbst, sondern auch unsere Umwelt gründlich hinterfragen. In Teil X wollen wir den Gründen nachgehen, weshalb wir unsere Grundbedürfnisse immer weniger befriedigen können und welche Reformen wir in unserer Umwelt durchführen müssen, damit möglichst alle Menschen ein passendes Leben führen können.

TEIL X
ZEITENWENDE

»Wir müssen das Unmögliche denken«

Der moderne Sisyphos
Seit Menschengedenken wälzte Sisyphos den Felsblock den Berg
hinauf, der immer wieder zurück ins Tal rollte. Eines Tages schafft
es Sisyphos, den Felsblock auf den Gipfel zu hieven. Seither rollt der
Felsblock auf der anderen Seite runter, und Sisyphos rennt hinterher.

Es ist ein herrlicher Herbsttag. Die Luft ist klar und es weht ein leichter, frischer Wind. Die Sonnenstrahlen wärmen immer noch. Ich
sitze – wie so oft – auf einer Bank auf dem Münsterhofplatz in Zü-
richs Altstadt und schaue den Menschen zu, wie sie über den Platz
schlendern, in Gruppen beieinanderstehen und sich austauschen.
Eine Familie kommt auf mich zu. Während die Eltern sich zu mir auf
die Bank setzen, springen Sohn und Tochter um den Brunnen herum
und hüpfen über das Kopfsteinpflaster. Ich freue mich an ihnen und
sage den Eltern, sie hätten wunderbare Kinder. Ihre Augen beginnen
zu leuchten und die Mutter meint, die Kinder seien für sie beide das
Wichtigste im Leben. So kommen wir ins Gespräch.

Der Vater ist ein höherer Bankangestellter. Er ist stolz auf den
Finanzplatz Zürich. Er sei weltweit einer der größten. Und die Lebenszufriedenheit sei in Zürich nach der neuesten Umfrage eine der

412

höchsten von allen Städten der Welt. Noch, schränkt die Mutter ein. Sie arbeitet als Sozialarbeiterin. Immer mehr Menschen würden auch im reichen Zürich in Armut leben und sozial ausgegrenzt werden. Und die meisten Menschen, auch die wohlhabendsten, stünden im Privatleben und am Arbeitsplatz unter einem ständigen Stress. Selbst die Kinder seien in der Schule einem unerträglichen Leistungsdruck ausgesetzt. Stimmt, meint der Vater, so rosig wie bisher werde es zukünftig wohl nicht mehr sein. Seine Bank plane in den kommenden Jahren die Entlassung von mehreren tausend Angestellten. Und überhaupt, sagt die Mutter, seien auch die Menschen, denen es noch gutgehe, verunsichert und hätten Zukunftsängste. Plötzlich ist die wärmende Sonne verschwunden, und es wird kalt. Wir verabschieden uns und wünschen uns alles Gute. Auf dem Heimweg komme ich ins Grübeln.

Ergeht es uns nicht genauso wie dem modernen Sisyphos? Wir haben etwas geschafft, was zuvor noch keiner Spezie gelungen ist. Ausnahmslos alle Lebewesen, die im Verlauf der Evolution die Erde bevölkert haben, waren der Natur untertan. Keines war je stärker als seine Umwelt. Wir sind die ersten und bisher einzigen Lebewesen, die mit ihren Entdeckungen und Erzeugnissen die Umwelt immer mehr beherrschen und uns – Ironie des Schicksals – von der selbstgeschaffenen Umwelt auch immer mehr fremdbestimmt und sogar bedroht fühlen. Wir laufen dem Fortschritt hinterher und ängstigen uns, wie unser Leben zukünftig aussehen wird.

Um es gleich vorweg zu nehmen: Ich bin optimistisch. Ganz einfach deshalb, weil die Menschen in den letzten 200 000 Jahren immer Mittel und Wege gefunden haben, um auch in den schwierigsten Lebenssituationen zu bestehen. Im abschließenden Teil X möchte ich eine Handvoll Überlegungen zum Fit und Misfit im Großen anstellen. Es geht darum, wie Gesellschaft und Wirtschaft, Familie und Lebensgemeinschaft umgestaltet werden müssen, damit wir ein passendes Le-

413

ben führen können. Dafür müssen wir auch bereit sein, das Unmögliche zu denken, wie etwa ein Grundeinkommen für alle und neue Formen der Familie und Lebensgemeinschaft.

Allgemeine Verunsicherung

Noch nie ist es den Menschen in der westlichen Welt so gutgegangen wie heute. Sie leiden keinen Hunger, im Gegenteil, manchen macht das Übergewicht zu schaffen. Sie werden durch ein gut ausgebautes Gesundheits- und Sozialwesen versorgt. Ihre Kinder besuchen gute Schulen. Sie leben in einer großen Rechtssicherheit und fühlen sich an Leben und Eigentum beschützt. Die wenigsten Menschen möchten das Rad der Zeit zurückdrehen. Warum also sind sie dennoch verunsichert?

»Too big to fail«. 2008 erlebten die Menschen eine weltweite Finanzkrise und eine panikartige Bankenrettung, die die Staaten mehr kostete als der gesamte Zweite Weltkrieg. Die Menschen fragten sich: Wie konnte es zu diesem Desaster kommen, das selbst die erfahrensten Ökonomen nicht vorausgesehen hatten oder nicht voraussehen wollten? Wieso wurde keiner der fehlbaren Banker zur Verantwortung gezogen? Und vor allem – wenn tatsächlich alles mit rechten Dingen zugegangen ist –, warum sollte es in Zukunft nicht noch zu weit größeren wirtschaftlichen Katastrophen kommen? Die Wirtschaft ist mit der Globalisierung ein Monster geworden, das von systemischen Kräften gesteuert wird, die sich wie beim Finanzcrash immer weniger kontrollieren lassen. Die Wirtschaft ist nicht nur zu groß, sondern auch zu komplex geworden, um beherrscht zu werden.

Und auch das Vertrauen in den Staat ist am Schwinden. Teile der Bevölkerung stehen – zu Recht oder Unrecht – unter dem Eindruck, dass sich die Politiker weniger um das Wohl der Bevölkerung kümmern, als vielmehr vor allem ihre Eigeninteressen bedienen, von Lobbyisten aller Art beeinflusst werden und in einem Filz von politischen und wirtschaftlichen Interessengruppen gefangen sind. Viele Bürger machen die »Elite« für Krisen aller Art verantwortlich. Sie zweifeln immer mehr daran, dass die Politiker noch in der Lage sind, die anstehenden Probleme wie Arbeitslosigkeit und demografische Überalterung zu meistern. Sie kennen die Politiker nur aus den Medien und haben keine Ahnung, was Politiker eigentlich leisten. So gehen immer weniger Bürger wählen, weil »die da oben sowieso machen, was sie wollen«. Das Unbehagen ist so groß geworden, dass sich – wie in Bezug auf die Wirtschaft – immer stärker die Überzeugung breitmacht: Es gibt niemanden mehr, der die Gesellschaft in ihrer Komplexität überblickt und den Staat kompetent führen kann, auch wenn sich die Politiker noch so sehr bemühen. »Too big and too complex to govern.«

Wenn Gesellschaft und Wirtschaft nicht mehr verstanden werden, weckt das enorme Ängste. Die Menschen fragen sich, wer überhaupt die Verantwortung trägt, beispielsweise für die Sicherheit der immens großen Datenbanken und der weltweit vernetzten Kommunikation. Da sie darauf keine Antwort erhalten, haben sie sich eine Einstellung zurechtgelegt wie bei den Atomkraftwerken: Sie kapitulieren vor der Komplexität, wissen aber um deren Gefährlichkeit. Sie können nur hoffen, dass es nie zu einem Supergau kommt, der Abermillionen von Menschen ins Elend stürzen würde. Eine solche durchaus denkbare zivile Katastrophe wäre auch beispielsweise ein tage- oder gar wochenlanger Stromausfall durch einen Hackerangriff. Er würde die Versorgung mit Lebensmitteln, das Gesundheitswesen, die Kommunikation, den Verkehr – kurz so ziemlich alles lahmlegen. Marc Elsberg beschreibt in seinem Roman die Auswirkungen eines solchen Blackouts.[1]

Die Menschen sind verunsichert, weil sie existentiell von Staat und Wirtschaft abhängig sind (Teil VII). Die staatlichen Einrichtungen begleiten sie durchs Leben, von der Krippe und Schule über die Arbeitslosen- und Krankenversicherung bis zum Pflege- und Altersheim. Die Wirtschaft sichert den Menschen den Lebensunterhalt und eine hohe Lebensqualität. Nicht nur die Bürger, auch die Politiker sind zunehmend besorgt, ob die staatlichen Einrichtungen zukünftig noch finanzierbar sind, und die Ökonomen bezweifeln, dass die Wirtschaft auch weiterhin ausreichend Arbeitsplätze bereitstellen kann. So ist es verständlich, dass immer mehr Menschen unter Existenzängsten leiden und sich um die Zukunft ihrer Kinder große Sorgen machen.

Die Menschen sind aber nicht nur existentiell, sondern auch emotional und sozial verunsichert. Sie fühlen sich immer weniger geborgen und zunehmend einsam. Ihnen fehlen die emotionale Sicherheit und der soziale Rückhalt, die ihnen die Familie und die Lebensgemeinschaft in der Vergangenheit gegeben haben. Die Menschen leben zwar immer noch in familienähnlichen Strukturen, die aber geschrumpft und instabil geworden sind, und auch die Lebensgemeinschaft dient immer weniger als Hort der emotionalen und sozialen Stabilität (Teil VII).

Wenn Gesellschaft und Wirtschaft an Glaubwürdigkeit verlieren, können uralte Verhaltensmuster und Vorstellungen aufbrechen, die aus den frühesten Zeiten der Lebensgemeinschaft stammen. Dies geschieht jedoch nicht mehr in einer Lebensgemeinschaft mit einigen hundert, sondern in einer Gesellschaft mit Millionen von Menschen. Die Menschen beginnen sich abzugrenzen und andere auszugrenzen. Sie werden anfällig für links- und derzeit vor allem rechtsradikale Strömungen und Populisten, die ihre Ängste schüren, unrealistische Versprechungen machen und ihnen ein Wir-Gefühl vorgaukeln, das die Menschen so sehr vermissen. Dabei können enorme soziale und politische Kräfte freigesetzt werden, die populistisch und ideologisch missbraucht werden und schließlich zu gewalttätigen Auseinandersetzungen führen können. Politiker und Publizisten machen unterschiedlichste Gründe, oft ethnische, kulturelle und religiöse, für die Unruhen verantwortlich. Es sind jedoch die kollektiv unbefriedigten Grundbedürfnisse, die den Missständen zugrunde liegen und soziale Unruhe und Gewalt hervorrufen.

Gesellschaft und Wirtschaft sind zu Selbstläufern geworden und drohen zu Irrläufern zu werden. Das wäre äußerst fatal, sind wir doch für die Befriedigung unserer Grundbedürfnisse auf Gedeih und Verderb auf einen intakten Staat und eine funktionierende Wirtschaft angewiesen. Es sind nicht nur Größe und Komplexität von Gesellschaft und Wirtschaft, die die Menschen verunsichern. Es ist vor allem die berechtigte Befürchtung, dass sie zukünftig ihre Grundbedürfnisse nicht mehr ausreichend befriedigen können, und die damit verbundene Ohnmacht.

Fit und Misfit in Gesellschaft und Wirtschaft

Im 19. Jahrhundert wurden überall in Europa Zoos gegründet. Exotische Tiere aus allen Erdteilen wurden in Käfige gesperrt und von Besuchern bestaunt. Im Laufe des 20. Jahrhundert wurde den Menschen klar: Die Tiere sind unglücklich. Der Panther läuft den ganzen Tag im Käfig hin und her, die Bären reißen sich die Haare aus und der Eisbär verweigert die Nahrung. Die Menschen begannen sich Gedanken zu machen: Wie ist der natürliche Lebensraum der Tiere gestaltet? Wie ernähren sie sich? Leben sie allein oder in Gruppen? Welche Erfahrungen wollen sie machen, etwa bei der Futtersuche? Die Menschen begannen, für die Tiere Lebensräume zu schaffen, die ihren Bedürfnissen entsprachen. Etwa eine Steppenlandschaft mit genügend Auslauf für Antilopen, Bäume, auf die Bären klettern können, oder hohle Baumstämme, vollgestopft mit Beeren und Früchten, an denen sich die Schimpansen abarbeiten müssen, um ans Futter zu kommen. Und dies alles selbstbestimmt, wenn sie Lust dazu haben. In den letzten Jahren kam man schließlich zu der Einsicht: Bestimmte Tierarten darf man nicht mehr im Zoo halten, weil man ihren Bedürfnissen nicht gerecht werden kann.

Wir sind weit anpassungsfähiger als alle Tiere, aber dennoch auf eine »artgerechte« Umwelt angewiesen. Wir leben nicht mehr in unserem ursprünglichen Habitat, in kleinräumigen, übersichtlichen Lebensgemeinschaften mit vertrauten Menschen und eingebettet in die Natur, sondern in einer Gesellschaft, die es in dieser Form erst seit etwa 200 Jahren gibt. Ein Klacks im Vergleich zu den 200 000 Jahren, die unsere Vorfahren in Lebensgemeinschaften erfolgreich überlebt haben. Gewaltig ist auch der Unterschied in Bezug auf die Anzahl der Menschen, die eine Gemeinschaft bilden. Die Lebensgemeinschaft umfasste einige hundert, die Gesellschaft Abermillionen von Menschen. Damit haben sich auch die zwischenmenschlichen Beziehungen tiefgreifend verändert. In der Lebensgemeinschaft waren alle Menschen miteinander vertraut und nahmen eine feste soziale Stellung ein. In der Gesellschaft kennen die Menschen einander kaum mehr und eine feste soziale Stellung ist weitgehend verlorengegangen. Schließlich war die Lebensgemeinschaft während Jahrhunderten, wenn nicht Jahrtausenden in ihrer Zusammensetzung stabil; Lebensweisen und Wertvorstellungen wurden über viele Generationen tradiert. Unsere heutige Gesellschaft dagegen befindet sich in einem permanenten, inzwischen rasanten Wandel.

Da unsere Grundbedürfnisse und grundlegende Wertvorstellungen nach wie vor auf ein Leben in der Lebensgemeinschaft angelegt sind, erstaunt es nicht, dass wir uns in der anonymen Massengesellschaft immer weniger zurechtfinden, das Vertrauen in einen hochkomplexen Staat und eine globalisierte Wirtschaft immer mehr verlieren und einer identitätsstiftenden Kultur nachtrauern. Ist diese Umwelt, die wir uns selbst geschaffen haben, noch »artgerecht«? Und falls nicht, wie können wir Gesellschaft und Wirtschaft menschengerechter machen?

Die Antworten auf diese Fragen werden sich am Fit-Prinzip orientieren, das diesem Buch zugrunde liegt: Jeder Mensch ist einzigartig und will ein passendes Leben führen (Teil VIII). Er fühlt sich dann wohl, verfügt über ein gutes Selbstwertgefühl und eine gute Selbstwirksamkeit, wenn Gesellschaft und Wirtschaft so gestaltet sind, dass er seine Grundbedürfnisse ausreichend befriedigen kann.

Vertrauen und Mitbestimmung in Staat und Gesellschaft

Die Menschen sind verunsichert, weil der Staat mit seinen Institutionen für sie völlig intransparent geworden ist und sie in einer Gesellschaft leben, in der ihnen die Mitbestimmung als Bürger weitgehend abhandengekommen ist. Menschen sind keine Herdentiere, die vertrauensvoll dem Leittier nachlaufen. Sie wollen – mehr denn je – als mündige Wesen wahrgenommen werden und aktiv an Gesellschaft und Staat teilhaben.

In Abwandlung von Winston Churchills berühmtem Zitat hat sich in den vergangenen Jahrzehnten bestätigt: Die Demokratie ist die beste aller Staatsformen. Sie ist keineswegs perfekt, kann aber jederzeit verbessert werden. Hier einige Denkanstöße, wie das Vertrauen und die Mitbestimmung unter den Bürgern gestärkt werden können:

Funktionstüchtiger Staat. Den größten vertrauensbildenden Beitrag leistet der Staat, wenn er funktionsfähig und transparent ist. Dazu braucht es Abgeordnete, die nicht mehr nur ein Parteiprogramm oder eine bestimmte politische Richtung vertreten, sondern sich glaubwürdig für die Grundbedürfnisse der Bürger einsetzen und über die entsprechenden Kompetenzen, etwa in der Familienpolitik, verfügen. Die Regierung besteht nicht mehr aus Politikern, die sich in den Parteien hochgedient haben, sondern aus Persönlichkeiten aus der Gesellschaft, die über möglichst hohe Fachkompetenzen verfügen, etwa im Bildungs- oder Gesundheitsbereich. Die Aufgabe der Medien als vierte Gewalt im Staat ist es, für Transparenz zu sorgen.

Direkte Demokratie. Sie ermöglicht es den Bürgern, nicht nur über Wahlen, sondern mit Volksabstimmungen direkt Einfluss auf die Politik zu nehmen. Die direkte Demokratie, wie sie in der Schweiz seit mehr als hundert Jahren ausgeübt wird, trägt wesentlich dazu bei, die Bürger in Entscheidungsprozesse miteinzubeziehen, eine engagierte öffentliche Debatte zu führen und politische Entscheidungen zu legitimieren. Es macht einen großen Unterschied, ob beispielsweise eine Gesetzesvorlage zur Einbürgerung von Ausländern nur durch Parlament und Regierung oder aber durch eine Volksabstimmung, der eine rege öffentliche Diskussion mit Pro und Contra vorausging, rechtskräftig wird.

Macht nach unten delegieren. Je mehr die Nationen in transnationalen und selbst globalen Konstrukten wie EU und WTO aufgehen, desto »heimatloser« fühlen sich die Menschen. Dem kann entgegengewirkt werden, indem Verantwortung und Entscheidungsbefugnisse vom Bund auf die Regionen und von den Regionen auf die Gemeinden übertragen werden. In der Schweiz können die Bürger darüber abstimmen, ob Steuern für Privatpersonen und Unternehmen erhöht oder gesenkt, Schulgebäude und Krankenhäuser gebaut oder Kultureinrichtungen mehr oder weniger finanziell unterstützt werden. Je mehr politische Verantwortung nach unten delegiert wird, desto weniger fühlen sich die Menschen fremdbestimmt und desto engagierter nehmen sie am politischen Gesehen teil.

In manchen Staaten glauben die Politiker und Regierenden auf Vertrauen und Teilhabe der Bürger verzichten zu können. Das mag in guten Zeiten auch der Fall ein, sicher aber nicht in schlechten. Dann jedoch ist es zu spät.

Gelebte Kultur

Ein Grundelement jeder Gemeinschaft ist die Kultur (Teil I, VI). Die Menschen identifizieren sich über ihre Kultur mit der Gemeinschaft. Welch enorm starkes Zusammengehörigkeitsgefühl eine Kultur erzeugen kann, zeigt sich in der Geschichte des Judentums. Das jüdische Volk hat größtes Leid durchgemacht, von der Verschleppung nach Babylon und Ägypten, unzähligen Pogromen im Mittelalter, Jahrhunderten in der Diaspora bis zum Holocaust im 20. Jahrhundert – und hat trotzdem 2500 Jahre lang überlebt. Eine hochdifferenzierte Kultur, die mit der Religion auf das engste verbunden war, hat die jüdische Gemeinschaft zusammengehalten. Was wir von der jüdischen Kultur ebenfalls lernen können: Eine Kultur muss, um zu bestehen, von den Menschen aktiv und auf vielfältigste Weise gelebt werden und sich an gemeinsamen Werten orientieren. Genau das gelingt der modernen Gesellschaft immer weniger. So sind Kulturen, die jahrhundertelang Bestand hatten, innerhalb einiger Generationen in einer globalisierten Unterhaltungskultur und universellen Wertvorstellungen aufgegangen. Dazu hat eine Vielzahl von Faktoren beigetragen wie eine weltweite Kommunikation, etwa soziale Netzwerke, zunehmende Mobilität, das Verschwinden von regionalen Bräuchen und Sitten, Dialekten oder sogar Sprachen und der Verlust eines Geschichtsbewusstseins. Dieser kulturelle Wandel hat zu einem zunehmenden Identitätsverlust geführt. Sich als Weltbürger zu fühlen, verschafft für sich allein genommen noch keine Identität. Echte Kultur hat etwas Begrenztes und Kleinräumiges, das in einem ständigen Austausch unter vertrauten Menschen aktiv gelebt wird. Dafür sind neue Formen des Zusammenlebens notwendig, wie sie im Kapitel »Familie und Lebensgemeinschaft« beschrieben werden.

Ein sehr wichtiges Kulturgut ist die Bildung. Das Bildungswesen darf nicht nur aus einer Ansammlung von Institutionen bestehen, die für die Gesellschaft und Wirtschaft möglichst kompetente Arbeitskräfte ausbilden. Ihr kultureller Auftrag besteht darin, die individuelle Entwicklung vom Kindergarten bis zur Hochschule zu fördern sowie einen Beitrag zur Heranbildung eines Menschbildes und Gemeinschaftssinns zu leisten.

Existenzsichernde Wirtschaft und sinnvolle Tätigkeit

Es war der Anfang einer gesellschaftlichen Entwicklung, die es in der Menschheitsgeschichte noch nie gegeben hat: Waren die Menschen 200 000 Jahre lang Selbstversorger, so hörten sie innerhalb von nur 200 Jahren weitgehend auf, eigenständig für ihren Lebensunterhalt zu sorgen. Heute sind die allermeisten Menschen bei einem Arbeitgeber angestellt und erkaufen sich mit ihrem Einkommen Wohnraum, Energie und Mobilität sowie den Zugang zu einer Vielzahl von Dienstleistungen und einer globalisierten Konsumwelt. Sie müssen nicht mehr selbst für ihre existentielle Sicherheit sorgen, was für ihre Vorfahren zumeist eine riesige Belastung war, aber auch zum Lebenssinn beigetragen hat. Der Preis dafür ist eine hochgradige Abhängigkeit von der Lohnarbeit und Tätigkeiten, denen immer weniger Menschen einen Sinn abgewinnen können. Und was nach wie vor vorhanden ist: ein enormes Bedürfnis nach existentieller Sicherheit. Die größten Sorgen

Abb. 10.1: Feldarbeit in Afrika, industrielle Nahrungsproduktion in Brasilien.

der Menschen sind nicht Luftverschmutzung, Abholzung der Regen-
wälder und globaler Temperaturanstieg, sondern eine Wirtschaft, die
einbricht und den Wohlstand beeinträchtigt.

Es ist daher aufgrund der jüngsten wirtschaftlichen Entwicklung
verständlich, dass immer mehr Menschen an Existenzängsten leiden,
insbesondere auch was die Zukunft ihrer Kinder anbetrifft. In Spanien
und Italien sind 20 bis 30 Prozent der jungen Erwachsenen arbeitslos
und in Griechenland über 40 Prozent.

Die Verlagerung von Produktionsstätten in Niedriglohnländer wie
Bangladesch und China führten zu einem Verlust von Arbeitsplätzen.
Der größte Jobvernichter aber ist die fortschreitende Automatisie-
rung und Digitalisierung von Arbeitsprozessen. Angefangen hat es
damit, dass die Arbeitskraft von Menschen, die in der produktiven
Wirtschaft, etwa in der Autoindustrie, tätig waren, immer mehr durch
Automaten und Roboter ersetzt worden ist. Die Ökonomen Michael
Hicks und Srikant Devaraj haben nachgewiesen, dass 86 Prozent des
Stellenabbaus in der US-Industrie zwischen 1997 und 2007 auf die
Digitalisierung der Produktion zurückzuführen sind.[1] Künftig – und
teilweise schon heute – werden nicht nur jene Arbeiter arbeitslos wer-
den, die eine monotone Tätigkeit etwa am Fließband oder an einer
Supermarktkasse verrichteten, sondern auch qualifizierte Facharbei-
ter wie Bus- und Lokomotivführer. Sie werden durch den Einsatz von
führerlosen, selbstgesteuerten Fahrzeugen ihre Arbeitsplätze verlieren.
Die Digitalisierung greift zunehmend auch auf die Dienstleistungswirtschaft über, in der drei Viertel aller Erwerbstätigen beschäftigt
sind. So werden Routinearbeiten von kaufmännischen Angestellten
Schritt für Schritt von Computern übernommen, und die Beratungs-
tätigkeit von Versicherungsagenten und Bankangestellten wird auf
Internetplattformen übertragen.

Ökonomen schätzen den Verlust von Arbeitsplätzen in den kommenden Jahrzehnten als hoch ein. Eine detaillierte englische Studie

kam 2013 zu dem Ergebnis, dass 47 Prozent aller Jobs in den USA von der Digitalisierung bedroht sind.[2] Eine Studie von McKinsey geht davon aus, dass 45 Prozent aller von Menschen verrichteten Arbeiten schon heute automatisiert werden könnten.[3] Diese Entwicklung ist nicht aufzuhalten, aus dem einfachen marktwirtschaftlichen Grund, dass Automaten und Roboter billiger sind als menschliche Arbeitskräfte.

Sollte es tatsächlich zu einer Massenarbeitslosigkeit kommen, wäre der Sozialstaat heillos überfordert. Die sozialen Spannungen würden schlagartig zunehmen, die ohnehin schon brüchige Solidargemeinschaft auseinanderfallen, und soziale Unruhen ungeahnten Ausmaßes könnten auftreten. Wir müssen uns also ernsthaft mit der Frage befassen, wie die existentielle Sicherheit der Menschen und die Unterhaltung des Sozialstaates zukünftig gewährleistet werden können.

Als eine Möglichkeit wird das Bedingungslose Grundeinkommen (BGE) diskutiert. Jeder Bürger erhält, unabhängig von der Lebenssituation, in der er sich befindet, eine vom Staat ausgerichtete finanzielle Zuwendung. Er muss dafür keine Gegenleistung erbringen und kann sein Grundeinkommen mit Lohnarbeit aufstocken. Zur Finanzierung des Grundeinkommens macht der Ökonom Thomas Straubhaar den folgenden Vorschlag: Jede Form von Einkommen, also nicht nur die Löhne, sondern Zinsen, ausgeschüttete Gewinne, Dividenden, Tantiemen, Mieteinnahmen, Transaktions- und Spekulationsgewinne werden besteuert.[4]

Nicht nur das Einkommen, sondern auch Vermögen und Besitz tragen zur existentiellen Sicherheit und Lebensqualität, zum sozialen Ansehen und sozialen Status, aber auch zur Machtausübung bei. In der Vergangenheit war der Erwerb von Besitz eine erfolgreiche evolutionäre Strategie, um die Überlebenschancen zu verbessern. Da Besitz nie endgültig gesichert war, entwickelte sich ein beharrliches Streben danach. So will auch ein mehrfacher Milliardär, stolzer Eigentümer eines Finanzimperiums, zahlreicher Villen auf der ganzen Welt, eines eigenen Flugzeugs und einer Yacht, immer noch reicher werden. Eine ursprünglich sinnvolle Überlebensstrategie ist aus dem Ruder gelaufen, weil die herrschenden Gesellschafts- und Wirtschaftsstrukturen dazu führten, dass einige wenige übermäßigen Besitz anhäufen, während die Mehrheit immer mehr verarmt.

Das weltweite Finanzvermögen inklusive Immobilienbesitz wird auf mehr als 200 Billionen Dollar geschätzt.[5] Deren ungleiche Verteilung hat im letzten Jahrzehnt zu einer immer größeren Unzufriedenheit in der Bevölkerung geführt, und dies nicht nur in den noch wenig entwickelten, sondern auch in den wohlhabenden Ländern. So haben die Einkommen und Vermögen der Superreichen extrem zugenommen, während diejenigen des Großteils der Bevölkerung stagnieren oder sogar abgenommen haben.[6] 0,001 Prozent der Weltbevölkerung (etwa 90 000 Menschen) kontrollieren mehr als 30 Prozent des weltweiten Finanzvermögens. 0,01 Prozent (etwa 800 000 Menschen) besitzen insgesamt 62 Prozent und 0,1 Prozent (8 Millionen Menschen) 81 Prozent des Weltvermögens. 99,9 Prozent der fast 8 Milliarden Menschen teilen sich die restlichen 19 Prozent des Finanzvermögens.[7]

Lange Zeit haben neoliberale Ökonomen die einseitige Vermögensverteilung mit dem Argument verteidigt, Reichtum komme längerfristig allen Schichten zugute, da die Reichen in die Wirtschaft investieren und damit Arbeitsplätze und höhere Einkommen generieren würden. Dies war über mehr als 100 Jahre tatsächlich auch der Fall. Der sogenannte »trickle-down effect« funktioniert jedoch heute nicht mehr. Die Vermögenden ziehen es vor, an der Börse zu spekulieren und in gewinnträchtige Unternehmen wie beispielsweise die Minera Escondida in Chile zu investieren. Die weltgrößte Kupfermine gehört zu 58 Prozent einem australisch-britischen, zu 30 Prozent einem britischen, zu 10 Prozent einem japanischen Unternehmen und zu

2 Prozent einer internationalen Finanzkorporation. Der Gewinn geht nicht an die Bevölkerung, sondern an Bergbaukonzerne und Rohstoffhändler in Genf, New York und Singapur, die ihre Gewinne in Offshore-Firmen verstecken, damit sie möglichst wenig Steuern zahlen müssen. Die Bevölkerung geht nicht nur leer aus, sondern wird noch dazu gezwungen, für einen miserablen Lohn zu arbeiten und unter menschenunwürdigen Bedingungen zu leben. Sie fragt sich zu Recht: Warum gehören Firmen und Konzerne wie auch Bodenschätze den Reichen irgendwo auf der Welt und nicht der Bevölkerung? Wieso soll der erarbeitete Gewinn den Shareholdern zufließen und nicht den Arbeitern und Angestellten? Gerecht wäre es doch, wenn sich jeder Mensch sein Einkommen und Vermögen erarbeiten müsste und sich nicht durch übermäßigen Besitz und wirtschaftsschädliche Spekulation auf Kosten der anderen bereichern könnte.

Die exorbitanten Vermögen müssen umverteilt werden, etwa mit der gerechtesten aller Steuern, der Erbschaftssteuer. Der Besitz von Grund und Boden muss ebenfalls neu geregelt werden. Boden soll wie Luft und Wasser Allgemeingut werden. Besitz und Vermögen sollte es auch weiterhin geben, aber nur in dem Ausmaß, dass andere Menschen nicht abhängig gemacht und benachteiligt werden.

Die Menschen wollen nicht nur für den Lebensunterhalt arbeiten. Arbeit soll auch ihr Grundbedürfnis nach Selbstentfaltung und dasjenige nach Leistung befriedigen. Die Menschen wollen sich weiterentwickeln und Leistungen erbringen, die sie befriedigen und die Sinn stiften, die ihr Selbstwertgefühl und ihre Selbstwirksamkeit stärken (Teil IV). Arbeit ist Teil der Menschenwürde. Sie trägt zur sozialen Stellung in der Gemeinschaft bei. In der Vergangenheit waren die Menschen als Bauern, Handwerker und Händler weitgehend selbstständig tätig. So hat etwa ein Schreiner seine Möbel selbst entworfen und dann auch hergestellt. Er war ein Leben lang Schreiner und hat seine handwerklichen Fähigkeiten ständig verbessert. Er war stolz auf seinen Beruf und die Werkstatt, die er sein Eigen nannte. Und er hatte in der Gemeinde einen festen sozialen Status. Heute sind die meisten Erwerbstätigen fest angestellt. Ihre Arbeit besteht hauptsächlich darin, Aufträge auszuführen. Selbstbestimmung und eine eigene Entwicklung im Sinne von Selbstentfaltung sind kaum mehr möglich. Die modernen Arbeitsbedingungen führen dazu, dass sich die Menschen immer weniger mit ihrer Arbeit und dem Arbeitgeber identifizieren. Sie erhalten für ihre Leistung auch kaum mehr soziale Anerkennung. Schließlich können die Menschen auch ihr Bedürfnis nach Leistung immer weniger befriedigen, weil sie ihre individuell sehr unterschiedlich ausgeprägten Kompetenzen immer weniger entfalten und nutzen können (Teil V). So müssen Menschen, die handwerklich begabt sind und körperlich tätig sein möchten, Büroarbeiten erledigen, die ihnen überhaupt nicht entsprechen, was ihr Bedürfnis nach Leistung unbefriedigt lässt und zusätzlich zur Sinnentleerung der Arbeit beiträgt. Arbeiten, die man fremdbestimmt leisten muss und die einem nicht entsprechen, führen gepaart mit Stress immer häufiger dazu, dass die Menschen körperlich und psychisch entkräftet sind, depressiv werden und schlimmstenfalls an einem Burn-out-Syndrom erkranken.

Da die Menschen in einer globalisierten und digitalisierten Wirtschaft ihre Grundbedürfnisse nach Selbstentfaltung und Leistung zukünftig noch weniger befriedigen können, braucht es neue Lebensräume wie die Lebensgemeinschaft, wo die Menschen ihre individuellen Grundbedürfnisse nach Selbstentfaltung und Leistung sowie nach sozialer Anerkennung und Stellung wieder ausreichend befriedigen können.

Familie und Lebensgemeinschaft für ein passendes Leben

Familienverbände und Sippschaften haben dem Homo sapiens über 200 000 Jahre hinweg das Überleben gewährleistet. Seine Vorfahren lebten während Jahrmillionen in einfach strukturierten Gemeinschaften. Und es ist wahrscheinlich, dass bereits unsere Ururahnen, die wir mit den Primaten gemeinsam haben, vor mehr als sechs Millionen Jahren in Gruppen lebten, etwa so wie wir es heute von Gorillas und Schimpansen kennen. Familie und Lebensgemeinschaft sind ein evolutionäres Erbe, das tief in unserer Psyche verwurzelt ist.

Familie und Lebensgemeinschaft waren für unsere Vorfahren überlebenswichtig. Für uns sind sie es – wie zuvor beschrieben – nicht mehr. Doch für unser psychisches Wohlbefinden sind sie nach wie vor unverzichtbar. Wir können das Grundbedürfnis nach Geborgenheit und Zuwendung nur in der Familie und dasjenige nach sozialer Anerkennung, Stellung und sozialem Zusammenhalt nur in der Lebensgemeinschaft befriedigen. Schließlich sind unsere sozialen Kompetenzen wie Bindungsverhalten, Fürsorge und zwischenmenschliche Kommunikation in der Familie und Lebensgemeinschaft entstanden und wenig für ein Leben in einer anonymen Gesellschaft geeignet.

Fragmentierung des Zusammenlebens

In allen Ländern, in denen der gesellschaftliche, technologische und wirtschaftliche Fortschritt Einzug gehalten hat, sind die Familien und Lebensgemeinschaften innerhalb von wenigen Generationen immer stärker in einer anonymen Massengesellschaft aufgegangen (Teil I). Aus Großfamilien mit zahlreichen Kindern und Verwandten sind Kleinfamilien mit ein oder zwei Kindern und nur noch lockeren verwandtschaftlichen Beziehungen geworden. Partnerschaft und Elternschaft werden immer häufiger getrennt gelebt, und die Kinder wachsen in unterschiedlichsten Beziehungskonstellationen wie Kleinfamilien mit alleinerziehenden Eltern und Patchworkfamilien auf (Teil VII). Die Familie droht ihre ursprüngliche emotionale und soziale Stabilität, die für Kinder überaus wichtig ist, nach und nach zu verlieren (Teil VII).

Zur Auflösung der Lebensgemeinschaft haben – wie bei der Familie – eine Vielzahl von Faktoren wie die Diversifizierung von Gesellschaft und Wirtschaft beigetragen. Getrennte Lebensräume, Familie und Arbeitsplatz, und eine rasant zunehmende Mobilität haben zu einer Fragmentierung des Zusammenlebens geführt (Teil VII). Wie sich diese gesellschaftliche Entwicklung auf das Leben der Menschen auswirkt, zeigt sich besonders deutlich an der Art und Weise, wie sie ihre Grundbedürfnisse befriedigen.

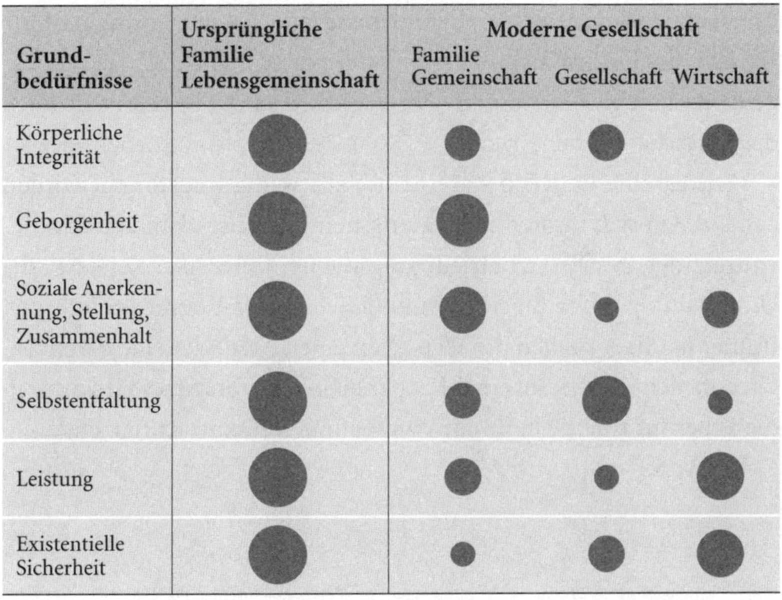

Grund-bedürfnisse	Ursprüngliche Familie Lebensgemeinschaft	Moderne Gesellschaft Familie Gemeinschaft	Gesellschaft	Wirtschaft
Körperliche Integrität	●	●	●	●
Geborgenheit	●	●		
Soziale Anerkennung, Stellung, Zusammenhalt	●	●	●	●
Selbstentfaltung	●	●	●	●
Leistung	●	●	●	●
Existentielle Sicherheit	●	●	●	●

Abb. 10.2. Verlagerung der Befriedigung von Grundbedürfnissen von Familie und Lebensgemeinschaft auf Gesellschaft und Wirtschaft.

Bis vor 200 Jahren haben die Menschen ihre Grundbedürfnisse ausschließlich in der Familie und der Lebensgemeinschaft befriedigt, was sie auf das engste zusammengeschweißt hat (Teil VII). So wurden die Beschaffung von Nahrung, die Betreuung der Kinder oder der Schutz vor Gewalt gemeinsam bewältigt. Eine eigene Sprache, Bräuche, Sitten und religiöse Vorstellungen haben die Menschen zusätzlich in die Gemeinschaft eingebunden. Dieser emotionale, soziale und existentielle Zusammenhalt ist in der modernen Gesellschaft weitgehend verlorengegangen. So wird die Ernährung durch die Wirtschaft sichergestellt, und für das körperliche Wohlbefinden sorgt das Gesundheitswesen. Es ist immer noch die Aufgabe der Eltern, ihre Kinder zu erziehen, deren Ausbildung jedoch wird weitgehend vom Bildungswesen geleistet. Für die existentielle Sicherheit sind der Staat, etwa mit seinem Rechtswesen, und die Wirtschaft als Arbeitgeber zuständig. Die emotionalen und sozialen Grundbedürfnisse jedoch – das ist eine zentrale Einsicht des Fit-Prinzips – können nur in der Familie und der Lebensgemeinschaft gestillt werden. Dazu sind weder die Gesellschaft noch die Wirtschaft in der Lage.

Weil Familie und Lebensgemeinschaft wenig tragfähig geworden sind, fühlen sich immer mehr Menschen in ihrem Wohlbefinden beeinträchtigt. Als Ersatzbefriedigung dienen ihnen der Konsum, die Unterhaltung durch die Medien und die sozialen Räume im Internet. Immer häufiger suchen die Menschen einen Arzt oder eine Psychologin auf, nicht weil sie an einer Krankheit leiden, sondern weil sie durch die Lebensumstände in ihrem Wohlbefinden beeinträchtigt sind.

Warum Familie und Lebensgemeinschaft unverzichtbar sind

Uns fehlen zeitgemäße Formen des Zusammenlebens, in denen Menschen jeden Alters Geborgenheit, Anerkennung und Solidarität erfahren und selbstbestimmt ihre Individualität leben können.

Kinder brauchen, damit sie sich gut entwickeln, ein soziales Umfeld, wie es nur die Familie und die Lebensgemeinschaft gewährleisten können. Die ausgeprägte Bindung zwischen Kind und Eltern bildet das Fundament des familiären Zusammenhalts. Es ist die einzige Beziehungsform, in der sich die Kinder bedingungslos angenommen fühlen. Damit sie ein gesundes Urvertrauen entwickeln und zu emotional stabilen und sozial kompetenten Erwachsenen heranwachsen können, sind sie auf Eltern angewiesen, die verfügbar und verlässlich sind, die auf ihr Verhalten angemessen reagieren und vor allem ihre Grundbedürfnisse ausreichend befriedigen (Teil IV).

Die Familie war zu keiner Zeit ein soziales Eiland, auf dem die Eltern ihre Kinder allein großgezogen haben. Sie war immer in eine Lebensgemeinschaft eingebunden. Kinder brauchen neben ihren Eltern Beziehungen mit vertrauten Erwachsenen, die ihnen als Vorbilder dienen und ihnen Erfahrungen ermöglichen, die sie für ihre Entwicklung benötigen (Teil III). Und sie brauchen für ihre Entwicklung ebenfalls Beziehungen mit Kindern unterschiedlichen Alters. Sie wollen Freundschaften schließen und gemeinsame Erfahrungen machen. Stabile, langjährige Beziehungen mit Erwachsenen und Kindern sind für ihre Entwicklung unverzichtbar.

Manche Erwachsene kommen im Leben allein ganz gut zurecht – wenn da nicht das Bedürfnis nach Geborgenheit wäre. Ohne ein Mindestmaß an Geborgenheit fühlen sich die meisten Menschen auf Dauer einsam und gestresst. Sie sehnen sich – wenn auch weniger als Kinder – danach, bedingungslos angenommen zu werden. Wenn sie

431

sich verlieben, kommen sie in einen Zustand, der in seiner Absolutheit der Kind-Eltern-Bindung ähnelt. Leider hält die Liebe nicht wie bei Philemon und Baucis ein Leben lang an. Gehen die Menschen eine Partnerschaft ein, haben sie oft so hohe Erwartungen, dass sie die Beziehung überfordern. Die Partnerschaft soll auch noch als Ersatz für die fehlende Lebensgemeinschaft dienen. Ein wesentliches Element einer dauerhaften und tragfähigen Partnerschaft ist – wie für die Familie – die Einbindung in eine Lebensgemeinschaft. Eine Partnerschaft wird entlastet, tragfähiger und bereichert, wenn sie in einer Gemeinschaft mit einem breiten Beziehungsnetz und vielfältigen Erlebnisräumen, aber auch gemeinsamen Verantwortlichkeiten gelebt werden kann.

Eine weitere große Gruppe von Menschen, die für ihr Wohlbefinden auf ein Leben in einer Gemeinschaft angewiesen sind, sind die älteren Menschen. Viele sind nicht nur unselbständiger und pflegebedürftig, sondern auch vermehrt auf Nähe und Zuwendung angewiesen. Ihnen mangelt es oft an emotionaler und sozialer Sicherheit, weil ihre Beziehungen zu den Kindern, Verwandten und Bekannten immer schwächer und unverbindlicher geworden sind. Mit dem Eintritt in den Ruhestand haben sie zudem ihren sozialen Status verloren, fühlen sich nutzlos, nur noch als Last für Familie und Staat, was sie in ihrem Selbstwertgefühl zusätzlich beeinträchtigt. Sie möchten in einem Kreis von vertrauten Menschen leben, mit denen sie sich austauschen und eine gute Zeit verbringen können. Sie möchten auch gebraucht werden, einen Beitrag für die Gemeinschaft leisten, etwa indem sie den Kleinen Geschichten erzählen und den Größeren bei den Hausaufgaben helfen. Damit betagte Menschen sich aufgehoben fühlen und ein sinnerfülltes Leben führen können, brauchen sie die Lebensgemeinschaft.

Es gilt also, neue Lebensformen zu finden, in denen sich die Menschen jeden Alters geborgen und einer Gemeinschaft zugehörig fühlen, soziale Anerkennung erhalten und eine gesicherte soziale Stellung einnehmen. Nur in beständigen und vertrauensvollen Beziehungen sind die Menschen bereit, ihre Mitmenschen mit ihren Stärken und Schwächen zu akzeptieren, einander in schweren Zeiten beizustehen und Verantwortung füreinander zu übernehmen.

Familie und Lebensgemeinschaft neu denken

Wir können das Rad der Zeit nicht zurückdrehen, und wir wollen auch nicht zur Lebensgemeinschaft früherer Zeiten zurückkehren. Damals herrschten oftmals sehr autoritäre Familienstrukturen und in der dörflichen Gemeinschaft eine hohe soziale Kontrolle, die die Menschen in ihrer Selbstentfaltung eingeschränkt hat. Wir haben aber die Chance, uns neue Formen des Zusammenlebens auszudenken, deren Umsetzung uns vor eine anspruchsvolle, aber auch höchst befriedigende Herausforderung stellt.

Unsere Vorfahren waren durch die Lebensbedingungen schlicht gezwungen, sich in Lebensgemeinschaften zusammenzufinden. Wir brauchen, um zu überleben, die Lebensgemeinschaft nicht mehr, und es scheint, als könnten wir auf beständige und tragfähige zwischenmenschliche Beziehungen verzichten. Wir haben uns an ein Leben mit großen individuellen Freiheiten und wenig zwischenmenschlicher Verantwortung gewöhnt und sind nur ungern bereit, darauf zu verzichten. Wir stehen untereinander in einem ständigen Wettbewerb, müssen uns immer wieder aufs Neue als Partner und Arbeitskraft bewähren und laufen dauernd Gefahr, aus allen Beziehungsnetzen herauszufallen und sozial zu vereinsamen. Wir leben einen extremen Individualismus auf Kosten der Solidarität.

Eine Lebensform, die Individualität und Solidarität vereint, ist die Lebensgemeinschaft. Sie entsteht aus einem freiwilligen Zusammenschluss von Menschen, die sich, nachdem sie sich gründlich kennengelernt und ausgetauscht haben, für eine solche Form des Zusammenlebens entscheiden. Sie gründen zum Beispiel gemeinsam eine Wohngenossenschaft, an der sie sich mit einem finanziellen Beitrag beteiligen; zusätzlich wird die Genossenschaft vom Staat unterstützt – doch davon später. Damit ein Zusammengehörigkeitsgefühl entstehen kann, braucht es einen regen zwischenmenschlichen Austausch und viele gemeinsame Erfahrungen. Die Menschen konsumieren nicht mehr nur passiv, sondern beteiligen sich aktiv am Gemeinschaftsleben. Sie können Tätigkeiten nachgehen, die ihren individuellen Fähigkeiten entsprechen und für sie sinnvoll sind.

Gegenseitiges Geben und Nehmen und gemeinsame Interessen wirken wie Klammern, die das Gemeinwesen zusammenhalten. So unterstützt man einander im Alltag, etwa bei der Kinder- und Altenbetreuung, pflegt Hobbys und treibt gemeinsam Sport. Die Beziehungen vertiefen sich, wenn sich die Menschen füreinander einsetzen, gemeinsam Konflikte lösen und Verantwortung für die Gemeinschaft übernehmen.

Wie groß das Bedürfnis nach einem verstärkten Zusammenleben ist, zeigt die Zunahme von gemeinschaftlichen Aktivitäten wie Stadtgärten, Tausch-Basare, Reparatur-Cafés und generationenübergreifende Wohnprojekte, die von einzelnen besonders initiativen Menschen gegründet und unterhalten werden. Damit dieses Bedürfnis umfassend und auf Dauer befriedigt werden kann, bestehen in der Lebensgemeinschaft mit ihren Strukturen ideale Voraussetzungen.

Der Staat unterstützt die Lebensgemeinschaft und profitiert davon

Die Lebensgemeinschaft kann ihren Zweck nur erfüllen, wenn sie über die notwendige Infrastruktur verfügt. Die Gemeinschaft erwirbt Liegenschaften, die sie als Wohngenossenschaft bewirtschaftet. Die einzelnen Häuser mit ihrem Garten werden so umgestaltet, dass ein gemeinsamer Lebensraum entsteht. Idealerweise kann ein Grundstück erworben und darauf eine Siedlung nach den Vorstellungen der Lebensgemeinschaft errichtet werden. Neben ökologischen Aspekten wie Erdwärme und Sonnenkollektoren geht es hauptsächlich darum, Lebensräume zu schaffen, in denen sich die Menschen wohlfühlen. Dafür werden bei der Planung und beim Bau oder Umbau der Liegenschaft alle, auch die Kinder (!), einbezogen. Wie sollen die Wohnungen und Begegnungsräume gestaltet werden? Sind verstellbare Wände in den Wohnungen sinnvoll? Welche Treppen und Lifte sind besonders geeignet für ältere Menschen? Wie sollen Garten und Spielplatz aussehen? Gemeinsames Planen ist aufwendig, gewährleistet aber die gewünschte Lebensqualität und verstärkt das Zusammengehörigkeits- und Verantwortungsgefühl für das Gemeinwesen.

Aus der Sicht des Fit-Prinzips ist es die wichtigste Aufgabe der Gesellschaft, für Lebensräume zu sorgen, in denen die Menschen ein passendes Leben führen können. Der Staat fördert daher die neuen Formen von Familie und Lebensgemeinschaft, indem er sie mit Steuererleichterungen für die Familien und mit günstigen Hypotheken für Wohngenossenschaften unterstützt. Er schafft Rahmenbedingungen in der Raumplanung und Gesetzgebung, die den gemeinschaftlichen Wohnungsbau erleichtern. Die Eigentumsrechte werden angepasst und die Wohngenossenschaften mit rechtlichen Auflagen geschützt, so dass sie dem Immobilienmarkt weitgehend entzogen werden.

Schließlich steht auch die Wirtschaft in der Pflicht. Damit die Menschen in der Lebensgemeinschaft ein passendes Leben führen können, müssen die Arbeitsbedingungen verbessert und vor allem die Eltern zeitlich entlastet werden. Dazu gehören nicht nur ein ausreichender Elternurlaub und flexible Arbeitszeiten, sondern auch Teilzeitangebote, die Mütter und Väter bezüglich Einkommen und Berufskarriere nicht mehr diskriminieren. Das ist keine Utopie. Die skandinavischen

Länder machen es vor – wohlverstanden ohne ökonomische Einbußen.

Die Lebensgemeinschaft belastet den Staat nicht nur, sie entlastet ihn auch. Sie nimmt ihm Aufgaben ab, die er selbst nicht befriedigend erbringen kann und die sehr kostspielig geworden sind. So können Kinder und betagte, behinderte und chronisch kranke Menschen in Lebensgemeinschaften besser betreut werden als in staatlichen Einrichtungen. Zudem sind die Leistungen, die von der Lebensgemeinschaft erbracht werden, für den Staat kostengünstiger als der Betrieb von Kitas und Horten, Pflege- und Altersheimen.

Schließlich kann die Lebensgemeinschaft den Staat entscheidend darin unterstützen, ein gravierendes gesellschaftliches Problem zu lösen. Viele Länder stecken in einer demographischen Falle. Einerseits werden die Menschen immer älter und andererseits werden zu wenig Kinder geboren, um den Sozialstaat im Gleichgewicht zu halten. Die finanziellen Aufwendungen für die sozialen Leistungen wie die Altersrente nehmen ständig zu, und die Anzahl der Erwerbstätigen, die dafür aufkommen müssen, nimmt immer mehr ab. Überalterung kann nur vermieden werden, wenn die Anzahl Kinder, die jedes Jahr geboren werden, mindestens gleich groß ist wie die Anzahl Frauen und Männern in der vorhergehenden Generation. Diese sogenannte generationenerhaltende Geburtenrate beträgt – statistisch ausgedrückt – 2,1 Kinder pro Frau. Deutschland und die Schweiz weisen jedoch lediglich eine Geburtenrate von 1,4 auf. In allen südeuropäischen Ländern, auch im kinderliebenden Italien, sind die Geburtenraten noch niedriger. Und so fehlen jedes Jahr mehr als ein Drittel Kinder, um die Größe der Bevölkerung langfristig stabil zu halten. Länder mit sehr niedrigen Geburtenraten wie Japan und Italien haben ihre Bevölkerung verzweifelt, aber ohne Erfolg dazu aufgerufen, Familien zu gründen und mehr Kinder zu bekommen. Dass eine generationenerhaltende Geburtenrate durchaus erreicht werden kann, machen uns die skandinavischen Länder mit einer Geburtenrate von etwa 2,0 Kinder pro Frau vor. Sie unterstützen Familien mit ausreichender Elternzeit, kostenloser Kinderbetreuung und Ganztagsschulen sowie gesellschaftlichen und wirtschaftlichen Maßnahmen, die die Vereinbarkeit von Familie und Erwerbstätigkeit gewährleisten.

Lebensgemeinschaften für alle? Was ist mit all den Menschen, die nicht auf ihr Eigenheim mit Garten und den heißgeliebten Offroader verzichten wollen? Für die eine Lebensgemeinschaft – wie hier skizziert – zu viel zwischenmenschliche Kontrolle und zu viele Verpflichtungen bedeutet? Ihnen steht es frei, so weiterzuleben wie bisher. Aber alle Menschen, die in Lebensgemeinschaften leben wollen, sollten die Möglichkeit dazu haben. Und sie werden es nicht bereuen. Die finanziellen Aufwendungen werden niedriger ausfallen, und die Eltern können Familienleben und Arbeit besser vereinen. Das Leben bekommt wieder mehr Sinn, der in der Gesellschaft und Wirtschaft weitgehend verlorengegangen ist. Sie kreisen nicht mehr nur um ihr eigenes Wohlbefinden, sondern nehmen Anteil am Leben anderer. Sie freuen sich, wenn es ihren Mitmenschen gutgeht, und trösten und unterstützen sie, wenn sie eine schwere Zeit durchmachen. Sie erleben, wie Kinder auf die Welt kommen und aufwachsen, aber auch wie Menschen krank und gebrechlich werden. Sie sind weniger auf Anerkennung und Leistungen in der Arbeitswelt angewiesen und von materiellen Gütern abhängig, weil sie in der Lebensgemeinschaft ein passendes Leben führen dürfen.

Es war mir ein großes Anliegen in diesem Kapitel, auf die Grundelemente hinzuweisen, die eine moderne Lebensgemeinschaft ausmachen. Sie sollen den Menschen ermöglichen, all die Grundbedürfnisse zu befriedigen, die sie in Gesellschaft und Wirtschaft nicht befriedigen können. Sind die Rahmenbedingungen einmal gesetzt, können die Menschen die Lebensgemeinschaft auf ihre Weise gestalten.

Ein passendes Leben zu führen ist ein Menschenrecht

Das Fit-Prinzip gilt nicht nur im Kleinen, für den einzelnen Menschen, sondern auch im Großen, für die Gesellschaft, ja für die ganze Menschheit. Jeder der acht Milliarden Menschen auf der Welt strebt danach, seine Individualität in Übereinstimmung mit der Umwelt zu leben. Er will seine Grundbedürfnisse befriedigen, seine Kompetenzen entfalten und nutzen und nach seinen Vorstellungen und Überzeugungen leben. Gelingt es den Menschen, ein passendes Leben zu führen, fühlen sie sich körperlich und psychisch wohl und verfügen über ein gutes Selbstwertgefühl und eine gute Selbstwirksamkeit.

Damit die Menschen ein passendes Leben führen können, brauchen sie eine Gesellschaft und eine Wirtschaft, die ihnen die Möglichkeit dazu geben. Und das nicht nur in den wohlhabenden Ländern, sondern weltweit. Wahrhaftige Menschlichkeit besteht nicht nur darin, am Leid der Menschen Anteil zu nehmen und Nothilfe zu leisten, sondern die Menschen dazu zu befähigen, ihre Grundbedürfnisse selbständig zu befriedigen. Überall auf der Welt leben Milliarden von Menschen in Armut und Elend und leiden unter Naturkatastrophen und Hunger. Tagtäglich sehen sie in den Medien und auf ihren Smartphones, welch großer Wohlstand in Europa und Amerika herrscht. Kein Wunder, dass sich immer mehr Menschen dorthin aufmachen, um ihrem Elend zu entkommen. Wir müssen sie mit Wissenstransfer und finanziellen Mitteln in die Lage versetzen, dass sie ihre Grundbedürfnisse in Zukunft selbständig befriedigen können. Dafür braucht es unsererseits die Bereitschaft dazu, aber auch Demut und Geduld. Langfristig werden jedoch alle – auch wir – davon profitieren. Frieden ist keine Utopie. Er kann Wirklichkeit werden, wenn die Menschen ein passendes Leben führen können.

ANHANG

Die Zürcher Longitudinalstudien

Die Zielsetzung der Zürcher Longitudinalstudien war, die Vielfalt unter den Kindern möglichst detailliert zu erfassen und die Gesetzmäßigkeiten der kindlichen Entwicklung besser zu verstehen. Die gewonnenen Erkenntnisse haben nicht nur unser Verständnis für das Wesen Kind vertieft, sondern auch dazu beigetragen, Kinder mit Entwicklungs- und Verhaltensstörungen in ihren individuellen Eigenheiten so genau zu erfassen, dass wir sie in ihrer Entwicklung besser unterstützen sowie Eltern und Fachleute kindgerechter beraten können. Um dieses ambitiöse Forschungsprojekt umzusetzen, hat ein Team von Kinderärzten, Entwicklungsspezialisten und Biostatistikern die Entwicklung bei mehr als 900 Kindern von der Geburt bis ins frühe Erwachsenenalter aufgezeichnet. Dafür haben sie zwischen 1954 und 2005 vier Longitudinalstudien in der Abteilung für Wachstum und Entwicklung am Universitäts-Kinderspital Zürich durchgeführt.

Die *Erste Zürcher Longitudinalstudie mit 350 Kindern* wurde von 1954 bis 1974 im Rahmen der Europäischen Kollaborativen Studien durchgeführt.[1] Die Kinder wurden im Alter von 1, 3, 6, 9, 12, 18 und 24 Monaten untersucht, danach jährlich bis zum 10. Lebensjahr und dann halbjährlich bis zum 18. Lebensjahr. Das Hauptziel dieser Studie war, die körperliche Entwicklung möglichst vollständig zu beschreiben. Diese weltweit größte Datenbank longitudinaler Wachstumsdaten umfasst Normdaten von 22 anthropometrischen Maßen sowie dem Knochenalter. Die detaillierten Daten ermöglichten uns, eine

Zürcher Longitudinalstudien 1954–2005

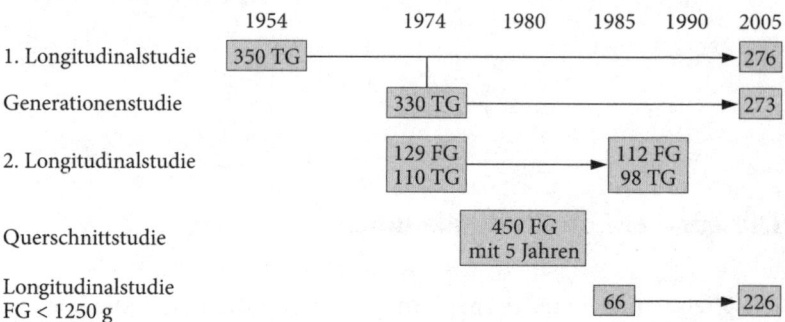

Zürcher Longitudinalstudien. TG: termingeborene Kinder; FG: frühgeborene Kinder.

Vielzahl von wissenschaftlichen Fragen zu beantworten, etwa über die Beziehungen zwischen Wachstumsparametern wie Körpergröße und Gewicht oder über die Dynamik der körperlichen Entwicklung wie das Auftreten der sekundären Geschlechtsmerkmale und des Wachstumsspurts in der Pubertät.

In die *Generationenstudie* wurden ab den 1970er Jahren die Kinder der Probanden, die an der ersten Studie teilgenommen hatten, aufgenommen. Insgesamt 330 Kinder wurden von der Geburt bis zum 18. Lebensjahr in ihrer Entwicklung begleitet. Es wurden Entwicklungsbereiche wie Kognition, Sprache und Motorik sowie das Verhalten wie Blasen- und Darmkontrolle und Schlaf erfasst. Detaillierte Angaben über die Lebensbedingungen, unter denen die Kinder aufwuchsen, haben wir in umfassenden Gesprächen von den Eltern erhalten. Die Besonderheit dieser Studie liegt daran, dass Daten über Wachstum und Entwicklung sowohl von einem Elternteil als auch von seinen Kindern erhoben wurden und miteinander verglichen werden können.

Die *Zweite Zürcher Longitudinalstudie* wurde aus ethischen Gründen durchgeführt. In den 1970er Jahren haben dank eines enormen medizinischen und technologischen Fortschritts in der Perinatologie immer mehr frühgeborene Kinder überlebt. Da diese Kinder oftmals schwerwiegende Komplikationen durchgemacht hatten, fühlten wir uns verpflichtet, eine sorgfältige Nachkontrolle bei ihnen durchzuführen. Die Studie umfasste 129 frühgeborene Kinder und eine Kontrollgruppe von 110 termingeborenen Kindern, deren Entwicklung wie bei den Kindern in der Generationenstudie verfolgt wurde. Die Studie wurde mit einer Querschnittstudie ergänzt, in der 450 frühgeborene Kinder im Alter von 5 Jahren einmalig nachkontrolliert wurden.

In die *Longitudinalstudie sehr frühgeborener Kinder* wurden von 1985 bis 2005 226 Kinder aufgenommen, deren Geburtsgewicht weniger als 1250 Gramm betrug und die ein deutlich erhöhtes Risiko für Entwicklungsstörungen aufwiesen. Sie wurden in ihrer Entwicklung ebenfalls von der Geburt bis ins Erwachsenenalter begleitet.

Die Ergebnisse der Zürcher Longitudinalstudien wurden in mehr als 120 Originalartikeln in Fachzeitschriften publiziert und in über 100 Übersichtsarbeiten an Fachleute wie Lehrer und Therapeuten weitergegeben. Die Beschreibungen der kindlichen Entwicklung in acht Büchern haben eine breite Leserschaft, insbesondere unter Eltern, gefunden. Ausführliche Quellenangaben und weitere Informationen über die Zürcher Longitudinalstudien können unter www.largo-fitprinzip.com abgerufen werden.

Praktische Anleitung zur Anwendung des Fit-Prinzips

Für Leserinnen und Leser, die eine Einschätzung nach dem Fit-Prinzip bei sich oder bei einer nahestehenden Person, etwa dem eigenen Kind, vornehmen möchten, enthält dieses Kapitel einige praktische Hilfsmittel. Wegleitend sollen die Ausführungen in Teil VIII und IX sein, die beschreiben, wie die Grundbedürfnisse, Kompetenzen und Vorstellungen erfasst, das allgemeine Befinden und die Reaktionen auf Disstress gemessen sowie Fit- und Misfit-Konstellationen erkannt werden können. Die Fragen, die auf Seite 401 bis 406 tabellarisch aufgeführt werden, können den Einstieg in die verschiedenen Bereiche des Fit-Prinzips erleichtern. Es empfiehlt sich, die Bereiche getrennt nach Kindheit, frühem Erwachsenenalter und aktueller Lebenssituation zu durchforschen und sich abschließend zu fragen: Was hat sich im Lauf der Zeit verändert? Wie ist es zu Fit- und Misfit-Konstellationen gekommen? Nachstehend folgt eine kurze Anleitung mit Netzdiagrammen zum Kopieren und Ausfüllen. Es empfiehlt sich, unterschiedliche Farben zu verwenden.

Wie sind meine Grundbedürfnisse ausgebildet?

Wie eine *Bewertung der Grundbedürfnisse* vorgenommen werden kann, wird in Teil IV ausführlich beschrieben. Bei der Selbsteinschätzung sollte man es nicht beim subjektiven Eindruck belassen, sondern immer auch Vergleiche mit seinen Mitmenschen anstellen. Wie groß ist beispielsweise mein Bedürfnis nach sozialer Anerkennung und sozialer Stellung im Vergleich zu dem der Geschwister und Freunde? Fremdeinschätzungen helfen, die eigene Bewertung zu objektivieren. Wie hoch schätzen die Eltern mein Bedürfnis nach Geborgenheit und Zuwendung ein? Wie beurteilen ehemalige Lehrer mein Bedürfnis nach Selbstentfaltung und Leistung? Jedes Grundbedürfnis wird auf einer Skala von 1 bis 7 beurteilt und der erhaltene Wert ins Netzdiagramm eingetragen.

Übereinstimmung mit der Umwelt: Auch die Anforderungen und Erwartungen der Umwelt werden für jedes Grundbedürfnis bestimmt, auf einer Skala von 1 bis 7 bewertet und im Netzdiagramm festgehalten. Ist beispielsweise meine Familie der Meinung, ich würde

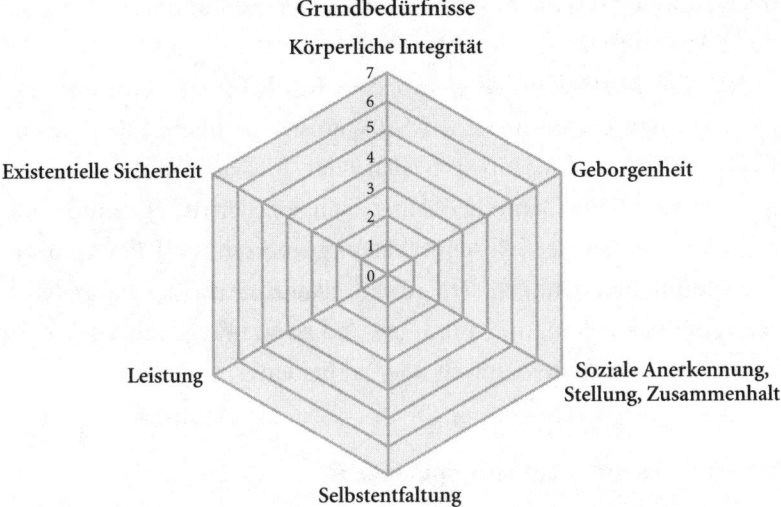

Meine Grundbedürfnisse. Skalierung: 1: sehr niedrig; 2: niedrig; 3: knapp unter Durchschnitt; 4: durchschnittlich; 5: knapp über Durchschnitt; 6: groß 7: sehr groß

Raum für Notizen:

mich zu wenig um meine existentielle Sicherheit kümmern? Erwartet mein Arbeitgeber von mir höhere Leistungen?

Fit- und Misfit-Konstellationen: Der Grad der Übereinstimmung zwischen den Diagrammen der Selbsteinschätzung und der Umwelt weist auf Fit- und Misfit-Konstellationen hin. So kann ein Auseinanderklaffen beim Grundbedürfnis nach sozialer Anerkennung und Stellung zwischen der Selbsteinschätzung einerseits und den Anforderungen und Erwartungen der Umwelt, etwa am Arbeitsplatz, andererseits eine Misfit-Situation aufzeigen und zu der Frage führen: Woran liegt es, an mir, an der Umwelt oder an beiden?

Wie steht es um meine Kompetenzen?

Wie eine *Bewertung der Kompetenzen* durchgeführt werden kann, wird in Teil V, VIII und IX ausführlich beschrieben. Die Selbsteinschätzung sollte immer auch durch Vergleiche mit den Mitmenschen ergänzt werden, etwa bei der Bewertung der mathematischen Kompetenzen mit ehemaligen Mitschülern oder bei der Einschätzung der zeitlich-planerischen Kompetenzen mit Kollegen. Fremdeinschätzungen helfen, die eigenen Werte zu objektivieren, beispielsweise bei der Bewertung der sprachlichen Kompetenzen durch Eltern und Lehrer. Jede Kompetenz wird auf einer Skala von 1 bis 7 beurteilt und der erhaltene Wert ins Netzdiagramm eingetragen.

Übereinstimmung mit der Umwelt: Die Anforderungen und Erwartungen der Umwelt in Bezug auf die einzelnen Kompetenzen werden ebenfalls festgehalten, auf einer Skala von 1 bis 7 eingeschätzt und die Werte ins Netzdiagramm übertragen. Welche Anforderungen stellt beispielsweise der Arbeitgeber an meine sprachlichen Kompetenzen?

Fit- und Misfit-Konstellationen: Der Grad der Übereinstimmung zwischen der Selbsteinschätzung und der Bewertung durch die Umwelt weist auf Fit- und Misfit-Konstellationen hin. So kann bei der

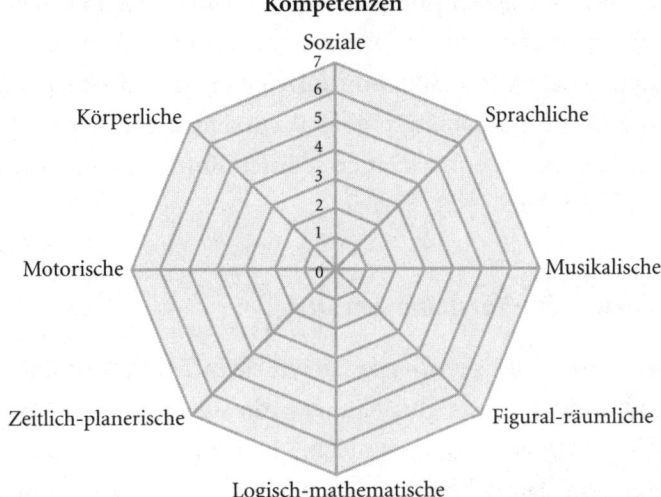

Meine Kompetenzen. Skalierung: 1: sehr niedrig; 2: niedrig; 3: knapp unter Durchschnitt; 4: durchschnittlich; 5: knapp über Durchschnitt; 6: hoch; 7: sehr hoch

Raum für Notizen:

Bewertung der sozialen Kompetenzen ein Unterschied zwischen der Selbsteinschätzung und den Erwartungen und Anforderungen am Arbeitsplatz eine Misfit-Situation aufzeigen und zu der Frage führen: Wie groß ist mein Begabungspotential, wo sind seine Grenzen? Woran liegt es, dass ich mich mit meinen sozialen Kompetenzen über- oder unterfordert fühle?

Wie sehen meine Vorstellungen aus?

Die *Bewertung von Vorstellungen,* so wie sie in Teil VI ausführlich beschrieben sind, umfasst Vorstellungen, die alle Menschen beschäftigen, wie Selbstbild, Familie und Ehe, Erziehung und Schule, Moral und Religion. Dazu kommen Vorstellungen, die jedem Einzelnen wichtig sind wie etwa ein Umweltbewusstsein. Für jede Vorstellung wird eine separate Dokumentation angelegt. Die inhaltlichen Angaben sollten immer auch mit einer Skalierung von 1 bis 7 bewertet werden. Die Einträge werden wiederum separat für Kindheit, frühes Erwachsenenalter und aktuelle Lebenssituation gemacht. Nachfragen, etwa bei Eltern und Freunden, tragen dazu bei, die eigenen Aufzeichnungen zu objektivieren.

Übereinstimmung mit der Umwelt: Die Vorstellungen, die in der sozialen Umwelt herrschen, werden ebenfalls festgehalten und bewertet. Welche politischen Vorstellungen vertreten beispielsweise meine Eltern? Welche Ansichten haben meine Arbeitskollegen über die Wirtschaft, etwa über die Ursachen von Arbeitslosigkeit?

Fit- und Misfit-Konstellationen: Den Grad der Übereinstimmung zwischen den eigenen Vorstellungen und denjenigen der Umwelt zeigen Fit- und Misfit-Konstellationen auf, die im Verlauf des Lebens auftreten, aber auch wieder verschwinden können. So teilen Kinder weitgehend die moralischen und erzieherischen Vorstellungen der Eltern, im Erwachsenenalter aber oftmals nicht mehr. Sehr hilfreich ist es, sich immer wieder zu fragen: Wie stark werden meine Vorstellungen durch die individuelle Ausprägung meiner Grundbedürfnisse und Kompetenzen sowie meine Erfahrungen bestimmt, und wie sehr werden sie durch die Umwelt geprägt oder mir sogar gegen meinen Willen aufgedrängt?

Wie reagiere ich auf Misfit-Situationen?

Die *Einschätzung von emotionalem Befinden und psychischen und körperlichen Reaktionen* in einer Misfit-Situation wird in Teil IX ausführlich beschrieben. Oftmals ist es nicht einfach herauszufinden, wie sehr man in seinem Befinden beeinträchtigt ist und wie stark Psyche und Körper darunter leiden. Es kann helfen, sich daran zu erinnern, wie man sich in der Vergangenheit in einer Misft-Situation gefühlt und worunter man gelitten hat, und bei seinen Mitmenschen nachzufragen, etwa bei Freunden und Arbeitskollegen, wie sie einen wahrnehmen.

Ausgangspunkt bei einer Einschätzung des eigenen Befindens ist der Zustand, in dem man sich in einer weitgehenden Übereinstimmung mit der Umwelt befindet. In einer Fit-Situation fühlt man sich wohl und verfügt über ein gutes Selbstwertgefühl und eine gute Selbstwirksamkeit. Stellt sich eine Misfit-Situation ein, ist man als Erstes in seinem Wohlbefinden, Selbstwertgefühl und der Selbstwirksamkeit beeinträchtigt. Verschlimmert sich der Misfit, treten je nach der individuellen psychischen und körperlichen Disposition unterschiedliche Begleitsymptome auf. Um sich seines Befindens und seiner Reaktionsweisen bewusst zu werden, helfen Antworten auf Fragen wie die folgenden:

• Woran spüre ich, dass ich in meinem Wohlbefinden beeinträchtigt bin? In welchen Situationen bin ich verunsichert? Wann fühle ich mich hilflos, und wann bin ich überfordert?

- Wie reagiere ich darauf? Bin ich ängstlich, reizbar oder verstimmt?
- Bin ich lustlos und weniger leistungsfähig geworden? Hat mein Interesse an meiner Arbeit und meinen Hobbys nachgelassen?
- Wie steht es um mein Beziehungsverhalten? Ziehe ich mich zurück? Bin ich stärker als sonst mit mir selbst beschäftigt?
- Plagen mich körperliche Symptome wie Kopfschmerzen, Verspannungen, Darmbeschwerden oder Schlafstörungen?
- Trinke ich mehr Alkohol als früher? Greife ich vermehrt zu Medikamenten?
- Spüre ich eine emotionale Leere? Leide ich an depressiven Verstimmungen? Kann ich die Anforderungen des Alltags immer weniger bewältigen?

Die eigenen Grundbedürfnisse, Kompetenzen und Vorstellungen wie auch das eigene Befinden und die Begleitsymptome besser zu verstehen kann dabei helfen, eine Misfit-Situation erfolgreich zu bewältigen.

DANK

Mein größter Dank gilt allen Kindern und Eltern, die ich in den Zürcher Longitudinalstudien kennenlernen durfte. Sie haben den Studien über Jahrzehnte die Treue gehalten und einen riesigen zeitlichen Aufwand auf sich genommen, der für ein Gelingen der Untersuchungen unabdingbar war. Von den Kindern habe ich gelernt, wie vielfältig die kindliche Entwicklung verlaufen kann und wie aus jedem Kind ein einzigartiges Wesen wird. Die Eltern zeigten mir im Umgang mit ihren Kindern, welchen bewundernswerten Einsatz sie Tag für Tag leisten, um die Grundbedürfnisse ihrer Kinder zu befriedigen. Danken möchte ich auch den Kindern und Eltern, die sich mir in der Klinik anvertraut haben. Von ihnen habe ich gelernt, wie Kinder in Misfit-Situationen geraten können und was man tun kann, damit es ihnen wieder bessergeht. Unzählige Erfahrungen, die ich mit Kindern und Eltern machen konnte, sind in dieses Buch eingeflossen.

Mit großer Dankbarkeit denke ich auch an die Wissenschaftler, Kliniker und Lehrer zurück, die mit ihren Kenntnissen und Erfahrungen mein Wissen über die kindliche Entwicklung bereichert und damit ganz wesentlich zur Entwicklung des Fit-Prinzips beigetragen haben. Zu besonderem Dank fühle ich mich meinen beiden Lehrmeistern verpflichtet, Andrea Prader, Direktor des Universitäts-Kinderspitals Zürich, und Arthur Hawley Parmelee, Direktor der Child Development Unit an der University of California in Los Angeles. Ein großer Dank geht zudem an alle Mitarbeiter und Mitarbeiterinnen der Abteilung für Wachstum und Entwicklung am Universitäts-Kinderspital Zürich, mit denen ich mehr als 30 Jahre lang zusammenarbeiten durfte. Besonders erwähnen möchte ich Caroline Benz, John Caflisch, Markus Schmid, Theo Gasser, Sepp Holtz, Oskar Jenni, Tanja Kakebeeke, Bea Latal, Luciano Molinari, Markus Schmid und Noa Stemmer-Holtz.

Ein herzlicher Dank geht an alle Leser und Leserinnen, insbesondere an Annina, Johanna und Kathrin Largo, die wesentlich zum Gelingen des Buches beigetragen haben. Großartige Unterstützung habe ich von Monika Czernin, Autorin und Filmschaffende, und Herbert Renz-Polster, Autor, Kinderarzt und Wissenschaftler, erhalten. Ihr nie nachlassender emotionaler Beistand war mir eine ständige Kraftquelle, und ihre konstruktive Kritik hat mich immer wieder zurück auf den richtigen Pfad gebracht. Ich bedanke mich herzlich bei Alex Hajnal, Entwicklungsbiologe, Albert Schinzel, Genetiker, und Luciano Molinari, Biostatistiker, die ihre Fachkenntnisse mit mir geteilt und mich vor Irrtümern bewahrt haben.

Dieses Buch wäre ohne die umsichtige Begleitung durch den S. Fischer Verlag nicht entstanden. Ganz besonders danken möchte ich Nina Sillem, Programmleiterin der Sachbuchabteilung, und ihren Mitarbeiterinnen. Ein großer Dank geht an das Lektorat, Alexander Roesler und ganz besonders an Margret Trebbe-Plath. Sie haben mich mit viel Umsicht und Geduld, großem Engagement und wichtigen Anregungen bei der Fertigstellung des Manuskriptes unterstützt. Herzlich bedanken möchte ich mich bei Didier Ludwig, Peter Palm und Johanna Stierlin für ihre wunderbaren Graphiken und Zeichnungen.

Mein innigster Dank geht an meine Familie, insbesondere an Brigitt und meine Töchter Eva, Kathrin und Johanna. Sie haben mich über sechs Jahre in meinem Vorhaben bestärkt und dem Buchprojekt ein großes Interesse entgegengebracht. Auf ihre Geduld und Unterstützung durfte ich auch in schwierigen Zeiten, die ein solches Buchprojekt auch mit sich bringt, immer zählen.

Remo H. Largo, Mai 2017

Anmerkungen

Teil I

1 Darwin 1988.
2 Mayr 2003.
3 Röhrlich 2012.
4 Mendel 1866.
5 Mayr 2003.
6 Fischer 2015.
7 Ebd.
8 Kegel 2015.
9 Ausführliche Darstellung: Diamond 1998; Morris 1986.
10 Human Genom 2001.
11 Griffiths et al. 2012.
12 Moffat, Wilson 2011.
13 Olson 2007.
14 Jablonski, Chaplin 2010.
15 Eveleth, 1976.
16 Ebd.
17 Merimee et al. 1987.
18 Asendorpf 2005.
19 Herrero 2013.
20 Leakey 1993.
21 Krause et al. 2010; Reich et al. 2010.
22 Green et al. 2010.
23 Sciencemag 2014.
24 Pollard 2009.
25 Prechtl 1964.
26 Portmann 1941.
27 Olson 2007.
28 Ebd.
29 30 000 Jahre Kunst 2015.
30 Diamond 1999.
31 Tomasello 2002.
32 Harari 2013.
33 Hrdy 2009.
34 Pinker 2013.
35 Zalasiewicz et al. 2008.

Teil II

1 Schneider, Lindenberger 2012.
2 Sameroff, Chandler 1975.
3 Forrest 1974; Simonton 2004.
4 Pan, Ke-Sheng 2011.
5 Fölsing 1993.
6 Seksik 2014.

7   Mai 2013.
8   Staub 2010.
9   Van Wieringen 1986.
10   Eveleth, Tanner 1976.
11   Staub et al. 2011.
12   Marshall, Tanner 1986.
13   Flynn 1984, 1987.
14   Sundet et al. 2004.
15   Kanaya et al. 2003.
16   Teasdale, Owen 2005.
17   Sundet et al. 2004.
18   OECD 2009.
19   Wilson 1983; Plomin 1990; Scarr 1992.

20   Wilson 1983.
21   Scarr 1992.
22   Ebd.
23   Ebd.
24   Harris 2000.
25   Largo et al. 1986.
26   Largo 1993.
27   Levy et al. 1997.
28   Coradi et al. 2005; Kronig 2002, 2007.
29   30 000 Jahre Kunst 2015.
30   Schulte-Markwort 2015.

Teil III

1   Zaroff et al. 2015.
2   Hebb 1949.
3   Eccles 2001.
4   Fantz 1965.
5   McKone et al. 2009.
6   Hayes 2014.
7   Hubel et al. 1995.
8   Singer 1999, 2004.
9   Watson 1972.

10   Csíkszentmihályi 2014.
11   Neubauer, Stern 2007.
12   Dornes 1981.
13   Nelson 2007, Nelson et al. 2014.
14   Baltes, Mayer 2001.
15   Gardner 1985.
16   Darwin 2016.
17   Nesselrode, Cattell 1966.
18   Ebd.

Teil IV ohne Anmerkungen

Teil V

1   Jensen 1994.
2   Diamond 2013.

3   Gardner 1999.
4   Watzlawick et al. 1974.

5 Goleman 1997.

6 Molcho 1986; Morris 1986.

7 Eibl-Eibesfeldt 1974.

8 Grüter, Grüter 2007.

9 Goodall, Berman 2000.

10 Brody 1993.

11 Lorenz 1978.

12 Dixon 1981.

13 Bowlby 1969, 1975.

14 Ebd.

15 Modell-Lernen; Bandura 1976.

16 Mayr 2003.

17 Rizzolatti, Sinigaglia 2008.

18 Melzoff, Moore 1977.

19 Largo et al. 1979(a).

20 Piaget 1972(a).

21 Bischof-Köhler 1989.

22 Gallup 1977.

23 Premack, Woodruff 1978;
    Wimmer, Perner 1983; Bischof-
    Köhler 2000.

24 Flavell et al. 1993, 1997.

25 Sodian 1991.

26 Perner, Wimmer 1985,
    Slomkowsk, Dunn 1996.

27 Keller et al. 2002.

28 Kohlberg 1976, 1996.

29 Gilligan 1985.

30 Rawls 1979.

31 Premack, Premack 1983.

32 Tomasello 2011.

33 Hobaiter, Byrne 2011.

34 Chomsky 1965.

35 Eimas et al. 1971.

36 Lisker, Abramson 1970.

37 Largo et al. 1979(b).

38 Largo et al. 1986; Szagun 2006.

39 Lenneberg 1967.

40 Mampel et al. 2009.

41 Papousek, Papousek 1979.

42 Fantz 1965.

43 Popper 1989.

44 Starkey et al. 1990.

45 Piaget 1972.

46 Winfree 1988.

47 Largo et al. 1985; Gallahue 1998.

48 Dunkake et al. 2012.

49 Griffin, Langlois 2006.

50 Ramsey, Langlois 2002.

51 Tammet 2012.

52 Largo, Beglinger 2009; Largo,
    Czernin 2011.

53 Sennett 2008.

Teil VI

1 Largo et al. 1979(a).

2 Largo et al. 1979(b).

3 Höffe 2004.

4 Descartes 1641.

5 Damasio 2007.

6 Gigerenzer 2007.

7 Libet 1999.

Teil VII

1 Möllers 2015.
2 Renz-Polster 2014.
3 Pinker 2013.
4 OECD.
5 Postman 1988.

6 Tomasello 2010.
7 Bowlby 2001.
8 Schulte-Markwort 2016.
9 Pinker 2015.

Teil VIII

1 Buber 2008.
2 Maslow 1981.
3 Varela et al. 1974; Maturana, Varela 2009.
4 Antonovsky 1979; Hurrelmann 2006.
5 Chess, Thomas 1984.

6 Iglowstein et al. 2003.
7 Largo, Cszernin 2011, 2014.
8 Largo 1999.
9 Largo, Beglinger 2009; Largo 2012, 2013.
10 Largo, Czernin 2011.
11 Largo, Czernin 2014.

Teil IX

1 Werner 1971, 1989.
2 Caplan 1989; Haines 1989.

3 Gendlin 1981.

Teil X

1 http://docplayer.net/23992056-In-america-manufacturing-the-mythand-the-reality-of-michael-j-hicks-phd-srikant-devaraj-ms-mba-pmp-june-2015-ball-state-university.html.
2 http://www.oxfordmartin.ox.ac.

uk/downloads/academic/The_Future_of_Employment.pdf.
3 http://www.mckinsey.com/business-functions/digital-mckinsey/our-insights/disruptive-technologies.
4 Thomas Straubhaar (2017).

5   Global Wealth Report: https://
    www.allianz.com/v_1411376
    188000/media/economic_
    research/publications/specials/de/
    AGWR14d.pdf.

6   Picketty 2014.
7   Taxjustice: https://de.wikipedia.
    org/wiki/Tax_Justice_Network.

Anhang

1   Ulijaszek et al. 1998.

Literaturverzeichnis

30 000 Jahre Kunst: Künstlerisches Schaffen der Menschheit durch Zeit und Raum. Phaidon 2015

Alistair, M., Wilson, J.: The Scots. A Genetic Journey 2011

Antonovsky, A.: Health, stress, and coping. New perspectives on mental and physical well-being. Jossey-Bass 1979

Asendorpf, J.B.: Psychologie der Persönlichkeit. Springer 2005

Augustinus: Vom Gottesstaat. dtv 2007

Avery, O.T., MacLeod, C.M., McCarty, M.: Studies on the chemical nature of the substance inducing transformation of pneumococcal types. Induction of transformation by a desoxyribonucleic acid fraction isolated from pneumococcus type III. Journal of Experimental Medicine 79, 2, 1944

Baltes, P.B., Mayer, K.U.: The Berlin Aging Study. Aging from 70 to 100. Cambridge University Press 2001

Bandura, A.: Lernen am Modell. Ansätze zu einer sozial-kognitiven Lerntheorie. Klett 1976

Bischof-Köhler, D.: Spiegelbild und Empathie. Die Anfänge der sozialen Kognition. Huber 1989

Bischof-Köhler, D.: Kinder auf Zeitreise. Theory of Mind, Zeitverständnis und Handlungsorganisation. Huber 2000

Blaffer-Hrdy, S.: Mutter Natur: Die weibliche Seite der Evolution. Berlin Verlag 2010

Bowlby, J.: Attachment and Loss, Bd. 1: Attachment. New York 1969

Bowlby, J.: Attachment and Loss, Bd. 2: Separation. New York 1975

Bowlby, J.: Frühe Bindung und kindliche Entwicklung. Ernst Reinhardt 2001

Brody, L.R., Hall, J.A.: Gender and emotion. In: Lewis, M., Haviland, J.M. (Hg): Handbook of emotions. Guilford Press 1993, S. 447–460

Buber, M.: Ich und Du. Reclam 2008

Caplan, N.: The Boat People and Achievement in America: A study of family life, hard work, and cultural values. University of Michigan Press 1989

Chess, St., Thomas, A.: Origins and evolution of behavior disorders. Bruner and Mazel 1984

Chomsky, N.: Aspects of the Theory of Syntax. MIT Press 1967

Club of Rome: Die Grenzen des Wachstums. Bericht des Club of Rome zur Lage der Menschheit. DVA 1972

Coradi Vellacott, M., Wolter, S. C.: Chancengleichheit im schweizerischen Bildungswesen. Aarau 2005

Csíkszentmihályi, M.: Flow. Das Geheimnis des Glücks. Klett Cotta 2014

Damasio, A.: Selbst ist der Mensch. Körper, Geist und die Entstehung des menschlichen Bewusstseins. Siedler 2007

Darwin, C.: Brief an Joseph D. Hooker vom 29.3.1863. In: Variation of Animals and Plants under Domestication, Bd. I, The Works of Charles Darwin, Bd. 19. London 1988, S. 10

Darwin, C.: Die Abstammung des Menschen. Nachdruck des Originals »The descent of man, and selection in relation to sex« von 1874. Salzwasser-Verlag 2009

Darwin, C.: Über die Entstehung der Arten durch natürliche Zuchtwahl. Hofenberg 2016

Deary, I. J.: Intelligence: A very short introduction. Oxford University Press 2001

Descartes, R.: Meditationes de prima philosophia. Michael Soly 1641

Deschner, K.: Kriminalgeschichte des Christentums (10 Bände). Rowohlt 2010

Diamond, A.: Executive Functions. Annual Revue of Psychology 64, 2013

Diamond, J.: Warum macht Sex Spaß? Die Evolution der menschlichen Sexualität. Bertelsmann 1998

Diamond, J.: The worst mistake in the history of the human race. Discover Magazine 1999

Dixon, S., Yogman, M. W., Tronick, E., et al.: Early social interaction of infants with parents and strangers. Journal of the American Academy of Child Psychiatry 20, 1981

Dornes, M.: Die Psychologie von René A. Spitz. Eine Einführung und kritische Würdigung. Asanger Roland Verlag 1981

Dunkake, I., Kiechle, T., Klein, M., et al.: Schöne Schüler, schöne Noten? Eine empirische Untersuchung zum Einfluss der physischen Attraktivität von Schülern auf die Notenvergabe durch das Lehrpersonal. Zeitschrift für Soziologie 41/2, 2012

Eaton, W. O., McKeen, N. A., Campbell, D. W.: The Waxing and Waning of Movement: Implications for Psychological Development. Developmental Review 21, 2001, S. 205–223

Eccles, J. C.: Das Gehirn des Menschen. Piper 2001

Eibel-Eiblsfeldt, I.: Grundriß der vergleichenden Verhaltensforschung. Piper 1974

Eibl-Eibesfeldt, I.: Die Biologie des menschlichen Verhaltens – Grundriß der Humanethologie. Blank Media 2004

Eimas, P. D., Siqueland, E. R., Jusczyk, P., et al.: Speech Perception in Infants. Science 171, 1971

Elsberg, M.: Blackout. Morgen ist es zu spät. Blanvalet 2013

Eveleth, B., Tanner, J. M.: Worldwide variation in human growth. Cambridge University Press 1976

Falkner, F., Tanner, J. M. (Hg.): Human Growth, Bd. 2. Plenum Press 1986

Fantz, R. L.: Visual perception from birth as shown by pattern selectivity. Annals of New York Academic Science 118, 1965

Fischer, L.: DNA-Reparatur gegen Krebs und Altern. Spektrum der Wissenschaft, Dezember 2015

Flavell, J. H., Green, F. L., Flavell, E. R.: Children's understanding of the stream of consciousness. Child Development 64, 1993

Flavell, J. H., Green, F. L., Flavel, E. R., et al.: The development of children's knowlegde about inner speech. Child Development 68, 1997

Flynn, J. R.: The mean IQ of Americans: Massive gains 1932 to 1978. In: Psychological Bulletin 95, 1984, S. 29–51

Flynn, J. R.: Massive IQ gains in 14 nations. What IQ tests really measure. Psychological Bulletin 101 (2), 1987

Fölsing, A: Albert Einstein. Eine Biographie. Suhrkamp 1993

Forrest, D.W.: Francis Galton. The life and work of a victorian genius. Elek Books 1974

Futuyma, D.J.: Evolutionary Biology. Sinauer Associates 1986

Fux, B., et al.: Inequality in Switzerland. Swiss Journal of Sociology 28/2, 2002

Gallahue, D.L.: Understanding Motor Development. Infants, Children, Adolescents. McGraw-Hill 1998

Gallup, G.G.: Self-recognition in primates. In: American Psychologist 32, 1977, S. 329–338

Gardner, H.: Frames of mind. The theory of multiple intelligences. Basic Books 1985

Gardner, H.: Abschied vom IQ. Die Rahmentheorie der vielfachen Intelligenz. Klett Cotta 1999

Gegenbaur, C.: Grundzüge der vergleichenden Anatomie. Engelmann 1870

Gendlin, E.T.: Focusing. Selbsthilfe bei der Lösung persönlicher Probleme. Müller 1981

Gibran, K.: Eure Seelen sind Feuer. Gedanken und Meditationen. Goldmann 1989

Gigerenzer, G.: Bauchentscheidungen. Die Intelligenz des Unbewussten und die Macht der Intuition. Bertelsmann 2007

Gilligan, C.: Die andere Stimme. Lebenskonflikte und Moral der Frau. Piper 1985

Goleman, D.: EQ. Emotionale Intelligenz. dtv 1997

Goodall, J., Berman, P.: Reason for Hope. A Spiritual Journey. Thorsons 2000

Green, R.E., Krause, J., Briggs, A.W., et al.: A draft sequence of the Neandertal Genome. In: Science. Bd. 328, Nr. 5979, 2010, S. 710–722

Griffin, A.M., Langlois, J.H.: Stereotype Directionality and Attractiveness Stereotyping: Is Beauty Good or is Ugly Bad? Social Cognition, Vol. 24/2, 2006

Griffiths, J.F., Wessler, S.R., Carroll, S.B., et al.: Introduction to Genetic Analysis. Freeman 2012

Grüter, T., Grüter, M.: Prosopagnosia in Biographies and Autobiographies. Perception 36, 2007

Haines, D.W. (Hg.): Refugees as immigrants: Cambodians, Laotians and Vietnamese in America. Rowman & Littlefield 1989

Harari, Y.: Eine kurze Geschichte der Menschheit. DVA 2013

Harris, J. R.: Ist Erziehung sinnlos? Die Ohnmacht der Eltern. Reinbek 2000

Hattie, J.: Visible Learning. A synthesis of over 800 Meta-Analyses relating to Achievement. New York 2009

Hattie, J.: Visible Learning for Teachers. Maximizing impact on Learning. New York 2012

Hayes, B.: Die neuronalen Netzwerke werden erwachsen. Spektrum, September 2014

Hebb, D. O.: The Organization of Behavior. A Neuropsychological Theory. Erlbaum Books 1949

Herrero, J.: European Molecular Biology Laboratory, European Bioinformation Institute. National Geographic, Juli 2013, S. 102

Hobaiter, C., Byrne, R. W.: The gestural repertoire of the wild chimpanzee. Animal Cognition 14, 2011

Höffe, O.: Gerechtigkeit. Eine philosophische Einführung. Beck 2004

Hrdy, S. B.: Mütter und Andere. Wie die Evolution uns zu sozialen Wesen macht. Berlin Verlag 2009

Hubel, D. H., Ginzler, H., O'Neill, J., et al.: Auge und Gehirn. Neurobiologie des Sehens. Spektrum der Wissenschaft 1995

Human Genome. Initial sequencing and analysis of the human genom. Nature 409, 2001, S. 860–921

Hurrelmann, K., Razum, O. (Hg.): Handbuch der Gesundheitswissenschaften. Juventa 2006

Huxley, T. H.: Man's Place in Nature. D. Appelton 1863

Iglowstein, I., Jenni, O. G., Molinari, L., Largo, R. H.: Sleep duration from infancy to adolescence: Reference values and generational trends. Pediatrics 11, 2003

Jablonski, N. G., Chaplin, G.: Human skin pigmentation as an adaptation to UV radiation. PNAS, 107, Supplement 2, 2010

Jensen, A. R., Wang, L.-J.: What is a good g? Intelligence 18, 1994

Kanaya, T., Scullin, M. H., Ceci, S. J.: The Flynn effect and U. S. policies. The impact of rising IQ scores on American society via mental retardation diagnosis. American Psychologist 58, 2003, S. 778–790

Kegel, B.: Epigenetik. Wie unsere Erfahrungen vererbt werden. Dumont 2015

462

Keller, H., Poortinga, Y. H., Schölmerich, A. (Hg.): Between culture and biology. Cambridge University Press 2002

Kohlberg, L.: Moral stage and moralization. The cognitive-developmental approach. In: Lickona, T. (Hg.): Moral development and behavior: Theory, research and social issues. Holt, Rinehart & Winston 1976

Kohlberg, L.: Die Psychologie der Moralentwicklung. Suhrkamp 1996

Krause, J., Fu, Q., Good, J. M., et al.: The complete mitochondrial DNS genome of an unknown hominin from southern Siberia. Nature 464, 2010, S. 7290

Kronig, W.: Die systematische Zufälligkeit des Bildungserfolgs: Theoretische Erklärungen und empirische Untersuchungen und Leistungsbewertung von leistungsschwachem Lernen. Haupt 2007

Largo, R. H.: Catch-up growth during adolescence. Hormone Research 39, Supplementum 3, 1993, S. 41–48

Largo, R. H.: Kinderjahre. Die Individualität des Kindes als erzieherische Herausforderung. Piper 1999

Largo, R. H.: Babyjahre. Entwicklung und Erziehung in den ersten vier Jahren. Piper 2007

Largo, R. H.: Lernen geht anders. Bildung und Erziehung vom Kind her denken. Piper 2012

Largo, R. H.: Wer bestimmt den Schulerfolg: Kind, Schule, Gesellschaft? Beltz 2013

Largo, R. H., Howard, J. A.: Developmental progression in play behavior of children between nine and thirty months of age. I. Spontaneous play and imitation. Developmental Medicine and Child Neurology 21, 1979(a), S. 299–310

Largo, R. H., Howard, J. A.: Developmental progression in play behavior of children between nine and thirty months of age. II. Spontaneous play and language development. Developmental Medicine and Child Neurology, 21, 1979(b), S. 492–503

Largo, R. H., Weber, M., Comenale Pinto, L., et al.: Early development of locomotion. Significance of prematurity, cerebral palsy and sex. Developmental Medicine and Child Neurology 27, 1985

Largo, R. H., Comenale Pinto, L., Weber, M., et al.: Language development during the first five years of life in term and preterm children. Significance of pre-, peri- and postnatal events. Developmental Medicine and Child Neurology 28, 1986, S. 333–350

Largo, R. H., Caflisch, J. A., Hug, F., et al.: Neuromotor development from 5 to 18 years: Part 1: Timed performance. Developmental Medicine and Child Neurology 43, 2001

Largo, R. H., Beglinger, M.: Schülerjahre. Wie Kinder besser lernen. Piper 2009

Largo, R. H., Czernin, M.: Jugendjahre. Kinder durch die Pubertät begleiten. Piper 2011

Largo, R. H., Czernin, M.: Glückliche Scheidungskinder. Was Kinder nach der Trennung brauchen. Piper 2014

Leakey, R. E.: Der Ursprung des Menschen. Auf der Suche nach den Spuren des Humanen. Fischer 1993

Lenneberg, E. H.: Biological Foundations of Language. John Wiley and Sons 1967

Levy, R., Joyce, D., Guye, O., Kaufmann, V.: Tous égaux? De la stratification aux représentations. Editions Seismo 1997

Libet, B.: Do we have a free will? Journal of Consciousness Studies 5, 1999

Lisker L., Abramson, A. S.: The voicing dimensions. Some experiments in comparative phonetics. Academia 1970

Lorenz, K.: Vergleichende Verhaltensforschung oder Grundlagen der Ethologie. Springer 1978

Mai, K. R.: Die Bachs. Eine deutsche Familie. Propyläen 2013

Mampel, B., Friederici, A. D., Christophe, A., Wermke, K.: Newborns' Cry Melody Is Shaped by Their Native Language. Current Biology 19, Nr. 23, November 2009, S. 1994–1997

Marshall, A. M., Tanner, J. M.: Puberty. In: Falkner F., Tanner, J. M. (Hg.): Human Growth. A Comprehensive Treatise. Bd. 2, Developmental Biology Prenatal Growth. Plenum Press 1986

Maslow, A. H.: Motivation und Persönlichkeit. Rowohlt 1981

Maturana, H. R., Varela, F.: Der Baum der Erkenntnis. Die biologischen Wurzeln menschlichen Erkennens. Fischer 2009

Mayr, E.: Das ist Evolution. Bertelsmann 2003

McKone, E., Crookes, K., Kanwisher, N.: The cognitive and neural development of face recognition in humans. In: Gazzaniga, M. (Hg.): The Cognitive Neurosciences (4. Ed.). MIT Press 2009, S. 467–482

Melzoff, A., Moore, M. K.: Imitations of facial and manual gestures by human neonates. Science 198, 1977

Mendel, G.: Versuche über Pflanzen-Hybriden. Verhandlungen des Naturforschenden Vereines in Brünn. Bd. IV (Abhandlungen 1865). Brünn 1866, S. 3–47

Merimee, T. J., Zapf, J., Hewlett, B. et al.: Insulin-like growth factors in pygmies. The role of puberty in determining final stature. The New England Journal of Medicine 316, 1987

Moffat, A., Wilson, J.: The Scots: A Genetic Journey. Birlinn 2011

Molcho, S.: Körpersprache. Goldmann 1986

Möllers, N., Schwägerl, C., Trischler, H.: Willkommen im Anthropozän. Unsere Verantwortung für die Zukunft der Erde. Deutsches Museum Verlag 2015

Morris, D.: Körpersignale. Bodywatching. Heyne 1986

Moser, U.: Analyse zur Volksschule zuhanden der SP Schweiz. Zu·rich 2007

Moser, U., Tresch, S.: Best Practice in der Schule: von erfolgreichen Lehrerinnen und Lehrern lernen. Zu·rich 2003

Moser, U., Keller, F.: Check 5: Schlussbericht zuhanden des Departements Bildung, Kultur und Sport des Kantons Aargau. Zu·rich 2008

Nelson, C.: Cognitive recovery in socially deprived young children: The Bucharest early intervention project. Science 318, 2007

Nelson, C. A., Fox, N. A., Zeanah, C. H.: Die entscheidenden zwei Jahre. Spektrum, Februar 2014

Nesselrode, J. R., Cattel, R. B.: Handbook of Multivariate Experimental Psychology. Rand McNally 1966

Neubauer A., Stern E.: Lernen macht intelligent. Warum Begabung gefördert werden muss. DVA 2007

Nowicki, S., Duke, M. P.: Individual differences in the nonverbal communication of affect: The diagnostic analysis of nonverbal accuracy scale. Journal of Nonverbal Behavior 18, 1994

OECD PISA Studie 2009: OECD: http://www.pisa.oecd.org

OECD: Bildung auf einen Blick. September 2011: http://www.oecd.org/
berlin/publikationen/bildungaufeinenblick2011.htm

Olson, S.: Herkunft und Geschichte des Menschen. Was die Gene über unsere
Vergangenheit verraten. Berliner Taschenbuch Verlag 2007

Pan, Y., Ke-Sheng, W.: Spousal concordance in academic achievements and
IQ. A principal component analysis. Open Journal of Psychiatry 1, 2011,
S. 14–19

Papousek, H., Papousek, M.: Early ontogeny of human social interaction:
its biological roots and social dimensions. In: Cranach, M.V., Foppa, K.,
Lepenies, W., Ploog, D. (Hg.): Human Ethology. Claims and Limits of a
New Discipline. Cambridge University Press 1979

Papousek, H., Papousek, M.: Lernen im ersten Lebensjahr. In: Montada, L.
(Hg.): Brennpunkte der Entwicklungspsychologie. Kohlhammer 1989

Pauen, S.: Zeitfenster der Gehirn- und Verhaltensentwicklung: Modethema
oder Klassiker? In: Herrmann, H. (Hg): Neurodidaktik. Grundlagen und
Vorschläge für gehirngerechtes Lehren und Lernen. Beltz 2006

Perner, J., Wimmer, H.: John thinks that Mary thinks that. Attribution of
second order beliefs by 5- to 10-year-old children. Journal of Experimental
Psychology 39, 1985

Piaget, J.: Sprechen und Denken des Kindes. Schwann 1972

Piaget, J.: Das Erwachen der Intelligenz beim Kinde. Gesammelte Werke 1
(Studienausgabe). Klett Cotta 1975

Picketty, T.: Das Kapital im 21. Jahrhundert. Beck 2014

Pike, A.W.G., Hoffmann, D.L., Garcia-Diez, L.M., et al.: U-Series Dating of
Paleolithic Art in 11 Caves in Spain. Science 33, 2012

Pinker, S.: Gewalt. Eine neue Geschichte der Menschheit. Fischer 2013

Pinker, S.: The Village Effect. Why Face-to-face Contact Matters. Atlantic
Books 2015

Plomin, R.: Nature and nurture. An Introduction to Human Behavioral Ge-
netics. Brooks / Cole Pacific Grove 1990

Pollard, K.S.: Der feine Unterschied. Spektrum der Wissenschaft, Juli 2009

Popper, K.: Logik der Forschung. Mohr 1989

Portmann, A.: Die biologische Bedeutung des ersten Lebensjahres beim Menschen. Schweiz. Medizin. Wochenzeitschrift 71, 1941

Postman, N.: Wir amüsieren uns zu Tode. Urteilsbildung im Zeitalter der Unterhaltungsindustrie. Fischer 1988

Prechtl, H. F. R., Beintema, D.: The neurological examination of the full term newborn infant. Heinemann 1964

Premack, D., Woodruff, G.: Does the chimpanzee have a theory of mind? Behavioral Brain Science 1, 1978

Premack, D., Premack, A.: The Mind of an Ape. W. W. Norton 1983

Ramsey, J. L., Langlois, J. H.: Effects of the »beauty is good« steretoype on children's information processing. Journal of Experimental Child Psychology 81, 2002

Rawls, J.: Eine Theorie der Gerechtigkeit. Suhrkamp 1979

Reich, D., Green, R. E., Kirchner, M., et al.: Genetic history of an archaic hominin group from Denisova Cave in Siberia. Nature 468, 2010, S. 7327

Renz-Polster, H.: Kinder verstehen. Born to be wild: Wie die Evolution unsere Kinder prägt. Kösel 2014

Renz-Polster, H.: Menschenkinder. Artgerechte Erziehung – was unser Nachwuchs wirklich braucht. Kösel 2016

Rizzolatti, G., Sinigaglia, C.: Empathie und Spiegelneurone: Die biologische Basis des Mitgefühls. Suhrkamp 2008

Röhrlich, D.: Urmeer: Die Entstehung des Lebens. Mare Verlag 2012

Rölleke, H.: Kinder- und Hausmärchen. Gesammelt durch die Gebrüder Grimm. Wissenschaftliche Buchgesellschaft 1999

Sameroff, A. J., Chandler, M. J.: Reproductive risk and the continuum of caretaking casuality. In Horowitz, F. D., et al. (Hg.): Review of Child Development Research 4. University of Chicago Press 1975

Scarr, S.: Developmental theories for the 1990 s: Development and individual differences. Child Development 63, 1992, S. 1 – 19

Schneider, W., Lindenberger, U. (vormals Oerter & Montada): Entwicklungspsychologie. Beltz 2012

Schulte-Markwort, M.: Burnout Kids. Wie das Prinzip Leistung unsere Kinder überfordert. Pattloch 2016

Sciencemag.org: Tibetans inherited high-altitude gene from ancient human. 2. Juli 2014

Seksik, L.: Der Fall Eduard Einstein. Blessing 2014

Sennett, R.: Handwerk. Berlin Verlag 2008

Simonton, D. K.: Creativity in science. Chance, logic, genius and zeitgeist. Cambridge University Press 2004

Singer, W.: Neuronal synchrony: A versatile code for the definition of relations? Neuron 24, 1999

Singer, W.: Der Beobachter im Gehirn. Essays zur Hirnforschung. Suhrkamp 2002

Singer, W.: Synchrony, oscillations, and relational codes. In: Chalupal, L. M., Werner, J. S.: The Visual Neurosciences. MIT Press 2004

Slomkowski, C., Dunn, J.: Young children's understanding of other people's beliefs and feelings and their connected communication with friends. Developmental Psychology 32, 1996

Sodian, B.: The development of deception in young children. British Journal of Developmental Psychology 9, 1991

Sommer, M.: Evolutionäre Anthropologie zur Einführung. Junius 2015

Starkey, P., Selke, E. S., Gelman, R.: Numerical abstraction by human infants. Cognition 36, 1990

Staub, K., Frank, J., Rühli, U., et al.: The average height of 18- and 19-year-old conscripts (N=458,322) in Switzerland from 1992 to 2009, and the secular height trend since 1878. Swiss Med Weekly 141, 2011

Staub, K.: Der biologische Lebensstandard in der Schweiz seit 1800. Historisch-anthropometrische Untersuchung der Körperhöhe (und des Körpergewichts) in der Schweiz seit 1800, differenziert nach Geschlecht, sozioökonomischem und regionalem Hintergrund. Doktorarbeit, Universität Bern, 2010

Steinzeitmusik. http://www.spektrum.de/news/steinzeitmusik/999398

Straubhaar, T.: Radikal gerecht: Wie das bedingungslose Grundeinkommen den Sozialstaat revolutioniert. Edition Körber-Stiftung 2017

Sundet, J. M., Barlaug, D. G., Torjussen, T. M.: The end of the Flynn effect? A study of secular trends in mean intelligence test scores of Norwegian conscripts during half a century. Intelligence 32, 2004, S. 349–362

Szagun, G.: Sprachentwicklung beim Kind. Beltz 2006

Tammet, D.: Thinking in Numbers. How Maths Illuminates Our Lives. Hodder & Stoughton 2012

Teasdale, T.W., Owen, D.R.: A Long-term Rise and Recent Decline in Intelligence Test Performance: The Flynn Effect in Reverse. Personality and Individual Differences 39, 2005, S. 837–843

Tomasello, M.: Die kulturelle Entwicklung des menschlichen Denkens. Zur Evolution der Kognition. Suhrkamp 2002

Tomasello, M.: Warum wir kooperieren. Suhrkamp 2010

Tomasello, M.: Die Ursprünge der menschlichen Kommunikation. Suhrkamp 2011

Ulijaszek, S.J., Johnston, F.E., Preece, M.A.: The Cambridge Encyclopedia of Human Growth and Development. Cambridge University Press 1998

Van Wieringen, J.C.: Secular growth changes. In: Falkner, F., Tanner, J.M. (Hg.): Human Growth, Bd. 3, 1986, S. 307–332

Varela, F.J., Maturana, H.R., Uribe, R.: Autopoiesis: The organization of living systems, its characterization and a model. In: Biosystems, 5, 1974, S. 187–196

Watson, J.S.: Smiling, Cooing and the Game. Merrill-Palmer Quaterly of Behavior and Development 18/4, 1972

Watzlawick, P., Beavin, J.H., Jackson, D.D.: Menschliche Kommunikation. Formen, Störungen, Paradoxien. Huber 1974

Weiner, J.: Der Schnabel des Finken oder Der kurze Atem der Evolution. Knaur 1994

Werner, E.E.: Vulnerable but invincible: a longitudinal study of resilient children and youth. McGraw-Hill 1989

Werner, E.E.: The children of Kauai: A longitudinal study from the prenatal period to age ten. University of Hawaii Press 1971

WHO: http://www.who.int/childgrowth/standards/en

Wilson, R.S.: The Louisville Twin Study: Developmental synchronies in behavior. Child Development 54, 1983, S. 298–316

Wimmer, H., Perner, J.: Beliefs about beliefs: representation and constraining function of wrong belief in young children's understanding of deception. Cognition 13, 1983

Winfree, A.T.: Biologische Uhren. Zeitstrukturen des Lebendigen. Spektrum 1988

World Values Survey: http://www.worldvaluessurvey.org

Zalasiewicz, J., Williams, M., Smith, A., et al.: Are we now living in the Anthropocene? GSA Today 18/2, 2008

Zaroff, C. M., D'Amato, R. C.: The Neuropsychology of Men. A Developmental Perspective from Theory to Evidence-based Practice. Springer 2015

Abbildungsnachweis

Die Graphiken 1.1, 1.3, 1.4, 1.6, 3.1, 3.4, 3.5, 3.9, 7.1 wurden erstellt von Didier Ludwig, © Didier Ludwig / Remo Largo.

Die Graphiken 1.5, 1.7, 1.8, 1.10, 1.11, 2.1, 2.2, 2.3, 2.4, 2.5, 2.6, 2.7, 2.8, 2.9, 2.10, 2.11, 2.13, 3.6, 3.7, 3.8, 3.10, 3.12, 3.13, 3.14, 3.15, 3.20, 4.1, 4.2, 4.4, 5.1, 5.2, 5.3, 5.5, 5.6, 5.7, 5.8, 5.11, 5.13, 6.1, 6.2, 7.2, 8.1, 8.2, 8.3, 9.1, 9.2, 9.3, 9.4, 10.2, sowie die Graphiken aus dem Anhang wurden von Peter Palm erstellt, © Peter Palm, Berlin.

Für die Fotos 1.12, 2.12, 3.11, 3.16, 3.19, 4.3 links, 5.4, 5.9, 5.10, 5.12 © Remo Largo.
Fotos 3.17: © Shutterstock.
Foto 4.3 rechts: © fotolia.
Foto 7.3 rechts: © fotolia.
Fotos 10.1 links: © Campagne de Carème;
rechts: Paolo Whitaker / Reuters, © Reuters.

AUSFÜHRLICHES INHALTSVERZEICHNIS

473